포스트모더니즘:
마르크스주의의 비판

포스트모더니즘:
마르크스주의의 비판

책갈피

일러두기

1. 이 책은 Alex Callinicos, *Against Postmodernism: A Marxist Critique* (Polity, 1989)를 번역한 것이다.

2. 인명과 지명 등의 외래어는 최대한 외래어 표기법에 맞춰 표기했다.

3. 《 》 부호는 책, 잡지, 시집을 나타내고 〈 〉 부호는 신문, 주간지, 영화, TV 프로그램, 시, 전시회, 미술·음악 등의 예술 작품을 나타낸다. 논문은 " "로 나타냈다.

4. 본문에서 [ ]는 옮긴이가 독자의 이해를 돕거나 문맥을 매끄럽게 하려고 덧붙인 것이고, 그 밖의 것은 [— 캘리니코스] 식으로 덧붙인 이를 표기했다.

5. 본문의 각주는 옮긴이가 넣은 것이다.

6. 원문에서 이탤릭체로 강조한 부분은 고딕체로 나타냈다.

차례

죽은 시체처럼 딱딱하게 굳어 가는 세계를 두고 진보를 논한다는 게 도대체 말이 되는 소린가?

발터 벤야민

모든 시대는 자신의 모더니티를 싫어했다. 그래서 처음부터 자신보다 앞선 시대를 더 좋아했다.

월터 맵

한국어판 머리말

내 책《포스트모더니즘: 마르크스주의의 비판》이 한국에서 다시 출간된다니 기쁘다. 그러나 어찌 보면, 이 책을 읽고 싶어 하는 사람이 아무도 없다면 더 기쁘겠다. 내가 이 책을 썼을 때는 1988~89년이라는 매우 특정한 국면이었다. 1960년대 말과 1970년대 초에 선진 자본주의 세계를 휩쓴 엄청난 대중운동은 이미 붕괴한 상태였다. 미국에서 로널드 레이건이, 영국에서 마거릿 대처가 조직 노동계급을 공격하면서 추진한 신자유주의가 극에 달해 있었다. 그리고 1968~76년 계급투쟁 고양기에 마르크스주의로 끌려온 지식인들은 서둘러 마르크스주의를 내팽개치고 있었다.

포스트모더니즘은 이런 국면의 징후라는 것이 내 책의 요지였다. 내가 보기에 포스트모더니즘은 엉망진창 사상이었다. 즉, 철학자들(질 들뢰즈, 자크 데리다, 미셸 푸코 같은)이 이룩한 만만찮은(그러나 문제가 많은) 개념 혁신과, 잘해야 졸속이고 최악의 경우에는 부정확한 역사적·사회학적·예술적 판단이 뒤섞인 것이었다(그런데 들뢰즈·데리다·푸코는 모두 포스트모더니스트라는 딱지를 거부했다). 환멸에 빠진 지식인들이 후기 자본주의와 타협하면서도 얄궂게도 후기 자본주의와 거리를 두려 한 것이 바로 포스트모더니즘이라고 봐야 한다는 게 내 주장이었다.

나는 이 주장을 설득력 있게 하기 위해 철학·역사·미학·정치경제학을 깊이 파고들어야 했지만, 내심으로는 포스트모더니즘이 반자본주의 투쟁의 부활과 함께 사라질 매우 일시적인 현상에 그칠 것으로 예상했다. 그 점에서 내 주장은 다른 마르크스주의자들, 예컨대 프레드릭 제임슨이나 (내 책이 출간된 후에 나온) 데이비드 하비나 페리 앤더슨 같은 사람들의 포스트모더니즘론과 달랐다. 왜냐하면 그들은 포스트모더니즘이라는 예술 사조가 자본주의 심층에서 일어나는 구조적 변화와 상응하는 것이라고 봤기 때문이다. 그러나 25년이 지난 지금도 내 책은 여전히 수요가 있다. 그러면 내가 틀린 것일까?

반자본주의 투쟁은 실제로 부활했다. 처음에는 1999년 시애틀 시위로 시작된 대안 세계화 운동이 출현하면서, 나중에는 2011년의 아랍 혁명에 고무된 운동들, 특히 스페인의 5월 15일 운동, [미국의] 점거하라 운동, 2013년 브라질과 터키의 저항 물결이 높이 일면서 반자본주의 투쟁은 부활했다. 그리고 비판적 이론도 두드러지게 부활해서, 포스트모더니즘을 강력히 반대하는 중요한 사상가들, 특히 알랭 바디우와 고故 피에르 부르디외 같은 사람들의 명성이 높아졌다(이런 발전에 대한 내 평가는 《비판의 자원The Resources of Critique》 참조).

그러나 포스트모더니즘은 여전히 살아 있다. 부분적으로는 대중문화 속에 통속적 형태로, 부분적으로는 학계에 제도화한 형태로 살아 있다. 학계에서 포스트모더니즘은 새로운 변형들을 발전시켰는데,

그중에서 가장 중요한 것은 포스트식민주의다. 영어권 세계의 인문학에서 매우 영향력 있는 포스트식민주의는 국제관계학처럼 보수적 전통이 강한 학과로 침투하기도 했다. 포스트모더니즘은 또한, 노골적으로 마르크스주의와 포스트모더니즘을 조화시키려 한 비판적 인사들(특히, 마이클 하트, 토니 네그리, 슬라보예 지젝)의 명성 덕분에 영향력을 그럭저럭 유지할 수 있었다.

이런 사태 전개는 대체로 긍정적이다. 포스트식민주의의 효시는 에드워드 사이드의 걸작 《오리엔탈리즘》인데, 서양이 동양의 표본이자 미래라는 견해를 강력히 비판한 사이드의 주장은 제국주의가 무슬림 세계에서 상시적으로 전쟁을 벌이고 있는 시대에 여전히 적절하다고 하겠다. 그리고 지젝의 작업은 포스트모더니즘에 영향을 미친 자료들(예컨대 [프로이트의] 정신분석학을 재해석한 자크 라캉의 저작)을 이데올로기 비판이 잘 활용하면 얼마나 풍부한 성과를 낼 수 있는지를 여실히 보여 줬다. 따라서 오늘날 지적 논쟁은 내가 《포스트모더니즘: 마르크스주의의 비판》을 썼을 때보다 훨씬 덜 양극화돼 있다.

그러나 마르크스를 유럽 중심주의자로 왜곡하는 포스트식민주의의 주장이 되풀이되는 데서 드러나듯이, 여전히 차이가 있다. 따라서 고전 마르크스주의를 옹호할 뿐 아니라 포스트모더니즘의 오류를 비판하기도 하는 이 책의 가치는 여전하다. 이 책에 내가 오해한 부분들이 분명히 있지만, 대체로 나는 이 책의 주장에 만족한다. 자본주의가 안정적 성장의 새 시대로 접어든 것이 아니라, 오늘날 금융화라고 부르는 훨씬 더 말썽 많은 단계로 접어들었다는 내 주장은 2008년의 [세계경제] 붕괴에 비춰 보면 완전히 옳았다. 새로운 독자들에게 이 책이 유용하기를 바란다.

2014년 7월 알렉스 캘리니코스

머리말과 감사의 말

이 책은 문화적·정치적 비관주의와 가벼운 장난기가 기묘하게 뒤섞인 것에 도전하려 한다. 그런 기묘한 혼합을 이용해 (19세기 말의 종말론적 분위기를 우스꽝스럽게 되풀이하는 데 그치지 않고) 우리 자신의 세기말 분위기를 환영하는 서구 지식인들이 오늘날 많은 듯하다. 여기서 문제가 되는 것은 단지 철학적·예술적 쟁점들만이 아니다. 근본적으로 중요한 문제는 고전 마르크스주의(오늘날 신新우파*와 마찬가지로 대다수 좌파 지식인들도 케케묵은 것으로 치부하는)가 현재 상황을 제대로 분석하고 개선하는 데 기여할 수 있는가 하는 것이다. 그러나 이 문제에 답하기 위해 나는 구불구불한 길을 걸어갈 것이다. 즉, 철학과 사회이론이라는 도구를 이용해, 지금 사회생

---

* New Right. 1980년대에 영국 대처 정부와 미국 레이건 정부의 신자유주의 정책을 주도한 보수적 정치 세력.

활의 획기적 변화가 일어나고 있다는 주장을 하나하나 따져 볼 것이다(나는 이 주장이 틀렸다고 생각한다).

다양한 모임에서 이 주제로 토론해 달라는 요청을 받지 않았다면 이 책을 쓰지 않았을지도 모르겠다. 나는 특히, 카디프 비판 이론 세미나, 《이론·문화·사회》(이 잡지의 편집자들은 매우 친절하게도 잡지에 실린 내 글의 일부를 3장에 재수록할 수 있게 해 줬다), 아이오와 대학교의 비판 이론 컬로퀴엄, 런던의 현대미술연구소, 1987년 1월 포스트모더니즘을 주제로 열린 영국 사회학회 이론 그룹 콘퍼런스, 내가 주제 발표를 한 런던 버크벡칼리지 불문학과 세미나, 요크대학교의 정치 이론 워크숍 등에 참석하거나 관여한 분들께 감사한다. 또, 내가 이 책을 쓸 수 있도록 배려해 준 요크대학교 정치학과의 동료들에게도 감사해야겠다. 1장의 제목이 된 재치 있는 표현은 콜린 고든의 아이디어였다. 페리 앤더슨, 페터 뷔르거, 프레드릭 제임슨, 프랑코 모레티의 저작은 내가 모더니즘을 분명히 이해하는 데 크게 도움이 됐다. 데이비드 헬드는 다시 한 번 편집자로서 나를 격려하고, 열과 성을 다해 책을 만들고, 나에게 이런저런 도움을 줬다.

러셀 자코비는 흥미로운(그러나 결함 있는) 책 《마지막 지식인들》에서 미국 지식인들이 제2차세계대전 후 공적 생활에서 상아탑 안으로 후퇴한 과정을 추적한 바 있다. 영국 지식인들도 거의 비슷한 과정을 거쳤다고 할 수 있다. 앞서 내가 감사한다고 말한 사람들의 면면에서 드러나듯이, 나 자신도 대학에 몸담고 있다. 그러나 다행히 나는 사회주의 조직에 적극 참여한 덕분에 규율도 지켜야 했다. 따라서 마지막으로 사회주의노동자당SWP의 우리 동지들에게 감사하고 싶다. 그들은 내 사변적 몽상을 너그럽게 봐줬을 뿐 아니라 내가 5장에서 발전시키려 한 현대 자본주의 분석에도 많은 기여를 했다.

들어가며

포스트모더니즘에 관한 책을 또 낸다고? 확실히 오래전에 끝났어야 할 논쟁에 참여하겠다고 안 그래도 줄어드는 지구의 숲을 더 파괴하는 것이 과연 온당한 일인가? 이런 물음이 나에게 훨씬 더 곤혹스러운 이유는 원래 이 책을 쓰게 된 계기가 아주 하찮은 감정, 즉 짜증이었기 때문이다. 이 감정은 1980년대에 '포스트모더니즘'이라는 말이 거의 모든 이론적 논의에 스며든 듯한 상황에서 비롯했다. 심포지엄이나 콘퍼런스에 토론자로 초청받거나 잡지 특별호에 기고해 달라는 요청을 받을 때마다 주제는 하나같이 포스트모더니즘이었다. 이번에는 다른 주제이겠거니 하고 생각한 적도 많았기 때문에 참 당황스러웠다.

그러나 그것은 나만의 특이한 경험은 아니었다. 1980년대는 확실히 포스트모더니즘의 호황기였다. 포스트모더니즘의 주요 이론가라 할 수 있는 이합 핫산은 1987년에 출간된 글 모음집에서 다음과 같이 썼다.

까다로운 학자들은 한때 **포스트모던**이라는 용어를 아주 수상한 신조어처럼 기피했다. 그러나 이제 그 용어는 영화·연극·무용·음악·미술·건축에서, 철학·신학·정신분석학·역사학에서, 새로운 과학들과 인공지능 기술과 다양한 문화적 라이프스타일에서 나타난 경향을 가리키는 진부한 표현이 됐다. 사실, 포스트모더니즘은 이제 미국 국립인문학재단의 기금 지원을 받는 대학교수 하계 세미나의 주제로 채택될 만큼 관료들에게도 인정받고 있다. 그뿐 아니라, 10년 전만 해도 그 용어를 소비사회의 쓰레기, 일시적 유행, 헛소리 따위로 치부했던 마르크스주의 비평가들의 최근 논의에도 파고들었다.[1]

핫산의 주장이 딱 들어맞는 곳은 미국이다(포스트모더니즘을 가장 열렬히 지지하는 사람들 가운데 일부는 캐나다에 있으므로 기껏해야 북아메리카 정도다). 그렇지만 똑같은 지적 흐름을 영국에서도 찾아볼 수 있었다. 영국 학계는 워낙 편협하기로 유명한 탓에, 포스트모더니즘의 영향이 가장 두드러진 곳은 학계 주변이었다. 즉, 예술의 최신 흐름에 관심 있는 사람들이나(1987년 10월 국립 테이트 미술관에서 열린 포스트모더니즘 심포지엄은 정원이 200명인데 신청자가 1500명이나 몰렸다) 자유주의 좌파 지식인들이 주로 포스트모더니즘의 영향을 받은 것이다(그들의 신문인 〈가디언〉은 1986년 말에 포스트모더니즘을 다룬 기사를 연재했고, 그들이 즐겨 보는 잡지인 《뉴 스테이츠먼》과 《마르크시즘 투데이》는 포스트모더니즘의 다양한 주장을 널리 홍보했다). 비록 나라마다 조금씩 다르긴 했지만 '포스트모더니즘'이라는 용어는 서구 세계의 다른 곳에서도 받아들여졌다.

그러나 포스트모더니즘이란 무엇인가? 포스트모더니즘 담론의 확산과 맞닥뜨린 나를 점차 성가시게 한 것이 바로 이 물음이었다. 포스트모더니즘 담론의 주요 생산자인 장프랑수아 리오타르나 찰스 젱크스 같은 사람들의 개념 정의는 서로 일치하지 않을뿐더러 자체 모순도 있고 엄청나게 모호해서 이 물음에 답하는 데 도움이 안 됐다. 그래도 포스트모더니즘은 서로 다른 문화적 흐름 세 가지가 수렴된 것이라는 사실이 점차 분명해졌다. 첫째는 그 전 20여 년 동안 예술계에서 일어난 특정한 변화다. 특히, 건축에서 로버트 벤투리나 제임스 스털링 같은 사람들이 국제(주의) 양식*에 반발한 것이 대표적인데, 그들은 '포스트모던'이라는 용어를 처음으로 대중화시킨 인물들이다.(이 책에서 나는 '예술art'이라는 말을 포괄적으로 사용할 것이다. 그래서 단지 회화와 조각뿐 아니라 건축·음악·문학·연극 등도 예술에 포함된다. 또, 낭만주의·모더니즘·초현실주의 같은 예술운동이나 양식의 명칭은 대문자로 표기할 것이다. 따라서 '포스트모던'이라는 말을 대문자로 쓸 때도 있고 그러지 않을 때도 있을 것이다. 예컨대, '포스트모던' 건축을 말할 때는 대문자 Postmodern으로, '포스트모더니티의 사회이론'을 말할 때는 소문자 postmodernity로 표기할 것이다.) 이렇게 미스 반데어로에와 그로피우스가 주도한 바우하우스의 기능주의와 수수함을 거부하고, 특히 과거와 대중문화에 의지하는 양식들의 이질성을 선호하는 태도는 다른 예술 분야에서도 나타났다. 예컨대, 회화에서 구상으로 복귀하는 움직임이나 소설

---

* International Style. 1920~30년대에 유럽과 미국에서 발전한 건축양식으로, 1930~40년대에 본거지인 독일과 프랑스에서 아메리카 대륙, 스칸디나비아, 영국, 일본으로 퍼져 나갔다. 깨끗하고 능률적이며 기하학적인 특징들은 1950~60년대 미국 마천루 건축의 기본이 됐다. 르코르뷔지에, 미스 반데어로에, 발터 그로피우스 등이 주도했다.

에서 토머스 핀천, 움베르토 에코 같은 작가들의 작품이 그랬다.[2] 둘째, 그런 예술가들이 개척한 주제들을 개념적으로 표현한 철학 경향이 있다고들 생각했다. 1970년대에 영어권 세계에 '포스트구조주의' 철학자로 알려진 프랑스 이론가들, 특히 질 들뢰즈, 자크 데리다, 미셸 푸코의 철학이 대표적이다. 이 세 사람은 서로 이견도 많았지만, 모두 현실의 파편성·이질성·다원성을 강조했고, 인간의 사고는 현실을 객관적으로 설명할 수 없다고 주장했고, 생각하는 주체를 개인 내면의 충동과 욕망 또는 개인을 초월한 충동과 욕망의 혼란스런 덩어리로 깎아내렸다. 셋째, 예술과 철학은 사회 세계에서 일어난 변화들을 반영하는 듯했다(포스트구조주의의 반反실재론과는 어긋나지만). 그 전 25년 동안 서구 사회가 겪었다는 변화를 설명한 이론 하나는 대니얼 벨과 알랭 투렌 같은 사회학자들이 발전시킨 포스트산업사회론이었다. 이 이론가들은 선진국이 대량생산에 바탕을 둔 산업 경제에서 체계적 정보와 지식이 성장 엔진 노릇을 하는 경제로 바뀌고 있으며 이런 변화는 엄청난 사회적·정치적·문화적 영향을 미치고 있다고 주장했다.

1979년에 처음 출간된 리오타르의 책 《포스트모던의 조건》이 포스트모더니즘 논의에서 확고한 위치를 차지한 이유는 포스트모던 예술, 포스트구조주의 철학, 포스트산업사회론을 하나로 엮었기 때문이다. 그래서 완벽한 체계를 세운 것은 아니지만, 확실히 일관성 있어 보이는 주장을 해서 많은 사람에게 깊은 인상을 준 것이다. 리오타르는 포스트모던을 모던과 대비해서 다음과 같이 정의한다.

> 내가 말하는 모던은 정신의 변증법, 의미의 해석학, 합리적 주체나 노동하는 주체의 해방, 부의 창출 같은 모종의 거대 서사, 즉 거창한 이야기

에 공공연히 호소하고 … 메타담론*을 근거로 자신을 정당화하는 과학을 모두 가리킨다.

헤겔과 마르크스는 분명히 그런 거창한 이야기의 주요 저자이고 그 거창한 이야기는 단지 이론적 담론뿐 아니라 사회제도도 정당화한다고 리오타르는 주장한다. 이와 달리 "내가 말하는 **포스트모더니즘**은 거창한 이야기에 대한 불신이다." 리오타르가 주장하는 포스트모더니즘의 특징, 즉 진리 개념이나 정의로운 사회 개념의 근거가 되는 일반적 유형 따위는 존재하지 않는다는 생각은 분명히 포스트구조주의가 옹호하는 다원주의나 반실재론과 관계있다. 그러나 이런 철학적 견해가 어느 정도 객관적 영향력을 갖게 된 것은 다음과 같은 사실 덕분이었다고 리오타르는 주장한다. "지식이 주된 생산력이 되는 포스트산업·포스트모던 시대에는" 과학 자체가 잡다한 게임으로 산산조각 나서, 저마다 결정론적 법칙이 아니라 불안정성을 추구하고, 어떤 거창한 이야기가 아니라 배리背理, 즉 논리 규칙에 어긋나는 추론에 호소해서 자신을 정당화하는데, 이론적 담론의 이런 성격 변화에 조응하는 예술형식이 일관성이나 전체화나 전체로의 통합을 추구하지 않는 포스트모더니즘 예술이다.[3]

이런 분석은 분명히 정치적 함의가 있다. 리오타르는 1950년대에 '사회주의냐 야만이냐'라는 모종의 트로츠키주의 조직에서 활동하

---

* metadiscourse. 다른 언어를 기술하거나 분석하는 데 쓰는 언어를 메타언어라 하고(예컨대, 영어 문법을 한국어로 설명할 경우 한국어), 비평에 대한 비평을 메타비평이라 하듯이 특정 주제에 관한 담론이 아니라 담론 자체에 관한 담론을 메타담론이라 한다. 여기서는 "과학이 자신의 지위를 정당화하기 위해 생산하는 담론, 즉 철학"을 가리킨다.

며 반反스탈린주의적 마르크스주의에 헌신했지만, 《포스트모던의 조건》을 쓸 무렵에는 사회주의 혁명이라는 목표를 거부하기에 이르렀다. "이제 [자본주의] 체제의 '순수한' 대안을 제시하는 것은 불가능하다. 1970년대가 끝나 가는 지금 우리는 모두 그런 종류의 대안을 추구했다가는 원래 대체하려던 것과 비슷한 체제로 끝나고 말 것이라는 사실을 알기 때문이다."[4] 여기서 말하는 "우리 모두"는 분명히 신新철학자들*을 추종하는 파리 지식인들의 합의를 가리키는데, 그들은 1968 이후 환멸을 느끼고 1970년대 말에 마르크스주의 포기를 선언했다. 그렇지만 그 뒤 10년 사이에 포스트모더니즘의 주장들은 영어권 세계의 많은 좌파 지식인들의 견해와도 잘 맞았다. 그래서 적어도 서구 세계는 19~20세기의 산업자본주의와 근본적으로 다른 '포스트모던' 시대로 접어들었다는 생각은 두 주요 '포스트마르크스주의자' 에르네스토 라클라우와 샹탈 무페의 주장, 즉 사회주의자들은 계급투쟁이 역사의 원동력이며 노동계급이 사회변혁의 주체임을 강조하는 '고전' 마르크스주의를 포기해야 한다는 주장을 더 강화하기만 했다.[5]

그 때문에 포스트모더니즘과 포스트마르크스주의가 결합한 것을 가장 잘 보여 준 잡지가 《마르크시즘 투데이》인데, 1980년대 내내 영국 좌파 가운데 '고전' 마르크스주의를 가장 강력하게 반대해 온 이 잡지는 최근 우리는 이제 '새 시대'에 살고 있다고 선언했다.

---

* 베르나르앙리 레비, 앙드레 글뤽스만, 파스칼 브뤼크네르 등 1970년대에 마르크스주의와 결별한 프랑스 철학자 세대. 전에 마오쩌둥주의자였다가 솔제니친의 《수용소 군도》에 충격을 받고 전향한 그들은 니체와 하이데거의 철학뿐 아니라 사르트르와 포스트구조주의도 비판했는데, 들뢰즈는 그들을 "텔레비전 어릿광대들"이라고 비꼬았다.

좌파는 이 새 시대를 받아들이지 못하면 주변으로 밀려날 수밖에 없다. … 새 시대의 핵심 사실은 대량생산에 바탕을 둔 낡은 포디즘 경제가 컴퓨터, 정보 기술, 로봇 시스템에 바탕을 둔 새롭고 더 유연한 포스트 포디즘 질서로 바뀌고 있다는 것이다. 그러나 새 시대에는 단지 경제만 변하는 것이 아니다. 세계 자체가 다시 만들어지고 있다. 대량생산, 대량소비, 거대도시, 빅 브라더 국가, 마구잡이 도시 개발, 국민국가 등은 쇠퇴하는 반면, 유연성, 다양성, 차별화, 유동성, 의사소통, 분권화, 국제화 등이 우세해지고 있다. 그 과정에서 우리 자신의 정체성, 자의식, 주체성도 변하고 있다. 우리는 새 시대로 가는 전환기에 있다.[6]

바로 이것이 포스트모더니즘을 이야기하는 사람들이 규정하는 세계다. 즉, 이렇게 변모한 사회 세계를 포스트모던 예술과 포스트구조주의 철학이 반영하는데, 그런 사회 세계에 참여하려면 다른 종류의 정치가 필요하다는 것이다. 그러나 나는 이런 주장을 모두 거부한다. 나는 우리가 새 시대에 살고 있다고 생각하지 않는다. 즉, 지난 두 세기 동안 세계를 지배한 자본주의 생산양식과 근본적으로 다른 '포스트산업사회, 포스트모던 시대'에 살고 있다고 생각하지 않는다. 나는 포스트구조주의의 핵심 주장들도 거부한다. 내가 보기에는 근본적으로 틀린 주장이기 때문이다. 포스트모던 예술이 20세기 초의 모더니즘 예술과 질적으로 다른 것인지도 매우 의심스럽다. 더욱이, 우리가 포스트모던 시대에 살고 있다는 생각을 지지하는 많은 글은 내가 보기에 지적으로 시야가 협소하고 보통 피상적이며 흔히 무지하고 때로는 앞뒤가 맞지 않다.

그러나 이런 판단에 단서를 달아야겠다. 나는 오늘날 포스트구조주의자로 알려진 철학자들의 저작을 그저 무시할 수만은 없다고 생각한다. 들뢰즈·데리다·푸코가 근본적으로는 틀렸을지 모르지만, 그들은 상당히 노련하고 정교하게 사상을 발전시켰고 부분적으로는 매우 귀중한 통찰도 보여 주기 때문이다. 그러나 그들이 포스트모던 시대라는 생각에 동의할지는 분명하지 않다. 푸코는 죽기 얼마 전에 포스트모던 시대에 관한 논평을 한마디 해 달라는 요청을 받고 다음과 같이 빈정거렸다. "뭘 두고 포스트모더니티라고 부르는 겁니까? 제가 현대적이지 않다는 겁니까?"[7] 1950~70년대에 발전해서 나중에 '포스트구조주의'라는 표제 아래 묶인 철학 이론들과, 지난 10년 동안 우리가 포스트모던 시대에 살고 있다는 주장을 뒷받침하는 데 그런 철학 이론들을 이용하는 것은 구분해야 한다. 후자의 흐름을 주도한 것은 대체로 북아메리카의 철학자, 비평가, 사회이론가들이었는데, 그들은 리오타르나 장 보드리야르 같은 프랑스인들의 도움을 받았고 리오타르와 보드리야르는 들뢰즈·데리다·푸코와 견주면 포스트구조주의의 아류밖에는 안 된다.

포스트모던 예술과 관련해서도 비슷한 지적을 할 수 있다. 흔히 포스트모더니즘 지지자들과 반대자들 사이의 쟁점은 최근의 문학·미술·건축 작품을 조이스·피카소·미스 같은 모더니스트들의 걸작과 비교해 어떻게 평가할 것인가라고들 생각한다.[8] 그러나 그런 가치판단과 별개의 문제로서 이 책의 주된 관심사가 하나 있는데, 모더니즘과 포스트모더니즘을 예술의 역사에서 서로 다른 두 시대로 칼같이 나눌 수 있는가 하는 것이다. 내가 주장하듯이 그럴 수 없다면, 그리고 포스트모던 시대가 시작됐다거나 지금이 포스트모던 시대라는 다양한 주장이 실제로 틀렸다면, 우리는 또 다른 물음을 던져 봐야 한다. 포스트모더니티 담론의 이런 확산은 어디서 비롯했는가? 지난 10년 동안 왜 그토록 많은 서구 지식인들은 사회·경제 체제나 문화적 흐름이 모두 과거와 근본적으로 달라졌다고 확신하게 됐는가?

이 책은 이 물음에 답할 뿐 아니라, 그런 근본적 변화가 일어나고 있다는 생각을 지지하는 주장들도 논박하려 한다. 따라서 어쩔 수 없이 철학, 사회이론, 역사 서술을 다루는 데 많은 지면을 할애해야 한다. 다행히, 이런 분야들을 종합하는 것이 특징인 지적 전통이 하나 있는데, 그것은 바로 마르크스·엥겔스·레닌·트로츠키·룩셈부르크·그람시가 발전시킨 고전적 역사유물론이다. 이 전통의 관점에서 보면, 이 책은 마르크스가 종교를 비판한 사소하지만 핵심적인 주장의 연장선에 있다고 할 수 있다. 계몽주의자들과 달리 마르크스는 그리스도교를 단지 잘못된 신념 체계로만 다루지 않았다. 그는 계급사회에서 거부당한 현실적 필요의 왜곡된 표현이 종교라고 봤다. 마찬가지로 나도 이 책에서 포스트모더니즘(포스트모던 예술, 포스트구조주의 철학, 포스트산업사회론을 근거로 우리가 포스트모던 시대로 접어들었다고 주장하는)의 지적 약점을 보여 주는 데 그치지 않고 포스트모더니즘을 역사적 맥락 속에 자리매김하려 한다. 따라서 포스트모더니즘은 하나의 징후로 보는 것이 가장 좋다.

이 책의 구조는 이런 전략을 반영하고 있다. 1장에서는 포스트모더니즘 담론의 주된 특징들을 살펴본다. 특히, 포스트모더니즘 담론에서 모더니즘의 위상을 평가하는 특별한 방식, 즉 문화적으로 최근에 나타난 모종의 근본적 단절이 바로 포스트모더니즘이라는 인상을 심어 주려고 모더니즘을 우스꽝스럽게 묘사하면서도 모더니즘의 특징들을 포스트모던 예술에 응용하는 방식을 집중적으로 살펴본다. 이것은 2장에서 모더니즘에 대한 다른 설명으로 이어진다. 나는 페리 앤더슨, 페터 뷔르거, 프랑코 모레티의 저작들을 비판적으로 원용해서, 20세기 초에 모더니즘 예술이 거둔 위대한 성과는 특수한 역사적 국면의 맥락 속에서 봐야 한다고 주장한다. 즉, 10월 혁명 직후 모더니즘이 급진화하면서 구성주의와 초현실주의 같은 아방가르드 운동이 나타나 더 광범한 사회변혁 투쟁의 일환으로 예술 제도 자체에 도전하게 됐다는 것이다. 따라서 사회주의 혁명의 패배는 아방가르드의 패배이기도 했고 이후의 모더니즘 역사도 결정지었는데, 포스트모던 예술은 바로 이 모더니즘의 변종일 뿐이다.

3장에서는 포스트구조주의를 다룬다. 포스트구조주의는 무엇보다 모더니즘의 철학적 표현으로 보는 것이 가장 좋다. 사실, 포스트구조주의 특유의 주제들은 니체가 이미 제시한 바 있는데, 들뢰즈·데리다·푸코는 결정적으로 니체의 영향을 받았다. 나는 이 철학자들의 공통된 핵심 난제, 즉 담론의 객관성을 철저히 거부한 것, 권력에 대한 저항을 분명히 표현했다고 주장하면서도 그 근거를 대지 못한 것, 인간이라는 주체의 일관성이나 주도력을 한사코 거부한 것 등을 집중적으로 살펴보겠다. 나는 푸코가 죽기 전에 마지막으로 펴낸 저작에서 주체는 스스로 자신을 만들어 낸다는 니체의 사상으로 되돌아갔지만 이 문제들을 결코 해결하지 못했으며, 최근 유행하는 보드리야르의 저작은 포스트구조주의의 흥미롭고 신선한 생각들을 조야하고 우스꽝스럽게 표현한 것일 뿐이라고 주장한다.

최근에 이 전통을 가장 강력하게 비판한 사람은 위르겐 하버마스다. 특히 그의 책 《모더니티의 철학 담론》(1985)은 지난 10년 동안 나온 책 가운데 고전의 반열에 들 만하다.* 4장에서 나는 포스트모더니즘을 비판하는 하버마스의 주장이 그의 의사소통 행위 이론의 핵

* 국역: 《현대성의 철학적 담론》, 문예출판사, 1994.

심 요소인 절차적 이성 개념으로 말미암아 심각하게 훼손된다고 주장한다. 즉, 절차적 이성 개념 때문에 하버마스는 설득력 없는 언어철학, 관념론적 사회이론, 지나치게 무비판적인 현대 자유민주주의론을 주장하게 된다. 오로지 고전적 역사유물론(의사소통적일 뿐 아니라 자연주의적이기도 한 언어·사고 이론으로 보강된)만이 하버마스가 강조한 '급진적 계몽주의'의 확실한 근거를 제공할 수 있다는 것이 내 주장이다.

마지막으로 5장에서는 포스트모더니티의 사회이론을 다룬다. 그러나 단지 포스트산업사회론만을 다루지 않고(포스트산업사회론을 비판하기는 아주 쉽다) 프레드릭 제임슨, 스콧 래시, 존 어리 같은 마르크스주의자들 또는 마르크스주의 경향 학자들의 더 설득력 있는 주장, 즉 이른바 포스트모던 예술이 등장한 바탕에는 '다국적' 자본주의나 '탈조직' 자본주의라는 새로운 국면이 놓여 있다는 주장도 살펴본다. 이 저자들이 감지한 변화는, 크게 과장하지 않는다면, 훨씬 더 장기적 추세의 결과이거나 1980년대의 특수하고 매우 불안정한 경제적 국면의 결과라는 것이 내 주장이다. 이 국면을 찬찬히 생각해 보면 자연히 포스트모더니즘의 뿌리 자체를 논할 수밖에 없게 되는데, 나는 그 뿌리가 서구 세계 전역에서 1968의 여파로 나타난 [정치적] 환멸과 레이건-대처 시대에 자본주의가 상층 화이트칼라에게 제공한 '과잉소비주의' 라이프스타일 기회가 맞물린 데 있다고 본다.

이런 내 주장은 앞서 말한 지적 신념과 일치하는 정치적 결론으로 이어진다. 왜냐하면 이 책의 특별한 목적은 '새 시대'의 사도들에 맞서 혁명적 사회주의 전통을 다시 확인하는 것이기 때문이다. 내가 이 일을 얼마나 잘 해냈는지는 독자들이 판단할 몫이다. 그러나 그렇게 하려는 노력 자체가 이 책을 쓰는 것이 과연 온당한지를 묻는 물음에 대한 답이다(적어도 나에게는 그렇다).

지금까지 간략히 설명한 데서도 분명히 드러났듯이, 이 책의 논조는 대부분 비판적이다. 이 책에서 내 관심사는 다른 사람의 견해에서 틀린 부분을 지적하고 입증하는 것이지 나 자신의 견해를 설명하는 것이 아니다. 그렇지만 포스트모더니즘 논쟁의 핵심 쟁점들에 관한 내 견해를 이 책 여기저기에서 은연 중에, 가끔은 분명하게 설명한다. 예컨대, 모더니티와 모더니즘 예술의 성격에 관한 견해(2장에서)나 합리성의 속성에 관한 견해(4장에서)가 그렇다. 어쩔 수 없이, 이런 설명을 뒷받침할 일관된 주장은 빠져 있다. 아마 내가 포스트모더니즘을 효과적으로 비판했다면 독자들은 내 견해를 더 알아보고 싶은 생각이 들 수도 있을 텐데, 이 책에 빠져 있는 내 주장의 일부는 내가 쓴 다른 책 《역사와 행위》에 나와 있다. 《역사와 행위》에서 나는 들뢰즈·데리다·푸코의 반인간주의에 맞서는 데 꼭 필요한 '구조와 행위자' 이론을 발전시키려 했다. 그러나 따지고 보면, 이 책(특히 5장)에서 내가 한 주장들은 더 일반적 논쟁, 즉 고전 마르크스주의가 오늘날의 세계를 통찰하는 데 필요한 이론적·정치적 지침을 여전히 제공할 수 있는지 아닌지로 귀결되는데, 이 논쟁은 담론 수준에서 해결되지 않고 정치 영역에서 해결될 문제다.

01

포스트 모더니티라는 은어

유감스럽게도, 우리는 겉모습을 중시하는 시대에 살고 있습니다.

— 오스카 와일드

1.1 계몽주의와 그 비슷한 것들

'포스트모더니티'와 혁명. 이 책의 주제는 언뜻 보면 공통점이 거의 없는 이 두 단어로 요약할 수 있다. 그러나 이 둘은 적어도 한 가지 공통점이 있는데, 둘 다 그 지시 대상이 사회 세계에 존재하지 않는다는 것이다. 물론 두 단어의 지시 대상이 존재하지 않는 방식은 사뭇 다르다. 사회주의 혁명은 20세기 내내 지속된 역사적 과정의 결과인데, 20세기에는 중대한 사회적·정치적 격변이 잇따랐고 한 번은 (1917년 10월 러시아에서) 진정한 노동자 국가가 출현하기도 했다(비록 단명했지만). 따라서 성공한 사회주의 혁명이 존재하지 않는 것은 우연한 역사적 사실이다. 반면에, 포스트모더니티는 순전히 이론적 발상이고, 주로 서구 지식인들의 현재 분위기를 나타내는 징후다(따라서 포스트모더니티라는 단어에는 따옴표를 붙여야 하지만, 이하에서는 따옴표가 없더라도 있다고 생각하기 바란다). 그러나 포스트모더니티와 혁명은 서로 연결돼 있다. 지금이 포스트모던 시대라는 믿음은 대체로 사회주의 혁명이 가능하거나 바람직하다는 견해를 거부한다. 또, 그런 믿음이 널리 받아들여지는 데 일조한 것이 바로 혁명은 실패했다는 생각이다.

리오타르는 혁명의 거부를 포스트모더니티의 더 일반적 현상, 즉 '거창한 이야기'의 붕괴를 보여 주는 한 사례로 다룬다. 그가 말한 '거창한 이야기'는 특히 계몽주의와 관계있는데, 계몽주의는 주로 18세기에 프랑스와 스코틀랜드 사상가들이 17세기 과학혁명의 특징인 이론적 탐구 방법을 확대해서 자연계뿐 아니라 사회 세계도 설명하고 그래서 인간이 자신의 환경을 합리적으로 통제할 수 있게 하려던 광범한 노력의 일환이었다. 계몽사상의 역사철학은 콩도르세의 유명한 책 제목 "인간 정신의 진보에 관한 역사적 개요"가 잘 보여 주는데, 사회의 진화를 살펴보면 인간의 조건이 점차 개선돼 왔음을 알 수 있다는 것이다. 적어도 이 점에서 리오타르는 분명히 헤겔과 마르크스를 계몽사상가들의 후예로 여긴다.

그러나 이제 계몽주의 프로젝트는 완전히 실패했다는 것이 리오타르의 주장이다.

> 이렇게 진보가 가능하다거나 확실하다거나 필요하다는 생각의 근거는 예술·기술·지식·자유의 발전이 인류 전체에게 이롭다는 확신이었다. 200년이 지난 오늘날 우리는 그 반대를 나타내는 징후를 더 많이 본다. 경제적 자유주의든 정치적 자유주의든 아니면 다양한 마르크스주의 경향이든 피로 얼룩진 지난 200년간 인류에게 저질러진 범죄의 혐의에서 자유롭지 않다. … 보편적 해방을 향한 일반적(경험적이든 사변적이든) 과정에서 아우슈비츠를 부정(지양止揚)할 수 있는 사상이 과연 있을까?[1]

리오타르는 이런 주장을 '사소한' 것이라고 하지만, '오래된' 것이라는 말이 더 나을 듯하다. 게오르크 루카치가 '낭만적 반자본주의'라고 부른 것이 이미 18세기 말에 나타나서 전前자본주의 사회를 이상화하며 계몽주의와 (계몽주의가 인정하는 듯한) 부르주아 사회질서에 도전했다.[2] 낭만주의자들의 계몽주의 비판에 대응해서 헤겔과 마르크스는 콩도르세를 비롯한 계몽사상가들의 역사 발전 이론보다 더 복잡한 역사관 속에 그 비판을 통합하려 했다. 계몽주의를 거부하는 태도는 (흔히 니체에서 영감을 얻었는데) 19세기 말 유럽 사상의 주된 요소로 유명하다. 아마 이런 전통의 최근 사례로 가장 유명한(그리고 복잡한) 것은 막스 호르크하이머와 테오도어 아도르노가 쓴《계몽의 변증법》(1944)일 것이다. 이 책에서 호르크하이머와 아도르노는 자연을 지배하려는 욕구(계몽사상가들이 옹호한)가 후기 자본주의라는 "철저히 관리되는 사회"에서 절정에 달하고, 후기 자본주의에서는 그동안 억압당한 것들이 파시즘이라는 야만적·비합리적 형태로 되돌아온다고 주장한다.

따라서 "거창한 이야기에 대한 불신"은 적어도 계몽주의만큼이나 오래된 것처럼 보인다(거창한 이야기들을 처음 만들어 낸 것이 계몽주의인데 말이다). 소렐이 말한 이른바 진보에 대한 환상이 19세기 말에 널리 퍼졌다는 사실은, 이 [거창한 이야기에 대한] 불신이야말로 포스트모더니즘 예술의 고유한 특징이라고 주장하는 사람들에게는 특히 당혹스러울 것이다. 왜냐하면 20세기 초 모더니즘의 전성기에 활약한 주요 인물들도 대체로 역사적 진보 개념을 거부했기 때문이다. 그래서 T S 엘리엇은 1923년에 쓴 유명한《율리시스》서평에서 제임스 조이스가 "장대한 파노라마처럼 펼쳐지는 무익하고 무질서한 동시대 역사를 통제하고 그 역사에 질서와 형태와 의미를 부여하는 방법으로" 신화를 이용한다고 했다.[3] 프랭크 커모드는 자신이 "종말 의식"이라고 부른 것, 즉 시대가 끝나 간다는 생각, 다시 말해 "종말이 임박했다는 위기의식"이 "이른바 모더니즘에 고유한" 요소라고 주장했다.[4]

그렇지만 포스트모더니티를 서구 문명의 마지막 파국으로 보는 종말론적 개념은 꽤나 널리 퍼져 있다. 그래서 아서 크로커와 데이비드 쿡은 다음과 같이 썼다. "우리의 의식은 [세기말 의식이 아니라] 천년말 의식이다. 초현대적 (기술)과 극히 조야한 (대중 정서)의 황혼기인 역사의 종말기에 존재하는 이 의식은 패러디와 키치*와 번아웃**의 확산 속에서 해체와 붕괴가 널리 퍼져 있는 것을 발견한다."[5] 그러나 포스트모더니스트들은 흔히 이런 종말론적 의식(커모드가 중세 이후 서구 사상의 매우 흔한 특징이라고 말한)을 포스트모더니즘에 고유한 것이라고 주장할 뿐 아니라[6] 모더니즘과 이 종말 의식을 대립시키기도 한다. 즉, 모더니즘 자체를 계몽주의의 한 사례로 여기는 것이다. 그래서 린더 허천은 "현실을 합리적·과학적으로 지배할 수 있다는 신념", 바로 계몽주의 프로젝트의 특징을 모더니즘의 속성으로 여긴다.[7]

러셀 버먼은 다음과 같이 지적한다.

> [포스트모더니스트들과 하버마스 같은 계몽주의 프로젝트 옹호자들은 모두 — 캘리니코스] 모더니티와 모더니즘 개념이 르네상스 이후, 적어도 19세기 이후 서구에서 득세한 인간주의[휴머니즘]의 문화적 형성물이라고 주장한다. 그래서 언

---

* kitsch. 대량생산해서 값은 싸지만 품질은 떨어지는 예술품이나 장식.

** burnout. 신체적·정신적 힘이 고갈돼 탈진한 상태를 가리키는 심리학 용어. 소진燒盡이라고도 한다.

뜻 보면 오늘날의 논쟁과 비슷한 계몽주의와 낭만주의의 대립이 지난 200년간 거듭거듭 되풀이된 것이다. 모더니티의 시대를 이렇게 구분하면, 19세기 말과 20세기 초의 예술 혁명을 상대적으로 경시하게 될 뿐 아니라 (그 전 수십 년 동안의 전통적 형식들과는 다른) 이른바 '모더니즘 예술'이나 '모더니즘 문학'의 출현도 무시하게 된다.[8]

역사적 구체성의 부족이라는 이 문제는 1장 4절에서 다시 살펴보겠다. 그 전에 먼저 이렇게 모더니즘 예술을 계몽주의와 일치시키려는 노력의 이면, 다시 말해 포스트모더니즘 예술에 고유한 정체성을 부여하려고 모더니즘의 특징을 악용한 문제부터 살펴보자.

1.2 모더니즘을 껍데기로 만들기

다음 두 문단을 비교해 보자.

여러 차원으로 이뤄진 미끌미끌한 포스트모더니즘의 공간에서는 마치 규칙 없는 게임처럼 모든 것이 허용된다. 떠다니는 이미지들, 예컨대 데이비드 샐의 그림에서 볼 수 있는 이미지들은 서로 아무 관계도 맺지 않는다. 의미는 마치 열쇠고리의 열쇠처럼 떼었다 붙였다 할 수 있다. 그 열쇠들은 관계가 단절되고 맥락에서 분리된 채 서로 미끄러지듯 지나칠 뿐 하나로 연결되지 못한다. 그들의 상호작용은 계속 동요할 뿐 아니라 일방적이어서 의미를 고정시키지 못한다.[9]

우리 시대의 본성은 다양성과 불확정성이다. 우리 시대가 의지할 수 있는 것은 오직 '미끄러짐'[움직이는 것, 미끄러지는 것, 흘러내리는 것 — 쇼르스케]뿐이

다. 우리는 다른 세대들이 확고하다고 믿었던 것이 사실은 '미끄러지는 것'임을 안다.[10]

첫째 문단은 미술평론가 수지 개블릭이 1987년에 로스앤젤레스에서 대담할 때 한 말이고, 둘째 문단은 시인 후고 폰 호프만슈탈이 1905년에 쓴 것이다. 두 사람 다 세계를 다원적이고 복잡한 것으로 묘사하지만, 개블릭은 그런 관점이 포스트모던 미술에만 독특한 것이라고 생각한다. 따지고 보면 니체에서 유래했고 19세기 말에 중부 유럽 지식인들 사이에 널리 퍼졌으며 호프만슈탈 같은 주요 모더니스트들의 작품에 흔히 나타난 현실 개념을 **포스트**모더니즘 특유의 개념으로 여기는 것이다.

그러나 모더니즘의 모티프를 이렇게 악용하는 것은 포스트모더니즘 예술을 설명할 때 전형적으로 나타나는 태도다. 이런 주장이 설득력이 있는지 아닌지는 먼저 모더니즘의 성격 자체를 살펴봐야만 알 수 있다. 유진 런은 모더니즘을 다음과 같이 탁월하게 정의했다.

"1. 예술적 자의식 또는 자기 반영성." 예술 작품을 생산하는 과정 자체가 작품의 초점이 된다. 프루스트의 《잃어버린 시간을 찾아서》가 단적인 사례다.

"2. 동시성, 나란히 두기 또는 '짜깁기'." 작품은 유기적 형식을 잃어버리고, 흔히 서로 다른 담론이나 문화 매체에서 끌어모은 파편들의 집합이 된다. 입체파와 초현실주의자들의 콜라주가 그렇고, 에이젠시테인과 베르토프를 비롯한 혁명적 러시아 영화 감독들이 개발한 몽타주 기법이 그렇다.

"3. 역설, 모호함, 불확실성." 세계 자체가 더는 합리적으로 인식할 수 있는 일관된 구조가 없는 것이 되고, 호프만슈탈의 말처럼 다양하고 불확정적인 것이 된다. 구스타프 클림트가 그린 걸작 〈철학〉, 〈의학〉, 〈법학〉(빈Wien 대학교의 의뢰를 받고 그렸으나, 계몽주의 관점에서 볼 때 어둡고 모호한 이미지들 때문에 물의를 빚고 결국 퇴짜 맞은 그림들)은 이런 생각을 잘 보여 준다.

"4. '비인간화', 즉 조화로운 개인 주체 또는 개성의 소멸." 랭보의 유명한 선언, 즉 "나는 타자다"라는 말은 조이스가 문학에서 무의식을 탐사하기 시작하고 초현실주의자들이 계승·발전시키면서 계속 되풀이됐다.[11]

아주 묘한 사실은 최근 가장 흥미로운 모더니즘론을 주장한 저자 두 사람, 즉 페리 앤더슨과 프랑코 모레티가 모두 런의 모더니즘 개념으로 포괄할 수 있는 비교적 통일된 예술운동은 존재하지 않는다고 본다는 점이다. 앤더슨은 다음과 같이 썼다. "모더니즘이라는 개념은 문화적 범주 가운데 가장 공허한 것이다. 고딕·르네상스·바로크·마니에리스모*·낭만주의·신고전주의 등과 달리 모더니즘은 정확히 무엇을 가리키는지가 분명하지 않다. 즉, 모더니즘에는 명확한 내용이 전혀 없다."[12] 앤더슨은 아마 예술사의 전통적 범주들을 지나치게 신뢰하는 듯하다. 그런 용어들은 흔히 기원이 자의적이고 용법도 불확실하며 자주 바뀌는데 말이다.[13] 모레티는 훨씬 더 구체적으로 '모더니즘' 개념을 의심한다.

'모더니즘'이라는 혼성어는 너무 자주 사용해서는 안 될 것이다. 나는 브레히트를 모더니스트로 분류하고 싶지 않다. … 나는 예컨대, 초현실

---

* manierismo. 르네상스 양식에서 바로크 양식으로 옮겨 가는 과도기에 나타난, 꾸밈이 많은 기교적 미술 양식.

주의나 《율리시스》 등과 브레히트의 작품을 모두 포괄하는 범주가 의미 있는 범주라고 생각하지 않는다. 모더니즘 개념의 공통 속성을 뭐라고 해야 할지 나는 모르겠다. 너무 다른 것들을 묶어 놨기 때문이다.[14]

그러나 사실, 브레히트의 희곡은 런이 정의한 모더니즘 개념에 부합한다고 볼 수 있다. 소외 효과는 관객으로 하여금 자신이 현실 생활을 엿보는 것이 아니라 극장에 있다는 사실을 깨닫게 하려는 것이기 때문이다. 또, 브레히트는 분명히 몽타주를 자신이 주창한 서사극의 특징으로 꼽았다. 그리고 브레히트의 희곡은 부분적으로 관객이 분명한 의미를 파악하지 못하도록 구성되고, 희곡의 서사에서 개인 주체는 자주적이고 일관되게 사건을 계획하고 실행하는 사람이 아니다. 물론 그렇다고 해서 모더니즘 내에 상당한 편차가 있다는 사실을 부인하는 것은 아니다. 런이 정의한 모더니즘 개념의 장점 하나는 1914년 이전 프랑스 입체파의 자신만만한 합리주의와, 한편으로는 빈의 '무기력한 예술지상주의', 다른 한편으로는 독일 표현주의가 만들어 낸 '불안해하고 초조해하고 괴로워하는' 예술 사이의 차이를 잘 보여 준다는 것이다.[15] 또, 예술 자체의 지위와 관련해서 모더니즘 내에 존재하는 매우 중요한 차이들도 무시하지 않는다(이 문제는 뒤에서 그리고 2장에서 다시 살펴보겠다). 그러면서도 런의 개념은 19세기 말 유럽 전역에서 출현한 예술의 뚜렷한 특징을 잘 담아내고 있다.

이런 모더니즘 개념의 장점은 이런저런 포스트모더니즘 개념을 살펴볼 때 분명히 드러난다. 예컨대, 찰스 젱크스는 포스트모더니즘에 대해 다음과 같이 말한다. "지금까지 나는 포스트모더니즘을 … 이

중 기호화*로 정의했다. 즉, 한편으로는 대중과, 다른 한편으로는 [건축에] 관심 있는 소수(흔히 다른 건축가들)와 소통하기 위해 모던한 기술을 다른 것(대개 전통적 건물)과 조합하는 건축양식이 바로 포스트모더니즘이다."[16] 이 개념은 건축가들이 국제주의 양식의 특징, 즉 길쭉한 널빤지 [같은 고층 빌딩]에서 벗어나려는 지난 20여 년간의 노력과는 잘 맞는다(건축에서는 국제주의 양식이 곧 모더니즘이었다). 그러나 그것을 포스트모더니즘 예술의 일반적 특징으로 여기면(흔히 그러려고들 하는데),[17] 터무니없이 부적절한 개념이 되고 만다. '이중 기호'(런이 "동시성, 나란히 두기 또는 '짜깁기'"라고 부른 것)는 모더니즘의 분명한 특징이다. 그래서 피터 애크로이드는《황무지》에 대해 다음과 같이 썼다.

> 엘리엇은 먼저 다른 사람들의 목소리를 재생해서 자신의 목소리를 발견했다. 마치 자신이 의지할 수 있는 뭔가 '실질적인' 것을 찾으려면 오로지 문학을 읽고 문학에 반응해야만 하는 것 같았다. 그래서 엘리엇이 다른 어떤 소설보다《율리시스》에 강하게 매료된 것이다. 조이스가 만들어 낸 세계는 언어를 다양하게 사용해서(여러 목소리를 내거나 문체를 패러디해서) 그리고 그 속에서만 존재할 수 있었다. … 조이스는 언어에 대한 역사적 의식, 따라서 '문체'의 상대성에 대한 역사적 의식이 있었다. 엘리엇의 문학 발전 과정을 전체적으로 살펴보면, 엘리엇에게도 그런 역사적 의식이 있었던 듯하다. …《황무지》의 마지막 장면에서 엘리엇은 단테, 키드, 제라르 드 네르발,《비너스의 전야제》, 산스크리트어 경전 등의 인용구들을 몽타주하는 기법을 사용했다. …《황무지》에서는

* double-coding. "엘리트와 대중, 새것과 옛것 등 상반되는 것들의 짝짓기"를 일컫는 젱크스의 용어.

'진리'를 찾아볼 수 없다. 오직 수많은 문체와 해석만이 무의미하게 끝없이 나열돼 있을 뿐이다.[18]

모더니즘이 "단절을 맹목적으로 숭배"한 후에 "더 광범한 서구 전통으로 복귀하는 것"이 포스트모더니즘이라는 젱크스의 주장에 비춰 보면,[19] 엘리엇은 특히 적절한 사례다. 왜냐하면 엘리엇의 주요 관심사 하나가 바로 자신의 작품과 더 광범한 유럽 전통 사이의 연속과 단절이었기 때문이다.* 이 점은 예컨대, "전통과 개인의 재능"이라는 글에도 나타나 있다.

이 역사의식으로 말미암아, 작가는 작품을 쓸 때 자신의 세대를 뼛속 깊이 자각하게 되며, 호메로스 이래의 유럽 문학 전체와 그 일부인 자국 문학 전체가 동시에 존재하고 동시적 질서를 이룬다는 느낌을 받을 수밖에 없다. 이 역사의식은 일시적인 것에 대한 의식인 동시에 항구적인 것에 대한 의식이며 이 의식 덕분에 작가는 전통을 갖게 된다. 그와 동시에 시간의 흐름 속에서 차지하는 자신의 위치와 자신이 속한 시대를 극히 날카롭게 의식할 수 있는 것이다.[20]

엘리엇은 "더 광범한 서구 전통" 속에 자신을 자리매김하려 했다는 점에서 주요 모더니스트들 가운데 예외적 인물이 결코 아니다. 이 점은 예컨대, 조이스나 쇤베르크나 피카소의 작품을 아는 사람이라면 누구나 인정할 것이다. 따라서 "포스트모더니즘은 자기 반영성에

* 엘리엇은 미국에서 태어났지만 주로 영국에서 작품 활동을 했고, 스스로 문학적으로는 고전주의자, 정치적으로는 왕당파, 종교적으로는 영국 국교도라고 주장했다.

서 더 나아가 담론을 더 광범한 맥락 속에 둔다"는 린더 허천의 주장은 별로 설득력이 없다.[21] 허천은 이 주장을 입증하려고 이른바 "역사서술적 메타픽션*", 즉 수많은 최신 현대 소설을 예로 들지만 사실 그 사례들(살만 루슈디의 《한밤의 아이들》, 존 파울즈의 《프랑스 중위의 여자》, 줄리언 반스의 《플로베르의 앵무새》, E L 닥터로의 《래그타임》 등)은 매우 이질적인 작품들이다. 이들을 굳이 하나로 묶을 만한 끈이 있다면, 그것은 주로 20세기 초에 조지프 콘래드, 마르셀 프루스트, 제임스 조이스, 버니지아 울프 등이 개척한 모더니즘 소설 기법을 다양한 목적과 방식으로 이용한다는 점뿐이다.

허천의 주장은, 포스트모더니즘 예술의 개념과 사례를 보면 포스트모더니즘을 19세기 말 모더니즘 혁명과의 단절이 아니라 연속으로 봐야 가장 그럴듯하다는 당혹스러운 사실에 대처하는 수많은 책략 가운데 하나다. 또 다른 흔한 수법은 모더니즘을 근본적으로 엘리트주의로 치부하는 것이다. 그래서 허천은 "모더니즘의 모호함과 신비주의" 운운했고, 심지어 안드레아스 후이센조차 (보통은 그러지 않을 텐데도) "포스트모더니즘 내의 가장 중요한 흐름들은 모더니즘이 대중문화를 끈질기게 적대하는 경향에 도전했다"고 말한다.[23] 이런 주장들은 모더니즘 예술의 내부 구조에 관한 주장치고는 너무 나간 것이다. 심지어 무서운 관료 같은 엘리엇도 런던의 뮤직홀을 좋아해서 그 리듬을 몇몇 시, 특히 《스위니 애고니스테스》에 반영하기도 했다.[24] 스트라빈스키는 〈봄의 제전〉뿐 아니라 〈병사 이야기〉도 작곡했

* historiographic metafiction. "자기 반영적이면서도 역설적으로 역사적 사건과 인물을 다루는 유명한 대중 소설"을 가리키는 허천의 용어.

는데, 이 작품은 래그타임*을 아주 많이 이용하고 있다. 위대한 모더니스트들의 예술지상주의, 즉 "장대한 파노라마처럼 펼쳐지는 무익하고 무질서한 동시대 역사"에서 벗어날 피난처로 예술을 바라보는 경향을 두고 엘리트주의라고 비난하는 것은 정곡을 찌른 주장이기는 하지만, 여기서도 포스트모더니즘 예술을 근본적으로 새로운 것이라고 생각하는 사람들은 다다이즘, 구성주의, 초현실주의 같은 아방가르드 운동들의 발전을 설명할 수 있어야 한다. 이 운동들은 사회 자체를 혁명적으로 변화시키려는 더 광범한 투쟁의 일환으로, 모더니즘 기법들을 이용해 예술과 생활의 분리를 극복하려 했기 때문이다. 이 문제는 2장에서 다시 살펴볼 것이다. 그러나 지금까지 얘기한 것만으로도 포스트모더니즘 예술이 새로운 것이라는 주장을 의심하기에는 충분한 듯하다.

1.3 포스트모더니즘의 선구자 찾기

그렇지만 포스트모더니즘 예술의 독자성을 증명하려는 노력 중에는 지금까지 살펴본 것보다 훨씬 더 교묘한 것들도 있다. 이런 노력들은 포스트모더니즘을 모더니즘 내의 한 경향으로 이해한다. 이런 태도는 모더니즘과 포스트모더니즘이 각각 서로 다른 사회 발전 단계와 매우 밀접한 연관이 있다는, 즉 모더니즘은 산업사회, 포스트모더니즘은 포스트산업사회와 관련된다는 생각을 분명히 회피하거나 거부한다.

---

* ragtime. 1870~80년대부터 미국에서 유행한 흑인 피아노 음악으로 나중에 재즈의 원류가 됐다.

아주 혼란스럽게도, 새로운 포스트모던 시대가 시작됐다는 주장이 널리 퍼지는 데 일조한 리오타르는 다음과 같이 주장하기도 했다. "'포스트모더니즘'이라는 용어에서 '포스트'라는 접두사를 … 단지 연속의 의미로, 즉 [모더니즘과 포스트모더니즘을] (서로 분명히 구별되는) 역사적 시대들로 이해하는 것은 완전히 모던한 생각이다. … 우리는 뭔가 완전히 새로운 것을 시작하고 있으므로 [역사의] 시곗바늘을 다시 0에 맞춰야 한다." 그러나 전통과 완전히 단절된다는 생각은 "정확히 말하면, 과거를 망각하거나 억압하는 태도다. 그것은 과거를 되풀이하자는 얘기다. 과거를 극복하자는 것이 아니다."[25]

포스트모더니즘이 모더니즘을 넘어서는 운동이 아니라면 무엇이란 말인가? 리오타르는 "그것은 분명히 모던의 일부다" 하고 대답한다.[26] 그는 여기서 자신의 주장을 뒷받침하려고 칸트의 숭고 개념(칸트가 《판단력 비판》에서 미학의 일부로 자세히 다룬)을 이용한다. [칸트는 다음과 같이 주장했다.] 숭고는 "형식이 없는 대상에서도 찾아볼 수 있다. 다만, 우리가 그 대상을 보며 무한한 것을 떠올리고, 그 전체도 생각할 수 있을 때 그렇다."* 숭고가 특별히 철학적으로 중요한 이유는

---

* 《판단력 비판》에서 칸트는 자연의 아름다움과 숭고한 아름다움을 구분한다. 꽃을 보며 느끼는 아름다움은 조화로운 아름다움이다. 이런 자연미는 "대상의 형식과 관계있고, 대상의 형식은 [크기의] 제한에서 성립한다." 반면에, 숭고한 아름다움은 엄청나게 크고 강력한 대상을 마주했을 때 느끼는 전율 같은 감동이다. "단적으로 큰 것", "절대적으로 큰 것"이 숭고한 것이다. 따라서 숭고는 대상의 무제한성에서 성립하는데, 무제한의 절대적 크기는 오직 하나, 즉 대상의 전체뿐이다. 그리고 한없이 큰 전체는 감각적으로 측정 가능한 객관적 사물이 아니라, 오직 상상을 통해서만 떠올릴 수 있는 인간 이성 안의 이념이다. 이렇게 직접 표현할 수 없는 무한성이 감성적으로 나타나는 것, 즉 개념을 규정해서 말할 수 없는 것이 말로써 표현되는 부정적 현시 방식이 숭고의 본질이라고 칸트는 주장했다.

우리가 "혼란스럽고 거칠고 무질서하고 황폐한 자연(의 어마어마한 크기와 가공할 위력)을 볼 때" [숭고와] 순수이성의 이념을, 특히 물리적 세계는 통일된 합목적적 질서의 세계라는 생각을 떠올리게 되는데 (칸트에 따르면) 이런 통일된 합목적적 질서는 감각 경험으로는 파악할 수 없는 것이기 때문이다. 따라서 숭고의 감정은 감각적인 것의 한계를 뛰어넘는 예술적 경험의 형식이다. 그리고 "상상력은 비록 감성적인 것 너머에서는 의지할 수 있는 것을 전혀 발견하지 못하지만, 그래도 이렇게 감성의 경계를 제거하면 스스로 무한하다고 느끼게 된다. 바로 그런 추상을 통해 무한한 것이 나타난다." 그래서 칸트는 우상 숭배를 금지한 모세의 율법보다 "더 숭고한 구절은 없을 것"이라고 주장했다.[27]

리오타르에게 중요한 것은 칸트가 말한 숭고의 종교적·형이상학적 함의가 아니다. "칸트의 숭고 철학은 개념과 현실 사이에 공통점이 없다는 것을 보여 준다"는 점이 중요하다. 리오타르가 강조하는 것은 칸트가 숭고의 감정에 내재한다고 말한 "전체도 생각할 수 있"다는 점이 아니라, 우리가 이 전체를 경험할 수 없다는 점이다. 리오타르는 "표현할 수 있는 것과 상상할 수 있는 것 사이의 숭고 관계"를 대하는 서로 다른 두 태도, 즉 모더니즘과 포스트모더니즘을 구분한다.

> 모더니즘 예술은 숭고의 예술이다(비록 향수를 불러일으키는 예술이지만). 모더니즘 예술은 표현할 수 없는 것이 오직 내용의 상실을 통해서만 드러나게 하지만, 그 형식의 일관성을 인식할 수 있기 때문에 독자나 관객에게 계속 즐거움을 준다. … 포스트모더니즘 예술은 모더니즘에서 표현할 수 없는 것이 표현 자체에서 드러나게 한다. 그리고 좋은 형식이 주는 위안과 좋은 취향의 합의(얻을 수 없는 것에 대한 향수를 공

유하게 해 주는)를 거부한다. 또, 즐기기 위해서가 아니라 표현할 수 없는 것이 존재한다는 느낌을 더 강렬하게 표현하기 위해 새로운 표현을 찾는다.[28]

그러므로 포스트모더니즘 예술은 우리가 세계를 일관되고 조화로운 전체로서 경험할 수 없다는 태도를 취한다는 점에서 모더니즘과 다르다. 모더니즘은 "장대한 파노라마처럼 펼쳐지는 무익하고 무질서한 동시대 역사"에 대응해서, 우리가 전체에 대한 감각을 잃어버리기 전의 시대를 되돌아보며 향수를 느낀다. 이 점은 엘리엇이 17세기 형이상학파 시인들에게는 "사상을 직접 감각적으로 포착하거나 사상을 느낌으로 재창조"하는 능력이 있었지만 이미 밀턴과 드라이든에서 분명히 나타난 "감수성의 분열" 이후 그런 능력은 사라져 버렸다고 말하는 데서도 드러난다.[29] 이와 대조적으로 포스트모더니즘은 과거를 되돌아보지 않는다. 오히려 "상상할 수 있는 능력의 힘, 말하자면 '비인간성'(아폴리네르가 모더니즘 예술가들에게 요구한 자질)*"과 "(그림이든 예술이든 다른 어떤 게임이든 간에) 새로운 게임 규칙 발명에 따른 존재의 확장과 환희의 증가"를 강조한다.[30]

이런 포스트모더니즘 개념은 '이중 기호화' 같은 구조적 특징을 근거로 포스트모더니즘과 모더니즘을 구별하려는 노력을 사실상 포기한다. 실제로 리오타르의 주장에는 "최초의 모더니즘 이데올로그들이 모더니즘은 예술의 언어·형식·취향에서 끊임없이 일어나는 역동적 혁명이라고 칭송했던 것과 같은 찬사"가 들어 있다고 프레드릭 제

---

* "여기서 비인간적이라 한 까닭은 인간의 감수성이나 상상력이 인식한 것과 일치할 수 있는지 아닌지는 인간 지성의 임무가 아니기 때문이다."

임슨은 지적한다.[31] 마찬가지로 젱크스도 "리오타르는 포스트모더니즘과 최근의 아방가르드 운동, 즉 후기 모더니즘을 혼동하는 글을 계속 써 대고 있다"고 불평한다.[32] 젱크스는 1960~70년대 미니멀아트의 일부를 특히 염두에 두고 있고, 실제로 리오타르도 퐁피두 센터에서 〈비非물질Les Immatériaux〉이라는 전시회를 기획한 데서 드러나듯이 미니멀아트 작품을 선호하는 경향이 있는 듯하다. 그러나 리오타르 주장의 요지는 포스트모더니즘이 모더니즘 내의 한 경향이지만 그 특징은 우리가 현실을 질서 있고 조화로운 전체로서 경험할 수 없다는 사실을 슬퍼하기는커녕 기꺼이 찬양한다는 점이라는 것이다. 미니멀아트는 이런 포스트모더니즘 개념에 포함될 수 있겠지만, 더 흥미로운 문제는 20세기 초 모더니즘의 전성기에 포스트모더니즘의 전형적 사례들이 등장했다는 것이다.

리오타르는 약간 설득력 없는 사례를 하나 드는데, 프루스트의 소설은 다음과 같은 이유에서 분명히 모더니즘 작품이라는 것이다. "주인공이 더는 인물이 아니라 시간의 내적 의식이지만 … 소설의 통일성, 그 의식의 긴 여정은 비록 이 장章에서 저 장으로 미뤄지지만 결코 심각하게 위협받지는 않는다." 이와 달리 "조이스는 표현할 수 없는 것을 자신의 글쓰기 자체에서, 즉 시니피앙*에서 알아볼 수 있게 한다. 온갖 서사 기법과 문체의 용법들이 전체의 통일성과 무관하게 사용되고, 새로운 용법들도 시도된다."[33] 그러나 《율리시스》에 다양한 문체와 목소리가 있는 것은 사실이지만, 조이스가 신화를 이용해서

---

* signifiant. 구조주의 언어학의 창시자 소쉬르는 언어라는 기호가 소리와 의미로 이뤄진다고 보고, 소리를 시니피앙(기표記標), 의미를 시니피에(signifié, 기의記意)라고 불렀다.

겉으로 드러나지 않게 [작품의] 일관성을 유지하고 있다는 것도 분명한 사실 아닌가? 그리고 이런 질서는 《피네간의 경야》에서 주기적 형태(그 책과 역사가 모두 보여 주는)로 훨씬 더 분명하게 나타나고 있지 않은가?[34]

한편, 프레드릭 제임슨은 윈덤 루이스를 다룬 탁월한 저작에서 조이스를 모더니즘 진영에 확고하게 자리매김하는데, 제임슨의 루이스 연구는 포스트모더니즘적 충동이 모더니즘 안에서 작용하고 있음을 보여 주는 가장 일관된 노력이다. 제임슨이 루이스를 중요하게 여기는 이유는 '영미 모더니즘'의 특징인 '인상주의 미학'을 루이스가 거부했기 때문이다. 파운드·엘리엇·조이스·로런스·예이츠는 모두 "소외된 세계를 개성적 문체와 사적 언어로 탈바꿈해서 그 세계를 다시 차지하려는 내향화 전략"을 추구했다. 그러나 "윈덤 루이스는 엄청난 힘으로 뻣뻣한 기계적 문장을 퍼뜨리고 세계를 두들겨서 험악한 입체적 표면으로 만든다." 끈질기게 외향화하는 루이스의 문체에서 인간적인 것, 물리적인 것, 기계적인 것은 산산이 부서져서 서로 동화한다. 제임슨은 여느 마르크스주의자라면 하기 힘든 대담하고 창의적인 노력을 통해, 루이스(파시스트, 여성차별주의자, 인종차별주의자, 엘리트주의자)의 작품에는 형식적 '표현주의'가 뚜렷하므로 루이스의 작품은 "의도와 달리, 형식적·이데올로기적으로 결코 벗어날 수 없는 소외된 사회생활의 사물화事物化* 경험"에 특별히 강력하게 "항의"하는 것으로 봐야 한다고 주장한다.[35]

---

* reification. 자본주의 사회에서 인간의 노동력을 포함한 모든 것이 사고파는 상품이 돼, 인간과 인간의 관계조차 사물과 사물의 관계로 나타나는 현상. 물화物化라고도 한다.

여기서 문제는 제임슨이 루이스를 읽는 방식 자체가 아니라(제임슨의 루이스 읽기는 프랭크 커모드가 말한 '불일치 이론'의 특히 대담한 사례라고 할 수 있는데, 이 이론에 따라 마르크스주의 비평가들은 텍스트에서 흔히 저자의 의도와 어긋나는 무의식적 의미를 발견하려 한다[36]) 제임슨이 루이스의 작품과 대조시키는 주류 모더니즘의 모습이다. 제임슨이 설명한 모더니즘은 사적이고 주관적으로 경험하는 시간, 즉 베르그송이 '[순수]지속'이라고 부른 시간과 특히 관계있는데, 개인이 살아가면서 경험하는 이 시간은 파편화한 시간임과 동시에 현대 사회의 동질적이고 직선적인 '객관적' 시간과는 사뭇 다른 리듬으로 작동하는 시간이다.[37] 이런 설명은 아마 프루스트에게는 잘 맞겠지만, 루이스와 동시대의 위대한 영어권 작가들에게는 별로 맞지 않을 것이다. (다시 한 번) 엘리엇을 예로 들면, 앞서 봤듯이 그는 유럽의 전통 자체가 자신의 작품과 '동시적 질서'를 이룬다고 생각했다. 사실, 더 일반적으로 말하면 문학에서 모더니즘의 특징은 글(쓰기)의 공간화, 즉 시간의 흐름에서 분리된 파편적 이미지를 나란히 둔다는 점이다.[38] 엘리엇은 "전통과 개인의 재능"에서 다음과 같은 유명한 말도 했다. "시는 감정을 풀어놓는 것이 아니라 감정을 회피하는 것이고, 개성을 표현하는 것이 아니라 개성을 회피하는 것이다."[39] 이런 진술은 《황무지》 같은 시에는 잘 어울리지만, 시간의 내적 의식으로 후퇴하는 "내향화 전략"과는 맞지 않는 듯하다. 엘리엇은 《율리시스》가 현대 생활의 소재들을 이용해서 고전주의로 회귀한 작품이지 무익한 전통주의에 의존하는 것이 아니라는 설명을 지지한다. 흥미롭게도, 루이스는 "1914년의 사람들", 즉 자신을 포함해 엘리엇·파운드·조이스는 모두 "낭만주의 예술에서 고전주의 예술로 돌아가려고 시도"했으며 이것은 회화에서 피카소가 이룩한 혁명에 견줄 만하

다고 주장했다.[40]

어쨌든 《정치적 무의식》이라는 책을 지은 제임슨*은 엘리엇 등이 '인상주의 미학'과 사뭇 다른 비개성적이고 공간화한 예술을 표방한 것보다는 그들 작품의 형식적 구성에서 드러나는 것이 더 중요하다고 주장할 수 있다. 그러나 그런 형식 분석을 굳이 하지 않더라도, 제임슨의 해석을 영어권 밖의 더 광범한 모더니즘 경향에 적용해 보면 별로 설득력이 없다는 점은 지적해 둘 만하다. 예컨대, 매우 주관적인 예술이지만 그래도 내면의 고뇌를 외부화하는, 즉 고뇌를 개인의 객관적 환경에 투영하고 그래서 그 환경을 왜곡하는 표현주의는 어디에 해당하는가? 또, 상식적 경험의 대상을 체계적으로 해체해서 그 내부 구조와 외부 관계를 관객 앞에 펼쳐 놓는 입체파 운동은 어떤가?[41] 표현주의의 과도함에 반발해서 냉정하고 사실적(즉물적卽物的)이며 때로는 공공연하게 신고전주의적인 예술을 지향하면서도 이런 지향을 기존 사회에 대한 (혁명적 태도까지는 아니더라도) 비판적 태도와 결합시킨(가장 큰 업적은 아마 브레히트의 '과학기술 시대를 위한 극장'일 것이다) 독일 바이마르공화국의 신즉물주의新卽物主義**는 또 어떤가?[42]

더 일반적으로 말하면, 제임슨처럼 모더니즘의 전형인 이른바 '인상주의 미학'과 루이스의 '표현주의'를 대립시키게 되면, 내부와 외부

---

* 마르크스주의 문학비평서 《정치적 무의식》(1971)에서 제임슨은 겉보기에는 정치성이 전혀 없는 듯한 문학작품에도 프로이트의 무의식처럼 텍스트의 표면 아래 정치적 내용이 있어서 은연중에 드러난다고 주장했다.

** Neue Sachlichkeit. 1920년대에 독일에서 일어난 예술운동. 표현주의에 반대하면서, 주관적·환상적 경향을 배제하고 사물에 대한 냉정한 관찰과 정확한 묘사를 강조했다. 신현실주의·신객관주의라고도 한다.

의 변증법적 관계로 가장 잘 이해할 수 있는 것이 가려지고 만다. 주관적 경험의 독특한 리듬을 탐사하는 것은 분명히 모더니즘 작품의 중심 주제 가운데 하나다. 프루스트·울프·조이스의 작품을 생각해 보라. 여기서 역설은, 심지어 파편적 내부 의식을 더 깊이 파고들어 무의식에 가까워질수록, 더 주체를 분열시키고 자아를 넘나들며 구성하는 외부의 힘과 맞닥뜨리게 된다는 것이다.

바로 이것이 프로이트가 걸어간 궤적이다. 즉, 프로이트는 무의식적 욕망을 파헤치다가 역사와 대면하게 됐는데, 단지 개인 주체의 역사만을 대면한 것이 아니라, 자아의 인생 역정 근저에 있으면서 사회 제도(특히 가족)를 만들어 낸 역사 과정도 대면하게 된 것이다. 들뢰즈와 가타리는 프로이트가 이 과정을 충분히 멀리까지 진척시키지 않고 오히려 신화적 역사에 의지해서 부르주아 가족을 영원한 것으로 만들어 버리는 잘못을 저질렀다고 주장한다.[43] 이 주장이 맞을지도 모르지만, 여기서 중요한 점은 내면의 의식을 탐사하는 심층 심리학의 논리가 주체를 해체해서 그 파편들이 사회·자연 환경(흔히 자아에 외부적이라고 생각되는)과 직결돼 있음을 보여 준다는 사실이다. 이런 논리가 작용한 사례로는 빈 모더니즘의 두 거장 클림트와 코코슈카를 들 수 있다. 클림트의 그림은 내면의 불안과 에로티시즘으로 가득 차 있지만, 그 불안과 에로티시즘은 여전히 전체의 일부로서 조화로운 관계(실제로는 틀에 박힌 관계) 속에서 통제되고 있다. 그러나 클림트가 어느 정도 통제할 수 있었던 긴장이 코코슈카의 그림에서는 폭발하고 만다. 그래서 그림의 주제가 왜곡되고 혼란스러워져서, 어지러운 심리적 에너지가 그림에 난무하는 것이다.[44]

포스트모더니즘은 이 내부와 외부의 변증법의 결과일 뿐이라고, 즉 피상적이고 깊이가 없고 심지어 즉흥적 예술에 불과하다고 주장하는 사람도 있다. 예컨대, 스콧 래시는 포스트모더니즘을 "담론이 아니라 형상으로 의미를 나타내는 체계"로 봐야 한다고 주장한다. "말이 아니라 형상으로 의미를 나타낸다는 것은 도상圖像, 즉 그림과 모양으로 표현한다는 것이다. 이미지 등의 형상이 그림과 모양으로 의미를 나타낼 수 있는 이유는 그 지시대상과 비슷하게 생겼기 때문이다." 따라서 포스트모더니즘 예술은 "차이를 흐리는" 경향이 있다. 그래서 한편으로 기의(의미)는 "점차 사라지고 기표가 지시대상[기의] 구실을 하고" 다른 한편으로 "지시대상이 기표 구실을 한다." 래시는 근본적으로 이미지즘*적인 이런 예술의 사례로 최신 현대 영화(《블루벨벳》)와 비평(해석을 비판한 수전 손택의 비평)을 거론하지만, 포스트모더니즘이 모더니즘 안에(특히 초현실주의 형태로) 내재한다고 보는 점에서는 리오타르와 마찬가지다. 초현실주의는 "현실이 모종의 의미를 나타내는 요소들로 이뤄진다고 봤다. 그래서 내빌은 도심 거리의 가판대·자동차·불빛이 어떤 의미에서는 이미 예술 작품이므로 우리가 도심 거리를 보며 즐거워해야 한다고 역설했고, 브르통은 세계 자체가 '저절로 글을 쓴다'**고 말했다."[45]

이런 분석의 분명한 문제점 하나는, 예컨대 회화나 영화처럼 그림과 모양으로 나타낼 수밖에 없는 예술과 포스트모더니즘이 어떻게

---

* imagism. 제1차세계대전 말부터 영국과 미국에서 일어난 새로운 시 운동. 에즈라 파운드가 주창한 것으로, 형식주의에 반대하며 시 창작에서 일상어를 쓰고 자유시의 형태를 취하되 리듬과 이미지를 창출하며, 제재를 자유롭게 선택하고 집중력을 중시할 것을 주장했다. 심상주의心象主義라고도 한다.

** automatic writing. 자동 글쓰기 또는 자동기술自動記述. 프랑스 초현실주의 예술운동에서 제창된 표현 기법으로, 이성이나 기존의 미학을 배제하고 무의식의 세계에서 생긴 이미지를 그대로 기록하는 것.

다른지를 설명하지 못한다는 것이다. 최근에 존 버거는 회화의 두드러진 특징이 "눈에 보이게, 직접적으로, 확고하게, 지속적으로, 물리적으로 표현한다"는 점이며 "회화는 모든 예술 중에서 가장 직접적이고 감각적인 예술"이라고 주장했다.[46] 모더니즘 회화의 주요 특징 하나는 회화에 내재하는 이 직접적·감각적 자극을, 한편으로는 형식과 재현이라는 미학 이데올로기에서, 다른 한편으로는 예술을 제도적 종교와 국가에 종속시키는 광범한 사회적 이데올로기에서 해방시켰다는 점이라고 할 수 있다. 그에 따른 해방감은 예컨대, 마티스의 그림을 보면 알 수 있다. 시에서도 똑같은 성과를 얻으려는 노력이 모더니즘 문학 혁명의 결정적 동기였다. 그래서 파운드는 이미지즘을 두고 "회화나 조각이 '방금 언어로 바뀐' 듯한 시"라고 말했다.[47] 형상이 포스트모더니즘의 핵심 특징이라면, 포스트모더니즘은 래시가 생각한 것보다 훨씬 더 광범한 모더니즘의 특징인 것이다.

래시처럼 초현실주의에 초점을 맞춘다고 해도 문제가 해결되지는 않는다. 초현실주의자들의 마술적 현실 개념에 따르면, 도시의 일상생활에서 일어나는 우연한 사건들은 발터 벤야민이 말한 '세속적 깨달음'의 계기였다. 이런 의미에서 현실은 초현실주의자들에게 실제로 기표 구실을 했다. 그러나 1920년대 중반이 되면, 원래 주로 예술지상주의적이었던 프로젝트("시인은 모든 감각을 오랫동안, 엄청나게, 합리적으로 교란시켜서 견자見者, 즉 세계를 투시하는 사람이 돼야 한다"는 랭보의 명령을 실현하려 한 초현실주의)가 사회혁명을 지지하는 더 광범한 정치적 노력으로 발전해서 주요 초현실주의자 대다수는 공산당에 가입하고(대부분 짧은 기간이었지만) 브르통은 평생 동안 반反스탈린주의 좌파에 참여하게 된다. 브르통은 1935년 '문화를 옹호하는 작가 대회'에서 다음과 같이 말했다. "마르크스는 '세계를 변혁하라'고 했고, 랭보는 '생활을 변화시키라'고 했습니다. 우리에게 이 두 구호는 똑같은 것입니다."[48]

정치 혁명과 예술 혁명의 이런 결합을 감안하면, 초현실주의자들을 포스트모더니즘의 선구자로 보기는 힘들다. 왜냐하면 포스트모더니즘 예술에 관한 설명은 대부분 포스트모더니즘이 혁명적 정치 변화를 거부한다는 사실을 강조하는 경향이 있기 때문이다. 리오타르는 "전체와 하나에 대한 향수, … 개념과 감성의 조화, 투명한 경험과 소통 가능한 경험의 조화"를 "공포정치, … 현실을 파악할 수 있다는 환상"과 결부시킨다.[49] 이런 생각은 아마 전통적 자유주의 사상, 즉 사회를 통째로 바꾸려는 노력은 모두 옛 소련처럼 강제 노동 수용소로 끝나고 만다는 주장과 다를 바 없을 것이다. 포스트모더니즘의 '재치'와 '아이러니'를 강조하는 주장 이면에는, 이제 세계 전체의 정치 변혁이 가능하다거나 바람직하다는 신념은 붕괴했으므로 우리에게 남은 최선의 대안은 우리가 더는 진지하게 다룰 수 없는 것을 재미있게 패러디하는 것뿐이라는 생각이 있는 듯하다. 그러나 패러디는 위대한 모더니스트들(예컨대, 엘리엇과 조이스)의 작품에도 아주 흔하기 때문에 패러디가 포스트모더니즘만의 특징이라는 주장은 별로 설득력이 없다. 사실, 2장에서도 살펴보겠지만 프랑코 모레티는 아이러니가 모더니즘의 특징적 구성 요소라고 주장했다. 제임슨은 더 나아가 모더니즘의 패러디에는 모종의 기준 개념이 있어서 여기서 벗어난 것을 구분할 수 있는 반면 포스트모더니즘의 특징은 이른바 혼성 모방이라고 주장한다. 혼성 모방은 [패러디와 마찬가지로 뭔가를 모방하고 흉내 내는 것이지만] "중립적으로 모방하는 것이어서, 패러디와 달리 숨은 동기도 없고, 풍자적 충동도 제거되고, 잠시 차용한 비정상적 언어 행위 속에 여전히 건강하고 정상적인 언어 형태가 남아 있다는 확신도 없고 웃음도 없다."[50]

초현실주의가 랭보의 예술적 실험과 마르크스주의의 혁명적 사회주의를 결합한 것이라면, 초현실주의를 어떻게 포스트모더니즘의 선구자로 볼 수 있겠는가? 포스트모더니즘은 혁명을 기껏해야 농담으로, 최악의 경우에는 재앙으로 여기는데 말이다. 래시가 벤야민의 '아우라 없는 예술'론에 의지하는 것도 도움이 안 되기는 마찬가지다. 벤야민은 세상에 단 하나뿐이고 쉽게 접할 수 없는 예술 작품의 속성을 묘사하려고 '아우라'라는 말을 썼는데, 그는 전통적 예술 작품의 특징이 바로 아우라라고 주장했다. "'진정한' 예술 작품의 단 하나뿐인 가치는 그것의 원래 사용가치가 있던 곳인 의식儀式에 근거를 둔다.*" 아우라의 이 "의식 기능"은 제도적 종교가 쇠퇴한 후에도 유지됐는데, "르네상스 시대에는 아름다움에 대한 세속적 숭배" 형태로, 19세기의 예술지상주의(예술을 위한 예술)에서는 예술의 '부정신학'** 형태로 유지됐다. 그러나 오늘날 예술 작품을 대량으로 복제할 수 있는 기술이 발전해서(그런 기술 발전은 영화에서 절정에 달했다) 단 하나뿐인 이미지라는 속성도 파괴되고 이미지를 소비하는 방식도 바뀌어

---

* 벤야민은 "가장 오래된 예술 작품들은 의식에 쓰이기 위해 생겨났는데, 처음에는 주술적 의식에 쓰이다가 나중에는 종교적 의식에 쓰였다"고 주장했다.

** 否定神學. 신은 피조물과 근본적으로 달라서 존재자에 대해 내릴 수 있는 적극적 규정을 통해서는 인식할 수 없고 오직 부정의 방법을 통해서만 인식할 수 있다는 그리스도교 신학. 벤야민은 19세기에 사진술이 등장하(고 사회주의가 대두하)자 위기가 다가오고 있음을 느낀 예술이 '예술의 신학'이라 할 수 있는 예술지상주의 이론으로 그 위기에 대처했는데, 이 이론에서 생겨난 것이 "'순수'예술의 이념이라는 형태를 띤 일종의 부정신학", 즉 "예술에서 모든 사회적 기능뿐 아니라 예술을 대상의 소재를 통해 규정하는 것도 일절 거부"하는 경향이라고 주장했다.

서 결국 아우라가 붕괴했다는 것이다. 즉, 예술 작품의 수용은 이제 개인이 이미지에 몰입하는 문제가 아니라 (특히 극장에서) "정신이 산만한 상태에서[즉, 제의가 아니라 오락을 위해] 집단적으로 감상하는" 문제가 된 것이다.[51]

그런데 래시는 모더니즘은 대표적인 아우라 예술이고 포스트모더니즘은 아우라 없는 예술이라고 주장한다. 포스트모더니즘은 "혼성모방, 콜라주, 알레고리* 등을 통해" 예술 작품의 유기적 통일성을 파괴한다는 것이다.[52] 그러나 래시는 포스트모더니즘이 콜라주 등을 이용하는 것이 입체파 같은 전형적 모더니즘 운동과 어떻게 다른지 설명하지 않는다. 더 중요한 점은 그의 주장이 벤야민의 '아우라 없는 예술'론을 심각하게 오해한 것이라는 사실이다. 벤야민은 영화 같은 대중매체로 인한 아우라의 붕괴가 다다이즘을 비롯한 아방가르드 운동의 명시적 목표였다고 주장한다. "다다이스트들의 의도와 성과는 스스로 만든 작품의 아우라를 가차 없이 파괴한 것이었다. … 실제로 다다이스트들은 예술 작품을 스캔들의 주요 대상으로 만들어서 자신들의 활동이 그야말로 요란한 오락거리가 되게 했다." 그러나 다다이스트들이 의미 없는 시를 짓거나 관객을 공격하는 행위를 통해 추구한 모종의 충격 효과는 영화에서 훨씬 더 큰 규모로 달성됐는데, 영화에서는 영상이 끊임없이 바뀌기 때문에 관객은 의식의 흐름이 자꾸 끊기게 되고 그래서 관조 상태에서 작품에 몰입할 수 없게 된다.[53]

---

* allegory. 어떤 주제를 말하기 위해 다른 주제를 사용해 둘의 유사성을 적절히 암시하면서 주제를 나타내는 수사법. 은유법과 비슷하지만, 은유법은 하나의 단어나 문장 같은 작은 단위에서 구사되는 반면, 알레고리는 이야기 전체가 하나의 은유법으로 관철된다는 점에서 다르다. 우화나 풍자가 대표적이다.

벤야민이 볼 때 이런 감상 방식의 변화가 중요한 이유는 정치적인 것이었다. 아우라의 붕괴로 말미암아 예술이 더는 "제의에 바탕을 두지" 못하고 "다른 실천, 즉 정치에 바탕을 두게" 됐기 때문이다. 관객은 "정신이 산만한 상태에서 예술 작품을 감상"하므로 작품에 몰입하지 않고 비판적 태도를 취할 수 있게 된다. "관중은 시험관인데, 정신이 산만한 시험관이다."[54] 기계적으로 복제된 예술 작품을 대량으로 소비하는 사람들은 이 새로운 감상 방법 덕분에 단지 예술 작품에 대해서만이 아니라 그것을 생산한 자본주의 사회에 대해서도 비판적 거리를 두게 될 것이라고 벤야민은 생각했다. 아도르노는 이런 생각이 새로운 물리적 대량 복제 수단과 그것을 사용하는 부르주아 사회관계를 분리하는 순진한 기술결정론이라고 주장했다.[55] 이 주장에 대해 어떻게 생각하든지 간에, 벤야민이 예술 작품 감상 방법을 변화시키려는 아방가르드 운동 안에서 정치적 역동성을 발견한 것은 확실히 옳았다. 이 점은 다다이스트들도 마찬가지였는데, 그들은 포스트모더니즘론자들의 묘사와 달리 정치에 무관심한 채 농담이나 즐기지 않았다. 특히 베를린 다다 그룹은 제1차세계대전, 1917년 10월 러시아 혁명, 1918년 11월 독일 혁명의 맥락 속에서 출현했다. 이 그룹의 주요 인물들, 즉 리하르트 휠젠베크, 빌란트 헤르츠펠트, 존 하트필드(헬무트 헤르츠펠트), 게오르게 그로스 등은 몇 년 뒤의 초현실주의자들과 마찬가지로 자신들이 예술의 혁명가일 뿐 아니라 정치적 혁명가이기도 하다고 생각했으며, 독일 공산당의 당원이거나 동조자였다. 휠젠베크는 "다다이즘은 독일의 볼셰비즘"이라고 말했다.[56] 그로스는 《지배계급의 얼굴》 같은 그림 모음집에서 독일 부르주아지를 신랄하게 비난해서 바이마르공화국에 대한 결정적 이미지를 우리에게 제공했는데, 나중에 다음과 같이 썼다. "비록 잠시 동안이었지만, 나는 정치투쟁과 분리된 예술은 무의미하다고 생각했다. 나에게 예술은 총이고 칼이었다. 그래서 자유를 위한 위대한 투쟁에 헌신하지 않는 붓과 펜은 한낱 지푸라기만큼이나 쓸모없는 것이었다."[57]

사실, 모더니즘 아방가르드와 혁명적 정치의 관계는 복잡하고 논쟁적인 문제이므로 2장에서 다시 살펴볼 것이다. 그렇지만 영화와 똑같은 효과를 달성하는 것을 의식적으로 추구한 예술적 실천의 주요 사례로 벤야민이 꼽은 것, 즉 브레히트의 서사극은 아마 모더니즘 예술과 혁명적 마르크스주의를 결합하려는 가장 일관된 시도였을 것이다. 그래서 벤야민은 "서사극 형식은 영화나 라디오 같은 새로운 기술 형식과 잘 어울린다"고 주장했다. 벤야민은 브레히트의 목표가 관중으로 하여금 작품에 몰입하지 않고 긴장을 풀게 해서, "주인공에게 감정을 이입하지 말고 주인공이 처한 상황에 놀라도록 가르치는 것"이었다고 말했다. 브레히트가 말한 소외 효과, 즉 우리가 흔히 당연하게 여기는 사회적 상황을 '낯설게 하기'는 관객이 배우에게 감정을 이입하는 소극적 처지에서 벗어나 연극과 거리를 두고 능동적으로 [상황을] 발견하는 과정에 참여하게 한다. 반면에 자연주의 연극 전통에서는 배우가 허구적 인물을 연기하고 있다는 사실을 숨기려 한다.[58] 그러나 벤야민이 아우라 없는 예술의 주요 사례로 서사극을 드는 것은 래시의 주장과 맞지 않다. 왜냐하면 래시는 손탁이 브레히트의 '대화극'을 거부하고 아르토의 '감각극'을 지지한 것이야말로 포스트모더니즘으로의 전환을 보여 주는 핵심 사례라고 보기 때문이다. 실제로, 브레히트를 포스트모더니스트로 분류하려는 사람도 있지만,[59] 이것은 정말 설득력 없는 주장이다. 브레히트는 서사극이 '과학기술 시대의 관객'을 겨냥한 '교육극'이라고 강조했다. 즉, 연극 소비자들로 하여금 세계를 심사숙고하게 하고 세계에 대한 합리적·비판적 이해를 발전시키도록 고무한다는 것이다. 이런 주장은 브레히트가 계몽 연극을 의도했음이 너무 명백해서, 그의 희곡을 포스트모더니즘의 정전正典*에 포함시킨다는 것은 상상할 수도 없다.[60] 따라서 벤야민의 미학을 이용해 포스트모더니즘 예술의 특징을 규정하려 한 래시의 시도는 오히려 다음과 같은 안드레아스 후이센의 냉소적 논평을 확인시켜 주는 듯하다. "포스트모더니즘의 탐욕스런 절충주의 때문에, 최근에는 아도르노와 벤야민의 작품까지 '포스트모더니즘이라는 말이 생겨나기 전의 포스트모더니즘' 정전에 포함시키는 것이 유행이 됐다. 이것은 정말이지 역사의식 따위는 전혀 개의치 않고 비평문 작성 자체에 골몰하는 전형적 사례다."[61]

1.4 차이의 제거

지금까지 포스트모더니즘 예술을 옹호하는 다양한 주장을 살펴보며 계속 드는 생각은 그 주장들이 서로 모순된다는 것이다. 즉, 포스트모더니즘은 사회 발전의 새로운 역사적 단계이기도 하고(리오타르) 아니기도 하다(역시 리오타르). 포스트모더니즘 예술은 모더니즘의 연속이기도 하고(리오타르) 단절이기도 하다(젱크스). 조이스는 모더니스트이기도 하고(제임슨) 포스트모더니스트이기도 하다(리오타르). 포스트모더니즘은 사회혁명에 등을 돌리지만, 브르통과 벤야민처럼 혁명적 예술을 실천하고 옹호한 사람들이 포스트모더니즘의 선

* canon. 문학에서 표준이나 모범이 되는 작품.

구자다. 그러니 커모드가 포스트모더니즘을 일컬어 "역사를 내 마음대로 시대 구분할 수 있게 도와주는 또 다른 설명 방식"이라고 한 것도 당연하다.[62]

포스트모더니즘에 관한 이 모든 설명(서로 모순되고 내적 일관성도 없는)을 관통하는 것은 최근의 예술적 변화들이(그 성격을 어떻게 규정하든) 더 광범하고 급진적인 새로움의 징후, 즉 서구 문명의 획기적 변화를 나타내는 징후라는 생각이다. 포스트모더니즘의 유행이 절정에 달하기 얼마 전에 대니얼 벨은 서구 지식인들 사이에 널리 퍼진 "종말 의식"을 "상징적으로 보여 주는 것은 … 다가오는 시대를 규정하기 위해 **포스트**로 시작되는 단어가 널리 쓰인다는 사실"이라고 지적했다. 그는 포스트라는 접두사가 들어간 복합어의 확산 사례로 다음과 같은 것들을 열거했다. 포스트자본주의 사회, 포스트부르주아 사회, 포스트모던 시대, 포스트문명 시대, 포스트집산주의 시대, 포스트청교도적·포스트프로테스탄트적·포스트그리스도교적 상황, 포스트문학 문화, 포스트전통 사회, 포스트역사적 인간, 포스트시장 사회, 포스트조직 사회, 포스트경제 사회, 포스트결핍 사회, 포스트복지 사회, 포스트자유주의 시대, 포스트산업 사회 … .[63]

포스트모더니스트들은 흔히 포스트모더니즘이 계몽주의와 결정적으로 단절했다고 생각하고, 1장 1절에서 봤듯이 모더니즘과 계몽주의를 같은 것으로 여기는 경향이 있다. 이런 생각은 때로는 깜짝 놀랄 만한 주장으로도 이어지는데, 예컨대 다음과 같은 주장이 그렇다. "철학에서 모더니즘은 오래전으로 거슬러 올라가 베이컨·갈릴레오·데카르트에서도 찾아볼 수 있다. 이들은 유행하는 것, 새로운 것, 획기적인 것이라는 모더니즘 개념의 기둥들이다."[64] 이것은 거의 경탄을 자아내는 무식한 주장이다. 대상의 감각적 성질은 합리적으로 인식할 수 있는 내적 구조의 표현이라는 로크의 말에서 단적으로 드러나는 표상주의* 인식론을 지지한 사상가들과, 현실을 과학적으로 인식하는 것은 가능하지도 않고 바람직하지도 않다는 믿음에서 흔히 상식적 기대를 완전히 무시하는 작품을 만들어 낸 예술운동을 어떻게 동일시할 수 있을까? 그런 주장에서 중요한 점은 사실관계 내용이 아니라(사실관계 자체는 대수롭지 않다), 모더니즘을 단지 서구 합리주의의 최근 본보기로만 취급함으로써 흔히 모더니즘에서 빌려 온 용어들로 포스트모더니즘의 성격을 규정하거나 그 새로움을 규명하려는 노력인 듯하다.

이런 주장을 하는 사람들은 포스트모더니즘과 계몽주의의 단절을 종말론적으로 이해해서, (수천 년까지는 아니더라도) 수백 년 동안 유럽 문명에 내재한 근본적 결함이 이제 드러났다고 생각하는 경향이 있다. 아마 이런 사고방식의 가장 어리석은 사례는 크로커와 쿡일 것이다. 그들은 다음과 같이 주장한다. "아우구스티누스 이래로 서구 경험의 심층적·구조적 코드는 전혀 변하지 않았다." 따라서 [아우구스티누스의] 《삼위일체론》을 살펴보면 "모더니즘 프로젝트가 어떻게 시작됐는지, 내적 구조는 어떤지 등등에 관한 특별한 통찰을 얻을 수 있다." 사실, "모더니즘 프로젝트"뿐 아니라 "포스트모더니즘 국면도 … 4세기에 시작됐다. … 아우구스티누스 이래로 모든 것은 경험의 환상적이고 소름끼치는 자체 파열이었을 뿐이다. 서구 문화 자체가 수동적이고 자멸적인 허무주의의 기호 아래 지속된 것이다." [크로커와 쿡의 주장대로라면] 흔히 포스트모더니즘에서 분명히 드러난다고 하는 묵시론적 '종말 의식'은 로마 제국 멸망 이후 서구 문명의 만성적 조건이 되고,

---

* 表象主義. 우리가 지각하는 것은 실재의 표상이라는 철학적 견해.

따라서 역사적 구체성이 전혀 없게 된다. 이것은 정말이지 헤겔이 셸링을 비판할 때 얘기한 "밤에는 모든 황소가 검게 보인다"는 것과 마찬가지다. 즉, 아우구스티누스, 칸트, 마르크스, 니체, 파슨스, 푸코, 바르트, 보드리야르가 모두 똑같은 "포스트모더니즘 국면"을 분석해 왔다는 것이다.[65]

크로커와 쿡의 공허하고 말뿐인 허무주의는 사실, 훨씬 더 유명한 선례가 있는 사고방식의 귀류법*이다. 니체와 하이데거는 모두 서구 형이상학의 역사 전체에 근본적으로 중대한 오류가 있다고 봤다. 니체는 플라톤이 복잡한 현실을 이데아라는 본질의 현상적 표현으로 환원한 것이 문제였다고 봤고, 하이데거는 소크라테스 이전 철학에서는 알고 있던 존재와 존재자의 '존재론적 차이'가 그 후 잊혀진 것이 문제였다고 봤다.** 즉, 플라톤 이후의 유럽 사상사는 이런 근본적 오류의 변종들과 정교화에 불과하고, 그 절정은 스스로 생각하고 결정하는 주체를 강조한 데카르트 철학이며, 그 결과 자연과 인간을 합리적으로 지배하는 것(모더니티의 특징)이 정당화됐다는 것이다. 하버마스는 니체와 하이데거(와 그들의 후예, 특히 푸코와 데리다)가 직면한 모순, 즉 이성을 비판하기 위해 이성의 도구들(철학적 논증과 역사적 분석)을 사용할 수밖에 없는 모순을 지적한다.[66] 이 문제는 3장

---

* 歸謬法. 어떤 명제가 참임을 직접 증명하지 않고, 그 부정 명제가 참이라고 가정하여 그것의 불합리성을 증명함으로써 원래 명제가 참임을 보여 주는 간접 증명법. 배리법背理法, 반증법反證法이라고도 한다.

** 《존재와 시간》(1927)에서 하이데거는 플라톤 이후 서양 철학자들이 존재자, 즉 존재하는 것들과 존재, 즉 뭔가가 있다는 사실이나 상황 자체를 구분하지 못한 채 존재자를 존재로 착각해 왔다고 주장하면서, 존재와 존재자의 이 근원적 차이를 '존재론적 차이'라고 불렀다.

에서 다시 살펴보겠지만, 지금의 논의와 관련해서 더 중요한 점은 그렇게 서구 문명을 고대 이후의 근본적 오류 위에 세워진 것으로 전면 거부하게 되면 역사적 차이들을 이 원죄의 반복으로 해소시켜 버리게 된다는 것이다(앞에서 봤듯이, 포스트모더니즘이 대표적 사례다).

공교롭게도 니체-하이데거 전통의 이 경향은, 차이의 철학자를 자처하는 사람들에게는 매우 난처하겠지만, 한스 블루멘베르크의 신랄한 비판을 받았다. 블루멘베르크가 특히 주목하는 문제는 이른바 '세속화 테제', 즉 현대의 신념·제도·관행을 그리스도교 사상이 세속화한 결과로 이해하는 주장이다. '세속화 테제'를 정교하게 발전시킨 카를 뢰비트는 계몽주의의 역사적 진보 개념은 신의 섭리라는 그리스도교 개념이 사이비 과학적 어휘로 바뀐 것일 뿐이라고 주장했다. 블루멘베르크가 지적하듯이, "뢰비트는 모더니티를 만들어 낸 그리스도교의 세속화보다 더 중요한 변화"는 오래전에 유대교·그리스도교가 인류 역사를 신의 구원 계획이 실현되는 것으로 이해함으로써, 순환론적 시간 개념에 바탕을 둔 "고대의 이교도 우주관과 결별한 것"이라고 봤다. 여기서 현대 사상의 고유한 특징이나 그리스도교 신학과 현대 사상의 질적 단절을 입증하기 위해 블루멘베르크가 과시하는 풍부한 역사 지식을 하나하나 따져볼 수는 없다. 그는 현대 사상이 그리스도교 신학과 질적으로 단절한 것의 기원을 중세 말기에 유명론자들이 아리스토텔레스의 형이상학을 비판한 것에서 찾는다.* 특히, 유명론자들이 자연계에서 신의 목적을 그 흔적도 없이 제

---

* 唯名論. 중세 스콜라철학의 보편 논쟁에서 보편은 일반적 기호나 이름일 뿐이며 실재하는 것은 개개의 사물뿐이라고 주장한 학설. 마르크스는 유명론이 "중세에 처음으로 나타난 유물론"이라고 평가했다.

거하고 자연계는 신의 의지가 작용한 우연한 결과일 뿐이라고 주장해서, 자연계에 대한 환상을 깨뜨렸다는 것이다. 유명론자들이 신의 섭리는 이 세계에 넌지시 나타나는 것이 아니라고 주장한 원래 의도는 '숨은 신'*의 완벽함과 전능함을 강조하기 위한 것이었지만, 오히려 블루멘베르크가 명백히 현대적 태도라고 지적한 '자기 확신'이 형성될 수 있는 공간을 창출하는 역설적 결과를 가져왔다. "자연이 인간에게 더 무관심하고 무자비한 듯할수록, 인간은 자연을 내버려 둘 수 없었다. 또, 철저하게 파악해서 통달하기 위해, 원래 있던 자연조차 더 무자비하게 물질화해야 했다." 자연은 이제 중세 스콜라철학이 플라톤과 아리스토텔레스에게 물려받은, "더없이 행복한 관조자"가 바라보는 목적들의 체계가 아니었다. "인간은 신이 죽었다고 생각하고 행동해야 한다"는 유명론의 "가정 때문에 … 세계를 끈질기게 조사하고 연구하는 태도가 생겨났고, 이런 태도가 과학기술 시대의 원동력이 됐다고 할 수 있다." 그리스도교 신학에서와 달리 호기심은 이제 악이 아니라 자연에 개입하는 체계적 방법으로 흡수됐고, 이것은 갈릴레오 과학의 특징이 됐다. 세계를 유한하고 분명히 인식할 수 있는 질서로 이해하던 스콜라철학의 세계관은 이제 "열린 맥락의 현실 개념", 즉 "결정되지 않은 현실" 개념으로 대체됐다. 여기서 "현실은 항상 불완전한 실현 결과이고, 신뢰성은 끊임없이 스스로 구성되며, 일관성은 결코 최종적이지도 않고 무조건 인정되지도 않는다." 이렇게

* deus absconditus. 그리스도교 구약성서 여러 곳에 나오는 말. 신학자들의 해석에 따르면, 신은 형태가 없어서 눈으로 볼 수 없는 존재이고, 신의 말이나 이름은 역사적 상황의 구원을 위한 섭리에 의해 스스로 나타난다고 한다. 이런 계시의 간접성은 루터 이래 지금까지 그리스도교 신학의 중요한 문제다.

불확정적이고 불완전한 현실 개념이 계몽주의적 진보 개념의 토대가 됐고, 이 개념은 그리스도교의 종말론과 달리 "역사로 침입하는 사건, … 역사를 초월하고 역사에 이질적인 사건"에 초점을 맞추지 않고 "매 순간 현재의 구조를 근거로, 역사에 내재한 미래를 추론한다." 따라서 "진보라는 개념은 … 현재가 과거와 자신을 비교하고, 현재의 연장인 미래를 이용해서 끊임없이 자신을 정당화하는 것이다."[67]

블루멘베르크는 니체가 시작하고 하이데거가 이어받은 사고방식을 풍부하고 강력하게 비판한다. 예컨대, 뢰비트의 세속화 테제에 따르면 "그리스도교가 유럽 역사(와 유럽 역사를 통해 세계 역사)에 개입"하기 때문에 "사정은 늘 똑같을 수밖에 없"고 "그래서 심지어 포스트그리스도교의 무신론조차 실제로는 그리스도교 내부에서 부정신학이 표현되는 방식일 뿐이고, 유물론은 다른 수단에 의한 성육신*의 연속일 뿐"이라는 것이다.**[68] 그러나 모더니티의 독특한 성격에 대한 블루멘베르크의 집착은 1장 전체에 함축된 문제를 부각시켜 주기도 한다. 포스트모더니즘을 표현하는 말은 다양하지만, 포스트모더니즘은 모더니즘 예술과 대조해서, 더 일반적으로는 이제 과거가 돼 버렸다고들 하는 '모던 시대'와 대조해서 자신을 규정한다는 것이다. 1장의 주된 요지는 부정적이었다. 포스트모더니스트들이 포스트모더니즘 예술에 부여하는 비중이 부정적일 뿐 아니라, 포스트모더니즘 예술의 고유한 특징을 설득력 있고 일관되게 설명하는 그들의 능력도 부정적이었기 때문이다. 그러나 독자들은 당연히 모더니티의 성격과

---

* 成肉身. 그리스도교에서 하나님이 예수의 몸으로 세상에 나타난 것을 가리키는 말.

** 뢰비트는 하이데거의 제자다.

모더니즘 예술(아마 모더니티에 대한 비판적 성찰일 것이다)의 성격에 대한 긍정적 설명을 요구할 것이다. 2장에서는 이 요구에 부응하려고 노력할 것이다. 그리고 1장에서 포스트모더니즘 이론들을 비판적으로 살펴본 것과 달리, 포스트모더니즘이라는 현상의 역사적 특수성을 공정하게 평가하는 방식으로 살펴볼 것이다.

02

모더니즘과 자본주의

현대적인 것에 현기증이 나서 마침내 쓰러졌을 때 나는 정신이 맑아졌다.
— 루이 아라공

2.1 현기증 나는 모더니티

모더니티란 무엇인가? 흔히 보들레르의 다음과 같은 말이 이 물음에 대한 분명한 답이라고 생각한다. "모더니티는 덧없고, 일시적이고, 우연한 것이다."[1] 이 말이 나온 맥락, 즉 "현대 생활의 화가"*라는 글의 앞뒤 맥락을 살펴보면, 보들레르가 예술의 특징은 영원한 아름다움을 추상적·학문적으로 숭배하는 것이 아니라 일시적인 것 속에서 영원한 것을 발견하는 데 있음을 강조하려 했다는 사실을 분명히 알 수 있다. 그렇지만 보들레르의 모더니티 개념은 데이비드 프리스비가 "현재의 새로움"이라는 말로 요약한,[2] 지난 200년 동안의 독특한 경험을 잘 포착한 듯하다.

이 경험과 밀접한 관계가 있고 사실상 이 경험을 만들어 낸 것은

---

* 국역: "현대적 삶의 화가", 《보들레르의 수첩》, 문학과지성사, 2011.

다른 종류의 모더니티, 즉 이 시대를 인간 사회의 역사적 발전에서 독특한 단계로 이해하는 모더니티다. 현대 사회는 전통 사회의 정태적 자연과 근본적으로 단절했다. 그래서 인간과 자연의 관계는 이제 농업 생산의 순환에 좌우되지 않는다. 특히 산업혁명 이후 현대 사회의 특징은 자연환경을 통제하고 변화시키려는 체계적 노력이다. 끊임없는 기술혁신이 세계시장을 통해 확산되면서 급속한 변화를 불러일으키고, 이 변화 과정이 머지않아 전 세계를 휩쓴다. 전통에 얽매인 낡은 사회관계, 문화적 실천, 종교적 신앙은 변화의 소용돌이 속으로 사라져 버린다. 마르크스가 《공산당 선언》에서 자본주의를 묘사한 유명한 말은 모더니티 특유의 지속적·역동적 발전 과정을 잘 보여준다.

> 생산의 끊임없는 혁신, 모든 사회 조건의 부단한 교란, 끝없는 불확실성과 동요가 부르주아 시대와 이전 모든 시대의 차이점이다. 확고부동한 관계는 모두 고색창연한 견해나 편견과 함께 완전히 없어지고, 새로 형성된 관계는 미처 굳어지기도 전에 낡은 것이 되고 만다. 견고한 것은 모두 허공으로 사라지고, 신성한 것은 모두 더럽혀지고, 마침내 인간은 자신의 실제 생활 조건과 인간관계를 냉정하게 바라볼 수밖에 없게 된다.[3]

모더니즘 예술은 이 끊임없는 혁명 같은 모더니티 경험에 대한 미학적 반응으로 보는 것이 가장 자연스럽다. 마리네티가 최초의 "미래파 선언"(1909)에서 자신의 예술에 대해 뭐라고 했는지 들어 보자.

> 우리는 노동·쾌락·반란에 자극받은 수많은 군중을 노래하겠다. 현대의 대도시에서 일어나는 다양한 색조와 음성의 혁명 물결을 노래하겠다.

밤에 강렬한 전깃불이 달처럼 밝게 빛나는 병기 공장과 조선소를, 뱀처럼 피어오르는 연기를 게걸스레 집어삼키는 기차역을, 굴뚝에서 구불구불 올라가는 연기 때문에 마치 구름에 매달린 것처럼 보이는 공장을 … 노래하겠다.[4]

영화의 한 장면 같은 마리네티의 묘사는 10월 혁명으로 분출한 에너지를 칭송한 베르토프의 영화 〈무비카메라를 든 사나이〉를 연상시킨다. 그러나 모더니티의 미래를 낙관하지 않은 모더니스트들도 사실은 자신이 경험한 사회적 변화에 반응한 사람들이라 할 수 있다. 흔히 모더니즘은 도시의 예술이라고 한다. 무엇보다 보들레르와 랭보, 입체파와 초현실주의자들의 파리뿐 아니라 엘리엇의 런던, 브레히트의 베를린, 카프카의 프라하, 더스 패서스의 뉴욕, 무질의 빈 같은 도시의 예술이라는 것이다.[5] 게오르크 지멜은 유명한 에세이 "대도시와 정신 생활"[*]에서 다음과 같이 주장했다. 현대 도시에서 사람들은 "외적·내적 자극이 끊임없이 빠르게 바뀌는 데서 비롯한 신경과민"이라는 독특한 경험을 한다. 대도시의 시민들은 끊임없이 밀려드는 새로운 인상들 때문에 더는 변화를 받아들이려 하지 않는 "둔감한 태도"를 취하는 경향이 있다. 다른 한편으로, 익명의 존재가 되는 것에 대한 두려움, 즉 하찮은 사람 취급받는 것에 대한 두려움 때문에 "차이에 대한 감수성"이 예민해질 뿐 아니라 "튀는 행동들, 즉 유별나거나 변덕스럽거나 사치스런 행동 같은 대도시 특유의 과장된 행동"을 하는 경향도 있다.[6] 모더니즘이 "비현실적 도시"의 현대 생활

---

* 국역: "대도시와 정신적 삶", 《짐멜의 모더니티 읽기》, 새물결, 2005.

에 대한 반응이라는 점이야말로 벤야민이 보들레르의 파리를 연구한 미완성 걸작 《아케이드 프로젝트》에서 천착한 주제다. 새로운 도시 사회, 산업 사회에는 새로운 예술, 즉 낭만주의적 자연숭배와는 사뭇 다른 예술이 필요하다는 생각은 화가 데이비드 봄버그가 1914년 전시회 카탈로그에 쓴 다음과 같은 문구에서 매우 분명히 드러난다. "나는 형식 감각에 호소한다. … 나는 [자연주의나 전통보다] 더 강렬한 표현을 찾고 있다. … 나는 자연을 바라보지만, 강철 도시에 살고 있다. 도시에서 이뤄지는 장식은 우연한 일이다. 내 목표는 순수한 형식을 창조하는 것이다."[7]

지난 200년의 역사에서 가장 중요한 역동적 사회·경제 발전 과정, 즉 현대화를 문화적 모더니즘과 연결시키는 것이 모더니티 경험이라는 생각은 마셜 버먼의 유명한 책 《견고한 것은 모두 허공으로 사라진다》에 아주 잘 나와 있다.

> 오늘날 전 세계에는 모든 남녀가 공유하는 아주 중요한 경험이 있다. 그것은 시간과 공간의 경험, 자아와 타자의 경험, 삶의 가능성과 위험이라는 경험이다. 나는 이런 경험을 '모더니티'라고 부르겠다. 현대적이라는 것은 우리가 처한 환경이 우리에게 모험·능력·기쁨·성장을 약속하고, 우리 자신과 세계의 변화도 약속한다는 것이다. 그와 동시에, 우리가 가진 모든 것, 우리가 아는 모든 것, 우리의 존재 자체도 파괴하려 한다는 것이다. 현대적 환경과 경험은 지리와 인종, 계급과 국적, 종교와 이데올로기의 경계를 모두 뛰어넘는다. 이런 의미에서 모더니티는 인류 전체를 통일시킨다고 할 수 있다. 그러나 그것은 역설적 통일, 다시 말해 통일이 아닌 통일이다. 왜냐하면 우리를 끊임없는 해체와 재생, 투쟁과 모순, 모호함과 괴로움의 소용돌이 속으로 몰아넣기 때문이다. 현대적이라는 것

은 마르크스가 "견고한 것은 모두 허공으로 사라진다"고 말한 바로 그 세계의 일부가 되는 것이다.[8]

버먼의 주장은 페리 앤더슨의 날카로우면서도 우호적인 비판을 받았는데, 앤더슨의 글은 2장 2절에서 살펴보겠다. 나는 앤더슨의 비판이 설득력 있다고 생각하지만, 현대적 경험의 독특한 모순을 지적한 버먼의 핵심 주장(괴테에서 벨리*까지 구체적 사례들을 풍부하고 치밀하게 분석해서 발전시킨)은 근본적으로 옳은 듯하다. 사회 세계의 역동성은 행복을 약속할 뿐 아니라 재앙을 부르기도 한다. 그러나 모더니티나 현대화 같은 개념이 이런 모순을 설명하고 그 특징을 규명하기에 적절한지는 의심스럽다.

먼저, 이 개념들의 철학적 선례를 계몽사상에서 찾아볼 수 있다. 하버마스는 다음과 같이 썼다. "세속적 모더니티 개념은 미래가 이미 시작됐다는 확신을 나타낸다. 즉, 모더니티는 미래를 위해 사는 시대이며, 미래의 새로운 것에 열려 있는 시대다."[9] 이런 미래 지향성은 한스 블루멘베르크가 말한 "열린 맥락의 현실 개념"을 전제로 하는데, 17세기 과학혁명의 사상가들은 이런 현실 개념을 발전시킨 덕분에 고대와 중세의 폐쇄적이고 유한한 세계 개념과 단절할 수 있었다. 블루멘베르크는 현대(즉, 르네상스 이후) 철학의 "현실 개념은 새로운 것, 놀라운 것, 낯선 것을 이론적·미학적으로 정당화한다"고 말한다.[10] 새로운 것을 중시하는 이런 태도는 더 광범한 변화의 일부다. 이

---

* Bely. 러시아의 시인·소설가·문학비평가인 보리스 니콜라예비치 부가예프의 필명. 버먼의 책에는 Biely로 표기돼 있고, 문학과지성사가 펴낸 국역본《페테르부르크》에는 벨르이로 돼 있다.

제 신념·제도·관행은 전통적 모범과 원칙에서 유래했다는 이유로 정당화되지 않는다. 하버마스는 다음과 같이 주장한다. "모더니티는 방향 설정의 기준을 다른 시대의 모범에서 빌려 올 수도 없고 빌려 오려고 하지도 않는다. 모더니티는 자신의 규범을 스스로 창조해야 한다."[11]

이렇게 과거가 아니라 미래를 지향하며 스스로 정당화하는 모더니티 개념은 17~18세기 유럽의 일부 지식인들이 새로운 물리학에 포함된 낯설지만 매우 성공적인 이론적 확신과 방법을 이해할 때, 그리고 다른 문화 분야에서 일어난 비슷한 변화들, 특히 예술 분야의 신구新舊논쟁*을 이해할 때 사용한 수단이라 할 수 있다. 그러나 뉴턴 등이 이룬 지적 혁신이야말로 일반적 사회 진보의 동력이라고 계몽사상가들이 주장하기 시작하면서부터 모더니티 개념은 역사철학에도 도입됐다. 이제 시간의 흐름은 타락한 세계의 파멸 과정이나 똑같은 것의 영원한 순환, 심지어 신의 섭리가 작용하는 과정 따위로 여겨지지 않고 과학 지식의 발전과 확산 덕분에 인간의 조건이 꾸준히 향상되는 과정으로 여겨졌다. 계몽사상은 이런 역사철학에 이름만 제공하지 않았다. 계몽사상은 인간의 진보를 설명했을 뿐 아니라 얼마나 진보했는지를 가늠하는 잣대이기도 했다. 그래서 진보가 이뤄지지 않는 이유는 계몽사상이 없기 때문이고 특히 성직자들, 즉 대중을 미신의 어둠 속에 가둬 두는 사람들이 진보를 가로막고 있다고 여겨졌다.

모더니티의 사회는 이런 계몽주의 프로젝트가 실현되는 곳, 즉 인간 세계와 자연계에 대한 과학적 인식을 바탕으로 사회적 상호작용

* 17세기 말부터 18세기 초에 프랑스와 영국에서 일어난 문학 논쟁. 그리스·로마의 고전 문학과 현대 문학 간의 우열, 진보 따위를 논쟁했다.

이 조절되는 곳이다.[12] 콩도르세의 역사 이론에 영향을 받은 생시몽은 산업사회가 바로 그런 사회가 될 것이라고 예상했다. 19세기 초 위대한 사회이론가들은 콩도르세나 생시몽만큼 미래를 낙관하지는 않았지만, 모두 당대 사회를 17세기 과학혁명의 개념과 이론적 방법이 실제로 적용된 결과로 이해했다. 근본적으로 서로 다른 두 사회조직 형태를 대조하는 다양한 용어(베버의 전통적 지배 유형과 합리적·관료적 지배 유형, 뒤르켐의 기계적 연대와 유기적 연대, 퇴니에스의 공동사회와 이익사회)가 생겨났고, 이런 사회조직의 차이는 무엇보다 현대 과학의 합리성이 실현된 결과인 해체와 역동성 때문이라고들 생각했다.

베버의 합리화 이론은(아마 비非마르크스주의 사회이론 중에서 으뜸일 텐데) 모더니티의 형성을 설명하는 가장 중요한 단일 이론이다. 첫째, 원래 통합돼 있던 사회적 관습이 현대화로 말미암아 분화한다. 특히, 자본주의 경제와 현대 국가가 분화한다. 하버마스는 다음과 같이 썼다. “상호 보완적으로 밀접하게 관련된 이 두 하위 체계의 분화는 오직 서구 사회에서만 충분히 진척됐고, 그래서 현대화가 본 궤도에 올라 스스로 조절하면서 계속 진행될 수 있었다.” 둘째, 이 분화 과정에서 특수한 행위 방식이 제도화하는데, 베버가 말한 합목적적(목적 합리적) 행위, 즉 도구적으로 합리적인 이 행위는 특정 목표를 달성하는 데 가장 효과적인 수단을 선택하는 경향이 있다. 베버가 생각하는 사회생활의 합리화는 전통적 규범과 가치가 아니라 도구적 합리성이 점차 사람들의 행위를 규제하게 되는 과정이다. 그래서 개인들이 목표 달성에 가장 효과적인 행동 방침을 결정할 때 갈릴레오 이후의 과학적 방법이 점차 널리 사용된다. 베버의 이런 분석을 두고 하버마스는 “세계관의 합리화”라고 불렀는데, 이 과정은 한편으로는 세계가 미몽에서 깨어나고 자연에서 목적이 배제되는 과정이고 다른 한편으로는 원래 하나였던 문화가 서로 다른 영역들(과학·예술·도덕)로 분화해서 똑같은 형식적 합리성의 지배를 받게 되는 과정이다. 현대화 과정을 이해하는 열쇠는 "문화적 합리화가 사회적 합리화로 바뀌는 것"인데, 삶은 곧 신의 소명이라는 칼뱅주의 개념 때문에 도구적으로 합리적인 경제행위의 제도화가 촉진된 것이 그런 사례다.[13]

물론 베버는 현대화 과정의 특징을 그렇게 묘사하는 데 별로 열의가 없었다. 왜냐하면 한편으로는 목적 합리성의 주관적 성격, 즉 목적 합리성이 이미 결정된 목표의 수단을 선택하는 기준은 될 수 있겠지만 행위의 목표 자체를 선택할 객관적 기준은 될 수 없다는 점 때문이었고, 다른 한편으로는 그런 제도화의 결과로 인류가 관료적 구조(형식적으로는 합리적이지만 자유나 의미는 거의 제공하지 못하는)라는 '철창'에 갇힌 듯했기 때문이었다. 그러나 전후 영어권에서 베버의 이론을 이용해 현대화 문제를 다룬 탤컷 파슨스 같은 사회학자들은 이런 의심을 거의 하지 않았다. 하버마스는 다음과 같이 지적한다. "[파슨스 같은 사회학자들의] '현대화' 이론은 … '모더니티' 개념을 그 기원인 현대 유럽과 분리해서, 시공을 초월한 보편적 사회 발전 과정의 모델로 만들어 버린다."[14] 파슨스는 현대화를 일종의 진화 과정으로 여겼다. 사회 체계는 마치 '관성의 법칙'과도 같은 사회적 과정 덕분에 안정을 유지하는 경향이 있는데, 이 사회적 과정을 방해하는 내생적·외생적 요인들로 말미암아 사회 체계의 구조적 분화가 일어난다는 것이다.[15] 그리고 이런 분화, 특히 자율적 시장의 출현 덕분에 사회 체계의 '적응력 향상'이 가능해진다. 즉, (무엇보다 산업혁명을 통해) 사회가 환경을 통제할 수 있는 능력이 향상된다. 그러나 분화 과정은 유력한 가치 유형의 변화를 요구할 뿐 아니라 그 변화의 결과이기도 하다. 달리 말하면, 전통 사회의 가치 유형인 '특수성·귀속성 유형'(상속 같은 제도를 통해 사회적 구실과 특정한 충성이 결합되는)이 현대 사회의 가치 유형인 '보편성·업적성 유형'(사회적 행위자들이 점차 일반적 가치를 공유하며 능력에 따라 지위를 얻는)으로 대체된다.* 그래서 파슨스는 다음과 같이 주장한다. "현대 사회가 나아가는 주된 방향은 근본적으로 새로운 유형의 계층을 발전시키는 쪽"인데, 이 새로운 계층화에서 "정당한 불평등"의 근거는 귀속성이 아니라, 산업화에 필요한 고도로 분화한 역할 체계에서 담당하는 기능이다.[16]

파슨스가 현대화 이론을 너무 노골적인 [체제] 옹호론 비슷하게 만들다 보니, 대체로 파슨스와 똑같은 문제의식을 공유하는 사람들조차 망설이게 됐다. 그래서 하버마스는 파슨스가 "한편으로 높은 수준의 체계 복잡성과, 다른 한편으로 사회 통합의 보편적 형식들과 개인주의(비非강압적으로 제도화한) 사이에 분석적 관계"를 수립했는데, 이 때문에 "현대 사회에서 나타난 병리 현상들"을 다루지 못하게 됐다고 불평한다.[17] 4장에서 살펴보겠지만, 하버마스는 이런 잘못을 바로잡으려고 현대화 이론을 더 광범한 의사소통 합리성 이론에 포함

---

* 파슨스는 사람들이 행동을 선택할 때 다섯 가지 '유형 변수'가 있다고 봤다. ① 감정적으로 행동하거나 아니면 감정을 배제한다 ② 혈연·지연 등 특수한 관계에 따라 행동하거나 아니면 보편적 규칙을 따른다 ③ 집단의 이익을 앞세우거나 아니면 개인의 이익을 우선한다 ④ 성별·인종·가문 등 타고난 조건을 중시하거나 아니면 개인의 능력·성취를 중시한다 ⑤ 행위의 책임이 가족 등 다른 사람들에게도 확산되거나 아니면 개인에게 제한된다. 현대화는 전통 사회에서 우세하던 감정 지향, 특수성, 집단주의, 귀속성, 확산성이 약해지고 감정 중립성, 보편성, 개인주의, 업적성, 제한성이 강해지는 과정이라는 것이 파슨스의 주장이다.

시킨다. 나는 4장에서 의사소통 합리성 이론을 비판할 텐데 그런 비판과는 별개로, 내가 보기에 현대화라는 개념을 버려야 할 합당한 이유가 있다. 첫째, 전통 사회와 현대 사회를 대조시키면 흔히 산업혁명 이전의 광범하고 다양하고 복잡한 사회구성체들을 초역사적으로 뭉뚱그리기 쉽다. 베버가 《경제와 사회》에서 다양한 지배 형태를 논의하는 데 중대한 영향을 미친 강력한 역사의식은, 터무니없이 과장하거나 틀에 박힌 유형화를 추구하는 인식론 때문에 그리고 합리화 문제에 대한 집착 때문에 훼손됐다. 둘째, 합리화 이론 자체, 특히 파슨스의 '유형 변수' 형태로 진부해진 합리화 이론은 관념론적 사회 변화 이론이 되고 만다. 왜냐하면 신념의 변화가 역사적 변화의 바탕에 있다고 보기 때문이다. 그래서 흔히 기술 변화를 이론적 발견의 물질화로 여기게 되고, 사회 갈등은 유력한 가치 체계의 불균형에서 비롯한 '긴장' 탓으로 돌리게 된다.

마지막으로, 파슨스가 주장한 기능주의적·진화론적 현대화 이론은 암묵적 목적론이라 할 수 있다. 현존하는 가장 '발전한' 사회, 즉 미국을 서방 각국뿐 아니라 제3세계 '저발전' 나라들도 지향해야 할 최종 목적지로 보기 때문이다. 존 테일러는 다음과 같이 지적했다.

> 기능주의적 사회 변화 이론은 (일반화의 결과를 과거로 거슬러 올라가 적용해서) 산업화와 분화 사이에 진화론적 연관성이 있다고 보기 때문에, 제3세계에서 가능한 사회 변화는 오직 특정한 최종 상태, 즉 오늘날 최고로 분화한 사회 체계의 상태뿐이라고 생각한다. 이런 진화론적 가정에 따르면, 산업화에 성공하고자 하는 사회 체계는 반드시 더 큰 분화로 나아가는 보편적 역사 경로를 거쳐야 한다. … 따라서 기능주의 현대화론에서 분명히 드러나는 '유럽 중심주의 편향'은 (일부 저자들의 주장과

달리) 특정 이론가들의 이데올로기적 이해관계를 반영하는 것이 아니라, 그들이 추구하는 이론의 필연적 결과다.[18]

내가 보기에는 베버·파슨스·하버마스가 주목한 현상들을 주로 자본주의 생산양식 개념으로 분석하는 역사유물론이 현대화라는 문제의식보다 더 우월한 이론적 관점이다. 첫째, 생산력(노동력·생산수단)과 생산관계(생산력을 실질적으로 통제하는 관계)의 구체적 결합인 생산양식 개념을 이용하면 다양한 사회구성체들(자본주의가 발전하기 이전의 노예제·봉건제·공납제 생산양식을 포함해)을 면밀하게 구분할 수 있다. 오늘날 가장 뛰어난 마르크스주의 역사 저작의 일부는 전자본주의 사회구성체들을 다루고 있다. 둘째, 마르크스주의 사회 변화 이론은 유물론적이다. 그래서 생산력과 생산관계 사이의 구조적 모순이나 착취 관계에서 비롯한 계급투쟁을 중심으로 사회 변화를 설명한다. 셋째, 역사유물론은 비非목적론적 사회 진화 이론이다. 그래서 자본주의가 역사 발전의 마지막 단계라고 주장하지도 않고, (마르크스가 사회주의 혁명의 결과로 건설될 계급 없는 사회라고 생각한) 공산주의가 자본주의의 모순에 따른 필연적 결과라고 주장하지도 않는다. 왜냐하면 마르크스가 "서로 싸우는 계급들의 공멸"이라고 부르고 로자 룩셈부르크가 "야만주의"라고 부른 길도 있기 때문이다.[19]

역사유물론이 더 우월한 사회이론이라고 해서 모더니티라는 용어가 필요 없다는 말은 아니다. 현대화 같은 용어들은 산업자본주의의 발전에 따른 변화의 특징을 묘사하는 데 도움이 될 수 있다. 더욱이, 이런 변화에는 실제로 전자본주의 사회구성체들과 비교해서 근본적으로 새로운 생활 방식들이 포함된다. 예컨대, 인간이 자연을 능동적으로 변화시키는 자본주의 특유의 인간-자연 관계가 형성된다거나 질적으로 새로운 형태의 도시 생활이 발전한다거나 동질적이고 단선적인 시간 개념이 출현한다는 것 등이 그렇다.[20] 페르낭 브로델은 문명 개념, 즉 "정신과 지성에 관한 것부터 일상생활의 물품과 도구에 관한 것까지 수많은 문화적 자산들(실제로 서로 다를 뿐 아니라 언뜻 보면 서로 낯설기까지 한) 사이에 관계를 정립하는 것, 다시 말해 질서를 부여하는 것"이라는 문명 개념은 "역사의 한 범주이며 필요한 분류"라고 주장했다.[21] 아마 우리는 모더니티를 자본주의 생산양식의 발전과 세계 지배 때문에 형성된 문명의 일종으로 봐야 할 것이다.

우리가 역사유물론에 주목하는 이유는 현대화 이론가들이 집착하는 변화를 역사유물론이 설명해 주기 때문이다. 자본주의 생산관계의 핵심 특징, 즉 노동력이 상품이 되고 서로 경쟁하는 자본들이 생산수단을 통제한다는 사실 때문에 생산력이 급속하게 발전하는 경향이 나타난다. 자본은 비용 절감형 기술혁신을 도입해서 경쟁 업체들보다 싸게 팔려고 하며, 노동자들이 노동시장에 종속돼 있으므로 자본가들은 노동생산성을 향상시키기 위한 체계적 유인책(인센티브)을 발전시킬 수 있다.[22] 그래서 마르크스는《공산당 선언》에서 자본주의가 "이집트의 피라미드, 로마의 수도교水道橋, [중세의] 고딕 성당을 훨씬 뛰어넘는 기적"을 이뤄냈다며 자본주의의 역동성을 강조했다. "부르주아지는 생산수단을 끊임없이 혁신해서 생산관계도 혁신하고 그와 함께 사회관계 전체도 혁신하지 않으면 살아남을 수 없다."[23]

물론 마르크스는 자본주의의 생산적 성과를 그저 칭송하지만은 않았다. 그는 영국이 지배하는 인도에서 자본주의 현대화가 진행되는 것을 역사적 필연이라고 주장하면서도 그런 식의 진보는 "과즙을 마시는 것이 아니라 죽은 사람의 해골에 고인 물을 마시는, 소름끼치는 이교도의 우상을 닮았다"고 말했다.[24] 마르크스가 생각한 역사 발전은 직선적 과정이 아니라 모순된 과정이다. 버먼이 강조한 현대화의 양면성에 관한 마르크스의 가장 흥미로운 논의는《정치경제학 비판 요강》에 나온다. 이 책에서 마르크스는 낭만주의자들이 자본주의를 비판하는 것에 맞서 자본주의를 옹호하며 "자본의 거대한 문명화 능력"을 다음과 같이 강조한다.

> 자본이 만들어 낸 사회와 비교하면, 전자본주의 사회들은 모두 인간의 **국지적 발전**이나 **자연숭배**에 불과한 것처럼 보인다. [자본주의 사회에서] 처음으로 자연은 순전히 인간의 대상이 되고 유용한 재료가 된다. 이제 자연은 독립적 힘으로 생각되지 않는다. 자연법칙의 이론적 발견은 자연을 인간의 필요에 종속시키는(소비 대상으로든 생산수단으로든) 계략에 불과한 것처럼 보인다. 이런 경향에 따라 자본은 자연숭배도 뛰어넘고, 전통적인 제한적·자급자족적 필요 충족과 낡은 생활양식의 재생산도 뛰어넘을 뿐 아니라, 국민적 제약과 편견도 뛰어넘는다.[25]

또, 마르크스는 다음과 같이 주장했다.

> 국민적·종교적·정치적 한계와 무관하게 인간을 생산의 목적으로 여기는 오래된 견해는 현대 세계와 비교하면 매우 고상해 보인다. 현대 세계에서는 생산이 인간의 목적이고 부가 생산의 목적으로 보이기 때문이다. 그러나 사실 부르주아적 형태라는 한계를 제거하면, 부는 보편적 교환을 통해 산출된 개인의 필요·능력·향유·생산력 등의 보편성이 아니고 무엇이겠는가?[26]

그렇지만 마르크스는 낭만주의자들의 자본주의 비판이 설득력 있다는 것도 인정했다.

> 부르주아 경제학에서는(그리고 그에 상응하는 생산 시대에는) 이런 인간적 내용의 완성은 순전히 공허한 것처럼 보이고, 이 보편적 대상화는 철저한 소외로 나타나고, 제한적이고 일방적인 목표의 파괴는 순전히 외적인 목표를 위해 인간적 목표 자체를 희생시키는 것처럼 보인다. 그래서 유치한 고대 세계가 한편으로는 더 고상해 보이고, 다른 한편으로는 모든 문제에서 제한된 형체와 형태를, 특정한 한계를 추구했다는 점에서 실제로 더 고상하다. 고대 세계는 제한된 관점에서 만족을 주지만, 현대 세계는 어떤 만족도 주지 못하거나 스스로 만족하는 것처럼 보일 때는 저속하다.

> 그러나

> 원래의 충만함으로 돌아가기를 갈망하는 것은, 이 완전한 공허함에서 역사가 끝난다고 믿는 것만큼이나 터무니없다. 부르주아적 견해는 결코 이 낭만적 견해와 대립하는 것을 넘어서지 못했다. 따라서 부르주아적 견해가 축복받은 종말을 맞이할 때까지 이 낭만적 견해는 정당한 대립으로서 부르주아적 견해를 계속 따라다닐 것이다.[27]

이 구절들에서 마르크스가 발전시킨 가장 흥미로운 사상 하나는, 자유주의자들의 자본주의 옹호와 낭만주의자들의 자본주의 비판이 상호 보완적이고 서로 연관된 견해라는 것이다. 둘 다 부분적이고 일방적인데, 전자는 자본주의의 생산력 발전을 칭찬하기만 하고 후자는 잃어버린(실제로는 허구적인) "원래의 충만함"을 근거로 부르주아 사회의 "완전한 공허함"을 비난한다. 마르크스가 두 견해를 모두 넘어설 수 있었던 것은, 자본주의에서 가능해진 인간 생산력의 급속한 발전과 이런 발전의 "부르주아적 형태라는 한계" 사이의 모순(생산력 발전이 임금노동 착취와 경쟁적 축적이라는 무계획적 과정에 의존한다는)에 초점을 맞췄기 때문이다. 이 모순 때문에 고질적 경제 위기가 나타나는데, 이것은 자본주의를 공산주의 사회(자본주의 사회에서 가능해진 생산력 발전 덕분에 인간의 필요 충족이 마침내 온전히 실현될 수 있는 사회)로 대체해야 한다는 사실을 보여 준다. 마르크스가 자유주의적 견해와 낭만주의적 견해를 모두 뛰어넘을 수 있었던 이유는 그가 자본주의의 "축복받은 종말", 즉 모순된 발전 과정("부르주아 시대"의 특징인 "생산의 끊임없는 혁신, 모든 사회 조건의 부단한 교란, 끝없는 불확실성과 동요"에서 절정에 이르는)의 혁명적 결과에 초점을 맞췄기 때문이다.

2.2 모더니즘 국면

마르크스의 자본주의 생산양식 분석이 현대화라는 개념보다 더 우월하다는 사실은 앤더슨이 버먼의 책《견고한 것은 모두 허공으로 사라진다》를 비판하는 두 가지 요점 중 하나의 근거다. 앤더슨은 다음과 같이 주장한다. 버먼이 모더니티의 끊임없는 역동성을 묘사하는 "형용사들, 즉 '끊임없는', '부단한', '끝없는'은 동질적인 역사적 시간을 나타낸다. 이 동질적인 역사적 시간 속에서 매 순간은 시간적으로 다음에 온다는 점에서는 다른 순간과 항상 다르지만, 똑같은 이유로

매 순간은 무한히 반복되는 하나의 과정에서 서로 바뀔 수 있는 단위라는 점에서는 항상 똑같다. [모더니티의 역동성에 대한] 이런 강조를 마르크스의 자본주의 발전 이론 전체에서 따로 떼어 놓고 보면, 전형적인 현대화 패러다임으로 곧장 이어지기 쉽다." 그러나 "자본주의 생산양식이라는 마르크스의 역사적 시간 개념은 이와 사뭇 다르다. 그것은 복잡하고 차별화된 일시성 개념인데, 이 시간 속에서는 국면이나 시기가 다른 국면들 또는 시기들과 서로 단절되고 자체 내에서도 이질적이다." 이런 비판의 함의는 모더니즘을 단순히 현대화로만 설명할 수 없고 더 구체적인 역사적 맥락에서 봐야 한다는 것이다. 마찬가지로, 앤더슨은 버먼의 모더니즘 개념 자체도 너무 무차별적이라고 주장한다. 그래서 "구체적 예술형식으로서 모더니즘은 대체로 20세기에 들어서야 시작된 것으로, 보통은 19세기나 18세기 또는 그 전의 리얼리즘이나 다른 고전적 형식과 대조적인 것으로 이해한다. [그러나] 버먼이 훌륭하게 분석하는 문학작품들(괴테·보들레르·푸시킨·도스토옙스키의 작품들)은 거의 모두 이런 일반적 의미의 전형적 모더니즘보다 앞선 시대의 것들이다."[28]

앤더슨은 "전형적 모더니즘"조차 공통의 정체성을 지닌 일관된 운동들로 볼 수 있는지 의심하지만(1장 2절에서 봤듯이, 잘못된 생각이다), 그가 "'모더니즘'의 결정적 조류"라고 부른 것들("상징주의·표현주의·입체파·미래파·구성주의·초현실주의")을 보면 19세기 말에 초점을 맞추고 있으며, 이는 맬컴 브래드버리와 제임스 맥팔레인의 주장, 즉 1890~1930년을 전형적 모더니즘 시기로 봐야 한다는 주장과 비슷하다는 사실을 알 수 있다.[29] 앤더슨은 더 나아가 "나중에 '모더니즘'으로 묶이게 된 예술적 실천과 이론들에 대한 종합 국면 차원의 설명"을 제시한다.

내가 보기에 '모더니즘'은 세 가지 결정적 좌표가 '삼각형을 이루는' 문화적 힘마당*으로 이해하는 것이 가장 좋다. 첫째 좌표는 … 시각 예술이나 다른 예술에서 매우 형식적인 전통주의가 하나의 성문법처럼 자리 잡고 있었다는 점이다. 이런 전통주의 자체가 공식적 국가·사회 체제 안에 제도화해 있었고, 이 국가·사회 체제에 여전히 많이 남아 있으면서 흔히 그 체제를 지배하던 귀족이나 지주계급은 어떤 의미에서는 경제적으로 '지양'된 계급이었지만 다른 의미에서는 제1차세계대전 전까지 유럽 각국의 정치적·문화적 분위기를 주도한 계급이었다. … 둘째 좌표는 첫째 좌표를 논리적으로 보완하는 것이다. 즉, 아직 맹아 상태여서 근본적으로 새로운 현상이었는데, 전화·라디오·자동차·항공기 같은 2차 산업혁명의 핵심 기술이나 발명품이 나타나기 시작한 것이다. … [셋째 좌표는 — 캘리니코스] 사회혁명이 임박했다고들 상상했다는 점이다. 사회혁명의 예상이 불러일으킨 희망과 두려움의 정도는 매우 다양했지만, 벨에포크** 시절에도 거의 유럽 전역에서 사회혁명의 전망이 '떠돌고' 있었다.[30]

앤더슨은 다음과 같이 주장한다. "'구체제'와 그에 따른 전통주의가 계속 남아 있었기 때문에 다양한 문화적 가치들이 존재할 수 있었고, 그래서 사회 비판적 예술형식들은 이렇게 다양한 문화적 가치

* force-field. 힘의 작용이 미치는 범위로서, 전기장·자기장·중력장 따위가 있다. 역장力場이라고도 한다.

** Belle Époque. '좋은 시절'이라는 뜻으로, 원래는 프랑스 역사에서 1871년부터 1914년까지 평화와 번영이 계속되면서 낙관주의가 널리 퍼진 시기를 일컫는 말이었는데, 여기서는 제1차세계대전 이전 유럽의 평화기를 가리킨다.

들에 맞서서 자신을 가늠할 뿐 아니라 그런 가치들을 통해서 부분적으로나마 자신을 분명히 표현할 수 있었다." 그러나 일부 모더니스트들(예컨대, 파운드와 엘리엇)은 자신이 경멸하는 현재와 거리를 두려고 유럽의 고급문화 '전통'을 이용한 반면, 다른 모더니스트들(파리의 입체파, 이탈리아의 미래주의, 러시아의 구성주의)은 "새로운 기계 시대의 활력과 매력에서 상상력의 자극을 받았다."

> 마지막으로, 이 시대의 지평을 떠돈 아스라한 사회혁명의 기대 때문에, 모더니즘 중에서도 가장 단호하고 격렬하고 철저하게 사회질서를 거부한 흐름들(그중 가장 중요한 흐름은 분명히 독일 표현주의다)은 종말론적 색채를 띠게 됐다. 따라서 20세기 초 유럽의 모더니즘은 아직도 사용할 수 있는 고전주의적 과거, 기술이 발전하고 있지만 아직까지는 불확실한 현재, 그리고 아직 예측할 수 없는 정치적 미래라는 공간 속에서 꽃피었다. 다른 식으로 표현하면, 모더니즘은 반쯤 귀족적인 지배 질서, 반쯤 산업화한 자본주의 경제, 반쯤 자리 잡거나 반쯤 반란을 일으킨 노동운동이 서로 교차하는 지점에서 발생했다.[31]

나는 이런 분석이 상당히 설득력 있다고 생각하지만, 먼저 앤더슨의 주장에서 매우 의심스런 부분부터 짚고 넘어가자. 그것은 앤더슨이 19세기 말 유럽 사회의 성격을 규정하는 부분인데, 앤더슨 스스로 인정하다시피 이 성격 규정은 그가 "최근에 발간된 아르노 메이어의 가장 중요한 저작"이라고 말한 《구체제의 존속》에서 가져온 것이다.[32] 그 책에서 제1차세계대전 전야의 유럽을 해석하는 메이어의 핵심 주장은 다음과 같다.

> 1914년 전까지 유럽은 두드러지게 전前산업적·전前부르주아적 사회였다. 그래서 시민사회는 노동집약적 농업, 자급자족적 공장제수공업, 소규모 상업으로 이뤄진 경제에 깊이 뿌리박고 있었다. 물론 산업자본주의와 그에 맞는 계급 구조, 특히 부르주아지와 공장 프롤레타리아가 장족의 발전을 한 것은 사실이다. 특히 1890년 이후에 그랬다. 그러나 그들은 결코 기존 질서의 강력한 구조에 도전하거나 그 구조를 대체할 만한 위치에 있지 않았다.[33]

농업은 여전히 유럽 경제의 주요 부문이었고, 대륙 전역에서 귀족계급과 더 일반적으로는 지주계급의 정치적 지배를 떠받치고 있었다. 이런 상황은 프랑스를 제외한 모든 유럽 국가의 왕정 체제에 반영돼 있었다. 부르주아지는 정치적 종속에서 벗어나지 못했을 뿐 아니라 스스로 구체제에 적응했다. 산업계와 금융계의 신흥 거물들은 낡은 왕정을 전복하려 하기는커녕 오히려 귀족들의 생활 방식을 흉내 내고 신분이 높은 귀족들의 토지를 사들이면서 카멜레온처럼 주위 환경에 맞게 자기 몸의 색깔을 바꾸고 있었다. 따라서 교육제도, 특히 그리스어와 라틴어로 된 고전을 강조하는 교육제도가 여전히 유럽 농촌 명사名士들의 가치관을 가르치고, "고급문화가 만들어 낸 작품들의 형식·내용·스타일이 구질서의 전통을 계승하고 칭송하는 관습에 계속 얽매이고 사로잡힌" 것은 당연했다.[34]

메이어의 이런 분석은 제1차세계대전에서 절정에 달한 위기의 동역학을 이해하는 독특한 관점(제1차세계대전 자체는 "20세기의 30년 전쟁이라는 전반적 위기"의 서막이었다는)을 보여 주는데, 이 위기의 근원은 1890년대 이후 유럽 지배계급들이 점차 반동적 태도를 취했기 때문이고, 이것은 공식 정치의 양극화와 대규모 극우 보수 정당들의 성장으로 나타났을 뿐 아니라 니체와 사회적 다윈주의[사회진화론]가 인기를 끈 것으로도 나타났다는 것이다. 1900년 무렵 "지배 엘리트들"은 "유럽에서 가장 무시무시한 위험 계급"이 돼 있었다. 따라서 "세기의 전환기 이후에 유럽에서 위기가 발생했다면, 그 위기를 부채질한 것은 기성 질서에 맞서 반란을 일으킨 민중 세력이 아니라 그 질서를 떠받치기로 작정한 되살아난 극우 보수 세력이었다." "국제 체제가 정확히 두 진영으로 분열한 것"은 이런 반동 물결의 "원인이 아니라 결과였다." 따라서 "제1차세계대전으로 드러난 것은 생명을 연장하려고 투쟁하던 구질서의 쇠퇴와 몰락이지 자신의 우위를 강요하기로 작정한 산업자본주의의 폭발적 성장이 아니었다." 1917~18년에 중부 유럽 왕정들이 붕괴했지만 문제는 결코 해결되지 않았다. "두 차례 세계대전과 홀로코스트를 겪고 나서야 … 마침내 유럽의 시민·정치 사회에서 봉건 귀족의 주제넘은 행위가 사라지게 된다."[35]

19세기 말 유럽을 이렇게 분석하는 데 의문을 제기할 근거는 많다. 첫째, 귀족 지배의 존속이라는 주장은 논란이 분분한 쟁점이다. 앤더슨 자신이 영국 역사를 다룬 책에서 토지 귀족의 헤게모니가 런던 금융가를 통해 20세기까지 지속됐고 산업 부르주아지는 이들의 헤게모니에 눌려 무기력했다고 분석한 바 있는데, 메이어의 주장은 앤더슨의 이런 견해를 유럽 전체로 확대한 것이라고 볼 수 있다. 그러나 앤더슨의 주장은 날카로운 비판을 받았고, 내가 보기에 그 비판은 치명적이다.[36] 이와 비슷하게, 1945년 이전의 독일 사회를 독특한 '전근대' 사회로 보는 관점도 최근에 데이비드 블랙번과 제프 일리의 강력한 비판을 받았는데, 블랙번과 일리는 1871년 이후 독일 국가를 주도한 세력은 농촌 지주계급이었지만 국가 자체는 산업자본의 이해관계에 따라 움직였다고 주장한다.[37]

더 일반적으로, 에릭 홉스봄은 19세기를 "구체제의 존속"으로 봐서는 안 되고 "역사적으로 특수한 부르주아 사회 형태 속에서 자유주의적 자본주의가 승리하고 변모한 과정"으로 봐야 한다고 주장했다. 대다수 부르주아지는 적어도 19세기 후반 도시 생활의 특징인 번영을 누리면서 두드러지게 "덜 공식적이고 더 사적이고 더 개인적인 생활 방식"을 발전시키고 있었던 반면, 대자본은 "큰 어려움 없이 스스로 소수 특권층이 될 수 있었다. 왜냐하면 귀족들과 비슷한 방법을 사용하거나 심저어 (영국에서 그랬듯이) 실제로 귀족정치 메커니즘을 이용할 수 있었기 때문이다." 상층 부르주아지가 귀족의 생활 방식을 선택했다고 해서 "단지 낡은 귀족적 가치 때문에 부르주아적 가치를 포기"했다는 말은 아니다. 그래서 "소수 특권층 학교에서(또는 어느 학교에서든지) 이뤄진" 근본적으로 새로운 "사회화"를 통해 "귀족적 가치는 부르주아 사회와 그들의 공적 업무를 위한 도덕 체계에 흡수됐다."[38] 메이어 자신도 19세기 유럽 전역의 중등교육 특징은 고전 교육을 강화했다는 점이라고 지적한다. 이런 경향은 (매슈 아널드의 표현을 빌리면) 부르주아 '속물들'과 귀족 '야만인들'을 합쳐서 공동 지배계급으로 만들려는 것이었지 한 집단을 다른 집단에 종속시키려는 것이 아니었다고 봐야 한다.[39]

19세기 말 유럽이 귀족 지배 체제였는지 아니면 부르주아 사회였는지를 찬찬히 따져 봐야 하는 이유 하나는 이 물음에 어떻게 대답하느냐에 따라 1914~45년의 '30년 전쟁'에 대한 평가가 달라지기 때문이다. 메이어는 이 시기에 유럽이 겪은 고통(제국주의 때문에 전 세계로 확산된)은 구체제와 신흥 산업자본주의가 충돌한 결과이며 이 충돌에서 구체제가 능동적 구실을 했다고 생각한다. 그렇다면 두 차례 세계대전과 그 즈음의 사회적 격변들(1905년과 1917년의 러시아, 1918년과 1933년과 1945년의 독일, 1925~27년과 1949년의 중국 등)은, 행위자들의 주관적 의도가 아니라 객관적 결과라는 측면에서 보면, 자본주의 발전을 가로막은 '봉건적·귀족적' 장애물을 쓸어버린 현대화 과정이었다고 말할 수 있을 것이다. 이런 설명대로라면 유럽에서 진정한 부르주아 시대는 1945년 이후에야 시작된 셈이다. 이런 분석에 자본주의 옹호론이 담겨 있다는 것은 꽤나 분명하다. 즉, 자본주의는 20세기 전반기의 참사 후에 출현했으므로 그 참사에·책임이 없으며 오히려 낡은 귀족 체제를 지키겠다고 맹세한 반동 세력에게 책임이 있다는 것이다. 이렇게 [구체제 잔재가] 청산된 자본주의는 근본적으로 신자유주의적인 자본주의, 즉 완전경쟁이 지배하는 시장경제 개념에 가깝다. 따라서 국가 간 군사적 경쟁은 (당연히 1945년 이전과 마찬가지로 이후에도 세계 무대에 붙박이처럼 존재했지만) 흔히 자본주의 생산양식과 무관한 것으로 여겨진다. 유럽은 1945년 이후에야 뒤늦게 현대화했다는 생각은 세계가 이제 새로운 사회·경제 발전 국면으로 진입하고 있는가 아닌가 하는 문제와 관계있다(이 문제는 5장에서 살펴볼 것이다). 여기서는 레닌·룩셈부르크·힐퍼딩·부하린이 발전시키고 (적어도 이 점에서는) 홉스봄도 이어받은 고전 마르크스주의 전통은, 메이어의 분석과 달리, 20세기 '30년 전쟁'의 기원을 19세기 말 자본주의의 모순 심화에서 찾는다는 사실을 지적하는 선에서 그치겠다. 특히, 대기업의 수중에 경제력이 집중되고(이것은 독일과 미국 같은 신흥 경제 강국에서 가장 두드러진 현상이었다) 이와 함께 은행과 산업자본만이 아니라 국가와 사적 자본도 융합해서 단일한 국민적 이해관계 복합체가 형성되고, 그 결과로 기업 간 시장 경쟁이 강대국 간 군사적 경쟁으로 변모한 것이 전쟁의 원인이었다.[40]

1900년 이후의 군사적·사회적 충돌을 자본주의 생산양식 내부의 모순으로 설명한다고 해서 메이어가 강조한 구질서의 존속을 무시해도 좋다는 말은 아니다. 그러나 그런 구질서의 존속은 자본이 우위를 차지한 유럽 사회구성체들의 점진적 재구성이라는 맥락 속에서 봐야 한다. 더욱이, 영국의 캠벨배너먼과 애스퀴스 정부 시대(1906~14년)에 대한 조지 데인저필드의 유명한 연구 성과를 일반화해서 노먼 스톤이 주장한 1914년 이전 "자유주의 유럽의 기묘한 죽음"은 19세기의 마지막 30여 년 동안 산업자본주의의 발전으로 말미암아 불안정성이 증대한 결과로 보는 것이 가장 좋다.[41] 이렇게 산업자본주의의 불균등하고 불완전한 발전은 산업화에 따른 혼란과 부작용을 가중시켰다. 이 문제는 트로츠키의 불균등·결합 발전 개념을 이용하면 가장 명료하게 이해할 수 있는데, 트로츠키는 1905년 러시아 혁명 이후 제정 러시아 사회의 위기를 이해하려고 노력하는 과정에서 이 개념을 발전시켰다. 즉, 러시아는 봉건적 질서가 두드러진 농촌 지역과 서유럽에서 수입한 최신 설비에 바탕을 둔 산업자본주의 지역이 맞물린 결과로 부르주아지와 제정에 모두 도전하는 사회적 격변에 유별나게 취약했다는 것이다.[42] 메이어는 구체제의 존속에 집중하다 보니, 산업자본주의의 발전과 구체제 존속 사이의 모순된 관계를 무시한다. 그러나 이 모순 때문에 귀족의 특권을 폐지하라는 요구(마르크스주의 용어로 말하면 '부르주아 혁명의 완수' 요구, 즉 토지개혁과 보통선거권)와 산업 노동계급의 반자본주의 투쟁이 맞물리면서(이런 일은 러시아에서만 일어난 것이 아니라 독일과 이탈리아 등지에서도 일어났다) 사회적 충돌이 급진화했다. 메이어는 1914년 [제1차세계대전] 직전까지 유럽에서 사회적 충돌이 격화하고 있었다는 사실을 무시한다. 예컨대, 러시아에서는 1912년 레나 금광 학살 사건 이후 사회적 충돌이 격렬해졌고, 영국에서는 1910~14년의 '노동자 대투쟁' 때 그랬다. 이렇게 강렬한 계급투쟁 물결이 고조되는 상황에서 극우 보수 반동 세력이 형성됐기 때문에 범게르만주의 지도자 하인리히 클라스가 "나는 거룩한 속죄 전쟁을 갈망한다"고 외쳤던 것이다.[43] 메이어는 19세기 말~20세기 초 유럽 지배계급들이 느낀 엄청난 두려움을 독립변수로 다루지만, 사실 그것은 자본주의 발전으로 말미암은 불안정성 증대에 대한 반응으로 보는 것이 옳다.

메이어의 주장과 달리 구체제와 산업자본주의 질서의 모순된 통일을 강조하는 이런 견해는 모더니즘의 역사적 맥락을 분석한 앤더슨의 주장을 약간 변용한 것이지 논박하는 것이 아니다. 사실, 내 비판을 감안해서 보면 [모더니즘에서] 영국의 예외적 지위를 이해하기도 더 쉬워진다. 앤더슨은 다음과 같이 썼다. "엘리엇이나 파운드에게는 교두보였고 조이스에게는 역외였던 영국에서는 독일·이탈리아·프랑스·러시아·네덜란드·미국과 달리 20세기 초에 사실상 중요한 자생적 모더니즘 운동이 전혀 나타나지 않았다."[44] 영국의 지주들은 산업혁명 오래전부터, 에드워드 톰슨의 표현을 빌리면 "최고로 성공적이고 자신감 넘치는 자본가 계급"이었다는 사실을 안다면(앤더슨은 지금도 자신의 역사 저작에서 이 사실을 마지못해, 그것도 일관성 없이 인정한다) 유럽 대륙과 달리 영국 사회가 예외적이라는 점을 이해할 수 있을 것이다. 영국은 비교적 점진적으로 (그러나 대규모로) 산업화하기 전에도 이미 철저한 부르주아 사회였고 19세기 말에도 날카로운 신구 대립을 겪지 않은 반면, 프로이센·러시아·오스트리아-헝가리처럼 진정한 구체제 질서 하에서 비교적 갑자기 산업자본주의가 시작된 곳에서는 날카로운 신구 대립이 나타났다. 이런 관점에서 보면, 미국 출신 이민자들이 영어권 모더니즘에 기여한 것은 영국 본토인들이 상대적으로 미약한 구실을 한 것과 마찬가지로 쉽게 이해할 수 있다. 즉, 엘리엇·파운드·루이스의 특징은 그들이 받아들인 유럽의 전통적 고급문화와 자본주의 산업화에 따른 엄청난 사회 변화(물론 이 변화가 극에 달한 곳은 헨리 포드의 나라[미국]였다) 사이의 간극을 날카롭게 깨닫고 있었다는 점이다.

이런 단서에도 불구하고, 모더니즘이 형성된 국면에 대한 앤더슨의 묘사가 근본적으로 옳다는 것은 가장 중요한 사례인 빈을 떠올려보면 분명히 알 수 있다. 어쩌면, 빈이라는 도시에서 20세기가 발명됐다고도 말할 수 있다.

모더니즘의 결정적 시기라 할 1890~1930년에 빈에서는 그야말로 엄청난 문화 혁신이 일어났다. 회화에서는 클림트·코코슈카·실레, 건축과 디자인에서는 바그너·올브리히·로스·호프만, 문학에서는 슈니츨러·호프만슈탈·크라우스·무질·브로흐·트라클·베르펠, 철학과 물리학에서는 마흐·볼츠만·마우트너·비트겐슈타인·슐리크·노이라트·포퍼, 정치경제학에서는 멩거·뵘바베르크·힐퍼딩·슘페터, 음악에서는 쇤베르크·베베른·베르크, 영화에서는 슈트로하임·스턴버그(슈테른베르크)·랑·프레민저(프레밍거) 등이 활약했다. 물론 19세기 말 빈을 바라보는 우리의 눈에 가장 크게 들어오는 거인은 단연 프로이트다. 이 눈부신 문화는 분명히 모더니즘을 일반적으로 설명할 때 중요한 기준이 된다.[45]

이런 설명은 빈의 모더니즘을 예외적인 것으로, 즉 유럽 다른 지역의 모더니즘과는 종류가 다른 것으로 취급하려는 견해와 부딪치기 마련이다. 심지어 빈 모더니즘을 포스트모더니즘의 선구자쯤으로 여기는 견해도 있다. 클라우디오 마그리스는 다음과 같이 주장했다. "오스트리아 문명은 초역사적인 바로크식 전체와 포스트모더니즘식 분산을 동시에 갈망한다. 오스트리아 [문명]의 영웅들은 아류이자 선구자다. 그들은 프리모던하기도 하고 포스트모던하기도 하다. 모더니즘의 영웅들과 달리 그들에게는 활동적이고 진보적인 종합이 부족하다는 것은 확실하지만, 바로 그렇기 때문에 그들은 부족한 인물, 존재하지 않는 인물, 우리 운명의 인물이 된다."[46] 장 클레르는 이 주장을 더 밀고 나가서, 빈 분리파*의 모더니즘과 다다이즘·초현실주의·구성주의 같은 유럽 다른 지역의 아방가르드 운동을 분리한다. "아방가르드는 … 미래에 대한 열망에서 비롯한 반면, 빈 분리파의 모더니티는 과거에 대한 불안감에서 비롯한다. 전자는 토대를 놓으려고 하는 반면, 후자는 전통에 맞서 싸운다. … 후자는 혁명·혁신이라는 신화에 참여하는 것이 아니라 재생·재건이라는 신화에 참여한다." 이런 대조에서 뚜렷이 드러나는 정치적 적대감은 프로이트와 쇤베르크의 빈이 아니라 [프랑스] 신철학자들의 파리를 연상시키는데, 이 점은 클레르의 다음과 같은 말에서도 분명히 알 수 있다. "[제1차세계대전 전에 빈에서 망명 생활을 했던 — 캘리니코스] 트로츠키가 빈의 위대한 지성들과 웃으면서 대화하는 모습을 그린 삽화들을 보면, 사형집행인과 사형수가 사이좋게 지내는 현대 세계의 끔찍한 광경을 보는 듯하다."[47]

아방가르드 운동의 성격은 다음 절에서 살펴볼 것이다. 그렇지만 빈 모더니즘의 특수성을 부정하지 않더라도 마그리스와 클레르의 주장, 즉 빈 모더니즘은 모더니티에 회의적이었고 과거 지향적이었으며 부재와 부족을 강조했다는 주장은 결코 빈 모더니즘과 엘리엇·

---

* 19세기 말 빈의 주류 미술계에 반대한 클림트·실레·코코슈카 등이 과거의 형식과 전통에서 분리돼 자유로운 표현 활동을 목표로 시작한 예술 혁신 운동으로, 건축·공예·회화 등 다방면에 걸쳐 일어났다.

프루스트[의 모더니즘]을 구분하는 근거가 될 수 없다. 또, 19세기 말 빈을 계몽주의적 이성 숭배에 맞선 반란이 일어난 곳으로 보는 근거도 될 수 없다. 계몽사상가들이 기대했던 진보는 부적절하다는 생각이 1890년대~1930년대 빈에서 가장 생생하게 표현된 것은 분명히 사실이다. 그러나 다른 경향들도 있었다. 예컨대, 빈Wien학파*는 논리실증주의의 인식론적·의미론적 학설을 정식화하는 전문적 철학 활동만 한 것이 아니라, 다양한 형태의 비합리주의에 맞서 계몽주의를 옹호하는 활동도 했다고 볼 수 있다. 제1차세계대전 종전 후 빈의 두드러진 특징이었던 비합리주의는 나치즘뿐 아니라 돌푸스의 성직자 파시즘**으로도 나타났다. 어니스트 네이글은 1936년에 쓴 글에서 슐리크의 강연을 다음과 같이 묘사했다. "경제가 파탄난 도시에서 반동이 실권을 쥐고 있는 때에" 그 강연은 "잠재적인 지적 폭탄이었다. 나는 그런 학설이 빈에서 얼마나 더 오래 받아들여질지 의심스러웠다."[48] 그 의심은 머지않아 슐리크의 암살로 입증됐지만, 이성을 옹호하는 빈학파의 헌신적 활동은 포퍼에 의해 지속됐다(비록 포퍼는 논리실증주의를 비판했지만). 심지어, 데카르트 합리론의 핵심인 '자기 확신하는 주체'를 그 누구보다 강력히 비판하는 사상가였던 프로이트조차 자신이 발견한 무의식 과정을 과학적으로 이해하려고 노력했다. 마지막으로, 빈은 정치적 미래를 예측하기 힘든 데서 비롯한

---

* 1920년대부터 1930년대까지 빈대학교의 슐리크·카르나프·노이라트 등이 중심이 돼 활동한 철학자·과학자 단체로, 기존의 사변철학에 반대해 철학을 과학 같은 객관적·실증적 학문으로 만들려고 했다. 논리실증주의 학파라고도 한다.

** 돌푸스는 보수적 농민 세력을 지지 기반으로 한 성직자 중심의 그리스도교사회당 소속이었고, 로마 가톨릭교와 파시즘을 지도 이념으로 하는 독재 정권을 수립했다.

두려움이나 희망과 무관한 곳이 결코 아니었다. 1914년 전에 빈의 시장을 지낸 카를 뤼거는 히틀러에게 대중적 반유대주의 정치의 모델이었다. 또, 빈은 유럽 사회민주주의의 핵심 도시 가운데 하나였고, 루돌프 힐퍼딩, 오토 바우어, 막스 아들러, 카를 레너 같은 오스트리아 마르크스주의자들은 유럽 사회민주주의의 주요 지식인들이었다. 특히, 바우어는 제1차세계대전 후에 잇따른 격변, 즉 1918년 혁명, 1927년 7월 15일 경찰이 저지른 대학살, 1934년 2월 돌푸스 정부의 노동운동 탄압(당시 빈의 노동계급 거주 지구에서는 유럽 최초로 파시즘에 맞선 대규모 무장 항쟁이 벌어졌다[49]) 등으로 [정치적] 시험대에 서야 했다.

빈은 결코 [모더니즘의] 예외 사례가 아니다. 20세기 초 빈에서는 모더니즘의 등장에 기여한 수많은 요소가 강렬한 형태로 나타났다. 빈은 무질이 말한 카카니아*의 수도였다. 즉, 바로크양식으로 건설되고, 오스트리아 황제 겸 헝가리 국왕인 프란츠 요제프 1세가 다스리는 이중 왕국(구체제 중에서도 가장 터무니없는)의 수도였다. 그러나 빈은 대규모 제조업의 중심지로서 도시 인구 200만 명 가운데 37만 5000명이 산업 노동자였다(이 점은 런던이나 파리와 다르고 베를린이나 페테르부르크와 비슷했다).[50] 그로 인한 사회적 긴장을 더 악화시킨 것은 언어가 다른 사람들이 빈에 모여 살았다는 사실이다. 즉, 독일인·체코인·폴란드인·유대인·마자르인·크로아티아인·세르비아인·슬로베니아인·루마니아인·이탈리아인 등 제국의 모든 피억압 민족 사

---

* Kakania. '제국(황제)과 왕국(국왕)'을 뜻하는 독일어 kaiserlich und königlich의 머리글자 kk('카카'로 발음한다)에서 유래한 것으로, 1866년 오스트리아 제국과 헝가리 왕국의 제휴로 수립된 이 중二重 국가를 가리키는 말.

람들이 빈으로 몰려들어 함께 살고 있었다. 이런 변화가 만들어 낸 대중운동들(그리스도교 민주주의, 범게르만주의, 슬라브 민족주의, 사회민주주의 등)은 1890년대쯤 자유주의적 입헌 왕정 체제(1866년 오스트리아가 프로이센에 패배한 후 수립된)를 뒤집으려 할 만큼 위협적이었다.

칼 쇼르스케는 19세기 말 빈을 연구한 탁월한 저작에서 빈의 놀라운 문화적 번영은 입헌 왕정의 주요 사회적 기반이었던 자유주의 부르주아지의 위기라는 맥락 속에서 봐야 한다고 주장한다. "두 가지 기본적인 사회적 사실의 측면에서 오스트리아 부르주아지는 프랑스·영국 부르주아지와 달랐다. 오스트리아 부르주아지는 귀족정치를 파괴하지도 못했고 귀족정치와 완전히 융합하지도 못했다. 그런 약점 때문에 그들은 황제에게 의존하고 충성했고, 황제를 경원하면서도 아버지-보호자 같은 존재로 여겼다."[51] 아웃사이더 같은 부르주아지의 처지를 더 곤란하게 만든 것은 그들의 다수가 유대인이라는 사실이었다. 은행가의 80퍼센트가 유대인이었고, 철학자[루트비히 비트겐슈타인]의 아버지인 철강업계 거물 카를 비트겐슈타인도 유대인이었다.[52] 귀족과 부르주아지의 문화적 융합을 꼬이게 만든 것은 귀족계급의 예술이 반反종교개혁적 가톨릭 예술, "관능적이고 감수성을 중시하는 문화"라는 사실이었다. "그래서 이성과 법률을 중시하는 자유주의 문화에 뿌리를 둔 오스트리아 부르주아지는 관능적 감정과 우아함 위주의 옛 귀족 문화에 맞섰다." 그렇지만 자유주의 부르주아지는 귀족계급에 동화되려고 계속 노력했고, 그 노력은 20세기 초에 절정에 달했다. 그때 유대인을 혐오하는 우파, 노동운동, 슬라브 민족주의가 성장하자 부르주아지는 정치 무대에서 철수했다. "예술을 위한 삶이 행동을 위한 삶을 대체했다. 실제로 시민적 행동이 쓸모없다는 것이 점차 드러나자 예술은 거의 종교가 됐고 의미의 원천이자 영혼의 자양분이 됐다." 그러나 바로크 전통은 특별히 자유주의적·개인주의적 '자아 수양'을 강조하는 태도와 결합됐다. 그래서 1890년대가 되면

> 교육받은 부르주아지는 기존의 우아한 귀족 문화에 동화되려고 애쓰면서 귀족계급의 예술적 감수성을 훔쳐다 썼지만, 세속적이고 왜곡된 형태로 매우 개인주의적으로 그랬다. 그 결과는 자기도취와 감성적 삶의 이상 비대 현상이었다. 정치적 대중운동의 위협 때문에 부르주아지 특유의 합리성, 도덕률, 진보의 유산을 신봉하는 전통적인 자유주의적 태도가 약해지자, 이미 나타난 이런 비대 현상은 더 심해졌다. 장식품이었던 예술이 본질로 바뀌고, 가치의 표현이었던 것이 가치의 원천이 됐다.[53]

이런 주장을 뒷받침하려고 쇼르스케가 예로 든 클림트의 미술은 다음 절에서 살펴보겠다. 어쨌든 빈 문화에 대한 쇼르스케의 해석은 앤더슨의 일반적 주장, 즉 모더니즘은 "아직도 사용할 수 있는 고전주의적 과거, 기술이 발전하고 있지만 아직까지는 불확실한 현재, 그리고 아직 예측할 수 없는 정치적 미래라는 공간 속에서" 나타났다는 주장과 분명히 일치한다. 또, 19세기 말 빈을 다룬 쇼르스케의 논의를 눈여겨봐야 하는 이유는 오스트리아 자유주의의 정치적 좌절이, 예컨대 빈 분리파의 예술로 승화됐을 뿐 아니라 프로이트의 정신분석으로도 승화됐다는 사실을 강조하기 때문이다.[54] 여기서 모더니즘의 정치라는 더 광범한 문제가 제기되는데, 이제 이 문제를 살펴보자.

2.3 아방가르드의 성장과 몰락

프랑코 모레티는 최근 짧지만 주목할 만한 글에서 오늘날의 마르크스주의 비평은 모더니즘 기법이 원래 처음부터 기존 사회질서 전복을 추구했다는 듯이 주장하며 "모종의 좌파적 '모더니즘 옹호론'에 그치는" 경향이 있다고 비판했다. 그러면서, 모호함을 강조하는 모더니즘의 특징에서 드러나는 "미학적·반어적 태도(이 태도를 가장 잘 보여 주는 것은 여전히 '허구라는 사실을 망각하고 기꺼이 믿기'*라는 오래된 공식이다)는 모더니즘의 상상력(여기서는 못 믿을 것은 아무것도 없다)이 낭만주의적 아이러니에 얼마나 많이 의존하는지를 여실히 보여 준다"고 주장한다.[55] 낭만주의의 특징을 제대로 묘사하기 위해 모레티는 현대 유럽 우파 중에서 가장 주목할 만한 인물 축에 드는, 뛰어나지만 사악한 카를 슈미트의 다음과 같은 말을 원용한다. "낭만주의는 '주관적 기회원인론**'이다. … 낭만주의자는 세계를 자신의 낭만을 위한 생산 기회나 계기쯤으로 여긴다." 세계 자체에 대

---

* willing suspension of disbelief. 영국의 시인·평론가인 콜리지가 주장한 개념으로, 독자는 문학작품의 내용이 허구라는 사실을 알면서도 잠시 불신을 거두고 기꺼이 그것을 사실로 받아들여 작품에 몰입한다는 것. 직역해서 '불신의 자발적 중지'라고도 한다.

** occasionalism. 데카르트의 물질-정신 이원론에서는 연장延長을 갖지 않은 정신과 연장을 가진 육체가 직접 상호작용할 수 없게 되는데, 이에 대해 정신과 육체가 직접 상호작용하는 듯한 현상은 신神에 의해 나타난다고 설명한 이론. 신은 정신의 의지가 작용하는 것을 기회로 육체를 움직이고 육체가 다른 물질 대상과 부딪치는 것을 기회로 정신에 생각을 불어넣는다는 것이다. 즉, 개별적 원인은 진정한 원인이 나타나는 하나의 기회일 뿐이고, 진정한 원인은 신에게만 있다는 주장으로, 사실상 원인을 부정한다. 우인론偶因論이라고도 한다.

한 의식 또는 객관적 인과관계가 지배하는 세계와 주체의 상호작용에 대한 의식 따위는 존재하지 않는다. "낭만주의자는 현실에서 도피한다. … 아이러니이게도 그는 객관적 제약을 회피하고, 어떤 것에도 얽매이지 않으려 한다. 아이러니 속에 무한한 가능성이 담겨 있다." 따라서 "모든 것(사회와 역사, 우주와 인간)은 오로지 낭만적 자아의 생산을 위해서만 존재한다. … 모든 사건은 환상적 꿈처럼 모호해지고, 모든 대상은 무엇이든지 될 수 있다."[56]

슈미트는 개인과 현실의 관계를 이렇게 정립하는 예술은 "오직 부르주아 사회에서만" 가능하다고 주장했다. 부르주아 사회에서는 "사적 개인이 스스로 자신의 성직자가 될 뿐 아니라 자신의 시인·철학자·국왕도 되고 자신의 개성이라는 성당을 짓는 건축가도 되기 때문이다."[57] 모레티는 이런 설명에서 한 발 더 나간다. 모더니즘은 "현대 서구 사회에서 일어난 저 위대한 상징적 변화의 결정적 구성 요소다. 사람들은 이제 삶의 의미를 공적 생활, 정치, 노동의 영역에서 찾지 않는다. 삶의 의미는 이미 소비와 사적 생활의 세계로 옮겨 왔다." 모더니즘의 "끝없는 백일몽"은 "우리 공적 생활의 지루하고 맹목적인 무관심 덕분에 존재할 수 있다." 모더니즘의 "정치적 스펙트럼이 엄청나게 넓은 이유는 무엇보다도 모더니즘이 근본적으로 정치에 무관심하기 때문이다."[58]

모더니즘을 이렇게 보는 견해는 흔히 모더니즘 작품에도 정치가 있지만 공식적으로 인정되지 않거나 숨어 있거나 암시적일 뿐이라는 사실을 무시한다는 비판을 받는다. 그래서 콜린 매케이브는 조이스의 작품을 이해하려면 아일랜드 혁명을 알아야 한다고 주장했다.[59] 그러나 내가 보기에 이런 주장은 요점을 놓친 것이다. 프레드릭 제임슨은 "문학 텍스트"를 "단일하고 거대한 집단적 이야기의 통일체", 즉 계급투쟁의 역사로 통합하는 "정치적 해석이 가장 중요하다"고 주장했다. "저 끝없는 이야기의 흔적을 발견하는 것, 즉 이 근본적 역사의 억눌리고 파묻힌 현실을 텍스트의 표면으로 복원하는 것이 '정치적 무의식' 이론의 기능과 요구다."[60] 그러나 [문학에서] 정치는 무의식적인 것이므로 그것을 발견하려는 해석 작업이 반드시 필요하다고 제임슨은 주장한다. 이런 견해는 모레티의 주장, 즉 모더니즘 예술과 세계 사이의 관계는 계급투쟁이라는 "억눌리고 파묻힌 현실"의 왜곡된 표현으로 볼 수 있다는 주장과 일치한다.

모더니즘 예술에는 슈미트와 모레티가 말한 현실도피 경향이 있다는 사실은 수많은 사례에서 드러난다. 여기서는 두 가지만 살펴보겠다. 하나는 클림트의 걸작 〈베토벤 프리즈*〉다. 이 그림은 1920년 막스 클링거가 제작한 베토벤 조각상의 제막식을 기념하는 전시회가 빈 분리파 회관에서 열렸을 때, 이 전시회를 위해 클림트가 분리파 회관 벽에 그린 것이다. 쇼르스케는 이 그림과 클림트의 암울한 정치관이 드러난 전작 〈법학〉을 비교한다. 〈법학〉에서 클림트는 "사람들을 무자비하게 처벌하는 법률이 그 희생자들을 집어삼키는 무시무시한 광경"을 묘사한 바 있다. 그러나 이제는 작품 주제를 베토벤의 9번 교향곡에서 가져왔지만, 그 교향곡과 실러의 〈환희의 송가〉**에 담겨 있는 혁명적 프로메테우스주의를 제거하고 "자기도취로 후퇴해서 유토피아적 행복감을 선언"한다. "정치는 패배와 고통을 가져온 반면, 예술은 도피와 위안을 줬다." 세 폭짜리 〈베토벤 프리즈〉의 첫째·둘째 그림에

---

* frieze. 방이나 건물의 윗부분에 그림이나 조각으로 띠 모양의 장식을 한 것.

** 베토벤의 9번 교향곡 〈합창〉 마지막 악장에는 실러의 〈환희의 송가〉를 가사로 한 합창이 있다.

서 클림트는 "행복의 염원"과 "적대적 힘"을 대조한다. 〈베토벤 프리즈〉의 절정이라 할 수 있는 셋째 그림("행복의 염원은 시를 통해 이뤄진다")에서는 남녀 한 쌍이 키스하며 포옹하고 있다. 이 마지막 그림은 실러의 〈환희의 송가〉에 나오는 구절 "전 세계에 키스를 보낸다"에서 영감을 얻었다. 그러나 "실러와 베토벤에게 이 키스는 정치적 키스, 인류의 우애를 위한 키스였다. '억만의 사람들이여, 포옹하라'가 실러의 보편주의적 권고였다. 베토벤은 이 구절을 안단테 마에스토소(느리고 장엄하게)로, 매우 강렬하고 위엄 있는 우애의 열정이 담긴 남성 음역으로만 소개한다. 그러나 클림트에게 이 감정은 영웅적인 것이 아니라 순전히 에로틱한 것이다. 더 놀라운 것은 키스와 포옹이 자궁 속에서 이뤄진다는 점이다." 쇼르스케는 〈베토벤 프리즈〉를 두고 클림트가 "현대 생활의 피난처라는 예술의 이상을 최대한으로 표현한 것"이라고 말했다. "〈베토벤 프리즈〉에서는 몽상가의 유토피아, 즉 현대 생활의 역사적 구체성이 완전히 배제된 유토피아 자체가 자궁의 포로, 후퇴를 통한 성취다."[61]

예술로 후퇴한 클림트가 빈의 문화에 대한 쇼르스케의 일반적 해석을 뒷받침하는 사례라면, 내가 드는 둘째 사례는 훨씬 더 놀라운 것처럼 보일 수 있다. 정치적 격변을 배경으로 한 소설이기 때문이다. 안드레이 벨리의 《페테르부르크》는 블라디미르 나보코프가 《율리시스》, 《변신》, 《잃어버린 시간을 찾아서》의 전반부와 함께 "20세기 산문의 최고 걸작"으로 꼽은 작품이다.[62] 《페테르부르크》는 1905년 혁명의 절정기에 청년 지식인이자 소외된 '잉여 인간'(이들의 딜레마가 러시아 고전 소설의 주요 주제였다)인 니콜라이 아폴로노비치 아블레우호프가 차르 체제의 고위 관료인 아버지를 폭탄으로 살해하라는 테러 조직의 명령을 받고 번민하는 이야기다. 그러나 《페테르부르크》

는 그 이상의 가치가 있는데, 무엇보다 문학 전통을 집대성하고 온갖 모더니즘 기법을 동원해서 그 위대한 도시 자체를 묘사하는 초상화이기도 하다. 페테르부르크라는 도시는 혁명적 소란으로 들끓고 있으며, 표트르 대제의 거대한 청동 기마상(푸시킨이 〈청동 기마상〉에서 묘사한)으로 상징되는 과거의 유령들에게 시달리고 있다. 마셜 버먼은《페테르부르크》를 전형적인 모더니즘 작품으로 본다.[63] 이 소설이 뛰어난 작품이라는 것은 쉽게 인정할 수 있겠지만(특히, 영화의 급격한 장면 전환 같은 생생한 묘사), 위대한 19세기 리얼리즘 작가들(톨스토이·도스토옙스키·투르게네프)과 달리 정치적 관심사에서 후퇴한 것이 두드러진다는 점은 놀라울 수 있다. 벨리는 1905년 10월의 페테르부르크, 즉 최초의 소비에트를 탄생시킨 위대한 총파업으로 격랑에 휩싸인 도시의 분위기를 생생하게 보여 준다. 그러나 이런 대중투쟁은 개인들, 특히 아블레우호프 부자父子와 혁명적 지식인 두드킨이 저마다 자기 운명을 따르는 이야기의 한낱 배경일 뿐이다(벨리는 중절모를 쓴 통근자들이든 혁명적 노동자들이든 대중을 모두 '기어다니는 인간 지네' 따위로 묘사하며 대놓고 무시한다). 아버지를 살해하라고 건네받은 폭탄을 들고 고민하며 괴로워하는 니콜라이 아폴로노비치는 도스토옙스키의 소설에 나오는 라스콜니코프 같은 반反영웅*의 후예라 할 수 있다. 그러나 도스토옙스키의 작품에서는 그런 반영웅의 개인적 딜레마가 정치적·형이상학적 주제를 극적으로 표현

---

* anti-hero.《죄와 벌》의 라스콜니코프처럼 작품의 주인공이지만 전통적 주인공과 달리 이상주의·용기·고귀함·이타심 같은 영웅적 자질이 없는 주인공. 전통적 비극에서는 영웅적 주인공의 파멸이 비극적 연민이나 두려움을 자아내지만 현대 비극에서 평범한 반영웅의 파멸은 관객이나 독자의 동정심을 불러일으킨다.

하는 반면, 니콜라이 아폴로노비치는 코르크 마개처럼 사건의 흐름에 이리저리 휩쓸리면서 폭탄의 점화·폭발 같은 자신의 개인적 드라마조차 수동적으로 지켜볼 뿐이다. 경험은 강렬한 반면, 윤리적·정치적 선택은 희미하다. 결국 니콜라이 아폴로노비치는 생생한 역사의 현장인 러시아에서 도망쳐 북아프리카에서 과거의 유물을 조사하는 데 만족하는 고고학자가 된다. 《페테르부르크》라는 소설은 모더니즘을 사로잡은 "우유부단의 마력魔力"(모레티의 표현이다)을 극적으로 보여 준다.

모더니즘을 이렇게 이해한다고 해서, 즉 모더니즘은 현실과 미학적 관계를 맺고 예술을 일종의 피난처로 여긴다는 점을 강조한다고 해서 모더니즘 예술 작품은 결코 정치적 지지를 표현하지 않는다는 말은 아니다. 그러나 놀라운 점은 그런 정치적 지지가 매우 다양하다는 것이다. 유진 런이 모더니즘의 분명한 특징으로 꼽은 네 가지, 즉 자기 반영성, 짜깁기, 모호함, 비인간화(1장 2절 참조)는 브레히트·예이젠시테인·마야코프스키의 혁명적 사회주의부터 파운드·루이스·셀린의 파시즘까지 광범한 정치적 견해와 공존했다. 이런 차이는 잘 알려져 있지만, 제프리 허프는 최근 매우 흥미로운 연구에서 독일 바이마르공화국과 나치 시기의 '반동적 모더니즘' 현상을 다음과 같이 지적했다. "독일 민족주의자들은 우파의 낭만적 반자본주의를 과거 지향적 목가주의와 단절시키고, 자본주의가 만들어 내는 무형無形의 혼란을 아름다운 새 질서로 대체해서, 통일된 선진 기술 국가를 건설하려 했다." 허프가 거론한 가장 놀라운 사례는 에른스트 윙거일 것이다. 윙거는 제1차세계대전 당시 참호에서 겪은 '전선의 경험'을 예찬했는데, 무자비한 대규모 파괴("피로 가득 찬 터빈"의 역겨운 이미지로 묘사된)로 말미암아 미래 사회에서는 "기술과 자연이 대립하지 않을 것"이고 기술은 "냉철한 의지의 구현"이 될 것이라고 생각했기 때문이다. 그런 사회에서는 계급 적대감이 극복돼서 노동자와 자본가는 군사적 팽창을 통해 권력의지를 실현하는 공동체에서 하나가 될 것이고 이는 대량 생산·파괴 기구라는 형태로 모습을 드러낼 것이다. 윙거의 놀라운 점은 현대 전쟁의 이미지뿐 아니라 20세기 대도시의 이미지("거대한 도시, 자동차와 네온사인, 정치적 대중 집회, 정신없이 빠른 노동과 여가의 속도, 소란스런 현대판 바빌론")도 생철학*의 사례로 다룬다는 것이다(그 전까지 생철학은 그런 이미지들을 퇴폐주의의 징후로 일축했다).[64]

벤야민은 특히 윙거를 염두에 두고 "파시즘의 논리적 결론은 정치 생활에 예술을 도입하는 것"이라고 주장했다. 그러나 또, "전쟁은 아름답다"고 선언한 마리네티처럼 정치를 예술화하는 것은 "'예술을 위한 예술'의 최종 완성"이라고도 말했다.[65] 벤야민이 다룬 이 주제를 더 한층 발전시킨 사람이 페터 뷔르거다. 뷔르거는 예술이 18세기 말에 독특한 제도로서 출현했다고 주장한다. 예술 제도의 독자적 지위를 합리화한 주장이 예술은 다른 사회적 실천들에서 자율적이라는 것이었고, 이 주장은 거의 동시에 출현한 철학적 미학 덕분에 분명히 표현될 수 있었다. '예술 제도'는 부르주아 사회의 산물이다. 예술 작품은 숭배 의식에 종속된 처지에서 해방됐고, 작품의 생산은 장인의 협력적 작업이 아니라 개인적 작업으로 변모했고(이런 변화는 절대왕

---

* 삶(생生)을 세계의 모든 사물에 우선하는 근본적인 것으로 여기고, 삶을 파악하거나 이해하는 일은 합리적인 지적 인식으로는 불가능하고 비합리적 직관이나 심정적 체험으로만 가능하다고 주장한 철학. 19세기 중반부터 20세기 초에 쇼펜하우어·키르케고르·니체·베르그송 등이 독일 관념론의 합리주의나 과학주의적 기계론에 반대하며 주창한 이 철학은 나중에 파시즘이나 나치즘과 연결되기도 했다.

정 치하에서 이미 진행되고 있었다), 예술 작품의 수용 방식도 중세 교회나 근대 초기 궁정의 집단적 소비가 아니라 개인적 감상으로 바뀌었다. 그러나 19세기에 부르주아지의 지배가 확고해지면서 '예술 제도'의 자율적 지위가 작품의 내용 자체에도 반영됐다. '개인과 사회의 관계' 같은 리얼리즘 소설의 핵심 주제들은 "예술의 생산자들이 갈수록 매체 자체에 몰두하게 되면서 점차 희미해졌다." 이런 경향이 절정에 달한 것이 19세기 말의 예술지상주의인데, 이 예술지상주의에서 "예술은 생활의 내용이 된다"는 것이다.[66]

벤야민은 20세기 초 말라르메를 비롯한 여러 예술가들의 예술지상주의를 "'순수'예술의 이념이라는 형태를 띤 일종의 부정신학"으로 묘사했다. "이 부정신학은 예술의 사회적 기능을 모두 거부할 뿐 아니라 [작품의] 소재에 따른 분류도 일절 거부한다."[67] 벤야민은 이런 태도의 선구자로 유명한 사람이 있다고 생각했는데, 바로 보들레르다. 보들레르에게 댄디즘*은 "데카당스 시대에 영웅주의의 마지막 광채"였고, "모든 것을 휩쓸어 평준화하는 민주주의 물결"에 대한 도전이었다. 멋쟁이[댄디]는 "자기 정신의 귀족적 우월성"을 주장하면서, "정신적·금욕주의적"으로 "모종의 자기 숭배"를 실천한다.[68] 푸코는 "보들레르가 … 현대적 인간은 자신을 발명하고자 노력하는 사람이라고 생각했다"면서, 보들레르의 모더니티 개념을 다음과 같이 요약했다.

> 보들레르는 이렇게 현재를 반어적으로 영웅화하는 것, 자유롭게 현실을 변형하면서 노는 것, 금욕적으로 자아를 단련시키는 것 등이 사회 자체

---

* dandyism. 겉치레·허세 따위로 멋을 부리려는 경향. 문학에서는 정신적 귀족주의 경향으로 나타난다.

나 국가에서 받아들여질 수 있다고 생각하지 않았다. 이런 것들은 다른 영역, 즉 보들레르가 예술이라고 부른 영역에서만 가능했다.[69]

바로 이런 태도를 모더니즘은 예술의 내용으로 만들었다(자기 반영성과 모호함을 이용해서). 벤야민은 보들레르의 댄디즘이 현대 도시의 사회생활이 상품화하는 것에 대한 반응이었다고 주장했다. "순응하기를 거부하는 사람들은 예술을 시장에 넘겨주는 것에 저항한다. … 그들은 '예술을 위한 예술'의 깃발 아래로 모여든다. [이 구호에서 종합예술작품*이라는 구상이 생겨난다. 종합예술작품은 기술의 발전에 맞서 예술을 밀폐시키려 한다.] 종합예술작품을 기념하는 예식은 상품을 미화하는 기분 전환과 짝을 이룬다. [둘 다 인간의 사회적 현존을 사상捨象해 버린다.]"[70] 모더니즘의 출현을 19세기 도시 생활의 변모, 특히 리처드 세넷이 분석한 변화와 연결시키는 모레티의 설명은 설득력이 있다. 세넷은 19세기 도시 생활의 변화는 개인이 주로 인간관계라는 사적 영역에 감정을 투여하고 공적 영역은 기껏해야 자기 표현의 수단으로 전락한 결과라고 봤는데, 이런 변화는 벤야민이 매우 강조한 과정, 즉 시장이 점차 사회관계에 침투하는 과정과 분리될 수 없다(5장 4절도 참조).[71]

이런 분석의 일반적 경향은 루카치의 유명한 모더니즘 비판, 즉 모더니즘은 "매력적인 예술이지만 퇴폐적"이라는 주장과 비슷하지 않은가? 왜냐하면 루카치는 모더니즘이 자연주의의 최신 변형일 뿐이고, 모더니즘이 리얼리즘을 대체한 것은 19세기에 부르주아지가 혁명적

---

* Gesamtkunstwerk. 음악·무용·회화·문학 등 여러 예술형식을 하나로 합친 예술작품. 19세기 초 독일의 작가·철학자인 트란도르프가 처음 사용한 말인데, 작곡가 바그너가 자신의 예술 이론으로 발전시켰다. 총체예술이라고도 한다.

계급에서 반동적 계급으로 변모한 탓이라고 주장했기 때문이다.[72] 그러나 결코 그렇지 않다. 첫째, 지금까지 개괄적으로 살펴본 모더니즘 해석은 앤더슨이 말한 루카치의 '진화론'적 관점, 즉 "한 시대가 다른 시대와는 다르지만, 한 시대 안에서는 사회 현실의 모든 부문이 서로 똑같은 속도로 움직이므로 어느 한 수준이 쇠퇴하면 다른 수준도 모두 쇠퇴할 수밖에 없다"는 관점을 거부한다.[73] 모더니즘이 현실을 예술 경험의 기회로 여기는 경향은 앞서 간략히 묘사한 역사적 과정에서 비롯했을 수 있지만, 모더니즘 자체의 출현은 2장 2절에서 살펴본 구체적 국면의 맥락 속에서만 제대로 이해할 수 있다. 둘째, 모더니즘과 낭만주의가 '주관적 기회원인론'을 공유한다는 점을 강조한다고 해서 모더니즘으로 분류되는 모든 예술 작품에 대한 미학적 평가가 반드시 부정적이라는 말은 아니다. 루카치는 극단적 형식주의에 빠져 19세기 리얼리즘에서 유래한 모범을 따르지 않는 작품의 가치를 전혀 인정하지 않는다고 비판한 브레히트의 주장은 오늘날에도 여전히 설득력이 있다.[74]

셋째, 모더니즘 예술은 자본주의 사회에 대한 항의를 표현한다는 주장은 어느 정도 근거가 있다(비록 모더니즘 예술과 자본주의 사회의 관계는 복잡하지만). 이런 주장을 가장 극단적으로 밀고 나간 사람은 물론 아도르노다.

현대 예술은 경직되고 소외된 현실을 모방하는 예술이다. 말 없는 현실을 부정하지 않고 모방함으로써 예술은 웅변이 된다. 그 때문에 현대 예술은 술에 술 탄 듯하거나 물에 물 탄 듯한 것을 결코 용납하지 못한다. 보들레르는 사물화를 묘사하지도 않았고 비난하지도 않았다. 오히려 그는 사물화의 원형을 경험함으로써 간접적으로 사물화에 항의했는데, 그 경험을 표현하는 매체가 문학 형식이었다. 그 덕분에 보들레르는 후기 낭만주의의 감상주의를 넘어서는 높은 예술 수준에 이를 수 있었다. 작가로서 보들레르의 장점은 상품 형태의 압도적 객관성(인간의 흔적을 모두 지워 버리는)을 약화시켜서 이것을 작품 자체의 객관성(살아 있는 인간 주체보다 우선하는)과 연결시키는 능력이다. 여기서 절대적 예술 작품은 절대적 상품과 융합된다.[75]

아도르노는 모더니즘 작품의 '절대성' 때문에, 즉 추상적이고 비非개성적이고 가시적으로 구성된다는 점 때문에 모더니즘 작품은 상품 물신성(사회적 관계를 사물들 간의 관계로 바꿔 버리는)이 지배하는 사회를 에둘러 비판할 수 있다고 생각했다. 그러나 또 다른 더 강력한 의미에서 모더니즘은 정치적 비판에 관여한다. 뷔르거는 20세기 초 아방가르드 운동들(다다이즘, 초기 초현실주의, 러시아 혁명 후 구성주의)의 특징은 "부르주아 사회에서 예술의 지위를 비판"한다는 점이라고 주장했다. "아방가르드 운동이 부정하는 것은 이전 예술의 형식(스타일)이 아니라 인간의 실생활에서 유리된 예술 제도 자체다."

아방가르드 예술가들은 예술의 지양을 주장했는데, 이때의 지양은 헤겔이 말한 의미에서다. 즉, 예술은 단지 파괴돼서는 안 되고, 실생활로 옮겨 가야 하고 그곳에서 바뀐 형태로나마 보존돼야 한다는 것이다. 따라서 아방가르드 예술가들은 예술지상주의의 본질적 요소를 받아들였다. 예술지상주의는 실생활과 예술의 거리를 작품의 내용으로 만들었다. 예술지상주의가 관계를 맺고 있으면서도 부정하는 실생활은 합목적적으로 조직된 부르주아적 일상생활이다. 그런데 아방가르드 예술가들의 목표는 예술을 이 실생활 속으로 통합하는 것이 결코 아니다. 오히려 그들은 예술지상주의자들과 마찬가지로, 합목적적으로 조직된 세계를 거부한다. 아방가르드 예술가들이 예술지상주의자들과 다른 점은 예술을 토대로 해서 새로운 실생활을 조직하려고 애쓴다는 점이다.[76]

따라서 뷔르거가 보기에, 초현실주의 같은 아방가르드 운동들과 '예술을 위한 예술'은 부르주아 사회를 거부하는 방식이 서로 다르다. 후자는 '예술 제도' 자체에 대한 성찰적 탐구로 후퇴하는 반면, 전자는 사회 세계의 변혁을 위한 투쟁의 일환으로 예술을 그 사회 속으로 돌려보내려 한다. 그래서 브르통은 아방가르드의 구호를 다음과 같이 선언했던 것이다. "마르크스는 '세계를 변혁하라'고 했고, 랭보는 '생활을 변화시키라'고 했습니다. 우리에게 이 두 구호는 똑같은 것입니다."(1장 3절 참조) 뷔르거는 예술지상주의와 아방가르드를 이렇게 대조하면서 모더니즘 자체는 논하지 않는다. 사실상 모더니즘이라는 범주를 사용하기를 삼간다. 이것은 그의 탁월한 분석에서 옥에 티라 할 수 있는데, 이런 약점은 뷔르거가 '비非유기적 예술 작품'을 논할 때 분명히 드러난다. 예술 작품은 조화로운 유기적 전체라는 생각을 버린 것이 아방가르드의 특징임을 밝히려고 뷔르거는 바로크 비애극*에 대한 벤야민의 탁월한 연구에 의지한다. 벤야민은 바로크 문학 작품과 표현주의가 비슷하다는 점을 지적하면서, 바로크 작품에 사

* 《독일 비애극의 원천》에서 벤야민은 역사철학적 관점에서 비극Tragödie과 비애극Trauerspiel을 엄밀하게 구분하는데, 비극은 고대 그리스 시대의 비극을 가리키고("비극의 대상은 역사가 아니라 신화이며, 등장인물에게 비극적 상황을 부여하는 것은 그들의 신분, 즉 절대군주의 지위가 아니라 그런 존재의 전사前史, 즉 과거의 영웅적 행위다"), 비애극은 부르주아 사회에서 일어나는 "평범한 일들", "역사적 삶"을 내용으로 하는 드라마라고 한다.

용된 알레고리의 특징은 "인간보다 사물이 우선하고, 전체보다 부분이 우선한다는 점"이었으며, 세계는 타락해서 사멸할 수밖에 없다고 보는 우울한 세계관 때문에 바로크 극작가의 목표는 "살아 있는 유기체를 알레고리의 구성 요소들로 의미 있게 나누는 것"이었다고 주장한다.[77]

마찬가지로 뷔르거도 다음과 같이 말한다.

> 유기적 예술 작품은 작품이 만들어진 것이라는 사실을 알아채지 못하게 하려 한다. 그러나 아방가르드 작품은 정반대다. 그래서 스스로 예술적 구성물, 인위적 작품임을 알리려 한다. 이 점에서 몽타주는 아방가르드 예술의 기본 원칙이라 할 수 있다. '짜깁기된'(몽타주) 작품은 그것이 현실의 조각들로 이뤄졌다는 사실을 드러낸다. 그런 작품은 전체성이라는 가상을 무너뜨린다. 따라서 예술 제도를 파괴하려는 아방가르드 예술가들의 의도가 예술 작품 자체에서 실현된다는 것은 역설이다. 예술을 실생활로 돌려보내서 생활을 변혁하려 했던 것이 예술의 변혁으로 바뀐 것이다.[78]

뷔르거는 아방가르드 예술가들의 몽타주 기법이 발전하는 데서 전환점은 입체파였다고 주장한다. 입체파는 "현대 회화에서 르네상스 이래 통용돼 온 표현 체계를 가장 의식적으로 파괴한 운동"이었다. 입체파의 혁명적 성격은 그 구성 기법, 특히 일상생활에서 뽑아낸 부분들(예컨대, 신문 스크랩)을 그림 속에 붙여 넣는 콜라주 기법을 창안했다는 데 있다. "현실의 조각들을 예술 작품에 집어넣는 것은 작품을 근본적으로 변화시킨다"고 뷔르거는 주장한다. "예술가는 그림 전체를 형상화하기를 포기할 뿐 아니라, 그림 자체의 상태를 바꿔 버린다. 왜냐하면 그림의 각 부분과 현실의 관계가 유기적 예술 작품의 경우와 달라지기 때문이다. 즉, 그림의 각 부분은 현실을 나타내는 기호가 아니라, 그것들 자체가 곧 현실이다." 입체파는 또, 예술 작품은 현실 세계를 반영하는 자기 완결적 이상 세계라고 생각하던 전통적 견해를 무너뜨려서, 예술을 다른 사회생활과 뚜렷이 구분되는 자율적 제도로 여기는 통념에도 도전했다. 그러나 뷔르거도 인정하듯이, '예술 제도'에 대한 이런 도전은 입체파에서는 암시적이었을 뿐이다. 즉, 피카소나 브라크의 그림은 여전히 "미적 대상"이다.[79] 그렇다면 다음과 같이 일반화할 수 있을 것이다. 예술을 소외된 사회생활의 피난처로 여기는 예술지상주의 개념에 충실한 모더니스트들도 몽타주 비슷한 기법들을 분명히 보여 준다고. 다양한 목소리가 뒤섞여 있는 조이스의 소설과 엘리엇의 초기 시가 그런 사례다(1장 2절 참조).

그러므로 모더니즘은 아방가르드로 가는 길을 닦아 놓았다. 모더니즘은 독일 고전 관념론이 처음 발전시키고 낭만주의의 핵심이 된 예술 개념을 받아들였는데, 그 예술 개념에 따르면 과학 지식이 제공하는 단순한 담론적 인식보다 미학적 경험이 더 수준 높은 의식 형태였다. 따라서 예술은 "합목적적으로 조직된 부르주아적 일상생활"을 거부하는 것이고, 상품 물신성이 만연한 사회 세계에서 도피하는 것이다. 그러나 그런 예술은 단 하나의 대상을 가질 수밖에 없는데, 바로 예술 자신이다. 사회생활의 파편화에서 벗어나기를 갈망하는 예술적 실천이 자신의 창작 과정에 집중할 수밖에 없는 이유는 그래야 이런 파편화를 극복할 수 있을 듯하기 때문이다(물론 예술이 자율적이고 분화한 제도로서 존재한다는 사실 자체가 사회관계의 변화 때문이고, 모더니즘은 바로 이런 사회관계 변화에 맞서 저항하지만 말이다). 그러나 모더니즘 예술이 자신을 성찰의 대상으로 삼기 때문에, 예술의 고립된 지위를 비판하는 것이 가능해지고, 변화한 '실생활'로 예술을 돌려보내서 사회적 소외(예술을 위한 예술은 이 사회적 소외에 대한 반응이다)를 극복하려고 염원하는 것도 가능해진다(초현실주의가 마르크스와 랭보를 종합하려고 애쓴 것이 그런 사례다). 모더니즘은 다른 의미에서도 아방가르드의 필요조건이다. 낭만주의 같은 예술 사조에서도 벤야민이 '예술의 신학'이라고 부른 것[예술지상주의]을 발전시키려던 노력들이 있었지만, 그런 노력들과 모더니즘의 차이는 모더니즘 특유의 혁신적 기법들(특히, 몽타주)이다. 입체파와 위대한 모더니즘 문학 작가들은 유기적 작품을 분해함으로써, 즉 자신의 창작물이 분리된 파편들의 덩어리라는 것을 공공연하게 보여 줌으로써, 엘리엇이 말한 "장대한 파노라마처럼 펼쳐지는 무익하고 무질서한 동시대 역사"에 대응하고자 했다. 그래서 그들은 예술이 (사회 세계에서 도피하는 것이 아니라) 사회 세계의 연장이며 사회 세계에 참여하는 것이라는 생각을 처음으로 제기했고, 그들에게는 사회 세계와 예술적 실천의 결합이야말로 사회변혁의 핵심이었다.

그렇지만 예술과 생활의 분리를 없애려고 애쓴 것이 아방가르드 운동의 특징이었다는 뷔르거의 주장은 내가 보기에 분명히 옳다. 뷔르거 자신은 주로 초현실주의에 초점을 맞추지만, 초현실주의가 아방가르드에 포함되는지를 두고 논란이 있는 것은 사실이다(내 생각이 틀렸을 수도 있다).[80] 어쨌든 다른 중요한 아방가르드 운동들도 있는데, 아마 가장 중요한 것은 러시아 구성주의일 것이다. 러시아 구성주의 운동의 혁신적 기법, 즉 추상미술 경향이나 인간이 자연을 정복하려고 기계를 사용해서 변화시킨 세계를 역동적으로 재현하는 기법 등은 제1차세계대전 직전과 전쟁 기간에 창안됐고, 그 주요 인물들은 말레비치·곤차로바·타틀린·포포바·엑스테르·로자노바·로드

첸코·라리오노프 등이었다. 그러나 이 예술가들은 소수의 고립된 보헤미안이었다. 그들이 다다풍의 클럽이나 레스토랑을 드나들고 요란한 옷차림을 한 것은(마야코프스키는 밝은 노란색 블라우스를 좋아했다) 부르주아 세계에 대한 반항을 과시하려는 것이었다. 캐밀러 그레이는 다음과 같이 썼다. "그들의 익살스럽고 어릿광대 같은 행동은 예술가를 일상생활의 자리로 회복시키려는 직관적이고 순진한 시도라 할 수 있다. 그것은 예술가 자신들도 적극적인 시민이 돼야 할 필요를 강하게 느꼈기 때문이다."[81] 예술과 생활을 다시 통일시킬 기회가 찾아온 것은 1917년 10월 혁명 이후였다. 혁명 전의 모더니즘 예술가들은 대부분 볼셰비키 정권을 열렬히 지지했다. 말레비치는 다음과 같이 주장했다. "입체파와 미래파는 1917년에 일어난 정치·경제생활의 혁명을 미리 알린 혁명적 예술형식이었다." 그리고 이제 정치혁명과 예술 혁명, 이 두 혁명은 변혁된 사회생활 속에서 예술의 지양을 통해 하나로 통일돼야 했다. 마야코프스키는 1918년 11월에 다음과 같이 선언했다. "이제 우리에게 필요한 것은 죽은 작품을 숭배하는 예술의 무덤이 아니라 살아 있는 인간 정신의 공장이다. 그것은 거리에, 전차선로에, 공장과 작업장에, 노동자 가정에 있다."[82] 그리고 비록 짧은 기간이었지만 마야코프스키와 여러 예술가들이 혁명을 지지하며 벌인 선전 활동에서, 그들이 조직한 대규모 야외극에서, 메이예르홀트와 트레티야코프의 연극에서, 타틀린이 계획한 〈제3인터내셔널 기념탑〉 같은 프로젝트에서, 예이젠시테인과 베르토프의 영화에서 그런 염원과 사회 현실은 어느 정도 일치하는 듯했다.

러시아 구성주의의 의의는, 모더니즘이 아방가르드로 급진화한 것이 단지 19세기 말 예술지상주의에 내재한 논리의 결과만은 아니었고 당시 정치 상황, 특히 10월 혁명의 결과이기도 했다는 것을 보여 준다는 데 있다(왜냐하면 10월 혁명 덕분에, 예술과 생활을 다시 통일시킬 수 있는 사회변혁의 전망이 실현됐기 때문이다). 똑같은 양상, 즉 10월 혁명이 불러일으킨 희망 덕분에 예술의 혁신과 혁명적 정치가 결합되는 양상은 유럽의 다른 지역, 특히 독일 바이마르공화국에서도 찾아볼 수 있다. 바이마르공화국 자체가 볼셰비즘을 서유럽 자본주의의 심장부로 확산시킬 뻔한 혁명의 산물이었다. 1918년 11월 혁명 직후에 창립된 '예술을 위한 노동평의회'의 [건축 강령] 선언문에서 브루노 타우트는 다음과 같이 썼다. "예술과 민중은 일체가 돼야 한다. 예술은 이제 소수의 사치여서는 안 되고, 광범한 대중이 즐기고 경험할 수 있는 것이어야 한다. 그 목적은 위대한 건축의 날개 아래 여러 예술이 협력하는 것이다." 발터 그로피우스는 같은 시기에 쓴 글에서, 중세처럼 사회의 창조적 에너지를 통합할 수 있는 문화를 사회주의적 토대 위에 부활시키는 데서 건축이 핵심 구실을 해야 한다고 강조했다. "화가들, 조각가들은 건축을 둘러싼 장벽을 무너뜨리고, 예술의 궁극적 목표를 향해 함께 나아가는 건설자·전우가 돼야 한다. 예술의 궁극적 목표인 '미래의 대성당'이라는 창조적 이념이 다시 한 번 건축·조각·회화를 하나의 형식으로 아우를 것이다.*" '사회주의의 대성당'이라는 종합예술작품을 건설하겠다는 이 염원은 바이마르공화국 시기에도 그로피우스, 하네스 마이어, 미스 반데어로에가 잇따라 교장을 맡은 바우하우스에서 지속됐다.[83] 톰 울프가 《바우하우스에서 우리 집까지》(1981)에서 모더니즘 건축을 끈질기게 물고 늘어진 것은 어느 정도 매카시즘적 분노에서 비롯한 듯하다. 즉, 미국

---

* 타우트는 예술노동평의회 건축 강령에서 "수공예나 조각이나 회화의 경계는 없어질 것이고, 모든 것은 하나, 즉 건축이 될 것이다" 하고 선언했다.

의 도시 중심부가 주로 한 무리의 빨갱이들*이 처음 구상한 건축양식에 따라 디자인됐다는 사실에 분노한 결과인 것이다.

독일 바이마르공화국은 모더니즘을 이해하는 데서 더 일반적으로 흥미로운 사례다. 19세기 말 빈이 20세기를 발명한 도시라면, 1918~33년의 베를린은 20세기의 모든 모순이 가장 극적인 형태로 드러난 도시다. 군사적 패배 위에 건설되고 대공황으로 무너진 공화국의 수도, 유럽에서 가장 발전한 산업자본주의의 중심지인 동시에 프로이센 절대왕정의 전통을 따르는 토지 귀족의 중심지, 사회적 긴장으로 양극화한 도시, 반란을 일으킨 노동자들과 가난해진 프티부르주아지와 일자리를 잃은 룸펜프롤레타리아의 분노로 뒤흔들린 도시, 공산주의자들과 사회민주주의자들과 왕당파와 나치의 격렬한 전쟁 끝에 결국 나치가 승리한 도시 베를린은 모더니즘의 핵심 도시이기도 했다. 그것은 독일 아방가르드의 중요성, 즉 그로스·하트필드·브레히트·아이슬러·힌데미트·피스카토르 같은 중요한 인물들이 베를린에서 활약했기 때문만은 아니다. 베를린 시의 행정을 책임진 사회민주당 정부가 실시한 대규모 주택 건설 사업 덕분에 타우트·그로피우스·미스 같은 급진적 건축가들이 노동계급 주거지역을 모더니즘 원리에 맞게 설계할 수 있었다. 또, 바이마르공화국은 러시아 아방가르드의 영향이 서유럽에 미치는 주요 통로이기도 했다. 베르사유 강화조약에서 배제된 러시아와 독일은 1922년 4월 라팔로 조약을 체결해서 혁명 전의 긴밀한 관계를 어느 정도 회복할 수 있었다. 그것은 경제적·군사적 관계만이 아니라 문화적 관계이기도 했다. 칸딘스

---

* 나치의 탄압을 피해 미국으로 이주한 그로피우스와 미스 등 바우하우스 출신 건축가들은 1950~60년대 미국 도심 마천루 건축의 기본이 된 국제주의 양식을 주도했다.

키는 제1차세계대전 전에 뮌헨의 표현주의 예술가 집단인 청기사青騎士파의 핵심 인물이었다. 라팔로 조약으로 [독일과 러시아 사이의] 긴장이 완화되자 엘 리시츠키, 마야코프스키, 일랴 예렌부르크 같은 예술가들이 독일을 방문해서 구성주의의 영향을 서유럽으로 확산시켰다. 예이젠시테인의 〈전함 포툠킨〉이 처음으로 국제적 주목을 받게 된 것도 베를린에서 열광적 호응을 얻은 덕분이었다. 그리고 1920년대 말 세계 불황의 충격으로 바이마르공화국의 복지국가가 붕괴하자 타우트와 마이어 같은 모더니즘 건축가들은 소련으로 이주해서 제1차 5개년 계획의 대규모 건설 사업에 참여했다.

존 윌렛은 베를린 아방가르드의 특징을 연구한 중요한 저작에서 바이마르공화국의 짧은 안정기인 1923~28년에 유행한 독특한 문화 양식인 신즉물주의를 다음과 같이 설명했다.

> [신즉물주의는] 현실의 문제와 현실의 인간 욕구를 다루는 방법을 찾으려 한 새로운 현실주의였고, 기존 사회와 개인들을 날카롭게 비판하는 견해였고, 예술의 개념들을 전달하는 집단적 방법을 새로 발견하고 새로운 매체의 달인이 되겠다는 단호한 의지였다. 그 건설적 전망은 다양한 분야에(처음에는 회화나 조각 같은 '순수'예술에, 다음에는 사진·영화·건축과 다양한 형태의 디자인과 연극에) 적용됐는데, 그 원리들은 흔히 급속하게 발전하는 기술 영역에서, 즉 기계의 겉모양에서가 아니라 그 디자인과 기능의 바탕에 깔린 사고방식에서 끌어낸 것들(1914년 전보다 훨씬 더 정교해진)이었다. 신즉물주의의 비판적 전망은 다다이즘에서, 그리고 전쟁과 독일 혁명에 대한 환멸에서 나왔다. 다시 말해, 신즉물주의는 1916~19년에 유행한 표현주의자들의 낙관적 인간주의에 반발하며 생겨난 더 냉정하고 더 회의적인 경향이었다. 이 낙관적 인간주의가 위

축되기 시작하자 그 공백을 메우면서 '신객관주의'라는 약간 오해의 소지가 있는 이름으로 알려지게 된 것이다.[84]

신즉물주의 예술은 냉정하고 비개성적인 분위기를 강조했지만, 그렇다고 해서 중립적 태도를 취하지는 않았다. 브레히트는 1927년에 다음과 같이 썼다. "내 생각에 이 시기의 희곡 중에서 쓸 만한 것은 작가가 일상생활의 사건을 보고 깜짝 놀라 창작한 것들이다. 생활 속 일을 솔직하게 표현하고 난관을 극복하는 선례와 전통을 창출하고 싶다는 우리의 소망이, 대도시에 인간성이 충만한 시기의 희곡들을 만들어 낸 것이다."[85] 그것은 대체로 현대의 대도시, 특히 베를린의 느낌이 충만한 예술이었다. 대도시의 모더니티는, 예컨대 발터 루트만과 카를 마이어가 1927년에 만든 다큐멘터리 영화 〈베를린 : 대도시 교향곡〉의 두드러진 특징인데, 이런 대도시 모더니티의 지평선 위에 미국식 생활 태도, 인류의 미래, 방대하고 역동적이고 특색 없는 산업문명의 그림자가 길게 드리웠다. 혁명 후 러시아의 '팩토그래피'*, 존 리드가 지은 《세계를 뒤흔든 열흘》의 다큐멘터리 형식을 본뜬 르포르타주, 입체파와 조이스와 예이젠시타인의 몽타주 같은 기법들은 대도시의 모호함을, 즉 희망과 위험을 모두 담아내는 데 사용됐을 뿐 아니라 혁명적 정치 때문에 이 예술가들이 집중하게 된 사회적 갈등을 묘사하는 데도 사용됐다.

---

* factography. 사실fact과 사진술photography의 합성어. 1920년대 소련에서 마야코프스키와 트레티야코프 같은 예술가들은 사진·영화 등의 신기술을 이용해 산업 현장에서 노동계급의 현실을 사실대로 표현하는 예술 작품을 생산할 것을 주장했는데, 이 팩토그래피 개념은 나중에 벤야민과 브레히트에게 많은 영향을 미쳤다.

그러나 독일 바이마르공화국은 가장 중요한 아방가르드 운동 하나가 발전한 곳이기도 하지만, 모든 아방가르드 운동의 희망이 좌절된 곳이기도 하다. 1923년 10월 공산당의 봉기가 무산되고 뒤이은 탄압 끝에 독일 혁명이 마침내 패배하자 두 가지 반혁명 과정이 시작됐다. 하나는 적대적 국제 환경의 압력을 받은 소련에서 관료적 국가자본주의 체제가 굳어진 것이고, 다른 하나는 독일에서 대공황으로 인한 사회적 위기 상황에서 파시즘이 승리한 것이다.[86] 스탈린 체제와 나치 체제는 소련과 독일에서 아방가르드 운동을 분쇄했다. 이 점을 단적으로 보여 주는 사실은 두 체제가 각각 '부르주아 형식주의'(소련에서), '문화적 볼셰비즘'(독일에서)이라고 부른 것을 행정적으로 탄압하기 시작했다는 것이다. 소련에서 제1차 5개년 계획이 시작되자 1920년대의 특징, 즉 예술 실험에 비교적 관대하던 태도가 사라졌다. 오늘날 역사가들이 1928~31년의 '문화혁명'이라고 부르는 자발적 열정의 시기에 '프롤레타리아 문화'를 열렬히 지지하던 순진한 사람들은 잠시 득세하다 곧 좌절했고, '사회주의 리얼리즘'을 강요하는 관료들이 그들을 대체했다.[87] 마야코프스키는 1930년 자살하기 직전에 쓴 마지막 시에서 "삶이라는 사랑의 배는 속물근성이라는 암초에 부딪혀 난파했다"고 읊었다. 메이예르홀트와 트레티야코프도 다른 많은 예술가들과 함께 강제수용소에서 죽었다. 살아남은 사람들도 힘들기는 마찬가지였다. 예컨대, 에이젠시테인의 영화 계획은 대부분 유산됐다. 독일에서는 나치가 권력을 잡자 수많은 예술가들이 앞다퉈 외국으로 떠났다. 이 중부 유럽 지식인들의 대규모 이주 물결은 그들을 대부분 받아들인 영어권 문화를 이해하는 데 매우 중요하다.

스탈린 체제와 나치 체제라는 재앙은 또 다른, 더 근본적 측면에서 아방가르드 운동을 말살했다. 즉, 아방가르드 운동이 추구하는 예술과 생활의 통합에 필수적이었던 사회혁명의 기대를 아방가르드 운동에서 빼앗아 버린 것이다. 제2차세계대전 후 자본주의가 안정되자, 여전히 아방가르드의 목표에 헌신하던 소수는 갈 곳을 잃었다. 매카시즘 때문에 더는 살 수 없게 된 할리우드를 떠나서 자신이 조건부로 지지한 스탈린주의 동독으로 이주하게 된 브레히트의 파란만장한 여정은, 겉보기에는 평화롭지만 결코 화해할 수 없는 세계 속에서 살아가는 혁명적 예술가의 딜레마를 분명히 보여 주는 사례다.

아방가르드의 난파는 더 일반적인 모더니즘의 탈진 상태를 극적으로 보여 준다. 모레티는 다음과 같이 썼다. "제1차세계대전 전후로 문학의 걸작들이 엄청나게 쏟아져 나왔는데, 이때가 … 서구 문화의 마지막 문학 시즌이었다. 몇 년 사이에 유럽 문학은 절정에 달해서 바야흐로 새로운 지평이 끝없이 펼쳐질 듯하더니 오히려 숨이 끊어지고 말았다. 고립된 빙산이 몇 개 떠다니고 아류는 많았지만, 과거와 견줄 만한 것은 하나도 없었다."[88] 윈덤 루이스도 1937년에 비슷한 말을 했는데, 그는 자신을 포함해 엘리엇·파운드·조이스를 가리키는 "1914년의 사람들"에 대해 "우리는 아직 실현되지 않은 미래의 첫 사람들이다. 우리는 '성공'하지 못한 '나이 많은 세대'에 속한다"고 썼다. 그리고 다음과 같이 설명했다. "아무 예술이든 주의 깊게 살펴본다면 … 모든 경우에 이른바 '상업주의'가 아주 효과적으로 예술을 파괴하고 있고 실제로 이미 예술을 파괴했다고 결론을 내릴 수밖에 없을 것이다."[89]

사회생활의 상품화는 앤더슨이 1945년 이후 모더니즘 국면의 해체를 설명할 때 지적한 것이기도 하다.

> 지금까지 살펴본 세 가지 역사적 좌표를 모두 파괴하고 그와 함께 모더니즘의 활력도 근절한 것은 [제1차세계대전이 아니라] 제2차세계대전이었다.

1945년 이후 반쯤 귀족적인 또는 농업 중심의 낡은 질서와 장치는 모든 나라에서 사라졌다. 마침내 부르주아 민주주의가 보편화했다. 이와 함께 전자본주의적 과거와 현재를 이어 주는 중요한 연결 고리들도 끊어졌다. 그와 동시에 포디즘이 대거 유행했다. 대량생산과 대량소비는 서유럽 경제를 북아메리카식으로 변모시켰다. 이런 기술이 발전시킬 사회가 어떤 사회일지는 매우 분명했다. 즉, 숨 막힐 듯 안정되고 획일적으로 상업화한 자본주의 문명이 이제 확립된 것이다. … 마지막으로, 혁명의 이미지나 기대가 서구에서 사라졌다. 냉전이 시작되고 동유럽이 소련의 닮은꼴 사회가 되자, 선진 자본주의를 사회주의 혁명으로 전복한다는 전망은 완전히 소멸해 버렸다. 모호한 귀족정치, 불합리한 전통주의, 최초의 자동차나 영화가 가져다준 즐거움, 분명한 사회주의적 대안은 이제 모두 사라졌다. 오히려 이제는 판에 박히고 관료화한 보편적 상품생산 경제가 세상을 지배했고, 이런 상황에서 '대량소비'와 '대중문화'는 사실상 서로 바꿔 쓸 수 있는 용어가 됐다.[90]

이런 변화의 문화적 함의는 5장에서 살펴보겠다. 그러나 먼저, 모더니즘을 옹호하거나 비판하는 철학적 주장부터 짚고 넘어가자.

03

포스트 구조주의 철학의 난제들

제가 마님의 하녀에게 직접 들은 이야기인데 … 주인님이 당장 니체를 읽기 시작한 것이 마님의 의도였다더군요. 니체를 즐겨 읽어서는 안 됩니다, 주인님. 니체는 근본적으로 믿을 수 없거든요.

— P G 우드하우스

3.1 미네르바의 부엉이는 새벽에 나래를 편다: 니체*

마르크스·니체·생시몽은 모더니티를 이해하는 가장 유력한 방식 세 가지를 창시했다고 할 수 있다. 세 사람 모두 계몽주의를 출발점으로 삼았고, 모던 시대가 18세기 말의 이중 혁명(산업혁명과 정치혁명)으로 시작됐다는 독특한 개념을 갖고 있었다. 생시몽은 콩도르세의 역사관, 즉 역사는 "인간 정신의 진보"라는 생각을 물려받았다. 그는 이런 진보가 실현된 사회가 곧 산업사회이며, 산업사회에서는 과학 지식이 사회적 권력의 토대가 되고 계급 적대는 사라질 것이라고 봤다. 마르크스와 니체도 계몽주의의 후예라 할 수 있다. 마르

* 헤겔은 《법철학》 서문에서 "미네르바의 부엉이[로마 신화에서 지혜의 상징]는 황혼녘에 나래를 편다"고 말했는데(철학은 역사적 사건이 지나간 후에 그 의미를 분명히 파악하게 된다는 뜻), 캘리니코스는 헤겔 철학에 반기를 든 니체의 사상을 이렇게 패러디한 듯하다.

크스가 이데올로기를 비판한 것과 니체가 계보학을 주창한 것은 모두 계몽사상가들이 이데올로기의 사회적 뿌리를 추적한 것의 연장선에 있다.[1] 그러나 마르크스든 니체든 역사를 끊임없는 진보로 이해하는 계몽주의 역사관은 받아들이지 않았다. 마르크스는 부르주아 사회를 이성의 실현이 아니라 계급 착취의 최신 형태로 이해했고, 부르주아 사회의 주된 특징은 기술적 역동성과 프롤레타리아의 창출, 즉 계급사회 자체를 끝장낼 힘을 가진 사회 세력의 창출이라고 봤다(2장 1절 참조). 니체도 역사적 지배 형태들을 파헤쳤지만, 착취 없는 사회의 가능성은 부정했다. 마르크스가 자본주의의 운동 법칙을 파악해서 부르주아지를 공격하는 데 사용한 과학적 이성조차 니체는 생명 자체에 고유한 권력의지의 화신이라고 봤다. 생시몽은 파슨스·아롱·벨·투렌 같은 '산업'사회·'포스트산업'사회 이론가들 속에 여전히 살아남아 있다. 마르크스의 후예는 무수히 많다. 니체의 영향을 받은 가장 중요한 사회사상가는 베버지만, 니체의 사상은 전후 프랑스에서 두드러지게 되살아났다. 오늘날 포스트구조주의자들이라고 부르는 사상가들, 특히 푸코·데리다·들뢰즈가 두드러진다. 포스트모더니즘을 논할 때마다 반드시 등장하는 이 사람들의 사상이 3장에서 집중적으로 살펴볼 주제다.

하버마스는 모더니티에 대한 이 세 반응은 헤겔의 철학 체계가 붕괴한 데서 비롯했다고 주장한다. "모더니티 담론을 시작한" 사람이 헤겔이었고, 헤겔의 주제가 "모더니티의 자기비판적 확신"이었기 때문이다. 헤겔은 17세기 혁명의 결과로 전통적 규범과 모범이 붕괴했으므로 스스로 자신을 정당화해야 한다는 것이 모더니티의 독특한 문제라고 봤다(2장 1절 참조). "과학·도덕·예술뿐 아니라 종교와 국가와 사회도 주체성의 원리가 구현된 것으로 바뀌었다"는 점이 모더니티의 특징이라는 것이다. 그러나 헤겔이 생각하는 주체성은 유한한 개인의 "자기의식"이 아니라, 스스로 발전하면서 인류 역사를 만들어 나가는 절대정신의 "자기의식"이었다. 즉, 유한한 주체들의 행위를 통해 절대정신이 자기의식을 획득하는 시대가 모더니티라는 것이다. 하버마스는 "절대지*로서 이 이성은 너무 압도적이어서, 모더니티의 자기 확신이라는 문제를 해결하는 정도가 아니라 너무 잘 해결한다"고 썼다. 역사의 재료가 되는 의식적 인간 행위는 이성의 계략** 때문에 행위자의 주관적 의도와 무관하게 절대정신의 목적을 달성하는 수단일 뿐이라는 것이다. 그렇지만 헤겔은 이후에 전개될 모더니티 논의의 틀을 짜 놓았다.

> 이성과 역사의 관계는 모더니티 담론에서, 좋은 의미로든 나쁜 의미로든, 핵심 구실을 한다. 이 담론에 참여하는 사람은 누구든지(그리고 이 점에서는 오늘날까지 바뀐 게 하나도 없다) '이성'이나 '합리성'이라는 표현을 나름대로 사용한다. 이 표현들은 신이나 존재 자체를 설명하는 존재론의 게임 규칙에 따라 사용되지도 않고, 인식하고 행동할 수 있는 개인 주체를 설명하는 경험론의 게임 규칙에 따라 사용되지도 않는다. 이성은 이미 완성된 것, 즉 자연이나 역사의 객관적 목적론도 아니고 단지 주관적 능력인 것만도 아니다. 오히려 우리가 역사적 사건에서 찾는

---

* 絶對知. 지식의 최고 단계. 주관과 객관이 통일을 이룬 철학적 지식을 일컫는 셸링과 헤겔의 용어.

** 헤겔 철학에서, 반反이성적 정열이 세계사를 진행하는 힘처럼 보이지만 사실은 절대정신이 자신의 목적을 실현하고자 이를 교묘하게 이용하고 있음을 일컫는 말. 이성의 간계·간지·교지라고도 한다.

유형들은 개인의 주관적 의식을 초월한 [이성의] 자기 형성 과정(완성되지 않고, 중단되고, 잘못 이끌린 과정)을 넌지시 보여 준다.[2]

그러나 역사에서 이성을 발견하려던 헤겔의 노력은 청년헤겔학파의 비판과 함께 붕괴했다고 하버마스는 주장한다. 청년헤겔학파는 절대정신이 착취와 억압의 지속을 사실상 인정한다고 비판했던 것이다. "우리가 여전히 청년헤겔학파와 동시대인"인 이유는 단지 절대적 관념론을 거부하기 때문만이 아니라 절대적 관념론에서 갈라져 나온 세 가지 길 중 하나를 따르기 때문이기도 하다.

실천으로 방향을 전환하고 혁명을 선동하는 헤겔 좌파의 비판은 이성의 파편화에 맞서, 즉 이성이 부르주아 사회를 일방적으로 합리화하는 것에 맞서 역사적으로 축적된 이성의 잠재력(분출을 기다리는)을 가동시키려 했다. 헤겔 우파는 헤겔을 따라, 부르주아 사회를 불안하게 만드는 혁명적 의식의 주체성이 기존 질서의 합리성에 대한 객관적 통찰에 굴복하기만 하면 국가와 종교가 사회의 불안을 보상해 줄 것이라고 확신했다. … 마지막으로, 니체는 혁명적 희망과 이에 대한 반동이 모두 무대에 등장하는 단계 자체가 일종의 연극임을 폭로하려 했다. 그는 목적 합리성으로 축소되고 주체에 집중된 이성의 비판에서 변증법적 요소를 제거했다. 니체와 이성의 관계는 청년헤겔학파와 이성의 승화 관계와 비슷했다. [니체에게] 이성은 단지 권력일 뿐이다. 즉, 이성이 아주 탁월하게 은폐하는 권력의지일 뿐이다.[3]

물론 마르크스는 헤겔 좌파의 길을 택했다. 하버마스는 헤겔 우파의 사례로 현대 독일의 다양한 신보수주의자들(한스 프라이어, 요아

힘 리터 등)을 거론하지만, 내가 보기에는 파슨스 같은 사회이론가들이야말로 이렇게 "사회적 모더니티를 긍정하는 태도"를[4] 보여 주는 더 중요한 사례다. 니체의 사상이 오늘날의 모더니티·포스트모더니티 논의에서 핵심적이라는 것은 분명하다. 포스트모던 시대의 도래 운운하는 사람들은 보통 니체가 처음 내세운 주장들을 되풀이한다. 오늘날의 논의에서 거론되는 니체의 핵심 주장은 아마 다음과 같이 요약할 수 있을 것이다.

1. 개인 주체는 결코 모더니티의 자기 확신적 토대가 아니라, 역사적으로 우연히 구성된 허구일 뿐이다. 겉보기에 통일돼 있는 주체의 이면에서는 상충하는 무의식적 충동들이 소용돌이치고 있다.
2. 자아의 다원적 성격은 현실 자체에 내재한 다원성·이질성의 한 사례일 뿐이다. 인간 세계를 포함해 자연 전체에 니체가 '권력의지'라고 부른 것이 널리 퍼져 있다. 즉, 다양한 권력 중심들은 지배를 위해 끊임없이 투쟁할 의지가 있고, 이 투쟁의 결과로 현실의 근본 관계나 이 관계의 당사자들 정체성이 모두 바뀐다는 것이다.
3. 권력의지는 인간의 역사 안에서 작용한다. 그래서 정치적·군사적 투쟁, 사회적·경제적 변혁, 도덕적·미학적 혁명은 모두 끝없는 충돌의 맥락 속에서만 이해할 수 있다(그런 충돌 속에서 다양한 지배 형태가 출현한다).
4. 사상 자체도 이런 투쟁과 무관하지 않다. 현대의 과학적 합리성은 특별히 성공한 권력의지의 일종이다. 과학적 합리성이 자연을 지배하려는 충동은, 선험적으로 존재하는(그리고 사실상 변하지 않는) 현실의 내적 구조를 사상이 발견할 수 있다는 플라톤의 주장에서 비롯한다. 매우 이

질적인 실제 세계를 대하는 적절한 태도는 오직 관점주의*뿐이다. 관점주의는 모든 사상을 특정한 개념 구조 안에서만 타당한 해석으로 여기는데, 그 해석을 받아들일 수 있는 근거는 그것이 현실과 일치하는지가 아니라, 그 해석이 기여하는 목적(따지고 보면, 권력의지의 관점에서 이해할 수 있는)에 달려 있다.[5]

이런 주장의 현대적 버전들은 다음 절에서 다룰 것이다. 그러나 먼저 니체가 어느 정도나 모더니즘의 선구자였는지를 살펴보는 것이 좋겠다. 하버마스는 다음과 같이 썼다.

니체가 처음으로 미학적 모더니티를 개념화하고 나서야 아방가르드 의식은 20세기의 문학·회화·음악에서 객관적 형태를 띠게 됐고 아도르노에 의해 《미학 이론》으로 정교하게 다듬어질 수 있었다. 일시적인 것을 높이 평가하고 역동적인 것을 칭송하고 최신 유행을 미화하는 데서, 예술의 자극을 받은 시대 의식과 순수하고 정지된 현재에 대한 열망이 드러난다.[6]

마찬가지로, 알렉산더 네하마스도 최근의 중요한 연구에서 '니체의 예술지상주의'를 강조한다. "니체는 근본적으로 예술적 모델에 의지해서 세계와 삶을 이해하고 사람들과 행위를 평가했다. 이런 예술지상주의는 스타일을 중심으로 생각하려는 그의 노력에서 비롯했다.

---

* 원근법주의라고도 한다. 그림의 원근법에서 풍경이 화가를 중심으로 배치되듯이, 인식은 인식 주체의 관점을 중심으로 그 제약을 받을 수밖에 없다는 견해. 인식 주체의 관점과 무관하게 보편타당한 인식은 불가능하다고 여기므로 결국 상대주의적 경향을 띠게 된다.

또, 그가 그리스인과 로마인의 위대한 업적이라고 생각한 것, 즉 '장엄한 스타일을 단지 예술만이 아니라 … 현실·진리·삶으로도 만든 미덕'을 나름대로 실현하려는 노력에서 비롯하기도 했다."[7]

니체의 예술지상주의는 그가 예술에 부여한 중요성에서만 드러나지 않는다(물론 니체는 예술을 엄청나게 중시해서, "예술, 게다가 예술 말고는 아무것도 없다! 예술은 삶을 가능하게 하는 위대한 수단이고, 삶에 대한 위대한 유혹이며, 삶의 위대한 자극제다" 하고 말했다). 니체는 예술 경험의 본질이 결국 세계 자체를 이해하는 고유한 방식이기도 하다고 생각했다. 그래서 "세계는 스스로 자신을 산출하는 예술 작품"이라고 말했다.[8] 리처드 색트는 이 말을 다음과 같이 해석한다. "세계는 예술 작품의 특성인 모호함 비슷한 것을 갖고 있다. 예술 작품의 중요한 특징 하나는, 결코 형식이 없지 않지만 단순하고 단일하게 분석할 수 없을 만큼 흔히 '풍부'하다는 점이다."[9] 세계를 예술 작품으로 이해하는 것은 세계가 본래 다원적이라는 생각을 뒷받침한다. 그리고 이 생각 자체는 무수히 많은 상호 모순된 관점들이 모두 세계의 본질에 대한 나름대로 타당한 해석이라는 주장을 뒷받침한다. 이런 세계관에서 드러나는 다원주의와 관점주의가, 호프만슈탈이 미끄러짐이라고 부른 것, 즉 불안정하고 유동적이고 불확정적인 것(모더니즘에서 매우 중요한 요소인)의 느낌과 비슷하다는 점은 분명하다. 마찬가지로, 1장 3절에서 내가 모더니즘 예술의 중요한 특징이라고 주장한 '내부와 외부의 변증법'도 플라톤 철학에 반대하는 니체의 다음과 같은 말에서 이미 예고됐다. "오, 저 그리스인들! 그들은 산다는 것이 무엇인지를 알고 있었다. 살기 위해서는 표면·주름·외피에서 과감하게 멈추고, 가상을 숭배하고, 형태·음조·단어 등 가상의 올림포스 전체를 믿을 필요가 있었다. 저 그리스인들은 피상적이었지만, 그것은 심오함에서 비롯한 피상성이었다."[10]

또, 니체는 자기 창조라는 개념을 중요하게 여겼다는 점에서도 모더니즘을 예고했다고 할 수 있다. 2장 3절에서 봤듯이, 보들레르는 댄디즘을 "모종의 자기 숭배"로 묘사했다. 그래서 푸코는 "보들레르가 … 현대적 인간은 자신을 발명하고자 노력하는 사람이라고 생각했다"고 말했던 것이다. 이 말을, 니체가 모든 가치를 재평가해서 인간을 더 높은 차원으로 끌어올리려 한 것과 비교해 보자. "그러나 우리는 지금의 우리 자신이 되기를 원한다. 새롭고, 유일무이하고, 비교할 수 없고, 스스로 법을 만들고, 자신을 스스로 창조하는 인간이 되기를 원한다."[11] 니체는 괴테를 두고 "내가 경외감을 느끼는 마지막 독일인"이라고 칭송하며 "괴테가 염원한 것은 전체였다. … 그는 자신을 완벽하게 단련했고, 스스로 자신을 창조했다"고 말했다.[12] 그러나 니체는 무엇보다 니체 자신이야말로 자기 창조의 산물이라고 생각했다. "어떻게 인간은 자신이 되는가"라는 부제가 붙은 책 《이 사람을 보라》에서 그는 다음과 같이 썼다.

> 모든 가치를 재평가하는 일을 위해서는 한 개인의 능력을 모두 합친 것보다 더 많은 능력이 필요했을 것이다. 또, 상반된 능력들이 서로 방해하거나 파괴하지 않도록 잘 조절해야 했을 것이다. 이런 능력들에 순위를 매기고, 서로 거리를 두게 하고, 서로 적대하지 않게 갈라놓는 기예를 발휘하고, 아무것도 뒤섞지 않고, 아무것도 '화해'시키지 않고, 엄청나게 다양하면서도 결코 혼란스럽지 않게 하는 것, 이것이 바로 내 본능의 전제 조건, 오랜 비밀 작업, 예술적 기교였다.[13]

따라서 니체는 비록 자아의 통일성을 부정했고, 사실상 인간은 자아가 될 필요도 없다고 생각했지만(자아가 창조될 수 있다는 의미에서), 적어도 일부 사람들은 자기 극복 과정을 통해 '자신을 발명'할 수 있다고 봤다. 자기 창조는 자신을 하나의 예술 작품으로 만드는 것이다. 네하마스는 《잃어버린 시간을 찾아서》가 이런 모델이 될 수 있다고 주장한다. 《잃어버린 시간을 찾아서》의 마지막에서 우리는 소설 속 화자의 삶이 사실은 소설의 전개 과정일 뿐임을 알게 된다. 그 화자는 독자가 이제 막 읽기를 마친 책을 쓰기 시작함으로써 자기 삶의 의미를 찾으려 한다. 마찬가지로, "지금의 자신이 된다는 것은 … 자신의 모든 행동을 자기 자신으로 여기는 것이고, 모든 경험이 지금의 자신이라는 사실을 인정하는 것이다. 바람직하기로는, 이 모든 것을 하나의 일관된 전체로 통합하고 자신의 모든 것을 긍정하는 것이다. 그것이 바로 개성에 스타일을 부여하는 것이다. 요컨대, 존재한다는 것은 변화 생성하는 것이라 할 수 있다." 니체 자신의 작품이 스스로 자신을 창조하는 등장인물을 만들어 냄으로써 이런 개념의 사례를 잘 보여 주는데, 《이 사람을 보라》의 주인공이 바로 니체 자신이다. 그래서 네하마스는 다음과 같이 결론짓는다. 니체의 "열정적 자기 언급은 자기 창조 욕구와 결합돼, 그를 마지막 낭만주의자이자 최초의 모더니스트로 만들었다."[14]

니체의 전반적 태도는 일종의 낭만적 반자본주의로 이해하는 것이 가장 좋을 듯하다.[15] 로버트 세이어와 마이클 로이*는 낭만적 반자본주의를 "전前자본주의의 가치들을 내세워 자본주의에 반대하는 것"으로 규정했다. 니체는 당대의 부르주아 문명을 퇴폐적이라며 거

* 미카엘 뢰비, 미셸 뢰비로도 표기한다.

부했다. "우리 현대, 즉 소심한 자기 염려와 이웃 사랑, 노동과 겸허와 공정성과 과학성(통계적이고 경제적이고 기계적인)이라는 미덕을 지닌 현대는 허약한 시대임이 드러난다."[16] 니체가 옹호한 가치들의 모델을 제공하는 사회가 있었다면 그것은 바로 고대 그리스였다. 고대 그리스의 특징 가운데 하나가 자기 창조의 귀족 문화였다. "[그리스의] 유한계급 사람들은 스스로 일을 어렵게 만들어서 숱한 역경을 극복했다. [그들의] 형식의 힘, 자신에게 형식을 부여하려는 의지."[17] 2장에서 요약한 분석에 비춰 보면, 많은 점에서 모더니즘의 주요 주제들을 철학적으로 설명했다고 할 수 있는 니체의 사상이 이른바 '창립기', 즉 1871년 독일 통일 이후 융커 지배 체제와 산업자본주의가 자기만족적·권위주의적·물질만능주의적으로 독특하게 결합된 시기에 출현하게 된 것을 이해하기는 어렵지 않다. 다음 절에서는 이런 사상이 왜 전후 프랑스에서 대대적으로 부활했는지 살펴보겠다.

3.2 포스트구조주의의 두 흐름

'포스트구조주의'라는 말은 사실, 서로 다르면서도 상호 연관된 두 가지 사상 흐름을 가리키기 위해 미국에서 처음으로 쓰였다. 리처드 로티는 그중 하나에 '텍스트주의'라는 적절한 이름을 붙이고는 이를 독일 고전 관념론의 계승자로 설명했다.* 그러나 그는 다음과

---

* 로티는 "19세기 관념론과 20세기 텍스트주의"라는 글에서 "19세기에는 오로지 관념만이 존재한다고 주장하는 철학자들이 있었는데, 20세기에는 오로지 텍스트만 존재하는 것처럼 글을 쓰는 사람들이 있다"며 후자를 '텍스트주의자들'이라고 불렀다.

같이 쓰기도 했다. "19세기의 관념론은 한 종류의 과학(철학)으로 다른 종류의 과학(자연과학)을 대체해서 문화의 중심으로 만들고자 한 반면, 텍스트주의는 문학을 중심으로 삼고 과학과 철학을 모두 문학의 한 장르쯤으로 취급하려 한다."[18] 내가 말하는 텍스트주의자는 주로 자크 데리다와 북아메리카의 데리다 추종자들을 가리키는데, 그중에서 가장 유명한 사람은 아마 고故 폴 드만일 것이다(드만은 악명 높다고 해야 할 텐데, 왜냐하면 제2차세계대전 당시 나치를 지지하며 쓴 글들이 그가 죽은 뒤에 밝혀졌기 때문이다). 로티는 이 사상 흐름과 또 다른 포스트구조주의 흐름을 구분하지 않았는데, 이 둘째 포스트구조주의의 핵심 범주는 미셸 푸코가 말한 '권력-지식'이다. 푸코의 계보학과 텍스트주의의 차이는 푸코가 말한 장치 개념에서 드러난다. 장치는 사회를 구성하는 "담론, 제도, 건축 형태, 규제 결정, 법률, 행정 조처, 과학적 진술, 철학적·도덕적·박애주의적 명제라는 완전히 이질적인 것들로 이뤄진 전체, 요컨대 말해진 것과 말해지지 않은 것의 전체"다.[19] 이 '세속적' 포스트구조주의(에드워드 사이드의 표현이다)의 특징은 "말해진 것과 말해지지 않은 것", 즉 담론적인 것과 비非담론적인 것을 결합시킨다는 점이다.[20] 이런 방법은 푸코가 모더니티의 계보학을 재구성한 역사적 텍스트들뿐 아니라 질 들뢰즈, 펠릭스 가타리, 자크 동즐로의 저작에서도 분명히 드러난다. 반면에, 텍스트주의는 우리가 결코 담론적인 것에서 빠져나올 수 없다고 주장한다. 데리다의 유명한 말을 빌리면, "텍스트* 바

* 텍스트는 실로 짜서 만든 천을 뜻하는 라틴어에서 유래한 말인데, 롤랑 바르트는 도서관과 서점에서 볼 수 있고 손에 잡을 수 있는 전통적 작품과 달리 텍스트는 '인용·참조·메아리'로 짜여진 현상으로서 오직 독자가 생산해 낼 때만 존재한다고

같은 없다"는 것이다.[21]

포스트구조주의의 두 흐름은 모두 니체에게서 엄청난 영향을 받았다. 들뢰즈 사상의 주요 주제들은 대부분 《니체와 철학》(1962)에서 어렴풋이 드러났다. 데리다는 여러 텍스트에서 니체의 영향을 인정했다.[22] 푸코는 한 술 더 떠, 죽기 직전에 "저는 니체주의자일 뿐입니다" 하고 말했고, 니체의 글을 독해하는 방식으로 자신의 핵심 방법 두 가지를 설명하기도 했다.[23] 그러나 포스트구조주의가 모더니즘의 후예라는 사실은 흔히 간과된다. 물론 "포스트구조주의는 포스트모더니즘 옹호자들이 보통 생각하는 것보다 훨씬 더 모더니즘에 가깝다"고 주장하는 안드레아스 후이센 같은 사람도 있다. 사실, 후이센은 더 강력한 주장을 했다. "포스트구조주의는 무엇보다 모더니즘에 관한 담론이자 모더니즘의 담론이다."[24]

확실히 포스트구조주의의 두 흐름 모두에게 모더니즘이 중요하다는 사실은 부인할 수 없는 듯하다. 이 점 역시 푸코가 가장 분명하게 보여 준다. 아마 가장 두드러진 구절은 마그리트나 레이몽 루셀 같은 모더니스트 예술가들을 직접 다룬 저작들에 나오는 것이 아니라, 《말과 사물》의 머리말에 나오는 구절일 텐데, 푸코는 보르헤스의 텍스트에서 경이로운 구절을 인용하며 글을 시작한다. "보르헤스의 텍스트에 인용된 '어떤 중국 백과사전'에는 '동물이 다음과 같이 분류돼 있다. (1) 황제에게 속하는 것, (2) 박제된 것, (3) 길들여진 것, (4) 젖

주장했다. 이 개념을 받아들인 포스트구조주의자들은 기호의 무한한 놀이를 통해 의미를 산출하는 모든 담론을 텍스트라고 불렀고, 특히 데리다는 책뿐 아니라 일상적 대화, 영화·음악 등의 예술, 정치·경제·사회·제도의 모든 구조, 한마디로 모든 지시대상을 아우르는 의미로 텍스트라는 용어를 사용했다.

먹이 돼지,* (5) 인어, (6) 신화에 나오는 것, (7) 집 잃은 개, (8) 현재의 분류 체계에 포함된 것, (9) 미친 듯이 날뛰는 것, (10) 무수히 많은 것, (11) 미세한 낙타털 붓으로 그린 것, (12) 기타, (13) 방금 물동이를 깨뜨린 것, (14) 멀리서 보면 파리처럼 보이는 것.'" 푸코는 이 분류가 모두 자의적이라는 사실, 그리고 사람들이 사뭇 다른 대상들을 똑같은 범주로 묶어서 생각할 수 있는 '가능성의 조건들'(푸코가 '역사상의 선험적 여건'이라고 부른 것)을 보여 준다. 그러면서 그는 또 다른 놀라운 결합, 즉 "수술대 위의 우산과 재봉틀"을 이야기한다.[25] 물론 이 이미지는 로트레아몽이 《말도로르의 노래》에서 주인공인 "저 금발 머리 영국의 아들, 머빈"의 아름다움을 묘사할 때 사용한 표현이다. "그[머빈]는 … 해부대 위에 재봉틀과 우산이 우연히 함께 놓인 것처럼 아름답다!"[26] 초현실주의자들이 높이 평가한 이 이미지는 모레티가 말했듯이 "모더니즘 상상력의 작은 고전古典으로서, '전체' 개념과 의미의 위계질서를 반어적으로 부정하면서 거의 무한한 해석 놀이의 여지를 남겨 둔다."[27]

푸코가 로트레아몽을 끌어들인 것을 보면, 모더니즘의 감수성이 푸코의 사상에 얼마나 많은 영향을 미쳤는지를 분명히 알 수 있다. 《말과 사물》의 뒷부분에서도 푸코는 "언어가 다양하고 풍부하게 재등장한 것"이 모더니티의 특수성이라고 주장한다. 즉, 이제 언어는 고전주의 시대(17~18세기)에 생각했던 것처럼 [세계를 끼워 맞추고] 재현하는 투명한 격자 같은 것이 아니라 "숙달돼야 할 다양한 수수께끼"로서 다시 등장했다는 것이다. 푸코는 이 현상을 특히 니체나 말라르메와

* 아주 어렸을 때 도축해서 어미 젖밖에 먹지 않은 새끼돼지. 애저·아저라고도 한다.

연결시키는데, 이런 변화의 가장 중요한 결과는 주체의 전복, 즉 데카르트 이후 주체가 누리던 핵심적 지위가 무너졌다는 것이다. 그래서 푸코는 "언어 문제가 … 사방에서 인간의 형상을 포위한 듯하다"고 말한다. 모더니즘 문학(푸코는 아르토·루셀·초현실주의자들·카프카·바타유·블랑쇼를 예로 든다)은 다음과 같은 사실을 보여 준다는 점에서 중요하다. "언어 내부에서 다양한 실험과 경험을 통해, 그리고 최대한으로 확대된 언어의 가능성 놀이에서 드러난 사실은 인간이 '끝났다'는 것이다." 이 주장은《말과 사물》의 유명한 마지막 문장에서도 되풀이된다. "인간은 바닷가 모래사장에 그려 놓은 얼굴처럼 사라질지도 모른다."[28]

따라서 푸코는 처음에 니체가 철학적으로 분명히 표현했고 (푸코가 보기에) 몇몇 모더니스트 작가들이 가장 깊이 파고든 문제들을 탐구한 듯하다. 푸코에게 예술이 중요하다는 것은 그가 1953년에 "블랑쇼 때문에 바타유를, 그리고 바타유 때문에" 니체를 처음으로 읽었다는 사실에서 분명히 드러난다.[29] 데리다가 토대를 놓은 텍스트주의적 포스트구조주의 흐름에서 예술지상주의는 훨씬 더 두드러진다. 크리스토퍼 노리스는 미국 비평가들에게 "데리다의 영향력이 해방군처럼 다가온" 이유는 "데리다의 작업에서 나타난 완전히 새롭고 강력한 전략들이 문학비평가와 철학자를 긴밀히 연결시켰을 뿐 아니라 둘을 복잡한(또는 경쟁) 관계에 놓이게 해서, 철학적 주장이 수사학적 물음, 즉 해체에 무방비로 노출되게 했기 때문이다. 폴 드만은 이런 과정을 통해 '문학은 철학의 주요 주제가 되고 철학이 염원하는 진리의 모범이 된다'고 했다."[30] 로티도 텍스트주의는 과학과 철학을 '문학 장르'로 취급한다면서 똑같은 점을 지적했다. 하버마스도 다음과 같이 주장했다. "데리다는 문체 비평으로 접근한다. 즉, 문학이 아닌 것처럼 보이는 텍스트의 문학적 층위에 내재하는 의미의 수사학적 과잉 속에서 간접적 의사소통 비슷한 것을 발견한다. 따라서 텍스트의 명시적 내용은 부정된다." 그 결과는 "언어의 미학화"다. 즉, 해체 대상이 된 이론적 텍스트에서 분명히 인식할 수 있는 내용은 부정되고 그 텍스트는 수사학적 장치들의 집합체로 전락해, 이론 텍스트와 문학 텍스트의 분명한 차이는 사라지고 만다.[31]

이렇게 철학과 문학의 차이가 사라진 결과, 데리다의 몇몇 저작, 예컨대 《조종弔鐘, Glas》은 말장난하는 암시적 문체를 쓰고, 말뜻이 끝없이 해체되고, 작품 자체의 수사학적 성격을 드러내는 데 몰두한다는 점에서 모더니즘 예술 작품과 아주 비슷하다. 그러나 이것은 뤽 페리와 알랭 르노가 "'68사상', 다른 말로는 … '1968년의 프랑스 철학', … 연대기적으로 1968년 5월과 가까운 기라성 같은 작품들, 특히 68운동을 고무하는 데 기여했다고 자타가 공인하는 저자들의 작품"이라고 부른 것의 공통된 특징을 극단적으로 보여 주는 사례일 뿐이다. 이른바 68사상은 여기서 정의한 포스트구조주의보다 더 광범하다. 왜냐하면 알튀세르뿐 아니라 구조주의의 창시자들인 레비스트로스와 라캉 같은 인물들도 포함되기 때문이다. 그들의 공통점은 주체를 부차적·종속적 지위로 격하시키는 반反인간주의다. 이 사상 흐름의 또 다른 특징은 "**역설을 숭배하고, (명확성을 거부하지는 않더라도) 끊임없이 복잡해지는**" 독특한 문체라고 페리와 르노는 주장한다.[32] 라캉이 처음 개발한 이 문체가(라캉의 영향은 1960년대에 때때로 일부러 모호하게 글을 쓴 알튀세르의 저작에서도 분명히 드러난다) 모더니즘 문학의 관행과 비슷하다는 것은 명백하다. 자기 확신하는 주체의 통일성을 부인하고 주체를 데카르트가 올려놓은 왕좌에서 끌어내리기 위해서는 자의식적으로 난해한 문체가 필요했던 듯하다. 그런 문체는 명확한 주장과 일관된 논증에 의지하는 것만큼 에둘러 말하기와 암시에도 크게 의존했다.

그러나 이렇게 주제나 문체가 모더니즘과 비슷한 철학 경향이 전후 프랑스에서 생겨난 이유는 무엇인가? 그 대답의 일부는 페리 앤더슨이 "1960년대 장뤼크 고다르의 영화"를 거론한 매우 시사적인 구절에서 엿볼 수 있다. 앤더슨은 모더니즘을 만들어 낸 역사적 국면이 사라지자 모더니즘도 대체로 쇠퇴했는데, 몇 안 되는 예외 중 하나가 고다르의 영화라며 다음과 같이 말했다.

> 제4공화국이 뒤늦게 제5공화국으로 바뀌면서, 농업 중심의 촌스럽던 프랑스가 최신 국제 기술을 도입한 드골식 산업화로 말미암아 급격히 변모하는데, 이때 20세기의 고전적 혁신 예술을 창조했던 초창기의 짧은 잔광이 다시 확 타올랐다. 고다르의 영화는 앞서 말한 세 가지 좌표의 영향을 독특하게 보여 준다. 즉, 높은 문화 수준을 지닌 과거에 대한 암시와 인용(엘리엇 스타일), 자동차·공항·카메라·카빈총에 대한 모호한 찬양(레제* 스타일), 동방에서 불어오는 혁명의 폭풍에 대한 기대(니장** 스타일)로 가득 차 있다.[33]

이런 의견을 일반화해서 나음과 같이 주장하고 싶은 생각도 든다.

---

* 페르낭 레제(1881~1955). 기계 문명의 역동성과 명확성에 이끌려 역동적 입체파의 경지를 개척하고 나중에 무대 장치와 영화에도 관심을 기울여 전위 영화의 길을 연 프랑스 화가.

** 폴 니장(1905~40). 프랑스 공산당원이었다가 스탈린과 히틀러의 독소불가침조약에 반발해 탈당한 철학자·소설가·비평가.

즉, 전후 프랑스의 불균등·결합 발전 경험(급속한 산업화가 진행되는 한편, 정치체제는 점차 권위주의화하면서 갈등이 격해지고, 사회적으로는 대중적 공산당의 존재 덕분에 지식인들 사이에서 마르크스주의가 유행하면서도 공산당의 맹목적 스탈린주의 때문에 더 비판적인 사상이 고무되기도 한)이 모더니즘적 감수성(가장 중요한 예술적 표현이 고다르의 영화다)의 생존을 고무했을 뿐 아니라, 앞서 개괄했듯이 대부분 1945~65년에 글을 쓰기 시작한 철학자 세대의 사상에도 영향을 미쳤다고 말이다. 그러나 이런 주장을 대체로 받아들이더라도 다른 고려 사항들, 즉 프랑스 내부의 사상 발전과 관련된 문제들은 여전히 남는다. 이 문제를 살펴보자.

뱅상 데콩브는 전후 프랑스의 사상을 비판적으로 연구한 책에서 다음과 같이 주장했다. "최근 프랑스 철학의 발전 과정을 살펴보면, 1945년 이후의 이른바 3H 세대에서 1960년 이후의 이른바 '의심의 대가' 3인의 세대로 바뀌었음을 알 수 있다. 3H는 헤겔·후설·하이데거이고, 의심의 대가 3인은 마르크스·니체·프로이트다."[34] 이 변화는 거칠게 말하면, 종전 직후 사르트르나 메를로퐁티 같은 주요 프랑스 철학자들에게 결정적 영향을 미친 후설의 현상학에서는 주체가 '[대상을] 구성하는 지위'를 누린 반면, '68사상'에서는 주체가 '구성된 지위'로 격하됐다는 것이다. 이제 '구성하는 지위'를 맡게 된 것은 생산력과 생산관계[마르크스], 무의식[프로이트], 권력의지[니체]였다.

그런데 데콩브의 설명은 포스트구조주의의 출현과 관련된 변화를 잘 지적하지만, 3H 중 한 명인 하이데거가 '68사상'에도 여전히 결정적 영향을 미쳤다는 사실은 제대로 보여 주지 못한다. 데리다는 자신의 작업이 하이데거 사상의 연장선에 있다고 분명히 밝혔다. 푸코는 죽기 직전에 "하이데거는 항상 저에게 매우 중요한 철학자였습니다" 하고 말했다.[35] 심지어 알튀세르의 글에도 하이데거의 영향이 남아 있다.[36] 프랑스 반인간주의 철학에서 하이데거가 중요하다는 점과 관련해 하버마스는 다음과 같이 말했다. "하이데거는 주체 중심적 이성을 심판대에 세웠고", "주체가 현대를 지배하게 된 것을 형이상학의 역사라는 맥락에서 설명했다."[37] 하이데거는 서구 사상의 역사는 존재를 점진적으로 망각해 온 역사라고 주장했다. 이 점은 데카르트 이후의 철학이 주체를 중심에 둔 데서 가장 분명히 드러났고, 세계를 주체의 필요 충족 재료로 전락시키는 도구적 합리성의 승리에서 절정에 달했다. 하이데거 자신의 철학을 포함해서 어떤 철학도 이런 개념 틀에서 결코 벗어날 수 없고, 오직 존재와 존재자의 존재론적 차이(서구의 형이상학이 그동안 은폐해 온)를 암시적으로 거론함으로써만 이 개념 틀을 뒤집을 수 있다는 것이다.

프랑스 반인간주의의 창시자들이 이렇게 주체를 비판한 하이데거 철학에 매력을 느낀 것은 후설 현상학의 결점*을 깨달았기 때문이다. 푸코는 다음과 같이 회상했다. "1945년부터 1955년까지 줄곧 … 프랑스 대학의 젊은 학자들은 … 마르크스주의와 현상학을 결합하려 했다." 그러나 사르트르와 메를로퐁티가 몰두한 주요 과제였던 이 프로젝트는 "언어 문제"에 걸려 넘어졌다. "언어 유형의 구조에서 만들어질 수 있는 의미의 효과를 설명할 때 현상학은 결코 구조주의의 맞수가 되지 못했다. 왜냐하면 언어 체계에서는 (현상학적 의미의) 주체가 나

* 후설은 우리의 경험에 의미를 제공하는 것은 언어가 아니라, 특수한 현상을 보편적인 것으로 인식하는 행위(언어와 무관하게 일어난다고 생각되는 행위)라고 주장했다. 즉, 후설에게 의미란 언어에 선행하는 어떤 것이고, 언어는 내가 이미 갖고 있는 의미에 명칭을 부여하는 부차적 행위일 뿐이다. 그러나 언어가 없이도 의미를 갖는 것이 어떻게 가능한지를 후설은 설명할 수 없었다.

서서 의미를 부여하는 일은 없기 때문이다."[38] 언어를 차이의 체계로 이해하는 소쉬르의 구조주의 언어학에서 주체는 기껏해야 의미 생산에서 부차적 구실만 한다. 그러나 구조주의 언어학이 제시한 패러다임이 언어 이상의 것도 설명할 수 있다는 점은 레비스트로스가 인류학에, 라캉이 정신분석학에 구조주의 방법론을 적용함으로써 분명히 입증됐다. 이런 혁신의 바탕 위에서 이 혁신을 급진화한 포스트구조주의는 사실, 니체와 하이데거와 소쉬르가 만난 결과라 할 수 있다.

포스트구조주의, 특히 가장 영향력 있는 두 사람(데리다와 푸코)의 포스트구조주의에 대한 세밀한 비판은 내가 보기에 매우 결정적이다. 그중에서 가장 두드러진 것은 하버마스의 《모더니티의 철학 담론》과 피터 듀스의 《해체의 논리》다. 여기서 이 탁월한 책들의 내용이나 내가 다른 곳에서 주장한 바를 그저 되풀이하기보다는 포스트구조주의 철학의 주요 난제들, 즉 그 태생적 결함을 잘 보여 주는 문제들에 집중하겠다.[39] 포스트구조주의의 주요 약점 세 가지는 이성·저항·주체에 관한 것이다.

3.3 난제 1: 이성

소쉬르의 언어 이론이 제공한 철학적 자원을 가장 많이 이용한 포스트구조주의자는 데리다였다. 그는 특히 후설 현상학의 딜레마를 해결하고자 소쉬르의 이론을 이용했다. 이 점과 관련해서, 언어를 차이의 체계로 이해하는 소쉬르 언어학의 가장 중요한 특징은 반反실재론적 의미론이다. 소쉬르는 지시의 문제, 즉 언어 표현과 (그 표현이 가리키는) 실제 대상의 관계라는 문제를 논외로 했다. 소쉬르가 볼 때 결정적 구별은 언어와 대상의 구별이 아니라 기표(단어)와 기의(개념)의 구별이었기 때문이다. "단어에서 중요한 것은 … 서로 다른 단어들을 구별할 수 있게 해 주는 음성 차이입니다. 왜냐하면 의미는 바로 이 차이에서 비롯하기 때문입니다." "언어에는 차이만 있습니다. [차이는 일반적으로 적극적 사항들을 전제하며, 이 적극적 사항들 사이에서 성립합니다. 그러나] 언어에는 **적극적 사항들이 없고** 차이만 있습니다. 기의든 기표든 언어에는 언어 체계 이전에 존재하는 개념이나 소리가 있는 것이 아니라, 언어 체계에서 나오는 개념 차이, 소리 차이가 있을 뿐입니다. 기호에 담긴 개념이나 소리의 실체보다는 그 기호의 주위에 있는 다른 기호들이 더 중요합니다."[40] 그런데 소쉬르는 이렇게 지시의 문제, 즉 단어와 대상의 관계 문제를 논외로 할 때 기표와 기의의 중요성을 대등하게 여기는 경향이 있었다. 즉, 기표와 기의가 각각 단어와 개념의 대등한 한 쌍이라고 생각했다. 이런 구조주의 언어관을 확대해서 일반적 인간 세계를 연구하려는 노력, 특히 레비스트로스의 작업은 기의보다 기표에 우위를 부여했고, 따라서 의미는 단어들의 상호관계 문제가 됐다.[41] 데리다를 비롯한 포스트구조주의자들은 여기서 더 나아가 언어의 체계성 자체를 부정했다. 이제 의미는 모종의 닫힌 구조(레비스트로스가 소쉬르에게서 받아들인) 안에서 생성되는 것이 아니라, 한없이 확산되는 기표들의 놀이 속에서 생성되는 것으로 여겨졌다.

이런 움직임은 소쉬르 이론의 내적 모순에 대한 정당한 반응이지만, 이른바 '현존現存*의 형이상학'에 대한 철학적 비판을 뒷받침한다

* 데리다는 서양 철학의 토대가 현존(눈에 보이는 사물의 현존, 실체·본질의 현존, '지금'이라는 순간의 일시적 현존, 사고나 의식의 자기 현존, 주체의 현재적 존재 등)

는 점에서 데리다에게 특히 매력적이었다. 왜냐하면 데리다가 볼 때, 특히 지시 개념을 근거로 기표들의 끝없는 놀이를 중단시키려는 시도는 모두 담론의 매개 없이 의식에 현존하는 '초월적 기의*'를 상정할 수밖에 없기 때문이다(현존의 형이상학은 현실이 주체에게 직접 주어진다는 학설이다). 따라서 (급진화한) 소쉬르 의미론을 거부하게 되면 윌프레드 셀라스가 말한 '주어진 것의 신화'**, 즉 현실이 직접 주체에게 주어진다는 재림再臨***의 신화에 의존하게 된다는 것이다.

이런 주장을 제대로 평가하려면, 현존의 형이상학이 전제하는 언어철학을 살펴봐야 한다. 그것은 역설이게도 언어 자체를 문제 삼는 철학이다. '주어진 것의 신화'에 따르면, 의식은 담론의 매개를 거치지 않고 현실에 직접 접근할 수 있다. 의미화는 기껏해야 기억에 도움이 되거나 생각을 절약하는 수단으로서 편리할 뿐이고 최악의 경우

이며, 이런 현존과 부재, 본질과 현상, 동일성과 차이, 정신과 물질, 말과 글, 참과 거짓, 선과 악, 기의와 기표, 남성과 여성, 백인과 흑인 등의 이원(이항) 대립 속에서 전자가 후자를 배제하고 억압해 온 '현존의 형이상학'을 해체 전략으로 무너뜨리는 것을 자신의 과제로 여겼다. 현존prèsence은 현전現前이라고도 한다.

* 후설은 우리가 기표를 방출하면 순수한 사고인 '초월적 기의'를 얻게 된다고 주장했다. 즉, 기표가 없는 기의, "그것을 지시하기 위해 다른 무엇이 필요하지도 않고 다른 어떤 것을 허락하지도 않는 절대적 의미"를 얻게 된다는 것이다. 데리다는 서양철학이 열망해 온 신·이데아·세계정신·주체·물질 따위의 '초월적 기의'에 의존하는 모든 사상 체계를 형이상학이라고 했다.

** '소여所與의 신화'라고도 하는데, 우리의 인식 대상은 언어적 개념과 무관하게 경험적으로 주어진 것(이른바 감각 소여 또는 감각 자료)이라는 주장은 신화일 뿐이라고 셀라스는 주장했다.

*** parousia. 고대 그리스어로 현존·도래라는 뜻인데, 플라톤 철학에서는 이데아의 임재臨在·현존을 뜻했고, 그리스도교에 와서는 예수의 재림을 뜻하는 말이 됐다.

에는 우리의 시야를 흐리는 불순물 구실을 하기 때문에 굳이 필요하지 않다. 이런 인식론에서는 원자론적 언어 개념이 그럴듯하게 보인다. 원자론적 언어관에서는 단어가 대상을 가리키기 때문에 의미를 갖게 된다(또는 대상을 나타내는 관념이나 대상이 만들어 내는 관념을 가리키기 때문에 의미를 갖게 된다고 보는 견해도 있다). 단어와 그 지시 대상을 연결하는 정신은 이미 이런 대상이나 관념에 익숙하다. 이런 의미론은 17세기의 경험론과 합리론에서, 즉《인간 지성론》(존 로크)과《포르루아얄 논리학》*에서 모두 찾아볼 수 있다.《일반언어학 강의》(소쉬르)의 혁명적 중요성은 주로 이런 원자론적 언어관을 해체했다는 데 있다. 앞서 봤듯이, 소쉬르의 언어학에서 단어는 대상을 가리키기 때문에 의미가 있는 것이 아니라, 다른 단어와의 관계를 통해서만 의미가 있다. 따라서 주체가 대상에 독자적으로 접근해서 이름을 붙이고 단어에 의미를 부여하는 식으로 언어를 직접 구성하지 못한다. 오히려 의미가 기표들의 상호 관계를 통해 생산되는 자율적인 것이다.

이런 전체론적 언어관은 더 광범한 철학적 함의가 있다. 이런 언어관에서는, 후설의 생각과 달리 주체는 (매개되지 않고 '스스로 존재'하면서) 세계를 구성하는 출발점 구실을 할 수 없다. 즉, 의식은 주체를 초월하는 담론들과 겹치고 매개될 수밖에 없는 것이다. 그러나 듀스가 말했듯이, "후설의 철학적 프로젝트가 이렇게 붕괴한 것에 대한 데리다의 반응은 아도르노나 메를로퐁티처럼 '아래로 내려가는' 것, 즉 주체성을 자연·사회 세계에서 나오고 자연·사회와 얽혀 있는 것

* 프랑스 얀선파 가톨릭의 중심지였던 포르루아얄 수도원의 수도사들이 1662년에 펴낸 논리학 교과서.

으로 설명하는 방식이 아니라, '위로 올라가는' 것, 즉 초월적 의식의 근거를 찾아 나가는 방식이었다."[42] 주체는 차이의 끝없는 놀이에 종속된다. 데리다는 우리를 데리고 역사 속으로 들어가지 않고 역사를 뛰어넘는다. 차이는 사실, 의미화 과정의 특징을 설명하기에는 부적절한 개념이다. 그래서 데리다는 현존의 형이상학에서 벗어날 수 없다는 것을 강조하고자 다양한 용어들(예컨대, 흔적,* 원原-문자,** 특히 차연差延***)을 사용한다. 나는 다른 책에서 차연에 대해 다음과 같이 썼다.

---

* trace. 존재를 오직 현존으로만 생각하는 '현존의 형이상학'에 반대해서, 절대적 기원의 부재, 현존이나 현재의 불가능성, 현존의 실패를 지칭하는 데리다의 용어. 형이상학은 흔적을 현존이 있다가 없어진 빈 자리로 보는 반면, 데리다는 흔적들이 만드는 차이의 공간이 먼저 있고 그 안에서 최초의 현존이 나타난다고 주장한다. 즉, 현존과 부재를 가능하게 하는 장이 바로 흔적이라는 것이다.

** archi-écriture. 데리다는 서양 철학이 음성을 중시하고 문자는 파생된 것으로 깎아내리는 '음성 중심주의'(또는 '로고스 중심주의')라고 주장했는데, 음성언어와 문자언어의 구분보다 앞서고 그 구분을 가능하게 하는 근원적 언어이자 기원적 문자가 있다며 이를 두고 원-문자라고 했다. 에크리튀르écriture에는 글(쓰기), 기록이라는 뜻도 있다.

*** différance. 데리다는 단어의 의미가 다른 단어와의 차이에 의해서만 정해진다는 구조주의 언어학의 주장을 확대해서, 그 다른 단어도 또 다른 단어와의 차이에 의해 의미가 정해지고 이 단어들의 차이는 끝없이 계속될 것이므로 결국 단어나 텍스트의 의미는 확정되지 못하고 한없이 연기될 수밖에 없다는 사실을 시각적으로 표현하고자 프랑스어 différence(차이)의 어미 '-ence'를 '-ance'로 바꾼 신조어를 사용했다. différence와 différance의 프랑스어 발음은 디페랑스로 똑같은데, 이 점이 '음성 중심주의'를 비판하는 데리다의 취지를 잘 보여 주는 반면 차연이라는 번역어는 그렇지 않다는 점에서 부적절하다는 견해도 있지만, 차이差移나 '차이' 등의 대안도 문제가 있기는 마찬가지여서 일단 관행대로 차연이라고 옮겼다.

> 루이스 캐럴이라면 이 신조어를 '혼성어'라고 불렀을 것이다. 차연이라는 말은 '차이'와 '연기'라는 두 단어의 의미를 합친 것이다. 이 말은 첫째, 현존과 부재보다 차이와 놀이가 더 우선한다는 것을 강조하고 둘째, 현존은 항상 (미래나 과거로) 연기되지만 그래도 끊임없이 불려 나온다는 것을 강조한다. 현존과 부재는 모두 차이에 고유한 것이다.[43]

따라서 의미를 만들어 내는 [차이의] 놀이는 반드시 현존의 붕괴(현존을 초월하는 대체물들의 사슬에서 항상 일어나는)와 현존에 대한 지시(끊임없이 연기될 뿐 결코 완성될 수 없는)를 모두 포함한다. 따라서 차연은 "부재와 현존의 말소된 근원"이다.[44] 차연은 오직 언어를 통해서만 개념화할 수 있고, 언어는 차연 자체의 본성 때문에 현존의 형이상학을 포함할 수밖에 없다. 그러므로 차연은 존재론적으로 현존과 부재 둘 다에 우선하기 때문에 결코 알 수 없는 것이 된다. 이런 모순에서 비롯한 것이 해체 전략인데, 이것은 도저히 벗어날 수 없는 영역인 현존의 형이상학 내에서 현존의 형이상학에 도전하는 것이다. "철학을 넘어서는 길은 철학을 새로 시작하는 것이 아니라(이것은 흔히 잘못된 철학 방법이다) **특정한 방식으로** 철학자들을 계속 읽는 것이다."[45]

당연히 여러 저자들은 데리다의 주장에서 독일 관념론 전통과 매우 비슷한 점을 찾아냈다. 예컨대, 듀스는 다음과 같이 주장했다. "데리다가 … 제시하는 차연의 철학은 일종의 절대자다." 셸링의 절대자와 마찬가지로, 데리다의 차연도 현대 과학의 합리적 방법으로는 결코 알 수 없는 것이기 때문이다.[46] 그러나 셸링은 절대자를 직관으로 파악할 수 있다고 생각한 반면, 데리다는 기표의 끝없는 놀이에 의지해서 차연을 암시한다(언어의 형이상학적 성격 때문에 암시 이상일 수 없다). 이런 견해는 아주 최근에도 제시됐다. 페리와 르노는 "푸코=하이데거+니체"라면 "데리다=하이데거+데리다 문체"라 할 수 있다고 비꼬면서 다음과 같이 주장했다. "하이데거가 말한 존재론적 차이를 단지 되풀이한 것 말고는 데리다의 작업(내용)에서 분명히 이해할 수 있는 것은 아무것도 없는 듯하다."[47] 마찬가지로 하버마스도 다음과 같이 말했다. "데리다의 해체는 하이데거의 사유 과정을 충실히 따른다." 존재의 자기 은폐라는 하이데거의 주제는 "현존과 부재의 말소된 근원"인 차연 개념에서 되풀이된다. "원-문자와 그 흔적의 은유에서 우리는 디오니소스식 신神의 모티프를 다시 본다. 즉, 신의 부재 때문에 서구의 자녀들은 오히려 신이 예고한 현존을 훨씬 더 강렬하게 느낀다는 것이다."[48]

데리다가 주장한 텍스트주의의 난점은 전통적 관념론처럼 대상이 생각(데리다의 경우에는 담론)과 무관하게 존재한다는 사실을 부정하는 것이 아니다. 이 점에서 "**텍스트 바깥은 없다**"는 데리다의 유명한 말은 오해의 소지가 있다. 프랭크 렌트리키아가 말했듯이, 차연 개념에 비춰 보면 "'텍스트 바깥은 없다'는 말은 현존의 권위뿐 아니라 '현존의 단순한 대칭적 반대, 즉 부재나 결핍'도 의심하는 것일 수밖에 없다. 따라서 '텍스트 바깥은 없다'는 말을 텍스트 바깥에 존재론적 '무無'를 가정하는 것으로 이해해서는 안 된다."[49] 그러나 텍스트주의는 담론 바깥 대상의 존재를 부정하지는 않더라도 우리가 그런 대상을 인식할 수 있다는 것은 부정한다. 그러려면 우리가 대상에 접근할 수 있는 믿을 만한 방식이 필요하기 때문이다. 그러나 데리다가 볼 때 그렇게 접근할 수 있다는 생각은 현존의 형이상학의 한 사례일 뿐이다. 기표들의 놀이 바깥에서 매개를 거치지 않고 직접 현실과 접촉할 수 있다는 생각이기 때문이다. 이런 견해는 칸트의 견해와 비교할 수 있다. 칸트는 우리가 물자체*는 알 수 없고, 지성의 범주들(경험의 토대가 되는 초월적 주관성의 구조에 내재하는)에 따라 구성되는 감각 인상만을 알 수 있다고 생각했다. 칸트와 데리다의 차이는, 데리다가 물자체를 차연으로 대체했다는 것과 주체를 현존과 부재의 놀이로 해소시키면서 범주들 자체를 가동시켰다는 것이다.

이것이 옹호할 만한 주장인지 아닌지는 받아들이는 사람의 더 광범한 이론적 목표에 어느 정도 달려 있다. 렌트리키아는 미국의 데리다 추종자들을 신랄하게 비판하는 책에서, 끝없이 자기 발생하는 텍스트에 자기도취적으로 집착하는 진정한 관념론을 해체 개념이 정당화할 수 있음을 보여 줬다.[50] 그러나 이런 텍스트주의만 있는 것은 아니다. 그래서 노리스가 보기에 해체적 글읽기는 "니체식 비합리주의의 일종"이 아니라, (적어도 데리다와 드만의 경우에는) 일종의 이데올로기 비판이고 "그 출발점은 최대한 논리적으로 엄밀하게 주장해서, 직관에 어긋나거나 상식적(합의된) 견해와 다른 결론에 이르는 것이다."[51] 사실, 텍스트주의를 이렇게 해석하는 것 자체가 그런 방법의 한 사례라 할 수 있다. 왜냐하면 노리스는 해체를 분석철학의 방법과

---

* 物自體. 인식 주관에 나타나는 현상으로서의 물이 아니라, 그 자체로서 존재하는 물. 로크가 things-in-themselves라고 부른 것을 칸트가 발전시킨 개념으로, 인간의 인식은 대개 현상에 관한 것이고 현상의 기초가 되는 물자체는 알 수 없다고 칸트는 주장했다. 칸트는 또, 경험으로는 알 수 없는 신·자유·영혼 같은 초자연적 존재도 물자체라고 했다. 헤겔은 칸트가 본질(물자체)과 현상을 비변증법적으로 분리했다고 비판했고, 엥겔스는 변증법적 유물론의 관점에서 물자체는 인식과 실천을 통해 '우리에 대한 물'이 된다고 지적했다.

매우 비슷한 일종의 '꼼꼼히 읽기'*로 이해하는 경향이 있기 때문이다. 그러나 이런 주장은 데리다의 유별나게 문학적인 텍스트와는 잘 맞지 않는다.

그렇지만 데리다 자신은 정치적으로 저항적 성격이 있는 철학을 확립하는 데 관심이 있었다. 그래서 1980년에 자신의 사상적 궤적을 돌아보며 다음과 같이 말했다. "나는 이른바 제도적 문제들에서 새로 시작할 필요성에 점차 집착했다." 더 구체적으로 말하면,

> 어째서 철학은 자신이 통제하려 하지만 통제할 수 없는 공간** 안에서 자신을 각인하지 못하고 각인되는가? … 이 공간 구조의 이름을 뭐라고 부를 것인가? 나는 알지 못한다. 그곳에 지식이라고 할 만한 것이 정말 있는지도 모르겠다. 그곳을 사회적·정치적 공간이라고 부르는 것은 시시해서 만족스럽지 않다. 가장 확실한 사회 분석이라 할 만한 것들도 흔히 이 문제에 대해서는 할 말이 거의 없고, 그들 자신의 각인을 깨닫지 못하고, 자신의 재생산 법칙, 자신의 상속 단계나 자기 승인 단계, 요컨대 내가 글쓰기[문자]라고 부른 것도 알지 못한다.[52]

이 구절이 흥미로운 이유는 담론의 사회적 조건("이른바 제도적 문제들")을 넌지시 말하면서도 담론의 사회적 조건에 대한 분석을 밑에

---

* close reading. 1930~60년대 미국의 주류 문예비평 방법이었던 신비평(작품을 작가나 시대·사회와 분리해 철저하게 작품 자체만으로 분석해야 한다고 주장했다)에서, 주로 정전화한 개별 텍스트에 초점을 맞춰 진지하게 깊이 읽으면서 자세히 분석하는 비평 방법.

** 대학교와 대학 제도를 말한다.

서부터 허물어뜨리며 오락가락하기 때문이다. 그런 분석이 차연을 깨닫지 못한다는, 즉 '문자'는 차연이 구체적 모습으로 나타난 것일 뿐이라는 사실을 모른다는 이유에서다(하버마스는 "원-문자가 하는 구실은 주체 없이 구조를 만들어 내는 것"이라고 말했다[53]). 텍스트 바깥을 가리킬 수는 있어도 알 수는 없다는 것이다. 이런 오락가락이 데리다 텍스트주의의 근본 특징이라는 점은 또 다른 사례를 봐도 알 수 있다. 데리다는 1983년 11월 파리에서 열린 아파르트헤이트 반대 미술 전시회 카탈로그에 글을 하나 기고했다. "인종차별의 마지막 말"이라는 제목의 이 글은 주로 장황하고 시시한 말들을 늘어놓은 것이었는데("아파르트헤이트는 항상 이름지을 수 없는 것의 문서 기록이 아니었던가?"), 역사적 구체성이 부족하다는 이유로 미국인 문학평론가 두 사람한테 비판을 받았다. 그러자 데리다는 약간 신경질적이고 모욕적인 글로 응수했다. 이 논쟁에서 불거진 주된 철학 쟁점은, 데리다가 남아공의 인종차별 역사에 주의를 기울이지 못한 이유가 텍스트 바깥의 존재를 부인하기 때문인지 아닌지였다. 아마 더 흥미로운 점은 아파르트헤이트와 반反아파르트헤이트를 대조하는 방식일 것이다. 아파르트헤이트는 "세계 역사의 집중점"(더 구체적으로는 "서구 다국적기업·국민국가의 활동과 밀접한 관련이 있는 유럽의 인종 '담론'"이 집중된 것)이고, 반아파르트헤이트는 "이 현존하는 것의 전체 밖에 있는 또 다른 법과 또 다른 힘의 미래"에 달려 있는데, 지금 이 '법'과 '힘'의 성격을 예측할 수는 없다는 것이다. 데리다는 전시회의 그림들에 대해 다음과 같이 논평했다. "그림의 침묵은 적절하다. 담론이었다면, 우리는 어쩔 수 없이 힘과 법의 현재 상태를 평가할 수밖에 없었을 것이다. 담론은 계약을 체결하고, 자신을 변증법으로 만들고, 자신이 재전유되게* 했을 것이다."[54]

따라서 아파르트헤이트에 맞선 저항은 선명해서는 안 되고, 정치 강령과 전략도 정식화하려 해서는 안 된다. 그랬다가는 "법과 힘의 현재 상태"에, 심지어 "유럽의 인종차별 담론"에 다시 말려들게 된다는 것이다. 이런 주장이 옳다면, 저항은 이미 오래전에 패배했을 것이다. 그러나 저항은 침묵하기는커녕 시끄럽게 떠들면서, 사회민주주의, 스탈린주의, 흑인 분리주의, 신디컬리즘, 혁명적 사회주의, 심지어 이슬람 근본주의와 같은 다양한 담론에 의지해서 자신을 규정하려 한다.[55]

그러나 데리다는 아마 이런 담론들(모름지기 진정한 해방 투쟁의 필수 요소)의 주장을 "법과 힘의 현재 상태"라는 주제의 다양한 변종쯤으로 여길 것이다. 페리와 르노가 이를 두고 데리다의 "부정적 존재론"이라고 말한 것은 당연하다.[56] 즉, 우리는 "현존하는 것의 전체" 너머에 있는 것은 모두 암시만 할 수 있을 뿐 ('재전유'의 위험을 무릅쓰고) 그것을 알려고 해서는 안 된다는 것이다. 하버마스는 "데리다가 한사코 부인하지만, 그는 사실 유대교 신비주의에 가깝다"고 주장한다.[57] 게르숌 숄렘이 이제는 고전이 되다시피 한 책에서 말했듯이,

---

* reappropriation. 하이데거는 형이상학을 비판할 때, 예컨대 존재라는 단어를 줄을 그어 지우면서 삭제 표시(X)와 단어를 함께 남겨 두는 방법(이른바 '말소 기호 아래' 두기)을 사용했다. 왜냐하면 그런 단어나 개념이 부적절하지만 필요했기 때문이다. 데리다는 하이데거의 방법을 받아들여, 기존의 형이상학 개념이나 용어를 '말소 기호 아래' 둬서 그것들이 일찍이 의미한 바를 더는 의미하지 않게 만드는 식으로 형이상학을 해체하려 했다. 이렇게 어떤 기호가 사용된 맥락을 변경해서 그 기호가 다른 기호로 쓰이게 하거나 다른 의미를 갖게 하는 것을 재전유한다고 한다. 쉽게 말해, 새롭게 해석해서 다시 사용하는 것이라 할 수 있다.

유대교 신비주의의 주요 특징 하나는 성서의 인격신을 '숨은 신'으로 바꿔 버린다는 것이다. 그 신은 "자기 안에 숨어 있고, 언어의 도움을 받아 오직 은유적으로만 이름지을 수 있는 신이라서, 신비주의적으로 말하면, 그 이름은 결코 진정한 이름이 아니다."[58] 아파르트헤이트가 "이름지을 수 없는 것의 문서 기록"인 이유는 그것이 유럽 문명의 절정이고, 따라서 유럽 문명의 진리인데, 유럽 문명은 인종 '담론'을 만들어 냈을 뿐 아니라 오늘날 세계 수준에서 재생산된 유럽 문명이 우리의 모든 사고 범주의 원천이기 때문이다. 따라서 아파르트헤이트의 대안은 이름지을 수 없는 것이다. 왜냐하면 그것은 이런 범주들 밖에 있기 때문이라는 것이다.

데리다의 개인적 정치 신념이 무엇이든 간에(아무리 봐도 아주 흔한 좌파 자유주의에서 크게 벗어나지는 않는 듯한데) 그는 자기 신념의 근거를 합리적으로 제시할 수 없다. 왜냐하면 자신이 거부하는 기존 사회질서를 분석할 수단이나 더 바람직한 사회의 윤곽을 제시해서 자신의 거부를 정당화할 수단을 스스로 부정하기 때문이다. 이런 태도의 뿌리는 (하이데거를 제외하면) 17세기 인식론의 특징인 원자론적 의미론을 거부하는 데서 더 나아가 담론과 현실의 관계 자체를 완전히 부정하기에 이른 언어철학에 있다. 그러나 꼭 그렇게까지 나아갈 필요는 없다.

오늘날의 분석적 언어철학에는 소쉬르의 전통만큼이나 강력한 반反원자론적 의미론도 있다. 예컨대, 콰인은 언어를 전체론적으로, 즉 "문장이라는 실로 짠 천"으로 이해한다.[59] 그러나 지시 개념이나 진리 개념은 전체론적 의미론을 발전시키려는 가장 야심찬 노력, 즉 도널드 데이비슨의 의미론에서도 핵심적이다. 데이비슨은 다음과 같이 주장한다. 어떤 문장의 의미는 그 문장이 참이 되는 조건[이른바 '진리 조건']

에 달려 있고, 그 참 자체는 (타르스키가 말한) '만족' 개념, 즉 대상과 술어의 관계에서 그 술어가 참인 조건을 만족시키는지에 달려 있다.* "따라서 의미를 연구하는 것은 곧 지시를 연구하는 것과 마찬가지다." 데이비슨은 지시 개념을 의미의 인식론적 기초가 아니라 일종의 설명개념**으로 다루는 경향이 있다. 즉, 지시 개념을 이용하면, 단어의 의미는 무한히 많은 문장에 쓰일 수 있다는 데서 나온다고 구조적 설명을 할 수 있다는 것이다. 그렇지만 데이비슨은 다음과 같이 주장하기도 한다. "언어는 그 의미론적 차원, 즉 문장이 참이나 거짓일 가능성, 더 좋게 말하면 말과 글이 참이나 거짓일 가능성 때문에 의사소통 도구인 것이다."[60]

사실, 지시 개념은 1970년대에 영어권 철학자들의 주요 관심사가 됐는데, 주로 소울 크립키, 힐러리 퍼트넘, 키스 도널런의 연구 덕분이었다. 이들의 논의에서 두드러진 점은 주체 개념을 근거로 지시를 설명하지 않았다는 것이다. 심지어 주체가 자신의 의식 내용에 직접

---

* 의미는 진리 개념을 통해 가장 잘 이해할 수 있다(진리 조건적 의미론)고 본 데이비슨은 "타르스키의 의미론적 진리론은 만족이라는 개념이 하는 구실 때문에 진리대응설이라고 할 수 있다. 왜냐하면 참이라는 속성을 언어와 언어 밖 대상 사이의 관계로 설명하기 때문이다" 하고 주장했다(포퍼도 그렇게 생각했다). 그러나 엄밀히 말하면 타르스키의 '만족' 개념은, 한편으로는 "x는 희다"와 같은 '문장함수'와 다른 한편으로는 임의의 순서열 사이의 관계다(자세한 내용은 《반실재론을 넘어서》, 서울대학교출판부, 2009, 142~150쪽 참조). 따라서 타르스키의 진리 개념은 표현과 대상의 관계가 아니라 표현의 속성을 가리키는 것이라고 할 수 있다. 그래서 데이비슨은 나중에 자신의 견해를 바꿨다. 이에 대한 캘리니코스의 평가는 《이론과 서사》, 일신사, 2000, 141~143쪽 참조.

** 어떤 사물이나 현상이 생기는 이유를 나타내기 위한 이론적 개념. 기능개념이라고도 한다.

접근할 수 있다는 것조차 인정하지 않았다. 따라서 퍼트넘이 [고유명사나 인공물의 이름이 아닌] 자연물의 이름(예컨대, '황금', '호랑이' 등)을 연구해서 얻은 교훈은 "의미는 사람의 머릿속에 있지 않다"는 것이었다. 즉, 이런 단어들의 의미는 그 단어가 가리키는 것에 의해 결정되는데, 그 지시 자체는 한편으로는 지시 대상의 내적 구조에 달려 있고 다른 한편으로는 '언어 분업'에 달려 있다는 것이다(이 '언어 분업'을 통해, 말하는 사람 개인이 아니라 [언어] 공동체 전체가 그 지시 대상의 내적 구조에 관한 지식을 얻게 된다).[61] 타일러 버지는 이런 지시 이론을 더 밀고 나아가서, 개인의 정신 상태는 사회적 맥락이나 물리적 환경과 무관하게 이해할 수 없다고 주장했다.[62] 마찬가지로, 지시를 연구해서 뛰어난 성과를 거둔 고故 개러스 에번스도 스스로 존재하는 사고 주체를 거부한다는 점에서 "확고한 반反데카르트" 전통에 속한다.[63]

물론 최근 연구 성과의 인식론적 흐름에 대한 분석적 언어철학자들의 견해는 일치하지 않는다. 이 점은 '실재론자들'과 '반反실재론자들'의 논쟁에서도 분명히 드러난다.[64] 실제로, 리처드 로티는 콰인과 데이비슨을 악용해서 텍스트주의와 매우 잘 통하는 결론들을 끌어냈다. 4장에서는 그런 주장들을 살펴보겠다. 그렇지만 앞서 말한 연구 성과들이 보여 주는 바는 원자론을 거부한다고 해서 반드시 지시 개념을 포기해야 하는 것은 아니라는 점이다. 실제로 데이비슨의 의미론은 전체론과 실재론을 종합한다. '주어진 것의 신화'에서 빠져나올 수 있는 길이 하나만 있는 것은 아니다.

3.4 난제 2: 저항

텍스트주의가 직면한 이런 어려움은 하버마스가 강조한 더 일반적 딜레마의 한 사례일 뿐이다. 하버마스는 계몽주의가 급진화해서 이데올로기 비판이 나타났고, 이 비판은 이론적 담론이 사회·정치적 이해관계를 은폐할 뿐 아니라 그런 이해관계에 의해 형성된다는 것도 입증하려 한다고 주장했다.

> 이런 이데올로기 비판을 통해 계몽은 처음으로 자신을 성찰하게 된다. 계몽의 산물, 즉 이론에 대해서도 계몽이 이뤄지는 것이다. 그러나 이데올로기 비판 자체가 (더는) 진리를 생산하지 못한다는 의심을 받게 되면서 계몽의 드라마는 처음으로 절정에 이르고 계몽은 두 번째로 자신을 성찰하게 된다. 그래서 이제 이성 자체도 의심받는다. 왜냐하면 이데올로기 비판은 이성의 기준을 부르주아적 이상에서 발견하고 그것을 고스란히 받아들였기 때문이다. 《계몽의 변증법》은 바로 이 길로 나아간다. 그래서 자신의 토대조차 독립적으로 비판한다.[65]

따라서 호르크하이머와 아도르노는 하버마스가 말한 '실행 모순'* 에 직면한다. "호르크하이머와 아도르노가 궁극적 폭로의 효과를 포기하지 않으면서도 비판을 계속하기를 원한다면, 그들은 이성의 기준이 모두 부패했음을 설명하기 위해 적어도 하나의 기준은 온전히 남

---

* performative contradiction. 한국말로 "여기서는 아무도 한국말을 해서는 안 돼"라고 하는 경우처럼 말의 내용과 그 실행이 모순되는 것. 수행적 모순, (발화)이행적 모순이라고도 한다.

겨 둬야 한다. 이런 역설 앞에서, 자신을 성찰하는 비판은 방향을 잃고 만다." 데리다도 똑같은 딜레마에 부딪힌다고 하버마스는 지적한다. "주체 중심 이성의 권위주의적 본성을 폭로하기 위해 이성의 고유한 수단에 의지할 수밖에 없다"는 것이다.[66] 이런 모순은 하버마스의 말처럼 니체까지 거슬러 올라갈 수 있다. 니체는 합리적 논증을 사용해서 지식의 관점주의적 성격과 사실상 도구주의적 성격을 입증하려 했다. 그런 역설에서 니체를 구제하려는 다양한 시도가 나타났는데, 예컨대 니체의 다차원적 인식론에는 문장과 사실의 일치를 진리로 이해하는 고전적 진리 대응설도 포함된다는 주장이나 아니면 정반대로 니체의 철학은 근본적으로 예술이고 따라서 인식론적 고려사항은 기껏해야 부차적일 뿐이라는 주장 따위가 그렇다.[67]

데리다의 주장에서 나타나는 역설은 근본적으로 반反실재론적 언어철학, 즉 우리가 담론과 무관하게 현실[실재]을 인식할 수 있음을 부정하는 언어철학 때문이다. 앞서 봤듯이, 이런 반실재론 때문에 데리다는 담론과 사회적 실천(기존의 지배 관계를 뒷받침하는 것이든 아니면 그것에 도전하는 것이든)의 관계를 설명할 수 있다는 것을 의심할 수밖에 없다. 그러나 푸코와 들뢰즈의 '세속적' 포스트구조주의는 담론과 사회적 실천의 관계를 핵심적으로 중요하게 여긴다. 그들은 담론의 내부를 파헤치지 않고 오히려 담론을 철저하게 맥락 속에서 살피려 한다. 그래서 푸코는 다음과 같이 말했다. "저는 우리의 판단 기준이 언어나 기호라는 거창한 모델이 아니라, 전쟁과 전투의 모델이어야 한다고 생각합니다. 지금의 우리를 만들고 규정하는 역사는 언어의 형태가 아니라 전생의 형태를 띠고 있습니다. 즉, 의미 관계가 아니라 권력 관계라는 것입니다."[68] '기표의 제국주의'를 논박한 들뢰즈와 가타리도 옐름슬레우와 바흐친[의 언어학]을 이용해서, 말하기의 사회적 성격을 바탕으로 한 화용론*을 발전시켰다.[69] 이런 화용론의 본질을 푸코의 '권력-지식' 개념은 다음과 같이 설명했다. "지식의 영역과 연관되지 않는 권력 관계는 존재하지 않고, 마찬가지로 권력 관계를 전제하거나 구성하지 않는 지식도 존재하지 않는다."[70] 진리를 추구하려는 의지는 권력의지의 일종일 뿐이다. 니체가 주장했듯이, 이론적 담론을 제대로 분석하는 것은 지배 형태의 계보학에 속하지 지식의 발전이라는 인식론의 역사에 속하지 않는다. 따라서 푸코와 들뢰즈의 포스트구조주의는 독립적으로 존재하는 현실의 특징을 거의 정확히 설명할 수 있는 이론의 능력을 부정한다는 점에서는 데리다와 마찬가지로 근본적으로 반실재론이지만, 담론의 화용론이나 권력과 겹치는 반실재론이므로 (텍스트주의자들과 달리) 우리가 담론의 속박에서 결코 벗어날 수 없다고 주장하지는 않는다.

이렇게 흐름이 다른 포스트구조주의인지라 데리다의 텍스트주의에서는 결코 찾아볼 수 없는 역사 지향성이 두드러진다. 프랑스 니체주의의 기여 가운데 가장 지속적인 것은 십중팔구 푸코가 모더니티의 형성을 탐구한 뛰어난 역사서들일 것이다. 《광기의 역사》(1961), 《감시와 처벌》(1975) 그리고 생애 말년까지 고대라는 우회로를 통해 모더니티를 탐구한 《성의 역사》(1976, 1984)가 대표적이다. 그러나 푸코의 작업은 언뜻 보면 연속적인 듯하지만 실제로는 그렇지 않다. 푸코가 스스로 주장했듯이, 그는 항상 "진리의 역사"나 "'진리 게임'**에

---

* 話用論. 말하는 이, 듣는 이, 시간, 장소 따위로 구성되는 맥락 속에서 언어가 어떻게 사용되는지를 연구하는 언어학의 한 분야.

** 여기서 말하는 게임은 "모방이나 여흥이라는 의미의 게임"이 아니라 "진리를 생산하기 위한 규칙들의 종합체"라고 한다. '진리 게임'은 '진실의 작용'이라고도 한다.

대한 분석, 즉 존재가 역사적으로 자신을 경험으로서, 다시 말해 생각될 수 있고 생각돼야 하는 것으로서 정립하게 되는 과정인 '참과 거짓의 게임'을 분석하는 일"에 관심이 있었지만, 그의 생각은 "이론적 방향 전환"을 겪었다. 즉, 1960년대의 《말과 사물》 같은 책에서는 "[인간] 상호 관계에서의 진리 게임"에 관심이 있었지만 《감시와 처벌》이나 《성의 역사》 1권(1976)에서는 "권력 관계와 관련된 진리 게임"의 계보학적 연구로 관심이 바뀌었다는 것이다.[71]

그러나 푸코의 이런 '방향 전환'은 단지 이론적 동기에서만 비롯한 것은 아니었고, 1968년 5월을 해석하는 특정 관점과도 관계있었다. 그것은 1968년 5월을 고전적인 혁명적 사회주의 프로젝트를 옹호하는 것으로 보려는 시도를 철저하게 거부하는 견해였다. 그래서 푸코는 다음과 같이 주장했다. "1968년 이후에 일어난 일, 그리고 거의 틀림없이 1968을 가능하게 만든 것은 매우 강력한 반反마르크스주의 움직임입니다."[72] 1968은 한 사회관계를 다른 사회관계로 바꾸려는 시도가 아니라 권력의 분산적 경쟁이었다는 것이다. 러시아 혁명 후의 경험이 보여 주듯이, 사회관계를 바꾸려는 시도는 기껏해야 낡은 권력-지식 장치를 새로운 권력-지식 장치로 교체하는 데 그쳤을 것이다. 푸코는 이런 주장(그 자체로는 결코 독창적이지 않은, 사실 토크빌과 밀 이후 자유주의 사상에 흔한 주장)을 새롭게 각색해서 권력을 독특하게 설명했을 뿐이다. 권력은 통일체가 아니라 사회 전체에 스며든 다양한 관계다. 따라서 마르크스주의처럼 경제적 토대가 원인이고 나머지는 결과라고 보는 것은 틀렸다. 더욱이, 권력은 개인을 억압하고 개인의 활동을 제약하는 것이 아니라, 개인을 개인으로 만드는 생산적인 것이다. 푸코가 주로 드는 예는 19세기 초에 나타난 감옥 같은 '규율[또는 감시]' 기관들이다. 마지막으로, 권력은 반드시

저항을 부르기 마련이다. 비록 그 저항도 권력 관계와 마찬가지로 파편적이고 분산된 것이지만 말이다.[73]

이런 권력 개념은 당장 니체식 계몽주의 비판의 맹점, 즉 계몽주의 자체의 도구를 이용해서 계몽주의를 비판해야 하는 문제를 불러일으킨다. 푸코는 다음과 같이 말한다. "제가 보기에 권력은 '항상 이미 거기에' 있습니다. 우리는 결코 권력 '바깥'에 있지 않고, 체제와 단절한 사람들이 뛰놀 만한 '주변부' 따위도 존재하지 않습니다." 그러나 이 말이 사실이라면, 그래서 권력이 모든 곳에 존재한다면, 푸코가 했듯이 현대 규율 사회의 계보학을 서술하는 일이 어떻게 가능할까? 푸코의 대답은 (적어도 1970년대에는) 그가 권력 관계에 고유하다고 주장하는 저항 형태와 계보학을 연관시키는 것이었던 듯하다. 그래서 그는 "지식의 과학적 서열화와 그에 따른 권력 효과에 맞서서 부분적 지식(들뢰즈가 말하는 '소수의 지식')을 재활성화해야 합니다" 하고 말했다.[74] 그러나 이런 '부분적 지식'이 지배적인 권력-지식 장치라는 반대편보다 더 나을까? 이것은 푸코의 저작에서 나타나는 저항의 일반적 문제와 관계있고, 많은 평론가들이 이 문제를 지적했다. 휴버트 드라이퍼스와 폴 래비노도 말했듯이, "저항은 권력의 기능적 요소인 동시에 빈번한 무질서의 원천이기도 하다."[75] 그러나 권력이 모든 곳에 존재한다면, 저항이 어떻게 무질서의 원천이 될 수 있겠는가? 푸코는 잠정적으로 신체를 권력이 작용하는 장소이자 권력에 맞선 저항의 원천으로 지목하지만, 신체를 권력이 마음대로 써먹는 원료쯤으로 여기는 태도와 확고한 자연적 본질로 여기는 태도 사이에서 머뭇거린다.[76] 이런 모호함은 푸코가 진리·저항·권력을 다룰 때 나타나는 "일련의 딜레마"(드라이퍼스와 래비노의 표현이다)를 보여 준다. "각각의 경우에, 서술과 해석은 결국 사물의 실상과 일치해야 한다는 전통적 철학 견해와, 물리적 현실과 신체와 역사는 우리가 생각하기 나름이라고 보는 허무주의적 견해 사이의 모순이 있는 듯하다."[77]

이런 딜레마에서 벗어나는 길 하나는 훨씬 더 철저한 자연주의, 즉 권력을 부차적 현상으로 다루는 자연주의를 택하는 것이다. 이것이 바로 들뢰즈와 가타리가 걸작 《자본주의와 정신분열증》에서 취한 방법이다. 그 책의 1권인 《앙띠 오이디푸스》(1972)에서 주장한 핵심 개념은 '욕망하는 생산'인데, 이것은 1968년 이후 들뢰즈와 가타리가 마르크스와 프로이트를 종합하려 했음을 보여 준다. 그들은 욕망이 긍정적이고 생산적이고 이질적이고 복합적인 것이라고 주장했다. 사회구성체들은 이런 욕망의 흐름을 '부호화'하고 '영토화'하는 방식에 따라 달라진다. 아마, 푸코의 영향 때문일 텐데(푸코는 "들뢰즈가 말하는 욕망 개념"을 단호히 거부했다)[78] '욕망하는 생산' 개념은 《자본주의와 정신분열증 2: 천 개의 고원》에는 나오지 않는다. 그 대신 "말해진 것과 말해지지 않은 것"을 결합하는 푸코의 장치 개념과 아주 비슷한 '배치' 개념이 나온다. 들뢰즈와 가타리는 수많은 이질적 요소들이 한없이 뻗어 나가고 서로 흘러 넘치면서 고원高原을 이룬다는 것을 나타내는 데 배치 개념을 사용한다(이 책 자체가 그런 고원의 형태를 반영하고 있다).

그러나 들뢰즈와 가타리는 권력보다 욕망이 앞선다고 주장한다. "우리와 푸코의 유일한 차이는 다음과 같은 점들이다. 첫째, 우리가 보기에 배치는 무엇보다 권력이 아니라 욕망이다. 욕망은 항상 배치되고, 권력은 그 배치가 지층화한 것이다. 둘째, 도표[즉, 배치의 형식적 구조 — 캘리니코스] … 에는 일차적 탈주선이 있지만, 어떤 배치 안에서 이 탈주선은 저항이나 반격 현상이 아니라 창조와 탈영토화의 지점이다." 다시 말해, 유기적인 것과 비유기적인 것, 인간적인 것과 자연적인 것, 담론적인 것과 사회적인 것을 배치해서, 우연적이고 변화하는 통일체로 만들고 이런 통일체들 사이의 경계를 끊임없이 무너뜨리는 욕망의 흐름이 일차적이다. 지배적 권력 형태에 저항하는 경향을 만들어 내는 것은 이런 권력 형태 자체가 아니라, 자신의 경계를 넘어서려는, 즉 '탈영토화'하려는 욕망의 자연스런 경향이라는 것이다. 이런 견해의 난점은 두 가지다. 첫째, 모종의 생철학을 만들려는 시도처럼 보인다. 권력을 뒤집고 측면 공격하는 욕망이 생명 자체와 동일시되지만, 그 생명은 스스로 신체·국가·사회라는 유기적 통일체와 대립한다. 실제로 들뢰즈와 가타리는 "유물론적 생기론*"을 옹호했다. 둘째, 이 자연주의적 형이상학은 저항을 설명하지만, 그 대가로 권력 자체를 수수께끼로 만들어 버린다. 《천 개의 고원》이 '영토화'·'지층화' 충동, 즉 욕망이 스스로 권력 관계 내에 머무르려는 경향을 정교하게 설명한다는 것은 사실이다. 그러나 생철학을 신봉하지 않는다면, 굳이 이런 설명을 받아들일 이유가 전혀 없다. 들뢰즈 저작의 많은 구절이 아무리 훌륭하더라도 전체적으로 보면 들뢰즈 주장의 요지는 현대판 니체의 권력의지 존재론을 택하는 것만이 푸코의 딜레마에서 벗어나는 길이라는 것이다.[79]

그러나 권력이 모든 곳에 존재한다는 푸코의 핵심 주장을 받아들이는 한 그 길밖에는 탈출구가 없다고 할 수 있을 것이다. 푸코의 이 핵심 주장을 비판에서 보호하는 다양한 장치 가운데 가장 중요한 것은 아마 이론적 다원주의에 호소하는 방법일 것이다. 그래서 폴 패튼은 고전 마르크스주의와 푸코의 계보학을 국제적으로 비교하려는 내

* 生氣論. 생명 현상은 물리적 요인과 자연법칙만으로는 설명할 수 없고 초경험적 생명력의 운동에 의해 창조되고 유지되고 진화한다는 이론. 활력론活力論이라고도 한다.

노력을 "모든 이론적 차이를 이론적 적대로 만들어 버리는 단일 관점주의"와 "전체화 의지"를 드러낸 것이라며 일축했다. 내가 "인류 역사의 핵심에 있는 차이와 단절의 가능성을 인정하기를 거부했고, 마찬가지로 서로 환원할 수 없는 다양한 관점들이 저마다 나름대로 기존 사회 현실을 비판할 수 있다는 것도 인정하기를 거부"했는데, 이런 태도는 "국가 철학의 특징", 즉 "다양한 이해관계를 지배하려는" 의지를 반영한다는 것이다.[80]

패튼은 마르크스와 푸코의 사회이론이 근본적으로 양립할 수 없다는 생각은 무조건 틀렸다고 주장한다. 방법론적으로 다원주의를 선호한다는 구실을 내세워 사실상 푸코와 들뢰즈 견해의 핵심을 슬그머니 들여오는 것이다. 그러면 패튼도 인정하듯이, 사회를 전체로 여기는 이론인 마르크스주의가 근원적으로 다양한 이론 분야의 한 조각으로 전락하고, 그래서 계급투쟁을 인류 역사 내내 계속된 지배력 쟁취 투쟁의 한 사례로 취급하는 니체식 관점에 통합되기 딱 좋은 재료가 되고 만다. 패튼이 옹호하는 차이의 수사학은 푸코의 권력-지식 장치 개념이 마르크스의 이론과 마찬가지로 사회를 전체로 여기는 이론이라는 사실을 은폐하는 데 기여한다. 듀스가 말했듯이, "권력(흔히 단수 취급되는)은 칸트나 후설 철학에서 말하는 '구성하는 주체'가 되고 사회적인 것은 '구성된 주체'가 된다."[81] 따라서, 모든 전체화는 모종의 권력의지에 기여한다는 주장이 논증이나 증거의 뒷받침을 받기 힘들다는 사실은 어쩌면 다행이다. 당혹스럽게도 푸코가 앙드레 글뤽스만의 쓰레기 같은 책 《위대한 사상가들》에 열광한 것을 무시한다면 말이다.[82]

그러나 푸코와 들뢰즈를 옹호한 패튼의 주장을 보면 푸코·들뢰즈 사상의 정치적 원천이 분명히 드러나는데, 1968 이후 많은 좌파 지식인들이 세계적 사회변혁 전망을 철저히 거부했다는 것, 그리고 혁명적 희망의 좌절과 '새로운 사회운동'의 부상(페미니즘 운동, 성소수자 운동, 생태주의 운동, 흑인민족주의 운동 등)에 대한 반응이라는 사실이다. 패튼은 이런 사회운동의 경험이 "기존 사회관계의 변화가 반드시 전체적이어야 하는 것은 아니"라는 사실을 보여 준다고 주장한다. "억압을 지탱하는 조건이 점진적으로 바뀔 수도 있다"는 것이다.[83] 이런 정치적 평가는 1970년대에 많은 68세대가 겪은 변화를 압축적으로 보여 준다. 즉, 소규모 혁명적 조직에서 단일 쟁점 운동으로, 나중에는 사회민주주의로 옮겨 간 과정을 말이다. 이 과정이 특히 프랑스에서 집중적으로 나타난 이유는 프랑수아 미테랑의 사회당이 부활하자 프랑스 공산당이 갑자기 충격적으로 붕괴했기 때문이다. 1976~77년에 옛 마오쩌둥주의자 출신의 신철학자들이 마르크스주의를 강제수용소의 철학이라고 비난한 것은 사상적으로는 전혀 중요한 사건이 아니었지만 정치적으로는 상당히 중요했다. 왜냐하면 (한 세대 동안 마르크스주의에 가까웠던) 프랑스 지식인들이 사회민주주의와 신자유주의로 전향했음을 분명히 보여 줬기 때문이다(5장 6절 이하 참조).[84]

비록 푸코의 니체식 권력-지식 이론이 마크르스주의를 포기한 많은 사람들에게 중대한 영향을 미쳤지만, 저항 개념은 푸코의 저작에서 계속 분명한 정치적 내용을 간직한 채 다양한 피억압 집단들이 억압에 맞서 저항하는 데 이론적 근거를 제공했다. 프랑스의 포스트구조주의가 1980년대에 변질됐음을 보여 주는 사례 하나는 저항 개념에서 정치적 내용이 완전히 제거됐다는 것이다(앤더슨의 표현을 빌리면, 오늘날의 파리를 "유럽의 지적 반동의 아성"으로[85] 만든 분위기 탓임이 분명하다). 그래서, 1968 이후 들뢰즈·가타리와 비슷한 욕망의 철학을 저술한 리오타르는 모든 형태의 정치 행동을 불신하게 됐다. 심지어 1986년 12월 파리에서 벌어진 매우 온건한 학생 시위조차 의심할 정도였다.[86] 이제 과제는 모종의 혁명적 변화를 추구하는 것이 아니라, 심지어 특정 피억압 집단의 정치적 염원을 분명히 표현하는 것도 아니라, "전체성에 맞서 전쟁을 벌이는" 것이 됐다. "표현할 수 없는 것의 증인이 되자. 차이를 활성화하고 그 이름[포스트모더니즘]의 명예를 구하자."[87] 리오타르는 "정치의 철저한 예술화"에 반대한다고 공언했지만, 저항을 근본적으로 예술의 측면에서 이해하는 듯하다. 그는 "자연권"을 옹호하는 것보다는 "기록할 수 없는 것을 정성들여 기록하는 … 글쓰기 안에서, 글쓰기를 통한 저항"을 선호한다.[88] 1장 3절에서 봤듯이, 리오타르는 (모더니즘과 달리) 포스트모더니즘 예술의 특징은 전체를 표현할 수 없음을 한탄하지 않는 숭고 개념이라고 본다. 따라서 저항의 부담은 이제 예술이 져야 한다는 것은 분명하다.

아마 이런 변질의 극치는 장 보드리야르의 작업에서 찾아볼 수 있을 것이다. 그는 마르크스의 생산 개념이나 푸코의 권력 개념에 모두 유혹 개념으로 맞선다. 생산이나 권력과 달리 유혹은 순환적이고, 되돌릴 수 있고, 아무 목적이 없다는 것이다. 이 개념이 니체에서 유래했다는 것은 분명하다. 도전이라는 개념도 마찬가지다. "[도전은 중장기라는 것을 모른다.] 도전이 아는 것은 당장 반응하거나 아니면 당장 죽는 것뿐이다. 역사를 포함해서 직선적인 것은 모두 끝이 있다. 그러나 도전만은 끝이 없다. 왜냐하면 도전은 한없이 되돌릴 수 있기 때문이다."[89] 사회적인 것은 순환적인 것에 직선적 질서가 강요된 결과인데, 이 과정이 후기 자본주의 소비사회에서는 뒤집힌다. 후기 자본주의 사회의 특징은 무엇보다 참과 거짓, 현실과 허구*의 차이가 완전히 사라지는 '하이퍼리얼리티'**이기 때문이다. 이런 상황에서 유일하게 적절한 저항 형태는 정치적 행동을 철저하게 거부하는 것이다. 왜냐하면 정치적 행동은 기껏해야 내파하는 사회를 더 억압적인 형태로 복원하는 데 그칠 뿐이고, '침묵하는 다수'는 여전히 무기력하고 무관심한 채 대중매체가 쏟아내는 이미지에 몰두하기 때문이다. "사적인 것으로 후퇴하는 것이야말로 정치적인 것에 대한 직접적 저항, 즉 정치적 조작에 능동적으로 저항하는 형태일 수 있다." 오늘날의 '하이퍼리얼리티'에 관한 보드리야르의 견해는 5장에서 살펴볼 것이다. 그러나 그가 모든 종류의 집단적 행동을 비난하는 것은(예외는 적군파 같은 집단의 테러 행위인데, 테러리스트들의 "맹목적이고 대표성 없고 무의미한" 행동은 "대중의 맹목적이고 무의미하고 대표성 없는 행위"와 상응한다고 보드리야르는 주장한다[90]), 좌파의 전통적 정치 전략과 훨씬 동떨어진 저항 개념으로 푸코의 저항 개념을 뛰어넘어 보려는 안이한 시도 이상이라고 보기 힘들다. 보드리야르의 태도는 그 자신이 푸코와 들뢰즈에게 던진 물음을 피할 수 없다. "여전히 해결되지 않는 문제는 이것이다. 왜 사람들은 도전에 대응할까? 왜 우리는 자의적 명령을 더 잘 따르려 하고 열심히 호응하려 할까?"[91] 정말 왜 그럴까? 지배 욕구의 원천을 현실의 구조 자체에서 찾으려 하지 않는다면(방식은 다르지만, 니체의 권력의지 존재론과 들뢰즈의 생철학이 그

---

* real and imaginary. 실재와 가상이라고도 한다.

** hyperreality. 보드리야르는 복제한 물건이 원래의 물건보다 더 현실 같고 진짜 같고 강력하게 느껴질 만큼 '현실'과 현실의 복제를 구별할 수 없게 된 오늘날의 상황을 일컬어 하이퍼리얼리티라고 했다. 과잉 현실, 파생 실재라고도 한다.

러듯이), 모든 곳에 존재하는 권력과 저항[푸코]이나 도전과 유혹의 순환[보드리야르]도 이렇다 할 설득력 있는 논증의 뒷받침을 받지 못한 채 허공을 떠다닐 것이다.[92]

3.5 난제 3: 주체

생애 말년에 푸코는 앞서 살펴본 딜레마에서 벗어날 수 있는 길을 찾기 시작했다. 그래서 주체 문제를 다시 논할 수밖에 없었다. 3장 1절에서 봤듯이, 포스트구조주의에서 핵심적인 것은 주체를 "구성하는 주체"에서 "구성되는 주체"로 끌어내리는 것이었다. 이런 변화를 가장 설득력 있게 그리고 극단적으로 옹호한 사람이 아마 푸코였을 것이다. 그래서 푸코는 1976년에 "개인이라는 실체가 먼저 존재하고 그 개인에게 권력이 작용하는 것이 아닙니다. 개인과 개인의 정체성·개성은 모두 권력 관계가 신체·다수·운동·욕망·세력에 작용한 결과입니다" 하고 말했다.[93] 그러나 나중에는 견해가 바뀐 듯하다. 아마 모든 곳에 저항이 존재하는데 저항의 근거를 제시하려니 난감해서 그랬을 것이다. 나중에 쓴 매우 흥미로운 글에서 푸코는 다음과 같이 말했다. "권력은 자유로운 주체들에게만 작용하고, 주체가 자유로운 경우에만 작용한다. 이 말은 개인적·집단적 주체가 직면한 가능성의 영역에서는 다양한 행동 방식이나 반응, 다양한 처신이 가능하다는 것이다."[94] 미리 존재하는 주체에게 권력이 작용한다면, 저항은 주체의 독자적 욕망과 권력의 명령이 충돌하는 데서 비롯한다고 쉽게 설명할 수 있다. 그러나 그렇게 설명하면, 푸코가 전에 거부했던 '주체의 철학'으로 크게 후퇴하는 셈이다.

주체 문제는 1984년 6월 푸코 사망 직전에 출판된 《성의 역사》 2·3권의 핵심 주제였다. 특기할 만한 것은, 푸코가 1970년대 중반에 자신은 [전에도] 언어에 관심 없었다고 주장했듯이 이제는 권력 문제를 깎아내렸다는 점이다. "저는 결코 권력 이론가가 아닙니다. 단적으로 말해서, 저는 권력을 독자적 문제로 다루는 데 관심 없습니다."[95] 그는 새로운 이론적 '방향 전환'을 선언했다. 즉, 권력-지식에서 방향을 바꿔, "'욕망하는 인간'의 역사라고 부를 수 있는 것을 참고 영역과 탐구 분야로 삼아서, 자기 대 자기 관계의 진리 게임과 자기가 주체로 구성되는 과정을 연구"하는 쪽으로 나아간 것이다. 더 구체적으로는, 주체의 진리를 성애性愛에서 찾을 수 있다고 보는 서양 특유의 현대적 관념(정신분석학은 그런 생각의 최신 형태일 뿐이다)의 기원을 추적하려 했다. 그런 생각이 초기 그리스도교 시대에 어떻게 표현됐는지를 이해하기 위해 푸코는 더 과거로 거슬러 올라가 고대 그리스·로마의 성애 개념을 살펴봐야 했다. 또, 새로운 이론적 도구들도 고안해야 했는데, 특히 "존재의 미학"이나 "자기 수양 기술", 즉 "인간이 그것을 통해 스스로 행동 규칙을 정할 뿐 아니라 자신을 변화시키고 단 하나뿐인 존재로 가다듬고 자신의 삶을 미학적 가치가 있고 예술 형식에 부합하는 작품으로 만들고자 하는 신중하고도 자발적인 실천"이 대표적이다. 푸코는 그런 "존재의 기예" 사례로 고대 아테네 시민들이 실천한 크레시스 아프로디지온(쾌락의 활용)을 든다. 이를 통해 고대 아테네인들은 자신을 수양하고, 그래서 집안에서 여성과 노예를 관리할 뿐 아니라 도시의 정치에도 참여할 수 있는 도덕적 주체로 서고자 했다는 것이다.[96]

이런 "수정"(푸코의 표현이다)은 "개인은 … 권력과 대등한 관계가 아니라, 권력의 주요 효과 가운데 하나"라던 견해에서 크게 바뀐 것처럼 보인다.[97] 에드워드 톰슨의 유명한 표현을 빌리면, 이제 주체는 자기 형성 과정 속에 존재하는 듯하다. 《성의 역사》 2·3권에서 푸코가 분석한 고대 그리스·로마 시대 "자기 수양 기술"은 자기 구성이나 자기 관리를 실천하는 것인 듯하다. 이 때문에 푸코가 '주체의 철학'으로 돌아갔다는 주장도 나왔지만, 이 점은 논쟁거리다.[98] 페리와 르노는 푸코에게 두 가지 모호한 주체 개념이 있다고 주장한다. 하나는 "시간과 역사를 초월한 구조 속의 인간으로서, 그 특징은 자기의식적 존재라는 점"이다. 다른 하나는 역사적으로 특수한 '현대적' 주체로서, "자신의 생성을 재구성하면서도 비판하는" 존재다.[99] 따라서 그리스의 크레시스 아프로디지온을 연구하는 목적은 현재 형태의 주체가 우리의 본성에서 비롯한 불가피한 것이 아님을 입증하고자 다른 형태의 주체를 발견하는 것이다. "인류의 문화적 발명 중에는 오늘날 그대로 다시 쓸 수는 없지만 적어도 현재 상황을 분석하는 도구로서 매우 유용할 수 있는 특정 견해를 구성하(는 데 도움이 되)는, 그래서 현재 상황을 변화시키는 데 기여하는 방법·기법·사상·절차 등이 아주 풍부합니다." 여기서 푸코가 염두에 둔 변화가 어떤 것인지는 다음과 같은 그의 물음에서 드러난다. "모든 사람의 삶이 예술 작품이 될 수는 없는 걸까요? 전등이나 집은 예술 작품이 되고 우리 삶은 그러지 말아야 할 이유가 있습니까?"[100]

이렇게 말한 바로 그 인터뷰에서 푸코가 인정했듯이, 삶을 예술 작품으로 만든다는 생각은 니체에서 유래했다. 니체는 다음과 같이 말했다. "자신의 개성에 '스타일을 부여하는' 것, 이것은 위대하고 희귀한 예술이다! 이것을 실행하는 사람은 자기 본성의 강점과 약점을 모두 찾아내고 그것을 예술적 계획으로 옮겨서, 그 강점과 약점이 모두 예술과 이성으로 보이게 하고 심지어 약점조차 눈부시게 만드는 사람이다."[101] 실제로, 푸코가 아테네 지배계급을 분석한 것의 원조는 니체가 그들을 "유한계급"으로, 그리고 그들의 특징을 "자신에게 형식을 부여하려는 의지"라고 묘사한 것이었다(3장 1절 참조). 그러나 자신이 먼저 존재하지 않는다면 어떻게 "자신에게 형식을 부여"할 수 있겠는가?(니체와 푸코는 모두 그럴 수 있다고 생각하는 듯하지만). 이 문제를 깊이 파고든 네하마스는 "지금의 자신이 돼라"는 니체의 명령을 두고 다음과 같이 말했다. "만약 자아 같은 것이 존재하지 않는다면, 우리가 되고자 하는 존재도 없지 않을까?" 그래서 네하마스는 "지금의 자신이 되기"를 하나의 과정으로, 즉 "끊임없이 확장하고 진화하는 목표를 위해 점점 더 많은 개성을 통합하는 것"으로 이해해야 한다고 주장한다. 이런 통합 과정에는 무엇보다 자신의 속성과 행동을 책임지는 것이 포함된다. "그러므로 자기 창조는 낮은 단계의 생각·욕망·행동이 더 높은 [단계의] 질서와 조화를 창조하는 과정이다. 이것은 우리가 경험하는 모든 것에 기꺼이 책임을 지고 어떤 상황이든 참된 것을 자발적으로 인정하는 능력을 기르는 것이다. 우리가 경험하는 것이 모두 우리의 본질을 구성하기 때문이다."[102] 앞서 (3장 1절에서) 봤듯이, 네하마스는 그런 자기 창조의 주요 사례로 니체 자신을 들고 있다. 니체는 《이 사람을 보라》에서 다음과 같이 말했다. "나는 아무것도 지금과 달라지기를 바라지 않는다. 나 자신도 달라지기를 바라지 않는다."[103]

네하마스가 설명한 과정이 중요하다는 것은 명백한 듯하지만, 그것을 "자기 창조"라고 부르는 것이 맞는지는 의심스럽다. 먼저, 특정한 사람에게 특정한 개성을 올바르게 귀속시키려면 모종의 개체화 원리가 필요하다. 예를 들어, 니체가 바그너의 삶을 "기꺼이 책임지고" 싶어 하지는 않았을 것이다. 네하마스도 사실상 이 점에 동의하면서 다음과 같이 말한다. "일관되게 조직된 신체는 서로 모순되는 생각·욕망·행동이 단일한 주체의 특성으로 묶일 수 있는 공통의 근거가 된다."[104] 이 신체의 동일성(과 지속성?)이라는 기준은 서로 다른 개인의 속성과 행동을 제대로 파악했는지 잘못 파악했는지를 가늠하는 수단이 된다.[105] 그러나 이렇게 개인의 환원할 수 없는 특성을 인정하면, 자기 창조 과정은 크게 제한될 수밖에 없다. 내 특정 개성이 내가 이룰 수 있는 성취를 제한하게 되는 것이다. 만약 내가 음감이 없거나 눈이 보이지 않는다면, 작곡이나 그림 그리기는 말할 것도 없고 노래나 그림의 진가를 알아보는 일도 하지 못할 것이다. 내 과거의 행동(예컨대, 개인적·정치적 배신 행위)이 내 평생을 좌우할 수 있다. 내 성질이 고약하면 가장 소중한 인간관계를 망쳐서 삶 자체가 몹시 괴로울 수 있다. 물론 마지막 사례에서 알 수 있듯이, 불변의 개성도 변경 가능한 개성으로 점차 바뀐다. 그렇지만 자신의 삶을 이해하는 과정(네하마스가 '자기 창조'라고 부른)은 자신의 개성과 역사라는 요인의 제약을 받는다. 앞서 인용한 구절에서 개성에 스타일을 부여하는 것에 대해 말할 때 니체가 염두에 둔 것은 일종의 균형 잡기 과정, 즉 강점과 약점이 자기 자신이라는 전체 개념에 통합되는 과정인 듯하다. 그러나 이 강점과 약점은 확실히 적어도 어느 정도는 이 전체 개념과 무관하게 생겨난다.

모든 개인 또는 많은 개인이 공유하는 다른 제약 요인들도 있다. 먼저, 종種으로서 인간에게 고유한 능력('68사상'의 반反인간주의에서는 무시되는)이 '자기 창조'의 범위를 제한한다. 내가 아무리 최첨단 기술을 이용한다 해도 돌고래의 경험을 내 것으로 만들 수는 없을 것이다. 또, 무엇보다 계급 분열의 형태로 나타나는, 결코 외면할 수 없는 자원 불평등 문제도 있다. 니체는 다음과 같이 주장했다. "강력하고 지배욕이 불타는 천성을 지닌 사람들"은 스스로 "단일한 취향의 제약"을 감수하는 훈련에서 "지극히 섬세한 기쁨을 누릴 것이다." 이와 반대로 "약한 성격, 자신을 지배하지 못하는 성격을 지닌 사람들은 스타일의 제약을 증오한다."[106] 네하마스가 지적하듯이 "니체는 모든 행위자에게 자아가 있다고 생각하지는 않았다."[107] 푸코는 더 민주적으로 다음과 같이 물었다. 왜 "모든 사람의 삶이 예술 작품이 될 수 없는가?" 물론 그 대답은 (5장에서 살펴볼 '포스트자본주의' 이론가들의 주장과 달리) 대다수 사람들은 여전히 생산적 자원을 이용할 기회나 권리가 없으므로 먹고살려면 노동력을 팔아야 하기 때문이라는 것이다. 버밍엄의 병원 청소부, 상파울루의 자동차 공장 노동자, 시카고의 사회보험 노동자, 뭄바이 길거리의 아이에게 자신의 삶을 예술 작품으로 만들라고 요청한다면 모욕일 것이다. 모종의 세계적 사회변혁 전략과 연결해서 요청하지 않는다면 말이다(그런데 앞 절에서 봤듯이, 포스트구조주의는 그런 사회변혁 전략을 거부한다).

후기 푸코에 대한 이런 논의에서 알 수 있는 것은 언뜻 보면 그가 주체를 재발견한 듯하지만 니체 사상의 전통보다 훨씬 더 강력한 인간 본성·행위자 이론을 채택하지 않은 결과 권력-지식 개념의 딜레마에서 결코 벗어나지 못했다는 것이다.[108] 따라서 우리는 다시 원점으로 돌아온 셈이다. 왜냐하면 아마 가장 중요한 포스트구조주의 사상가일 푸코가 어떻게 해서 생애 마지막까지도 니체 사상의 핵심인 예술지상주의에 계속 집착했는지를 살펴봤기 때문이다. 포스트구조주의 사상이 1980년대에 그토록 쉽게 받아들여진 이유를 알려면 당시의 사회적·정치적 맥락을 살펴봐야 한다. 이 문제는 5장에서 다룰 것이다. 그보다 먼저 포스트구조주의를 비판한 가장 뛰어난 사상가의 견해부터 살펴보자.

04

의사소통 이성의 한계

종합이라는 날개가 있으면, 피가 얼음으로 바뀌고 인체가 얼어붙는 곳까지,
여태껏 아무도 날아오른 적 없는 곳까지 날아오를 수 있다.
그러나 입에 담배를 물고 있던 수많은 학자들은 어디로 치솟았는가.
— 발레리안 마이코프

4.1 계몽주의를 옹호하며

위르겐 하버마스가 오늘날 서구 좌파의 주요 철학자라는 것은 분명하다. 이렇게 말할 수 있는 근거는 세 가지다. 첫째, 그가 쓴 책의 규모·범위·우수성만 봐도 알 수 있다. 둘째, 하버마스는 역사유물론을 사회진화론으로 재구성하려 한다. 특히, 자본주의 현대화라는 모순된 과정을 타당하게 설명하려고 노력한다. 셋째, "일상의 사회생활을 합리적으로 조직하려는" 계몽주의 프로젝트를 강력하게 옹호한다.[1] 이 세 측면은 모두《모더니티의 철학 담론》(1985)에서 찾아볼 수 있다. 이 책에서 하버마스는 사상의 역사에 관한 폭넓은 지식을 십분 활용해, 그리고 자신의 모더니티 분석에 바탕이 되는 의사소통 행위 이론을 동원해, 니체와 하이데거에서 유래했고 오늘날 포스트구조주의 사상의 두 흐름(3장에서 살펴본)이 대표하는 전통을 통렬하게 그리고 전례 없이 선명하게 비판한다.

내 생각에는 하버마스가 포스트구조주의를 비판하는 철학적 개입의 정치적 성격이 중요하다. 1970년대 말 이후 하버마스의 주된 고민은 모더니티를 일부 또는 완전히 거부하는 다양한 보수주의 사상이 서구 자본주의 세계 전역에서 되살아난다는 것이었다. 하버마스가 제2차세계대전 이전 유럽 우파의 비합리주의라고 여겼던 것이 이렇게 되살아나는 현상은 특별히 독일연방공화국[서독]에서 위협적인 의미가 있었다. 이렇게 자유민주주의를 위협하는 반동에 대한 두려움으로 하버마스는 이른바 '역사가 논쟁'에 적극 뛰어들었다. 그 논쟁을 촉발한 것은, 나치의 유대인 대학살은 사회주의에 내재하는 전체주의 성향에 대한 반응이자 그것의 모방이라는 에른스트 놀테의 주장이었다.[2] 하버마스의 포스트구조주의 비판은 바로 이런 맥락에서 봐야 한다. 하버마스는 "구보수주의자들"과 "신보수주의자들"과 "젊은 보수주의자들"을 구분한다. 구보수주의자들은 "모더니티 이전으로 돌아갈 것을 권장"하고, 신보수주의자들은 "기술 진보, 자본주의 경제 성장, 합리적 행정"(하버마스가 "사회의 현대화"라고 부른 것)을 받아들이면서도 "정치가 문화적 모더니티의 폭발적 내용을 제거해야 한다고 주장한다." 한편,

> 젊은 보수주의자들은 기본적으로 모더니티 예술의 경험을 되풀이한다. 그들은 중심 없는 주체가 노동과 유용성의 강요에서 해방됐음을 드러내는 것이 자신들의 과제라고 주장한다. 그리고 이런 경험을 바탕으로 현대 세계 밖으로 나가서, 모더니스트의 태도로 비타협적 반反모더니즘을 정당화한다. 그리고 상상력과 자기 경험, 감정의 자생적 힘을 저 머나먼 고대의 영역으로 보낸다. 주문이나 술법으로 신을 부르는 마니교도처럼 그들은 신비한 방법으로만 접근할 수 있는 원리(그것이 권력의지든 지배

의지든 존재 자체든 시詩의 디오니소스적* 힘이든 간에)를 도구적 이성과 대립시킨다.[3]

포스트구조주의를 이상적인 전자본주의 시대의 유기적 질서를 그리워하는 보수적 향수 비슷한 것으로 봐야 한다는 생각은 영어권 세계에서 강력한 저항에 부딪혔다. 영어권 세계에서 푸코와 들뢰즈, 그리고 (정도는 덜하지만) 데리다를 수용한 사람들은 주로 좌파 지식인들이었기 때문이다. 그래서 프레드릭 제임슨은 하버마스가 모더니티를 옹호하는 것을 두고 "하버마스가 생각하고 글을 쓰는 나라[서독]의 상황"에 특수한 견해이므로 "일반화할 수 없다"고 일축했다.[4] 그러나 이런 반응은 너무 성급하다. 왜냐하면 담론적 이성을 비판하는 포스트구조주의와, 모더니티를 거부하는 전통적 우파를 연결하는 하버마스의 견해는 크리스토퍼 노리스도 주장한 바 있기 때문이다. 노리스의 출발점은 리오타르가 현대 이전 [전통] 사회의 핵심적 지식 형태로 여긴 이야기**다. 리오타르는 전통 사회의 민간 설화 같은 대중적 이야기의 특징이 자기 정당화라고 주장한다. 즉, 대중적 이야기는 추상적 이성주의나 계몽사상 같은 '거창한 이야기'로 굳이 정당화할 필요가 없다('거창한 이야기'는 개별적 이야기들을 이성·정신·프롤레타리아처럼 서서히 드러나는 전체로 통합해 버린다). 포스트모더니티

---

* 예술 활동에서 정열적·도취적·낭만적·격정적 경향을 일컫는 말. 그리스 신화에 나오는 디오니소스의 특성에 바탕을 둔 것으로, 니체가 《비극의 탄생》에서 '아폴론적' 경향(통일·질서·조화를 추구하고 개체적·이지적인)에 반대되는 말로 처음 사용했다.

** narrative. 서사敍事라고도 한다. "[정보사회의] 지식에 관한 보고서"라는 부제가 붙은 《포스트모던의 조건》에서 리오타르는 현대의 '과학 지식'과 전통 사회의 '서사 지식'을 대조한다.

는 그런 거창한 이야기가 사실은 대중적 이야기의 속성을 갖고 있으며, 그 정당성의 근원이 바로 자기 자신이며, 일상적 담론들이 모여서 이질적 공간을 형성하는 언어 놀이*임이 입증되는 조건이다.[5]

노리스는 다음과 같이 말했다.

> 모든 이론은 일종의 승화된 이야기일 뿐이라는 생각이 점차 확산되자, 다양한 형태의 재미있는 이야기와 전혀 다른 지식이 과연 가능할까라는 의심이 생겨났다. 이론은 자연화한 신화나 상식 체계의 범주들과 이론 자체의 범주들 사이에 결정적 거리가 있다는 것을 전제한다. (리오타르처럼) 그 거리를 그냥 없애 버리면 합리적 비판의 근거 자체가 파괴된다.

고대 그리스 사상에서 처음 생겨난 이래로 이론적 탐구(이른바 테오리아)라는 개념은 대중적 이야기와 똑같지 않은 담론을 가리키는 말이었다. 노리스가 보기에, 리오타르는 담론의 이 두 수준 차이를 없애 버리기 때문에 현행 질서를 정치적으로 비판할 수 없게 만든다.

> 따라서 (리오타르가 말한) '포스트모던의 조건'은 에드먼드 버크부터 오늘날의 신우파까지 이어지는 모든 보수적 이데올로기의 핵심 특징을 공유하는 듯하다. 다시 말해, 그 바탕에 깔려 있는 생각은, 우리의 사고방

---

* 언어 게임이라고도 한다. 어떤 규칙에 따르는 인간의 다양한 언어활동의 총칭으로, 후기 비트겐슈타인 언어철학의 핵심 개념이다. 《논리철학론》(1921)에서 비트겐슈타인은 언어가 세계를 그리는 그림이고 언어와 세계의 논리 구조는 일치한다고 주장했지만, 《철학적 탐구》(1953)에서는 언어가 환경·상황·문맥에 따라 달라지고 사용과 실천에서 드러나는 일종의 놀이라고 보는 견해로 바뀌었다.

식에는 편견이 너무 깊이 뿌리박혀 있어서 어떠한 합리적 비판도 그 편견을 결코 없애지 못한다는 것이다. 즉, 문화와 사회를 진지하게 생각하는 사람은 이론적 탐구가 유익한 전통의 맥락 안에서만 의미가 있다는 사실을 인정해야 한다는 것이다.[6]

노리스의 비판은 리오타르를 겨냥한 것이지만, 더 일반적으로 적용될 수도 있다. 포스트구조주의는 어떤 이론이 만들어진 목적이나 의미의 직접적 맥락과 그 이론 자체가 분리될 수 없다고 주장한다. 따라서 기존 상황에 대한 비판은 일반적 원칙에 바탕을 둘 수 없고 (데리다가 "이름지을 수 없는 것"에 호소하듯이) 암시적일 수밖에 없다. 마찬가지로, 하이데거와 가다머의 해석학에서도 이해는 사회적 실천에 의해 결정된 선입견이나 편견, 이른바 선先이해에 달려 있는데, 이 사회적 실천의 성격은 완전히 파악할 수 없다. 왜냐하면 사회적 실천은 이해 행위 자체의 전제 조건이고 이해 행위 안에 포함돼 있기 때문이다. 전통은 계몽주의의 합리적 비판으로 그냥 사라지는 것이 아니라, 전통 자체가 합리적 비판의 핵심적 전제 조건이기에 전통이 비판을 제한한다는 것이다.[7] 하버마스의 언어철학은 어느 정도는 이런 해석학적 전통에 대응하기 위한 것이었다(4장 2절 참조). 그러나 여기서는 이론이 기존의 사회적 실천 네트워크(우리의 이해를 좌우하는)를 비판적으로 성찰한다는 주장에 하이데거처럼 푸코와 데리다도 의문을 제기한다는 점만 짚고 넘어가자.

《의사소통 행위 이론》(1981)에서 하버마스는 정교한 언어철학을 바탕으로 자신의 모더니티 이론을 펼쳐 나간다. 또, 포스트구조주의를 비판하는 근거가 되는 개념들도 제시한다. 그러나 사실, 《의사소통 행위 이론》은 정치적 개입의 일환이었다. 하버마스는 현대화를 합리화 과정으로 파악하는 데 초점을 맞춘 그 책을 1977년 말에 쓰게 된 이유를 나중에 다음과 같이 설명했다. "독일의 정치 상황이 슐라이어 납치 사건* 이후 점점 더 포그롬** 비슷해지면서 긴장이 첨예해졌기 때문에 나는 이론적 상아탑 밖으로 나와서 모종의 태도를 취할 수밖에 없었다." 당시 그는 자유민주주의가 극좌파(적군파라는 테러리스트들)와 극우파(억압을 강화하라는 이들의 요구가 득세하게 된 데는 보수적 사상의 부활도 한몫했다) 둘 다에게 위협받고 있다고 느꼈다. 그와 동시에, 생태 운동 같은 새로운 사회운동의 성장은 현대의 산업 문명 자체에 도전하는 것처럼 보였다.

> 1977년에 내가 그 책을 쓰기 시작한 진짜 이유는 사물화와 합리화를 비판하는 이론이 경제성장에 비판적인 새로운 운동들의 잠재력이나 복지국가식 타협의 붕괴를 어떻게 이론적으로 설명할 수 있는지 알고 싶어서였다. 현대화 프로젝트를 포기하거나 포스트모더니즘이나 반反모더니즘, '냉혹한' 신보수주의나 '터무니없는' 젊은 보수주의로 빠지지 않으면서도 말이다.[8]

따라서 하버마스는 모더니티가 아직 완성되지 않았다는 사실, 즉

---

* 1977년 9월 독일 적군파RAF가 옛 나치 친위대SS 장교 출신의 독일 전경련 회장 한스 마르틴 슐라이어를 납치하고 10월에는 팔레스타인해방인민전선PFLP과 함께 루프트한자 항공기를 납치해서, 수감 중인 적군파·PFLP 동료들의 석방을 요구했으나 곧 독일 특수부대의 진압 작전이 시작되고 동료들이 감옥에서 잇따라 '자살'했다는 언론 보도가 나오자 그 보복으로 슐라이어를 살해했다.

** pogrom. 제정 러시아 시절의 유대인 대학살에서 유래한 말로, 인종·종교를 이유로 저지르는 집단 학살을 일컫는다.

그 잠재력이 완전히 실현되지 않았다는 사실을 강조하면서 모더니티를 비판적으로 옹호하는 데 관심이 있었던 것이다. 이 점에서 그의 작업은 마르크스주의 전통의 연장선, 특히 초기 프랑크푸르트 학파의 연장선에 있다고 볼 수 있다. 하버마스는 아도르노에 대해 다음과 같이 말한다. "아도르노는 계몽주의의 상처를 치유하는 방법은 단 하나, 즉 계몽주의의 급진화뿐이라는 생각에 여전히 충실하다."[9] 이 말은 분명히 하버마스 자신에게도 적용된다. 그렇지만 이런 태도를 정교하게 발전시키려는 하버마스의 노력에는 심각한 약점들이 있다. 이 때문에 그의 포스트구조주의 비판(과 더 일반적으로는 '포스트모더니즘이나 반모더니즘' 비판)이 취약해진다. 더 구체적으로 말하면, 의사소통 행위 이론 때문에 하버마스의 모더니티 옹호는 거의 일면적일 수밖에 없다는 것이다. 니체와 그 후예들의 모더니티 비판이 일면적인 것처럼 말이다.

4.2 베버에서 하버마스로

하버마스는 베버를 좇아서 "유럽 사회의 현대화는 합리화라는 보편사적 과정의 결과"라고 본다. 베버는 도구적 이성에 의해 조정되는 자율적 하위체계들(특히 시장과 국가)의 분화가 곧 현대화라고 설명했는데, 하버마스는 이런 베버의 주장에서 출발해서 루카치나 초기 프랑크푸르트 학파와 같은 길로 나아간다. 루카치는 《역사와 계급의식》에서 합리화를 사물화로, 즉 상품 물신성이 사회생활의 모든 분야에 침투한 결과로 해석했다. 다시 말해, 자본주의의 경제적 메커니즘 때문에 사람들 사이의 관계가 시장의 규제를 받는 사물들 사이의 관계로 변해 버린다는 것이다. 루카치는 이 사물화 과정의 대립물인 프롤레타리아를 헤겔식 용어로 "역사의 주객 동일자"라고 불렀다. 프롤레타리아는 필연적으로 혁명적 의식을 갖게 될 것이고, 그러면 자본주의 사회의 사물화한 구조를 산산조각 낼 것이라고 본 것이다. 호르크하이머와 아도르노는 루카치의 사물화 분석을 받아들여서 꽤 풍부하게 발전시켰지만, 프롤레타리아 혁명에 대한 기대는 완전히 포기했다. 그와 동시에, 하버마스가 주장했듯이 호르크하이머와 아도르노는 "그 개념[사물화 — 캘리니코스]을 자본주의 체제의 성장이라는 구체적·역사적 맥락에서 떼어내고 … 의식의 사물화를 낳는 메커니즘을 인간 역사의 인류학적 토대에, 즉 노동을 통해 자신을 재생산해야 하는 인류의 생존 형식에 위치시킨다." 그러므로 도구적 이성의 승리는 루카치가 주장하듯이 역사적으로 특수한 일시적 상황들이 맞물린 결과가 아니라, 오히려 인류의 자기 재생산 욕구의 필연적 결과이고, 인간과 자연을 모두 지배하려는 이 초역사적 경향은 후기 자본주의에서 절정에 이른다는 것이다. 따라서 하버마스는 니체의 모더니티 비판뿐 아니라 《계몽의 변증법》에서도 '실행 모순'을 발견한다(3장 4절 참조). 이성 자체를 지배욕과 동일시하는 호르크하이머와 아도르노가 비판적 사회이론을 계속 실천할 수는 없다는 것이다. 아도르노는 부정의 변증법이라는 수단으로 이성적 비판을 계속하려 했다. 이 부정의 변증법은 기존의 모순을 폭로할 뿐 아니라, 특히 모더니즘 예술의 추상적이고 왜곡된 구조 속에 은연중 드러나는 해방된 사회의 전조들을 분명히 보여 줘서 해방된 사회는 자연과 화해할 것임을 넌지시 알려 주려고도 했다. 하버마스는 다음과 같이 말했다.

이미 수명이 다했는데도 죽지 않고 살아남은 철학의 그늘에서 철학적 사고는 일부러 요란스런 몸짓으로 후퇴한다. 아도르노와 하이데거의 역사철학은 그 의도가 서로 정반대였지만, 사유의 길 끝에서 아도르노는 객관화하는 사고나 성찰의 이론적 주장에 대한 태도가 하이데거와 매우 비슷해진다. 즉, 자연에 대한 유념[아도르노]과 존재에 대한 기억[하이데거]이 놀라울 만큼 가까워지는 것이다.[10]

하버마스는 마르크스가 토대를 놓은 모더니티 담론에 공감하면서, 마르크스는 "합리적 실천을 역사·사회·신체·언어로 구체화한 이성으로 파악한다"고 주장한다.[11] 그러나 하버마스는 우리가 '의식 철학'의 틀 안에 계속 머무르는 한 초기 프랑크푸르트 학파의 사상에 내재한 '실행 모순'을 피할 수 없을 것이라고 생각한다. '의식 철학'의 핵심은 "고독한 주체가 객관 세계(표상되고 조작될 수 있는)와 맺는 관계"다. 데카르트 이후 서구 사상의 핵심이었던 '독백하는 주체' 개념은 도구적 이성 개념을 포함할 수밖에 없다. 즉, 독백하는 주체가 볼 때 세계는 자신의 목적을 이룰 수단일 뿐이므로 이성은 수단-목적 관계의 틀을 벗어나지 못하고, 그 틀을 좌우하는 것은 근본적으로 낯선 외부 환경을 지배하려는 주체의 욕구다. 이런 패러다임은 결국 도구적 이성이 지배하는 모더니티를 신보수주의적으로 받아들이거나 아니면 급진적으로 비판해야 하는 딜레마(도구적 이성을 이성 자체와 동일시하면, 비판을 정당화하거나 바람직한 대안을 실현할 수 있는 기준 자체도 거부하게 된다)에 빠질 수밖에 없다. 이런 딜레마에서 벗어날 수 있는 길은 "의식 철학의 패러다임(즉, 객체를 표상하고 객체와 씨름하는 주체)을 버리고 언어철학의 패러다임(즉, 상호주관적* 이해나 의사소통의 패러다임)을 택하는 것, 그리고 인지적-도구적 이성을 더 포괄적인 의사소통 이성의 일부로 적절히 자리매김하는 것뿐이다."[12]

그래서 하버마스는 독백하는 주체·이성 개념을 대화하는 주체·이성 개념으로 바꿀 것을 제안한다. 따라서 《의사소통 행위 이론》에서 근본적으로 중요한 것은 두 종류의 행위를 구분한다는 점이다. 하나는 '성공을 지향하는 행위'로서, 개인 주체가 물리적 환경이든 사회적 환경이든 낯선 대상처럼 보이는 환경을 상대로 자신의 목적을 추구하는 도구적·전략적 행위다. 다른 하나는 '의사소통 행위'인데, 여기서 "행위자들의 행위를 조정하는 것은 성공을 위한 이기적 계산이 아니라, 상호 이해에 도달하려는 행동이다." 상호 이해는 "인간 언어의 고유한 목적"으로서, "언어 능력과 행위 능력이 있는 주체들이 서로 합의를 이루는 과정"이다. 하버마스는 오스틴·그라이스·설이 발전시킨 언어행위론의 분석을 바탕으로, 상호 이해에 도달하려면 말하는 사람이 내놓는 "교환 가능한 타당성 주장**"을 듣는 사람이 받아들여야 한다고 주장한다. "말하는 이의 언어행위 제안을 듣는 이가 합

---

* 간주관적間主觀的, 상호주체적이라고도 한다. 나 자신에 관한 것은 주관적인 것, 나와 다른 사람들 사이에 공통된 것은 상호주관적인 것, 세계나 자연에 관한 것은 객관적인 것이라고 할 수 있다.

** validity claim. 타당성 요구라고도 한다. 하버마스는 상호 이해를 지향하는 의사소통이 이뤄지려면, 말하는 사람이 남들이 알아들을 수 있게 말해야 하고(이해 가능성), 발언 내용이 참이라고 느껴져야 하고(진리성), 듣는 이가 받아들일 수 있는 올바른 규범과 가치에 맞게 말해야 하고(정당성), 매우 진지한 마음으로 말하고 있음을 알게 해야 한다(진실성)고 봤다. 이 네 가지 타당성 주장(요구)이 의사소통 이성의 전제 조건이라는 것이다.

리적 동기에서 받아들일 수 있는 이유는 … 듣는 이가 타당성 주장을 비판하면 말하는 이가 설득력 있는 근거를 제시하겠다고 보증하기 때문이다." 오직 이런 식으로만 주체들은 자유로운 합의를 이룰 수 있다. "말하는 이의 언어행위를 자유롭게 비판할 수 있어야만, 듣는 이는 외부의 압력과 무관하게 스스로 그 언어행위 제안을 받아들일 수 있다."[13]

하버마스는 이 의사소통 행위 이론을 다양하게 이용한다. 첫째, 매우 강력한 이성 개념을 일상적 담론에 끼워 넣어서, 모든 종류의 상대주의나 권위주의를 불합리한 것으로 배척할 수 있다. "인간은 일상언어의 의사소통 구조 속에서 살아가므로, 언어행위가 타당성을 바탕으로 해야 한다는 것은 보편적이고 불가피한(이런 의미에서 선험적인) 전제로서 인간을 구속한다. … 만약 우리가 인간의 잠재적 인식능력과 결부돼 있는 이 타당성 주장을 자유롭게 거부하거나 받아들일 수 없다면, 이성에 찬성하거나 반대하는 '결정', 합리적 행동의 잠재력을 확대하는 데 찬성하거나 반대하는 '결정'을 원하는 것은 무의미하다."[14] 둘째, 앞의 마지막 인용구가 암시하듯이, 이 의사소통 이성 개념에는 정치적 결과가 뒤따른다. 모든 언어행위의 목표인 자유로운 합의를 바라는 염원 속에는 그런 합의에 바탕을 둔 사회 개념이 함축돼 있는 것이다. "화해와 자유의 유토피아적 전망은 개인들의 의사소통적 사회관계 속에 들어 있다. 그것은 인류의 재생산을 위한 언어 메커니즘 속에 내재하는 것이다."[15]

셋째, 이 복잡하고 분화한 이성 개념(도구적 이성은 의사소통 이성에 '종속된 계기'일 뿐이다) 덕분에 하버마스는 베버와 초기 프랑크푸르트 학파가 공유하는 일면적 합리화 개념을 피할 수 있다. "자본주의 현대화 과정에서 의사소통 이성의 잠재력은 발전하면서 동시에

왜곡된다"고 하버마스는 주장한다.[16]

하버마스가 보기에, 서구 자본주의의 발전은 "선택적 유형의 합리화, 즉 불균등하게 이뤄진 합리화"였다.[17] 의사소통 행위의 견지에서 폭넓게 이해된 이성의 특정 측면들만이 모더니티 속에 구현된 것이다. 따라서 모더니티는 아직 완성되지 않았다. 즉, 니체와 그 추종자들의 진단과 달리 모더니티는 '이성의 과잉'이 아니라 '부족' 때문에 고통을 겪고 있다는 것이다.[18]

현대화의 '불균등성'을 포착하기 위해 하버마스는 체계와 생활세계를* 구분하는데, 이 구분은 《의사소통 행위 이론》 2권의 핵심 주제다. 이것은 하버마스가 나름대로 사회구조와 인간 행위를 구분한 것이라고 할 수도 있는데, 체계 개념은 사회를 재생산하는 행위들의 기능적 결과를 가리키고, 생활세계는 사회적 행위자들이 세계관을 공유하게 되는 메커니즘을 가리킨다. 따라서 생활세계 개념은 행위자의 의도와 관계있고, 체계 개념은 헤겔의 표현을 빌리면 행위자들도 알지 못하는 사이에 진행되는 과정과 관계있다. 이 분석적 구분은, 현대화의 결과로 분명한 제도적 형태를 취하는 사회질서의 여러 측면들을 가리킨다. 즉, 체계와 생활세계가 분화해야만 진정한 모더니티가 형성된다. 체계와 생활세계 중에서 더 근본적인 것은 생활세계다. 하버마스가 말하는 생활세계라는 용어(후설의 현상학적 해석학에서 유래했

* 하버마스는 의사소통 이성 개념을 바탕으로 2단계 사회이론을 구성한다. 사회가 복잡해지면 언어적 의사소통으로만 행위를 조정하기가 힘들어지고, 그러면 언어적 의사소통의 부담을 덜기 위해 권력과 화폐 같은 비언어적 매체를 통해 행위가 조정되는 영역들이 독립하게 된다. 이렇게 비언어적 매체에 의해 행위가 조정되는 영역을 체계라 하고, 사회화, 문화적 재생산, 사회 통합처럼 여전히 언어적 의사소통을 통해 행위가 조정되는 영역을 생활세계라고 한다.

다)는 모든 언어행위의 전제인 공통의 암묵적 상호 이해를 가리킨다. 이런 상호 이해는 전통 속에 구현돼 있어서, "의사소통 행위자는 '항상 이미' 그 지평 안에서 움직인다." 상호 이해는 "모든 가능한 의견 차이에 선행한다. 그것은 상호주관적으로 공유된 지식 같은 것이어서 결코 논쟁의 대상이 될 수 없고 다만 허물어질 수 있을 뿐이다."[19]

그러나 하버마스는 생활세계를 논하면서 해석학의 핵심 통찰을 일부 받아들이기는 하지만, 모든 언어행위에 내재한 전통적 지식이 합리적 비판에서 면제된다고 생각하지는 않는다. 하버마스는 가다머를 비판하면서 다음과 같이 주장한다. "전통을 비판적으로 받아들이면, 전통의 자연적 실체는 파괴되고 전통적 주체의 지위도 바뀐다."[20] 현대화의 특징 하나는 "비판에서 면제된 것으로 해석된 생활세계에서 상호 이해가 미리 이뤄지는" 경우는 줄어들고 "당사자 자신들의 해석 작업을 통해, 즉 (합리적 동기에서 비롯하기 때문에) 실패할 위험이 있는 합의를 통해 상호 이해가 이뤄지는" 경우는 늘어난다는 것이다.[21] 이렇게 생활세계에서 일어나는 언어의 상대적 비중 변화와 합리적 동기에서 비롯한 합의 추구는 일반적 합리화 과정과 밀접한 관련이 있다. 하버마스는 베버와 파슨스를 따라서, 합리화는 근본적으로 분화를 포함한다(구체적으로는 두 측면에서 생활세계 자체가 분화한다)고 본다.

첫째, "독립적 문화 영역들"이 분화한다. 그래서 과학, 법과 도덕, 예술은 그 자체로 뚜렷이 구별되는 문화적 실천이 되고, 저마다 독특한 원리에 따라 조정된다. 이 자율화 과정에는 하버마스가 말한 "세계관의 합리화"도 포함된다. 그래서 한편으로, 신화의 특징인 자연과 문화의 혼동이 끝난다. 즉, 세계는 미몽에서 깨어나고, 물리적 세계(인과법칙이 지배하는)와 인간 세계(의미·목적이 충만한)가 날카롭게 구분된다. 그 결과, 뚜렷하게 현대적이고 '중심 없는' 세계관이 발전해서 자연은 이제 인간의 선입견이 투영된 대상이 아니게 된다. 다른 한편으로, 합리화 과정에서 이성 자체가 형식화한다. 그래서 이성은 이제 특정한 실체적 견해들이 아니라, 그런 견해를 얻는 절차가 된다. 이런 절차는 모든 언어행위에 포함돼 있다. "자체의 내적 논리에 따라 합리화가 이뤄진 다양한 가치 영역에서는 논증을 통한 타당성 주장의 교환이라는 형식 수준에서 이성이 통일된다."[22]

하버마스는 현대 이성의 절차적 성격을 강조하는 주장을 바탕으로 베버를 비판하지만, 사실 베버는 하버마스가 나름대로 합리화를 설명할 때 크게 의지하는 인물이다. 베버가 볼 때 "합리화의 변증법의 진짜 원인은 세계가 합리화하면서 잠재적 인식능력이 불균등하게 제도화했기 때문이 아니다. 오히려 문화적 가치 영역들의 독립적 분화 자체가 합리화라는 파괴의 씨앗이다. 그런 분화 때문에 잠재적 인식능력이 해방됐고 합리화가 가능해졌기 때문이다." 베버는 이런 분화를 인식론적 다원주의의 출현 과정으로 이해하는데, 왜냐하면 다원주의에서는 주관적인 것들 사이에서 선택하는 근거인 다양한 관점이 서로 충돌하기 때문이다. 그러나 "베버는 서로 다른 전통의 특수한 가치 내용들과 보편적 가치 척도들(문화의 인식·규범·표현 요소가 자율적 가치 영역이 되고 독자적 논리를 가진 복잡한 이성을 발전시킬 때 그 기준이 되는)을 충분히 구별하지 않았다"고 하버마스는 주장한다.[23] 과학·도덕·예술이 분화하자 의사소통의 암묵적 전제 조건(말하는 사람은 모두 자신의 발언에 포함된 '타당성 주장'을 합리적으로 정당화해야 한다는 것)이 명시적 조건이 됐다. 그러므로 이성은 현대화의 결과로 해체되는 것이 아니라, 오히려 더 복잡하고 자의식적이고 형식적인 것으로 변모한다.

그러나 현대화에는 다른 종류의 분화, 즉 체계와 생활세계의 분화도 있다. 체계 통합과 사회 통합의 분리는 자본주의 발전의 필수 조건이다. 전에는 전통의 계승을 통해 이뤄진 사회의 재생산이 이제는 '체계 메커니즘'의 출현에 점차 의지하게 되는데, 이 체계 메커니즘은 "행위 결과를 기능적으로 조화시켜서, 행위의 의도치 않은 결과를 진정시킨다." 자율적 하위체계 두 가지, 즉 시장과 국가가 생활세계에서 분리된다. 이제 행위의 조정은 행위자들의 암묵적 상호 이해보다는 경제적·정치적 하위체계들의 비인격적 작용에 더 의지하게 된다. 시장과 국가는 일상생활의 구조와 무관하게 기능하면서, "화폐나 권력 같은 비非언어적 의사소통 매체"를 이용해 "시공간 속의 여러 상호작용을 점점 더 복잡한 네트워크(아무도 이해하거나 책임질 수 없는)로 연결한다." 따라서 "의사소통 행위가 매체에 의해 조절되는 상호작용으로 바뀌게 되면 … [언어를 통해] 합의가 이뤄지는 데 드는 비용과 위험은 사라지고 목적 합리적 행위의 기회는 증가한다는 의미에서 생활세계가 '기술화'한다."[24] 그러므로 베버와 초기 프랑크푸르트 학파가 모더니티의 특징으로 여긴 도구적 이성의 우세는 하버마스가 "체계와 생활세계의 분리"라고 부른 것의 결과다.

이런 과정을 설명할 때 하버마스는 파슨스에 크게 의지한다. 예컨대, 화폐와 권력을 '조절 매체'로 보는 것이 그렇다.[25] 파슨스와 마찬가지로 하버마스도 체계와 생활세계의 분화를 어느 정도는 바람직한 것으로 여긴다. 바로 이 점이 하버마스와 마르크스의 중요한 차이다. 알브레히트 벨머는 다음과 같이 썼다.

> 적어도 우리라면 분리했을 두 가지 현상을 마르크스는 한데 묶었다. 하나는 착취, 빈곤화, 노동계급의 타락, 노동의 비인간화, 경제에 대한 민주

적 통제 결여이고, 다른 하나는 보편적 인권 원리를 바탕으로 한 형식적 법률의 출현과 현대 사회의 기능적·체계적 분화다. 마르크스는 소외를 비판하면서 이 두 가지 서로 다른 현상을 한데 묶었기 때문에, 자본주의적 소유를 폐지하는 것만으로도 현대 산업사회의 비인간적 특징들을 폐지하는 것뿐 아니라 모든 기능적 분화와 그에 따른 복잡한 체계를 폐지하(고 따라서 공산주의 사회에서 인간들의 직접적 통일과 연대를 회복하)는 데도 충분하다고 생각할 수 있었다.[26]

이와 달리, 하버마스는 모더니티의 "모든 기능적 분화와 그에 따른 복잡한 체계를 폐지"하는 것은 불가능할 뿐 아니라 바람직하지도 않다고 생각한다. 그래서 다음과 같이 주장한다.

마르크스는 [자본주의 사회를 하나의 전체로 파악하는 경향이 너무 강력해서] 매체에 의해 조절되는 하위체계들이 사회 진화 과정에서 고유한 가치가 있음을 제대로 보지 못한다. 즉, 국가기구와 경제의 분화는 새로운 조절 가능성을 여는 동시에 낡은 봉건적 계급 관계의 재편도 강요하는, 더 높은 수준의 체계 분화이기도 하다는 것을 보지 못한다. 이런 통합 수준은 새로운 계급 관계의 제도화보다 훨씬 더 중요하다.[27]

하버마스가 '체계 분화'를 긍정적으로 평가하는 바탕에는 사회진화론이 깔려 있다. 하버마스의 사회진화론에서 생산력 발전은 "도덕적 통찰, 실천적 지식, 의사소통 행위, 합의에 의한 행위 갈등 조정 차원에서도 … 일어나는 학습 과정"에 종속된다. 그런 학습 과정이 "더 성숙한 사회 통합 형태에, 새로운 생산관계에 안착돼서 새로운 생산력이 처음으로 도입될 수 있게 해 준다"는 것이다. "독립적 문화 영역들"의 분화, 특히 법과 도덕의 분화는 단지 자본주의적 사물화의 징후일 뿐 아니라, "합의에 의한 행위 갈등 조정(강압을 포기해야 이뤄지는)"을 가능하게 해서 "다른 수단으로 의사소통을 지속시킨다." 법과 도덕 같은 "규범 구조"의 진화는 단지 경제적 토대를 반영하는 것이 아니라, "사회 진화를 선도"한 "자체 역사"가 있다.[28] 그러므로 현대화를 환영해야 하는 이유는 기능적 분화로 말미암아 도구적 행위의 범위가 넓어지고 그래서 사회적 필요를 충족시키는 경제적 능력이 향상되기 때문만은 아니다. 일상 언어의 특징인 자유로운 합의 추구를 발전시키고 형식화하는 사회 통합 형태들도 진화하기 때문이다.

그러나 현대화에는 어두운 측면도 있는데, 이를 두고 하버마스는 흔히 합리화의 역설이라고 부른다. 즉, "생활세계의 합리화가 어느 정도 성숙하기 전까지는 화폐와 권력이라는 매체가 제대로 제도화할 수 없었다." 따라서 생활세계가 독립적 문화 영역들로 분화해야만, 더 구체적으로는 형식적 법률 제도가 발전해야만 시장과 국가의 자율화가 이뤄진다. "그러나 서로 기능적으로 맞물려 있는 이 두 하위체계의 자체 역동성도 현대 사회의 합리적 생활 형식들(그 하위체계들을 가능하게 하는)에 반작용한다. 즉, 화폐화·관료제화 과정이 문화적 재생산, 사회 통합, 사회화의 핵심 영역들 속으로 침투하는 것이다."[29] 그 결과는 "생활세계의 식민지화"다. "인지적·도구적 이성이 경제와 국가의 영역을 넘어, 의사소통 구조로 이뤄진 다른 생활 영역들로 침투하고 거기서 도덕적·정치적 이성과 예술적·실천적 이성을 희생시키면서 우위를 차지한다."[30] 바로 이런 과정이 후기 자본주의에서 나타나는 사회병리 현상의 원인이다. 후기 자본주의에서는 케인스주의 복지국가의 노사 타협 덕분에 경제적 모순이 문화 영역으로 옮겨지고 그에 따른 시장의 정치화 때문에 정당성이 더 필요해지지만, 일

상생활의 화폐화·관료제화 때문에 이 필요가 충족되지 못한다는 것이다.[31]

이런 사회병리 현상으로 말미암아 특정한 갈등 형태들이 생겨나는데, 이런 갈등에 "불을 붙이는 것은 분배의 문제가 아니라, 생활 형식의 문법과 관계있는 문제들이다." 복지국가의 노사 타협으로 말미암아 계급 갈등은 제도화하고, 그래서 노동자 운동이 더는 기존 질서에 근본적으로 도전하지 못하게 된다는 것이다.

> 생산과정에 직접 참여하고 자본주의 경제성장을 복지국가식 타협의 토대로 유지하는 데 관심이 있는 계층들로 이뤄진 중심부와, 잡다하게 뒤섞이고 뭉뚱그려진 다양한 집단들로 이뤄진 주변부 사이에 갈등의 전선이 생겨난다. 이 주변부에 속한 집단들은 후기 자본주의 사회의 "생산성과를 중시하는 핵심부"와 멀리 떨어져 있고, 복잡성 증가의 자기 파괴적 결과에 훨씬 더 민감하거나 훨씬 더 타격을 받는 사람들이다.

물론 하버마스가 염두에 두고 있는 것은 1970년대에 나타난 '새로운 사회운동들'(페미니즘 운동, 생태 운동, 반핵 운동, 평화 운동 등)인데, 이 운동들은 많은 경우 "생활세계의 식민지화 경향에 맞선 저항"에 직접 관여한다.[32]

이런 운동에 대한 하버마스의 반응은 양면적이다. 한편으로, 그는 이 운동들이 도구적 이성의 파괴적 확장, 즉 타당성 주장의 담론적 조정에 의해 적절하게 조절되는 상황까지 도구적 이성이 침범하는 것에 맞서려는 노력은 환영한다. 그러나 다른 한편으로는, 이 운동들이 도구적 이성을 거부하는 데서 너무 나아가 이성 자체를 거부할까 봐 두려워한다. 포스트구조주의가 위험한 것은 그 때문이다. 실제로 포스트구조주의의 더 '세속적인' 흐름(푸코와 들뢰즈)은 이 운동들이 벌이는 중심 없는 권력 경쟁과 저항을 동일시한다. 하버마스는 다음과 같이 주장한다. "현대 생활세계는 분화했고, 계속 분화한 채로 남아 있어야 한다. 그래야 전통의 성찰, 사회적 주체의 개성 형성, 정의와 도덕의 보편적 토대가 허망한 것이 되지 않는다."[33] 생활세계의 식민지화에 저항하는 데 관심이 있는 사람들은 모더니티의 '분화를 되돌리려' 할 것이 아니라, "체계와 생활세계의 교환을 제한하는 벽을 쌓고 … 그 벽에 감지기를 설치하는" 데 집중해야 한다.[34] 특히, 국가와 시장을 더 민주적으로 통제할 수 있게 되면(그래도 어느 정도의 자율성은 당연히 허용돼야 한다) 이 하위체계들의 도구적 이성이 생활세계에 내재하는 의사소통 이성에 디 책임질 수 있게 될 것이다. 따라서 하버마스의 주장은 새로운 사회운동의 목표들은 모더니티의 파괴를 통해서가 아니라, 모더니티의 긍정적 성과(생활세계의 합리화)를 보존함으로써 그리고 의사소통 이성 자체의 구조에 내재하는 더한층의 잠재력을 실현함으로써 달성될 수 있다는 것이다.

4.3 칸트의 유령: 언어, 사회, 현실

지금까지 요약한 것만 봐도 하버마스의 프로젝트가 얼마나 방대하고 뛰어난 것인지를 알 수 있다. 지금 우리 앞에 있는 인물은 워낙 거인이어서, 그에 비하면 포스트구조주의의 아류들(리오타르, 보드리야르 등등)은 난쟁이처럼 보인다. 그리고 그 거인은 특히 푸코가 발전시킨 모더니티 비판에 맹렬하게 도전한다. 분명히 이 도전의 핵심에는 하버마스의 합리성 이론이 있다. 이제 그 이론을 비판하기에 앞서, 하버마스의 주장에 많은 장점이 있다는 사실을 먼저 강조해야겠다. 하버마스는 포스트구조주의의 특정 주장들을 옹호한다. 그래서 존재의 존재론적 구조나 경험의 초월적 전제 조건에 관한 지식의 선험적 토대를 제공하려는 제1철학*의 전통적 염원을 거부한다.[35] 더욱이, 포스트구조주의자들과 마찬가지로 하버마스도 주체가 [세계를] 구성한다고 보는 '의식 철학'이 한계에 부딪혔음을 인정한다. 그러나 하버마스가 푸코나 데리다와 다른 점은 의식 철학의 바탕 위에서 합리성 이론을 구축하려는 노력이 모두 실패했는데도 여전히 합리성 이론을 구성할 수 있다고 주장한다는 것이다. 하버마스는 합리성의 본질을 상호주관성의 구조에서 이끌어낼 수 있다고 주장한다. 더 구체적으로 말하면, 모든 언어행위의 전제, 즉 일상적 담론은 합리적 동기에서 비롯한 합의를 염원한다는 사실에서 합리성의 본질을 이끌어낼 수 있다는 것이다.

내가 보기에 이 전략은 근본적으로 올바른 듯하다. 다시 말해, 합리성 개념은 언어 사용자들이 서로 상대방을 지향한다는 사실과 관계있다는 하버마스의 생각은 옳다는 것이다. 그러나 이 전략을 실행하는 하버마스의 방식은 내가 보기에 형편없다.[36] 먼저, 의사소통은 말하는 사람이 언어행위를 '제안'하고 듣는 사람이 이를 '수용'하는, 즉 말하는 사람이 자신의 발언을 정당화할 합리적 책임을 지는 일종의 거래라는 생각은 기묘하다. 그런 생각대로라면 이해는 듣는 이와 분리돼서(듣는 이는 자신이 아는 언어로 된 발언을 그저 듣기만 하므로), 듣는 이가 말하는 이의 책임을 인정하는 데 달려 있게 되고,

* 자연이나 정신 같은 특수한 존재가 아니라 존재 일반의 성질이나 원리를 연구하는 형이상학.

언어행위의 내용 자체와는 무관하게 된다. 이것은 암묵적 지식 개념이라는 매우 문제가 많은 개념에 호소하는 것이다. 즉, 이해는 듣는 이가 말하는 이의 의도(자신은 규범적으로 올바르고 진실되며 진지하게 표현된 언어행위를 하고 있다는 사실을 듣는 이가 인정하게 하려는 것)를 암묵적으로 알고 있어야 가능하다는 생각에 의존하는 것이다.[37] 그뿐 아니라 이것은 이해를 발언의 정신적 그림자로 여기는 견해의 한 사례처럼 보이기도 하는데, 이런 이해 모델은 이미 비트겐슈타인이 《철학적 탐구》에서 해체한 바 있다.[38]

다음으로, 이해는 곧 동의라는 생각이 있다. 하버마스는 듣는 이가 언어행위를 이해하는 이유는 말하는 이의 책임을 인정하기 때문이라고 주장한다. 즉, 말하는 이는 발언 내용이 무엇이든 그 근거를 댈 책임이 있다는 것을 듣는 이가 인정한다는 것이다. 그러나 이해가 왜 합리적 동기에서 비롯한 동의에 의지해야 하는가? 우리는 모두 결코 동의하기 힘든 수많은 발언을 들으며 산다. 그런 발언에 동의할 수 있다고 인정해야만(담론을 통해 타당성 주장을 교환하자는, 말하는 이의 '제안'을 통해) 그 발언을 이해할 수 있는가? 물론 그렇지 않다. 누군가 나에게 "히틀러가 옳았다"고 말한다면, 나는 그 말을 완벽하게 이해하겠지만 그렇다고 해서 아무리 오랫동안 논쟁하더라도 내가 그 말에 동의할 가능성은 눈곱만큼도 없을 것이다. 이것은 아마 적절치 않은 사례일 것이다. 왜냐하면 이 경우에는 견해 차이에서 비롯한 논쟁이 순식간에 주먹다짐으로 변할 수 있기 때문이다. 그러나 이런 위험이 훨씬 덜한 사례로, 예컨대 무신론자에게 "신은 존재한다"고 말하는 경우를 생각해 보자. 무신론자는 그 말을 이해하겠지만, 결코 동의하지는 않을 것이다. 아마 이런 반증은 너무 단순한 것일지도 모르겠다. 하버마스는 다음과 같이 말한다. "언어를 매개로 한 상호작용이 모두 이해를 지향하는 행위인 것은 아니다." 그러나 "상호 이해를 지향하는 언어 사용이 언어 사용의 원래 방식이다."[39] 동의를 고려하지 않는 것처럼 보이는 상호 이해는 이 '원래 방식'에 기생하는 경우라고 생각할 수도 있겠다. 그러나 이것은 위험한 발상인데, 왜냐하면 하버마스가 합리성과 일상 언어의 전제 조건 사이에 확립하고자 하는 개념적 연결 고리를 약화시키기 때문이다. 합리적 동기에서 비롯한 동의를 지향하는 '이상적 언어 상황'이 모든 언어행위에 내재하지 않게 되면, 상호 이해와 합리성 사이의 연관은 끊어지게 된다. 또, 그렇다면 '정상적' 발언과 '비정상적' 발언을 어떻게 구분할 것인가 하는 문제도 있다.

합리적 동기에서 비롯한 동의를 지향하는 행위와 언어행위를 동일시하는 하버마스의 주장은 다음과 같은 말에서 넌지시 드러나는 대조와 관계있다. "비판 가능한 타당성 주장과 결합된 언어행위만이 듣는 사람으로 하여금 외부의 압력과 상관없이 언어행위 제안을 수용하게 할 수 있다."[40] 강압적이지 않은 동의의 대안은 강요된 동의다. 이 구절이나 이와 비슷한 다른 구절들을 보며 칸트를 떠올리게 되는 것은 당연하다. 언어라는 영역에서 우리는 다른 사람들을 목적 자체로 대해야지(그들의 동의는 자발적으로 우러난 것이어야지) 그들을 강요해서 우리 목적에 기여하게 하는 수단으로 대해서는 안 된다는 것이다. "우리의 첫 문장은 보편적이고 자유로운 합의에 이르려는 의도를 분명히 나타낸다. … 독일 관념론의 언어가 … 완전히 쓸모없지 않은 이유는 아마 그 때문일 것이다."[41] 이를 두고 페리 앤더슨은 다음과 같이 논평했다. "구조주의와 포스트구조주의가 언어의 성악설 비슷한 것을 발전시켰다면, 하버마스는 침착하게 성선설을 만들어 냈다고 말할 수 있을 것이다."[42] 문제는 하버마스의 언어철학이, 스스로 쌓아 놓은 형이상학의 무게에 짓눌려 부서진다는 것이다. 왜냐하면 자발적 동의와 강요된 동의의 차이는, 말하는 이의 '제안'을 듣는 이가 받아들여야 상호 이해가 가능하다는 생각에 달려 있기 때문이다. 그러나 왜 그런 거래가 꼭 있어야 하는가? 이렇게 이해는 담론 참여자들이 서로 상대방의 의도를 어떻게 생각하느냐에 달려 있다고 보는 이론에 도전하면서, 마이클 더밋은 다음과 같이 주장했다.

> 보통의 경우에, 말하는 사람은 그냥 자신이 뜻하는 바를 말할 뿐이다. 이 말은 먼저 생각을 하고 난 다음에 그 생각을 말로 표현한다는 것이 아니라, 언어를 알고 있으므로 그냥 말한다는 것이다. 마찬가지로, 보통의 경우라면 듣는 사람은 그냥 이해한다. 즉, 언어를 알고 있으므로 남의 말을 들으면 그대로 이해한다는 것이다. 듣는 사람이 언어를 알고 있음을 감안하면, 그가 남의 말을 이해하는 데는 그저 듣는 것만으로 족하지 다른 무엇이 필요하지 않다.[43]

이런 이해 개념에서 보면, 말하는 사람과 듣는 사람이 합의를 지향한다는 것은 그냥 엉뚱한 소리일 뿐이다. 사람들이 서로 이해할 수 있게 해 주는 것은 공통의 사회적 실천에 참여한다는 사실, 즉 같은 언어를 사용한다는 사실이다. 이것은 논점을 교묘히 회피하는 말처럼 들릴 수 있다. 그래서 하버마스라면, 같은 언어를 사용한다는 것은 합리적 근거를 바탕으로 합의에 이르려는 의도를 전제한다고 주장할 수도 있다. 따라서 언어에서 합의가 하는 구실을 더 살펴봐야 한다. 왜냐하면 내가 생각하기에도 언어에서 합의가 하는 구실은 근본적이지만, 하버마스가 주장하는 것과는 사뭇 다르기 때문이다. 비트겐슈타인의 다음과 같은 말을 들어 보자.

> 언어가 의사소통의 수단이어야 한다면, 정의뿐 아니라 (매우 이상하게 들리겠지만) 판단도 일치해야* 한다. 이것은 논리를 폐지하는 것처럼 보이지만, 결코 그렇지 않다. — 측정 방법을 기술하는 것과 측정 결과를 얻고 말하는 것은 서로 다른 일이다. 그러나 우리가 '측정'이라고 부르는 것은 측정 결과의 어떤 항상성**에 의해서도 결정된다.***[44]

그렇다면 합의는 언어행위의 목적이 아니라 전제 조건이다. 이에 대해 비트겐슈타인은 뭐라고 말하는가? 그는 단지 모든 언어에는 올바른 사용법을 규제하는 사회적 규약이 있다고만 주장하는 듯하다. 그러나 이런 해석은 비트겐슈타인 자신이 《철학적 탐구》의 이런저런 구절들에서, 규칙은 실천의 지침이 될 수 있다는 생각에 도전하면서 허물어뜨린다.[45] 어쨌든, 위 인용문의 마지막 문장은 '측정 방법'에 대한 합의 이상의 것이 필요하다고 말한다. 즉, '측정 결과의 항상성'도 있어야 한다는 것이다. 그런 항상성은 무엇에 의지하는가? 먼저, 세계의 구조에 의지한다는 것은 분명하다. 우리의 '판단이 일치하는' 이유는, [가치 판단이 아니라] 사실을 진술하는 문장들에 표현된 많은 믿음이

---

* agree는 일치한다는 뜻도 있고 합의한다, 동의한다는 뜻도 있다.

** constancy. 여러 조건(물체의 크기·모양·빛깔, 또는 소리를 들은 거리나 빛의 명암 등)이 바뀌어도 친숙한 대상은 항상 같게 지각되는 현상.

*** 여기서 측정 방법은 정의, 측정 결과는 판단에 해당한다. 예컨대, 우리가 '빨갛다'는 말을 사용해 의사소통하려면, 먼저 '빨갛다'는 말의 뜻이 서로 똑같아야 하고, 똑같은 대상에 대해서는 판단이 똑같아야 한다는 것이다. 빨간 사과를 보고 누구는 빨갛다고 하고 누구는 노랗다고 하면 의사소통이 불가능할 것이기 때문이다.

우리가 함께 사는 세계의 본질을 정확히 나타내기 때문이다. '판단의 일치'는 우리가 대처해야 하는 자연적·사회적 환경의 객관적 속성에 달려 있다. 그것은 또, 분명히 우리 자신의 구조에도 달려 있다. 자연적·사회적 환경에 대처해야 하는 것은 바로 우리이기 때문이다. 즉, 우리는 서로 다른 사회에 사는 사람들이라도 관점이 상당히 겹칠 수밖에 없는 공통의 본성을 가진 존재인 인간이기 때문이다. 앞의 인용문에서 비트겐슈타인이 염두에 두고 있었던 것이 바로 이 점인 듯하다(덧붙여 말하면, 비트겐슈타인은 여기서 진리 합의설*도 거부한다). "'그렇다면 당신의 말은 사람들의 합의가 참과 거짓을 결정한다는 것인가?' 참이거나 거짓인 것은 사람들이 말하는 내용이다. 그리고 일치하는 것은 사람들이 사용하는 언어다. 그것은 의견의 일치가 아니라, 삶의 형식의 일치다." 판단의 일치는 단지 공통된 신념의 문제가 아니라 공통된 본성의 문제다. 비트겐슈타인이 말한 '삶의 형식'은 복잡하고 논란이 많은 표현이지만, (흔히 생각하는 것과 달리) 특정 사회에 고유한 실천을 가리키는 것이 아니라, 우리의 인간적 구조 자체에서 비롯하는 행동을 가리키는 것이 분명하다고 나는 생각한다. 그래서 비트겐슈타인은 낯선 언어를 맞닥뜨린 탐험가를 예로 들며 다음과 같이 말한다. "인간의 공통된 행동 방식은 우리가 낯선 언어를 해석할 때 사용하는 기준틀이다."[46] 콜린 맥긴은 다음과 같이 말했다. "비트겐슈타인의 견해는, 기호를 사용하는 우리의 실천과 관습을 밑받침하는(이렇게 말해도 될지 모르겠지만) 것은 교육과 상호작용하는 우리의 인간 본성이라는 것이다. 그래서 우리는 별생각 없이

---

* 진리는 사회 성원들이 자유로운 토론과 의견 교환을 통해 합의한 것이라는 학설.

일상적으로 생활할 수 있다는 것이다."[47]

이런 자연주의적 언어 개념은 제2차세계대전 후 분석철학이 발전시킨 가장 중요한 언어 개념과 비슷하다. 특히, 콰인은 언어의 형식적 구조가 단어들의 의미에서 추출된 규약으로 이뤄져 있고 우리의 발언 내용과 분리돼 있다는, 즉 발언 내용은 무엇보다 세계의 상태에 대한 주장과 관계있다는 생각에 도전했다(그 생각은, 따지고 보면 칸트의 분석판단·종합판단* 구분에서 유래했다). 분석판단과 종합판단 구분을 비판한 콰인의 주장에는 사뭇 다른 언어 개념이 함축돼 있는데, 그것은 다음과 같은 유명한 은유에서 드러난다. "우리 선조들의 지식은 문장이라는 실로 짠 천이다. … 그것은 창백한 회색빛 지식인데, 검은색 사실과 흰색 규약으로 이뤄져 있기 때문이다. 그러나 나는 그 천에 완전히 검은색 실이나 완전히 흰색 실만 있다고 결론지을 만한 확실한 근거를 결코 찾지 못했다."[48] 이런 관점에서 보면, 의미의 문제와 사실의 문제, 언어의 형식과 내용은 날카롭게 구분할 수 없다. 콰인의 주장을 훨씬 더 발전시킨 데이비슨은 남의 말을 해석한다는 것은 말하는 사람의 믿음이 참이라고, 즉 나의 믿음과 다르지 않다고 여기는 것이라고 봤다(왜냐하면 말하는 사람의 믿음이 체계적으로 거짓일 수 있다고 인정하게 되면, 말하는 사람의 합리성을 부

---

* 칸트는 《순수이성 비판》에서 분석판단과 종합판단을 구분했는데, 분석판단은 주어 개념 속에 숨어 개념이 이미 포함돼 있는 판단이다(그래서 설명판단이라고도 한다). 예컨대, '모든 물체는 연장延長을 지닌다'는 판단은 물체라는 개념 안에 연장을 갖는 것이라는 개념이 이미 포함돼 있다. 반면에, 종합판단은 주어에 포함되지 않은 새로운 개념을 끌어내서 인식을 확장시키는 판단이다(그래서 확장판단이라고도 한다). 예컨대, '모든 물체는 무겁다'는 판단은 물체라는 개념 안에 무겁다는 개념이 포함되지 않고, 둘의 종합으로 비로소 성립하는 판단이라는 것이다.

정하게 되기 때문이다). 심지어 이런 관용 원리*가 인간성 원리(말하는 사람의 믿음은 누군가가 자기 처지에서 이해할 수 있는 것이면 족하지, 듣는 사람도 반드시 참이라고 생각하는 믿음일 필요는 없다는 것)로 완화될 때조차, 그 이론의 근본적 핵심은 마찬가지다. 즉, 해석은 말하는 사람이 합리적이라고 가정하는 것인데, 이때 말하는 사람은 듣는 사람과 공통의 인간 본성뿐 아니라 세계도 공유하고, 그 세계라는 맥락 속에 자신을 자리매김한다는 의미에서 합리적이라는 것이다.[49] 데이비슨은 최근 들어 이런 해석 이론이 언어의 형식과 내용을 구분하려는 노력을 약화시킨다는 것을 강조하는 경향이 있다. 그래서 예컨대, "언어는 규약을 만들기 위한 조건"이지 규약에 의해 만들어지는 것이 아니라고 주장한다.[50]

오늘날 분석적 언어철학의 두드러진 특징인 자연주의와 하버마스가 주장한 의사소통 행위 이론의 차이를 보면, 하버마스 인식론의 성격을 분명히 알 수 있다. 벨머는 하버마스가 말한 의사소통 이성 개념의 특징을 다음과 같이 잘 설명했다. 의사소통 이성은 "첫째, 절차적 합리성 개념을 의미한다. 즉, 비일관성, 모순, 의견 충돌에 대처하는 특수한 방식을 의미한다. 둘째, 합리성의 '내용적' 기준과 달리 '메타 차원'에서 작용하는 합리성의 형식적 기준을 의미한다."[51] 따라서 앞 절에서 살펴봤듯이, 하버마스는 "독립적 문화 영역들"(과학, 법과 도덕, 예술)의 분화로 말미암아 셋이 모두 공유하는 합리성의 형식적 기준이 정교해진다고 생각한다. 이것 또한 놀라울 만큼 칸트와 비슷한 관점이다. 과학·도덕·예술이라는 하버마스의 분류 자체가 칸트의

* principle of charity. 남의 말을 해석할 때는 그가 최대한 합리적인 사람이라고 생각해야 한다는 것. 자비 원리, 합리적 수용 원리라고도 한다.

3대 비판서(순수한 이론이성을 다룬 《순수이성 비판》, 순수한 실천이성을 다룬 《실천이성 비판》, 미학적·목적론적 판단을 다룬 《판단력 비판》)의 구조를 되풀이한 것이다. 또, 칸트의 이성 구분은 형식에 초점을 맞춘 것이다. 그래서 지식은 지성의 범주들을 감각 인상에 적용한 것이고, 그런 범주들의 보편적 성격이 도덕적 판단의 본질을 이해하는 열쇠가 된다. 칸트와 하버마스의 차이는 칸트가 선험적 주체의 고유한 특징에 이성의 근거를 뒀다면, 하버마스는 언어의 상호주관성에서 이성이 비롯한다고 보는 것 정도다.

하버마스는 이성의 절차적 성격을 강조하다 보니 약간 이상한 방향으로 흐르기도 한다. 그래서 도덕철학은 윤리적 인지주의*를 확립하는 데만 집중해야 한다고 주장한다. 즉, 윤리적 주장은 욕망이나 취향을 단지 억제하거나 표현하기보다는 합리적으로 판단할 수 있어야 한다는 학설을 수립하는 데만 집중해야 한다는 것이다.

> 내 개념으로는, 철학자는 도덕적 관점을 설명해야 하고, 이 설명이 보편적이라는 주장을 (최대한) 정당화하기 위해 그것이 단지 현대 서구 사회의 보통 남성 중간계급의 도덕적 직관을 반영한 것만은 아니라는 사실을 보여 줘야 한다. 그 밖에 다른 것은 모두 도덕적 담론 참여자들 사이의 담론 문제다. 철학자가 도덕과 정치에 관한 규범적 이론의 구체적 원리들을 정당화하고자 하는 한, 그는 이것을 시민들 간의 담론을 위한 제안으로서 고려해야 한다. 다시 말해, 도덕철학자는 가치 회의주의나 가치 상대주의에 대한 근본적 비판을 넘어서는 실질적 문제들은 도덕 담

* ethical cognitivism. 윤리적 판단은 사실의 진술이므로 참과 거짓을 가릴 수 있다는 메타윤리학 견해.

론 참여자들에게 맡기거나 아니면 처음부터 참여자의 구실에 맞게 규범 이론의 인식론적 주장들을 조정해야 한다.[52]

다른 곳에서 하버마스는 다음과 같이 말한다. "인지주의적 윤리학은 '좋은 삶'에 관한 문제들을 버리고, 엄격히 의무론적이고 보편화할 수 있는 측면들에만 집중한다. 그래서 '좋음'은 사라지고 '옳음' 만이 남게 된다."[53] 그러나 하버마스가 롤스의 《정의론》을 두고 '철학책'이 아니라고 하는 것을 보면, 심지어 '옳은 것'이 남는지조차 분명하지 않다. 정의의 두 원칙을 자세히 설명할 때, 롤스는 "특정한 배경을 가진 미국 시민으로서 말한다. 그래서 롤스가 옹호하고자 하는 구체적 제도와 원칙을 이데올로기적으로 비판하기는 쉽다(실제로 그런 비판이 있었다)."[54] 그리고 롤스가 자신의 사회적·정치적 맥락과 자신의 원칙들을 분리하지 못한 것은 단지 우연이 아니라고 하버마스는 생각하는 듯하다. 즉, 모든 정의 이론은 똑같은 바위에 부딪혀 쓰러진다는 것이다. 이것은 매우 삐딱한 생각처럼 보인다. 윤리적 원칙들을 정식화하고 합리적으로 정당화한다면서 과연 구체적 사회 세계(실제 세계든 가능한 세계든)에 관한 논의를 피할 수 있을까? 인간에 대한 설명을 피할 수 있을까? 또, 인간과 인간의 사회관계를 고려한다면서 경험적 연구를 피할 수 있을까? 롤스의 책(과 그 책의 신자유주의적 버전이라 할 수 있는 로버트 노직의 책 《아나키, 국가, 유토피아》*)의 뛰어난 장점 하나는 실질적 정치 이론을 복원했다는 점이다. 즉, 롤스와 노직은 정의 원칙의 근거를 인간 본성이나 사회에 관한 경험적 개

* 국역: 《아나키에서 유토피아로》, 문학과지성사, 2010.

념 비슷한 것에서 찾으려 했다. 하버마스의 형식주의적 메타윤리학은 또, 분석적 도덕철학의 가장 흥미로운 방향과도 완전히 어긋난다. 즉, 인간이 처한 다양한 사회적 맥락과 윤리적 실재론(도덕적 판단을 액면 그대로 받아들여야 한다고 보는, 다시 말해 여느 주장들과 마찬가지로 도덕적 주장도 진리값이 있는 주장으로 받아들여야 한다고 보는 견해) 사이의 관계에 관심을 쏟는 방향과 어긋나는 것이다.[55] 또, 그런 형식주의적 메타윤리학 때문에 하버마스는 리처드 로티의 날카로운 반박에 취약할 수밖에 없다. 로티는 철학의 구실을 절차적인 것으로 파악하는 하버마스의 개념을 인정하면서도, 정치적 프로젝트들을 이론적으로 정당화하려는 노력을 포기함으로써 "철학의 방향을 비틀고, 철학을 사적인 것으로 만든다." 로티의 주장인즉 정치는 "에드워드 벨라미, 헨리 조지, H G 웰스, 마이클 해링턴, 마틴 루서 킹 같은 피상적 몽상가들"에게, 즉 "상황을 개선할 수 있는 구체적 방법"을 제안하고 "부분적 희망은 제공하지만 보편적 지식은 제공하지 못하는 사람들"에게 맡겨야 한다는 것이다.[56] 로티는 특유의 자기도취 방식으로 철학의 구실이라는 견지에서 이 문제를 제기하지만, 진정한 문제는 이론적 탐구가 정치적 실천을 지도하는 구실을 할 수 있느냐 없느냐다. (그럴 수 없다는) 결론은 로티의 자유주의(로티 자신의 표현을 빌리면, "북대서양 부르주아지의 희망을 실현하려는 노력")와는 매우 잘 어울리지만, "급진화한 계몽주의"를 복원하려는 하버마스의 노력에는 매우 해롭다는 것이 분명하다.[57]

내 생각에, 형식주의적 메타윤리학과 실질적 정치철학의 이런 분리가 보여 주는 바는 모름지기 합리성을 방어하는 이론이라면 순수하게 절차적일 수만은 없고 인간과 세계 속 인간의 지위에 관한 사실적 설명도 포함해야만 한다는 것이다. 사실, 이 주장은 분석과 종합의 차이를 거부한 데 따른 당연한 결과다. 의미를 명확히 하는 것이 세계의 구조를 경험적으로 탐구하는 것과 분리될 수 없다면, 철학은 과학의 선험적 토대라기보다는 과학의 연속이라고 봐야 한다. 하버마스는 원칙적으로는 '제1철학'을 피하지만, 이성이 근본적으로는 절차적인 것이라고 생각함으로써 철학의 토대 정립 구실을 복원하려 한다(그러면 약간 비현실적인 철학이 되겠지만). 물론, 내가 하버마스의 주장과 대치시키는 자연주의 인식론의 문제는 이성을 자연·사회 환경 속의 인간이라는 맥락에 둠으로써 이성을 그런 맥락 속으로 해소해 버리는 것처럼 보인다는 점이다. 이 위험을 진리 문제를 살펴보며 예증하(고 해소하)려 한다.

오늘날 가장 중요한 인식론적 자연주의는 아마 도널드 데이비슨의 언어철학일 것이다. 3장 3절에서 봤듯이, 데이비슨의 언어철학은 전체론적이기도 하고(콰인을 따라서 데이비슨은 언어를 서로 연결된 문장들로 짠 '천'이라고 생각한다) 실재론적이기도 하다(개별 문장의 의미는 그 진리 조건에 달려 있고, 진리 개념은 고전적 정의*를 따르므로 문장의 참과 거짓은 [객관] 세계의 상태에 따라 결정된다). 그런데 로티는 이런 언어철학을 자신의 실용주의에 꿰맞추려 한다. 그래서 실용주의가 "대화적 제약 말고는 탐구에 어떤 제약도 있을 수 없다고 보는 학설"이라고 주장한다. "즉, [실용주의에서는] 대상·마음·언어 등의 본질에서 나오는 전반적 제약 같은 것은 없고 동료 탐구자들의 발언에 의한 소소한 제약만이 있을 뿐"이라는 것이다.[58] 또, 로티는 "'참'이라는 말은 우리가 무엇인가를 설명하는 데 아무 쓸모가 없

* 진리는 우리의 생각과 객관적 사실이 일치하는 것이라고 보는 진리 대응설을 가리킨다.

다"고 주장한다. '참'이라는 말은 우리가 예컨대, 문장을 사용하는 것과 문장을 언급하는 것을 구분하는 데는 어느 정도 기술적 가치가 있을지 모른다.* 즉, 타르스키가 진리 규약을 "P일 때** 오직 그때만 'P'는 참이다"와 같은 형식의 문장으로 제시하고, 데이비슨이 이를 이용해서 문장의 의미(진리 조건)를 나타낼 때처럼 말이다. 그러나 이것은 인식의 근거를 세계와 문장의 관계에서 찾는 것과는 전혀 다르다는 것이 로티의 주장이다.[59](그렇든 아니든 간에, 데이비슨은 자신의 책을 이렇게 해석하는 데 단호하게 반대한다.[60])

하버마스도 실용주의의 진리론을 지지한다. 그는 듀이를 좇아서, 진리를 '보증된 주장 가능성', 즉 정당한 주장과 동일시한다. 문장이 참이라는 말은 곧 그 문장이 정당하다는 뜻이라는 것이다. 그러나 이 말은 대화 참여자들이 받아들이기로 선택한 것은 무엇이든지 진리라는(로티의 견해) 것은 아니다. 왜냐하면 대화 참여자들이 합리적 논증을 바탕으로 자유롭게 문장을 받아들이는 경우에만 그 문장은 정당하기 때문이다.[61] 이렇게 이상적 합의라는 견지에서 진리를 정의하는 하버마스는 찰스 샌더스 퍼스의 직계 후예라 할 수도 있다. 퍼스는 끝없이 계속되는 탐구를 통해 받아들일 만한 것으로 밝혀진 문장만이 참이라고 봤기 때문이다. 이 모든 진리론의 결함은 어떤 문장이 정당하게 주장될 수 있다 하더라도(단지 지식의 현재 상태라는 견지에서만이 아니라, 힘의 불평등으로 오염되지 않은 이상적 언어

---

* 사용과 언급의 차이는 따옴표를 썼느냐 안 썼느냐다. 예컨대, "얼음은 차다"와 "'얼음은 차다'는 여섯 글자다"라는 두 문장이 있을 때, 전자는 '얼음은 차다'는 문장이 사용된 경우로서 참이고, 후자는 그냥 언급된 경우로서 거짓이다.

** 여기서 p는 예컨대, '눈이 희다'와 같은 문장이다.

상황에서 토론을 거쳐 이뤄지는 합의라는 견지에서도) 여전히 거짓일 수 있다는 것이다. 오늘날의 가장 훌륭한 이론들뿐 아니라 하버마스가 언어의 목적이라고 생각하는 이상적 합의에 의해 받아들여진 이론들조차 틀릴 수 있다는 것은 두말하면 잔소리다. 진리는 우리가 최상의 상태에서조차 동의할 수 있는 것에 관한 문제가 아니라, 세계의 상태에 관한 문제라고 보는 고전적 진리론의 커다란 장점 하나는 바로 이런 가능성을 허용한다는 것이다.

그런데 하버마스와 로티는 모두 고전적 진리론이 너무 강력하다는 바로 그 이유 때문에(최상의 이론들조차 틀린 것으로 판명될 수 있으므로) 고전적 이론은 형이상학적 무용지물이라고, 다시 말해 세계를 실제로 이해하는 데는 아무 쓸모가 없는 것이라고 대답할 텐데, 그러면 두 사람 모두 틀린 셈이다. 첫째, 가장 '정당한' 이론조차 틀릴 수 있다는 고전적 이론의 주장은 지식의 오류 가능성을 함축하는데, 지식이 오류일 수 있다는 관점에서 보면 이론은 계속 수정돼야 하는 가설일 뿐이다. 둘째, 진리의 객관성(진리는 가장 이상적인 합의와도 무관하다는 것, 즉 문장의 진리값은 세계가 그 문장의 의미와 일치하는지에 달려 있다는 것)이 시사하는 바는 우리가 이론을 수정하는 데 모종의 제약이 있다는 것, 그리고 진리를 얻는다는 관점에서 보면 이론을 더 낫게 수정할 수도 있지만 더 나쁘게 수정할 수도 있다는 것이다. 로티에게는 미안한 말이지만, '대화적 제약' 말고도 탐구를 제약하는 요인은 많다. 이런 제약 요인들을 설명하려는 가장 흥미로운 시도를 한 사람은 임레 러커토시인데, 그는 자신의 두 스승인 루카치와 포퍼를 대단히 흥미롭게 종합했다. 러커토시는 우리가 이론의 수정을 받아들일 수 있으려면 그것이 이론적으로 설명된 과학적 연구 프로그램과 일치해야 할 뿐 아니라, '새로운 사실들'을 때로는 성공적으로 예측하기도 해야 한다고 주장했다.[62] 경험적 확증이라는 이 후자의 요건 때문에, 바람직한 이론은 세계를 정확히 재현하는지를 독자적으로 검증해야 한다. 고전적 의미의 진리는 우리의 믿음을 수정하기 어렵게 만드는 요인들을 받아들이도록 요구하면서, [직접 드러나지는 않지만 과학의 관행을 지도하는] '규제 이념'(포퍼의 표현이다) 구실을 한다는 것이다.[63]

앞 단락에서 간단히 설명한 사고방식이 옳다면, 합리성을 하버마스보다 더 잘 설명한다고 내가 주장한 철학적 자연주의는 인식론적 실재론과 일치한다. 정말로 철학적 자연주의에는 인식론적 실재론이 필요할 수 있는데, 왜냐하면 데이비슨의 전략은 우리가 남들을 합리적이라고 여길 때만 남들을 이해할 수 있다는 생각을 포함하기 때문이다. 이것이 뜻하는 바는 우리가 남들에게 귀속시키는 믿음이 참은 아니더라도 그 믿음을 가진 사람들의 처지에서는 그렇게 믿는 것이 이해할 만한 일이라는 것이다. 이런 귀속을 성찰적으로 정당화한다고 해서 참 믿음과 거짓 믿음을 구분하지 않을 수 있는지는 분명하지 않다. 이것은 우리로 하여금 앞서 살펴본 진리와 지식의 문제들을 다시 생각해 보게 만든다. 어쨌든, 하버마스의 절차적 이성 개념은 비판의 검증을 견딜 수 있을 것 같지 않다. 진리를 이상적 합의로 정의하는 견해는 특정 문장이 정당하게 주장될 수 있는 근거를 설명하지 못한다. 실제로 하버마스는 자신의 "진리 개념의 '증거 차원'은 더 명확해질 필요가 분명히 있다"는 것을 인정한다.[64] 문제는 실용주의의 옷을 걸친 포스트구조주의자 로티가 그렇게 허약한 합리성 이론을 쉽게 논파한다는 것이다. 순전히 형식적인 이성 개념으로는 계몽주의의 적들을 결코 물리칠 수 없다.

4.4 마르크스의 유령: 경제, 정치, 갈등

하버마스의 의사소통 합리성 이론은 포스트구조주의자들의 이성 비판에 저항하기에는 너무 빈약한 반면, 사회적 모더니티를 설명하는 이론치고는 너무 강력해서 계몽주의 프로젝트가 오늘날 사회에서 실현된 정도를 과장하는 경향이 있다. 둘 다에서 문제의 근원은 사회성을 합의 지향형 행동으로 본다는 것이다. 이 점은 하버마스의 사회이론을 더 구체적인 세 수준에서 살펴보면 알 수 있다.

첫째, 하버마스는 마르크스주의를 비판한다. 그는 마르크스 '실천 철학'의 근본 약점은 '의식 철학'의 틀 안에 갇혀 있다는 것이라고 본다. "행위 주체와 조작 가능한 대상들의 세계에 특권을 부여하는 실천철학은 유적 존재의 형성 과정을 (자기외화의 모델에 따라) 자기 창조 과정으로 파악한다. 실천철학에서 모더니티의 원리로 타당한 것은 자기의식이 아니라 노동이다." 인간은 자신의 필요를 충족시키고자 환경에 영향을 미치고 환경을 변화시키는 거대한 주체로 이해된다. 따라서 이와 연관된 행위는 도구적 행위, 즉 미리 정해진 목적을 가장 효과적으로 달성하려는 목적 합리성에 따라 이뤄지는 행위다. 이런 '생산 패러다임' 사회이론은 몇 가지 고유한 결함이 있다고 하버마스는 주장한다. 첫째, "노동이라는 패러다임적 활동 유형이 [언어 능력과 행위 능력이 있는 주체들의] 다른 모든 문화적 표현 형식들과 어떤 관계인지"를 설명하지 못한다. 둘째, 마찬가지로 "사회와 자연 사이의 신진대사 과정에서 규범적 내용이 도출될 수 있는지 없는지"도 설명할 수 없다. 셋째, "노동에 바탕을 둔 사회는 역사적으로 종말을 맞이할 것이라는 사실"을 감안하면, 실천과 생산을 동일시하는 것은 마르크스주의 사회이론의 설명력을 떨어뜨린다. 의사소통 행위 이론은 마르크스주의에서 영속적 가치가 있는 측면들(특히, 역사를 진화적 학습 과정으로 여기는 역사관이나 자본주의 합리화의 선택적 성격에 대한 통찰)을, 사회적 행위는 독백이 아니라 대화라고 보는 철학 체계 속으로 통합한다는 것이다.[65]

이런 주장이 그럴듯하게 들리는 것은 생산을 도구적 행위로 이해해서, 규범적으로 조절되는 사회적 상호작용과 생산을 대립시키기 때문이다. 그래서 하버마스는 다음과 같이 말한다. "규범에 따라 이뤄지는 상호작용이라는 의미의 실천은 노동력의 생산적 소모와 사용가치 소비라는 모델로는 분석할 수 없다."[66] 이렇게 노동과 상호작용을 대립시키는 견해는 하버마스가 의사소통 행위 이론을 정교하게 발전시키기 훨씬 전으로 거슬러 올라간다. 그것은 1960년대에 하버마스가 쓴 글들의 핵심 주제였던 것이다. 그러나 그런 견해가 마르크스의 이론을 정확히 표현하는 것일까? 그렇지 않다고 생각할 만한 설득력 있는 이유들이 있다. 먼저, 마르크스가 《1844년의 경제학·철학 수고》와 《독일 이데올로기》에서 발전시킨 철학적 인류학은 노동을 사회와 자연 사이의 일방적 관계로만 다루지 않는다. 《수고》에 자세히 설명된 '소외된 노동' 이론의 핵심은 노동과 관련된 사회적 관계가 왜곡된다는 것인데, 그러면서도 마르크스는 청년 헤겔학파의 주관적 관념론을 비판하며 언어와 사고의 사회적 성격을 강조한다(1920년대에 미하일 바흐친과 동료 사상가들은 마르크스의 이런 견해를 더 발전시켜서, 언어행위의 대화적 성격을 바탕으로 한 체계적 언어철학을 수립하려고 노력했다[67]). 그렇다고 해서 마르크스의 인류학에 아무 문제가 없다는 말은 아니다. 인간의 본질적 능력을 완전히 사용하는 것이 곧 자아실현이라고 본 마르크스의 견해를 비판하는 주장이 최근 제기됐고, 역사유물론에서 윤리가 중요한지도 뜨거운 쟁점으로 떠올랐다.[68]

그렇지만 하버마스가 이런 논쟁에서 제기된 문제들에 만족스럽게 대답할 수 있을지는 잘 모르겠다. 왜냐하면 그의 고상하다 못해 비현실적인 합리성 개념은 인간이라는 존재의 신체적 성격과 거리가 먼 것이고(해방된 사회를 지향하는 인류학이라면 마땅히 이 문제를 붙잡고 씨름해야 한다) 사실상 신칸트주의적 메타윤리학으로 귀결돼서, 규범과 의무는 특권화하는 반면 거의 분명히 더 중요한 윤리적 삶의 형식들(예컨대, 덕德)은 깎아내리기 때문이다.[69]

둘째, 규범에 따라 이뤄지는 상호작용과 도구적 노동을 서로 대립시키는 것이 설득력 있는 사회이론의 관점에서 볼 때 완전하거나 적절한 대립일까? 마르크스는 그렇게 생각하지 않았음이 분명하다. 그는 생산력과 생산관계를 구분했다. 즉, 기술적으로 결정된 노동과정(이를 통해 사용가치가 생산된다)과, 생산수단·노동력을 실질적으로 통제하는 관계(이를 바탕으로 착취와 계급투쟁이 발전한다)를 구분했다(2장 1절 참조). 생산관계는 도구적 행위(대체로 노동과정에서 이뤄진다고 볼 수 있음직한)로 환원될 수도 없고, 규범에 따라 이뤄지는 사회적 상호작용(합의 달성이 암묵적 목적인)으로 환원될 수도 없다. 오히려 생산관계는 비대칭적 권력관계, 부와 소득의 불평등한 분배, 적대적 계급 이익, 화해할 수 없는 사회적 투쟁의 영역이다.[70] 하버마스는 역사유물론을 '재구성'한다면서 사실상 생산관계를 의미 없는 것으로 만들어 버린다. 생산관계는 사회 통합이라는 합의 구조에 종속된다. "생산관계를 구체화하는 핵심 제도들이 사회 통합의 특수한 형태를 규정한다. 뒤르켐처럼 나도 가치와 규범을 통해 사회적 생활세계가 통합되는 것이 사회 통합이라고 생각한다."[71] 체계와 생활세계의 구분이 생산력과 생산관계의 구분을 대체하고, 생산관계는 이제 법과 도덕이라는 자율적 규범 구조와 동일시된다.

그러나 체계와 생활세계의 분화가 자본주의 현대화의 결과라면, 특히 생활세계가 합리화한 결과라면, 우리는 이 역사적 과정을 어떻게 설명해야 하는가? 하버마스는 가끔 고전 마르크스주의를 갖고 장난치는데, 예컨대 다음과 같이 말하는 경우가 그렇다. "사회 체계의 분화를 위한 자극은 물질적 재생산의 영역에서 나온다."[72] 그러나 이런 주장을 정교하게 발전시키려면 생산관계에 특수성과 설명적 자율성을 부여해야 할 텐데, 하버마스의 사회이론에서는 대체로 그것이 빠져 있다. 사회 변화의 메커니즘에 대한 유물론적 설명이 없다 보니 하버마스는 이상한 종류의 관념론으로 빠져서 개인의 발전 단계와 인류의 발전 단계가 동일하다고 생각한다. 그래서 "개인의 역사와 인류의 역사에서 의식의 구조는 일치한다"고 말한다. 즉, 개인의 역사와 인류의 역사에 모두 존재하는 '학습 과정'을 거치며 개인이나 집단적 주체는 점차 더 진보적 형태의 도덕의식을 발전시키고, 이런 도덕의식은 논증에 의해 규범을 정당화하는 '보편적 언어 윤리'에서 절정에 이른다는 것이다.[73] 따라서 하버마스가 비록 '실천철학'을 비판하지만, 다음과 같은 주장에서 드러나듯이 일종의 사회적 거대 주체를 복원하다시피 하는 것은 놀라운 일이 아니다. "대체로 중심이 사라진 현대 사회에서도 일상적 의사소통 행위 속에 자기 이해의 잠재적 중심과 … 산만한 공동 의식이 유지되고 있다."[74] 그러나 착취와 계급투쟁의 원인이 되는 적대 관계에 대한 설명이 전혀 없다 보니, 역사는 합리적 합의에 대한 염원(모든 언어행위에 내재하는)이 규범 구조와 도덕의식으로 훨씬 더 분명히 표현되는 과정이 되고 만다.

둘째로 더 구체적 수준에서 살펴보면, 하버마스는 사회를 합의의 관점에서 이해하기 때문에 마르크스가 《자본론》에서 분석한 자본주의의 경제적 모순이 후기 자본주의 사회에서는 극복됐다고 과장한다. 그래서 "정설 마르크스주의는 정부의 [경제] 개입, 대중 민주주의, 복지국가를 설명하기 힘들다"고 주장한다. 이 셋은 서로 연결돼 있다.

> 복지국가의 대중 민주주의는 체제에 고유한 계급 적대 관계를 해롭지 않은 것으로 만드는 장치다. 그러나 그러려면 한 가지 조건이 충족돼야 하는데, 국가 개입으로 보호되는 자본주의의 성장 동력이 약해지지 않아야 한다는 것이다. 오직 그럴 때만, [노동계급에게] 보상을 위해 쓸 수 있는 가용 자원이 남게 된다. 즉, [노동조합 투쟁 같은] 의례화한 대립 속에서 암묵적으로 합의된 기준에 따라 분배될 수 있는 자원, 소외된 노동과 소외된 정치 참여에서 비롯한 폭발력이 형성되지 않도록 [노동계급을] 소비자 구실과 사회복지 수혜자 구실 쪽으로 유도할 수 있는 자원이 남게 되는 것이다.[75]

후기 자본주의, '조직된' 자본주의에서는 케인스주의 수요관리 기법 덕분에 경제를 정치적으로 통제함으로써 계급 평화가 보장되는 반면, 그 대가로 경제적 모순이 다른 영역으로 옮겨 가게 된다는 것이다.

오늘날의 자본주의에 대해서는 할 말이 훨씬 더 많지만, 5장에서 자세히 다루기로 하고 여기서는 하버마스의 분석에 두 가지 근본적 약점이 있다는 것만 짚고 넘어가자. 첫째, 1960년대 말 이후 고전적 호황-불황 순환이 되살아나서 1974~75년과 1979~82년에 두 차례 심각한 세계적 불황이 닥쳤는데, 하버마스는 이에 대해 아무 설명도 하지 않는다. 더욱이, 지난 20년 동안 자본주의가 '조직되기 전' 상태로 얼마나 되돌아갔는지는 논쟁의 여지가 있지만 분명한 사실은 국민국가가 자국 국경 내에서 경제활동을 관리하는 능력은 크게 감소했다는 것이다. 이런 점을 볼 때, 생산관계의 '재정치화'가 체제의 문화적 재생산을 희생시킨 대가로 경제를 크게 안정시켰다는 생각은 지지하기 어렵다. 지난 20년간 자본주의가 겪은 변화의 특징을 뭐라고 설명하든 간에, 자본주의 생산양식의 내적 모순에서 비롯한 결과는 여전히 개별 국민국가의 통제 조처로 극복할 수 없다. 둘째, '정당성 위기'가 자본주의의 고전적 위기를 대체했다고 주장하는 하버마스의 설명은 이런 변화로 사회가 더 불안정해졌다는 데 초점을 맞춘다. 즉, 기존 질서에 대한 대중의 규범적 통합이 약해졌다는 것이다. 그러나 사회적 안정은 종속 계급들이 현상 유지의 정당성을 신뢰하는 데 달린 것이 아니라, 그들의 사회의식이 파편화해서 사회 전체를 종합적으로 이해하지 못하는 데 달려 있다는 주장은 적어도 논쟁의 여지가 있다.[76]

이런 구체적 비판을 제쳐 두더라도, 하버마스의 주장이 나아가는 방향은 자못 흥미롭다. 즉, 하버마스의 설명에서는 규범 구조의 발전(경제를 정치적으로 통제할 수 있게 해 주는)이나 규범 구조의 내적 기능 장애(정당성 위기를 불러일으키는)가 비중 있게 다뤄진다. 훨씬 더 구체적 수준에서, 하버마스의 민주주의관觀을 살펴봐도 똑같은 강조점이 드러난다. 하버마스는 의회 민주주의가 합의를 통해 사회생활을 조절하는 제도라고 생각한다. "민주주의의 규범적 의미를 사회이론의 용어로 표현하면 다음과 같이 정식화할 수 있다. 체계 논리에 따라 통합된 행위 영역들의 기능적 필요를 충족시킬 때, 생활세계의 통합성이 훼손되면 안 된다. 즉, 사회 통합에 의존하는 행위 영역들의 요구가 손상돼서는 안 된다는 것이다."[77] 따라서 민주적 형식들은 자본주의와 충돌할 수밖에 없다. 왜냐하면 자본주의는 시장에 의해 조절되는 체계 통합 명령이 지배하기 때문이다.

이런 자유민주주의 개념을 감안하면(하버마스는 '이른바 직접민주주의'를 요구하는 주장과 신중하게 거리를 둔다).[78] 하버마스가 자유민주주의를 비판하는 좌파와 우파에 모두 반대하는 것은 놀라운 일이 아니다. 실제로 그는 좌파와 우파가 매우 가깝다고 여기고, "[독일]연방공화국의 좌파들과 특히 오늘날의 이탈리아 좌파들"을 다음과 같이 비난했다. "그들은 마르크스주의적 민주주의론이 없어서 생긴 공백을 파시즘 지지자인 [카를 — 캘리니코스] 슈미트의 민주주의 비판으로 채워 넣으면서, 이 악마를 불러들여 저 악마를 내쫓는 짓을 하고 있다."[79] 슈미트를 논박하는 이 구절이 들어 있는 그야말로 화려한 글에는 하버마스의 열정이 고스란히 배어 있다. 그도 그럴 것이 슈미트는, 하버마스가 지적하듯이 보수적 사상가들과 한패였는데(하이데거, 고트프리트 벤, 에른스트 윙거 등), 그들은 [나치의 상징인] 갈고리 십자 깃발을 반계몽주의라는 돛대에 매달아 놓고, 히틀러 정권이 자신들의 모더니티 비판을 실현해 줬다며 환영했기 때문이다.[80] 그러나 슈미트에게는 그 이상의 것이 있다. 슈미트의 사상 체계를 보면, 그는 하버마스의 사악한 쌍둥이, 다시 말해 하버마스의 메피스토펠레스식 거울 이미지라 할 수 있다는 점이다. 하버마스의 보편주의와 합리주의를 거울에 비추면 슈미트의 결단주의가 보인다. 슈미트는 "주권자란 예외 상태를 결정하는 사람"이라고 말했다. 즉, 국가가 극히 위험한 순간에 창조적 개입(신이 무無에서 세계를 창조하듯이, 어떤 일반적 원리로도 결코 환원될 수 없는 결단)으로 대응하는 행위자야말로 정치권력의 근원이라는 것이다.[81] 이런 주권 이론에 대응하는 것이 이른바 '정치적인 것', 즉 "가장 강렬하고 극단적인 적대 관계"라는 개념이다. 이 개념의 바탕이 되는 '적과 동지의 구별'은 사회생활에 내재한 상시적 전쟁 가능성을 반영하는데, 이 점은 국민국가들이 서로 경쟁하는 세계 체제에서 가장 잘 드러난다. 이런 견해는 사회적인 것을 합의의 결과로 여기는 하버마스의 개념과 정반대다.[82] 마지막으로, 하버마스가 합리성의 필수 요소라고 여기는 토론을 슈미트는 자유주의 부르주아지에게 특유한 것으로 취급한다. 즉, 자유주의 부르주아지의 "계급적 특징은 결정을 회피하려 한다는 것이다. 그러나 모든 정치 활동을 언론과 의회의 대화 놀음에 내맡기는 계급은 사회적 투쟁의 시대에 아무것도 할 수 없다."[83]

실제로 슈미트는 토론, 즉 "맞는 말이나 정당한 주장으로 상대방을 설득하거나 자신도 설득되기 위해 의견을 교환하는 것"이 의회제 정부의 본질이라고 본다. 그러나 이런 정치적 지배 형식은 19세기 후반에 보통선거권이 점차 도입되기 전의 자유주의적 입헌주의 시기에 나타났다. 오직 그런 상황에서만, 즉 의회 토론이 일부 부르주아 엘리트로 제한되는 상황에서만 (이해관계 다툼이 아니라) 의견의 충돌에서 "법률이 생겨난다." 그러나

> 현대 의회주의는 지금 심각한 위기 상황에 처해 있다. 왜냐하면 현대의 대중 민주주의가 발전하면서 논쟁적 공개 토론은 공허한 형식이 돼 버렸기 때문이다. 오늘날 의회 법의 많은 규정, 특히 국회의원의 독립성과 회의 공개에 관한 조항들은 불필요한 장식, 쓸모없고 심지어 당혹스런 장식 같은 구실을 한다. 이것은 마치 현대식 중앙 난방장치의 방열기를 활활 타오르는 불처럼 보이게 하려고 그 방열기에 붉은 불꽃을 그려 놓은 것이나 마찬가지다. 오늘날 … 정당들은 의견을 토론하는 집단으로 서로 마주하는 것이 아니라, 사회적·경제적 권력 집단으로 서로 대립하고, 상호 이해관계와 권력 장악 기회를 계산하고, 이를 바탕으로 타협하고 제휴한다. 대중은 선전 기구를 통해 설득되는데, 이 선전 기구의 가장 큰 영향력은 즉각적 이익과 격정에 호소하는 데 달려 있다. 참다운

토론의 진정한 특징, 즉 진정한 의미의 논증은 사라졌다.[84]

1926년에 발표된 이 글은 당시의 바이마르공화국을 묘사한 것이지만, 오늘날의 자유민주주의에도 적용될 수 있다는 사실을 누가 과연 부인할 수 있을까? 나는 마거릿 대처 3기 정부 치하에서, 그리고 우스꽝스런 1988년 미국 대선이 끝난 직후에 이 책을 쓰고 있으므로, 확실히 30초짜리 선거 광고 방송이나 교묘한 흑색선전에 휘둘리지는 않을 것이다. 하버마스도 슈미트가 자유민주주의의 위기를 해결할 대책이랍시고 내놓은 처방을 쉽게 퇴짜 놓을 수 있다. 그 해결책이라는 것이 의회 제도와 시민적 자유를 내다 버리고 그 자리에 "단일 인종의 제왕적 지도자 민주주의"를 갖다 놓는 것이기 때문이다. 그리고 하버마스의 다음과 같은 주장도 옳다. "논증을 따르는 공개적 토론이라는 수단은 … 사실, 모든 정치적 권위를 민주적으로 정당화하는 데 필수적이다."[85] 그러나 오늘날 자유민주주의의 상황에 대한 슈미트의 진단이 정확하다는 사실을 하버마스가 부인할 수 있을까? 실제로 하버마스는 다음과 같이 말한다. "1950년대 말 이후 자유로운 공적 영역, 이른바 공론장(읽고 생각하고 아는 것을 통해 담론 형식의 여론이 형성되는)의 해체 경향이 심해졌다. 전자 매체의 작동 방식이 이 점을 잘 보여 준다. 특히, 사적으로 소비되는 2차·3차 정보의 수직적·일방적 흐름을 특권화하는 기구들이 중앙집권화하면서 그런 경향은 더 심해졌다." 《공적 영역의 구조 변화》*(1962)에서 이런 경향을 처음 거론한 하버마스는 이제 후기 자본주의 사회의 삶을 두

* 국역: 《공론장의 구조 변동》, 나남, 2004.

고 “실제로 존재하는 초현실주의”라고 말한다.[86]

물론 자유민주주의 제도에 정치적 내용이 별로 없다는 사실을 인정한다고 해서, 자유민주주의 제도를 폐지하려는 극우파의 행동을 지지해야 한다는 말은 아니다. 하버마스는 “마르크스주의적 민주주의론은 없다”고 비꼬듯이 말하지만, 고전적인 혁명적 사회주의 전통(마르크스·엥겔스·레닌·트로츠키·룩셈부르크·그람시)은 반동 세력이 자유민주주의의 각종 권리와 제도를 공격하는 것에 마르크스주의자들이 무관심해도 좋다는 생각을 항상 비판했다.(그러나 독일에는 우파에 맞서 부르주아 민주주의를 옹호하기를 거부하는 유치한 좌파적 태도의 강력한 뿌리가 있었는데, 파네쿡과 호르터르의 평의회 공산주의, 제3기 스탈린주의, 1968년 이후 득세한 낭만적 마오쩌둥주의가 대표적이다. 아마 이 때문에 하버마스가 흔히 반대 방향으로 '막대를 구부렸는지도' 모르겠다.) 그러나 고전적 마르크스주의자들은 또, 자유민주주의의 계급적 뿌리를 밝혀내야 한다고 강조하기도 했다(그런 계급적 뿌리가 대중의 참여 가능성을 제한하기 때문이다). 그리고 더 고차원의 민주주의, 즉 원자화한 수동적 유권자가 아니라 작업장과 지역사회의 집단적 조직을 바탕으로 대표가 선출되는 그런 민주주의를 목표로 삼아야 한다고도 강조했다. 신보수주의자들에 맞서 하버마스처럼 자유민주주의를 옹호하게 되면, 체제 변호론으로 빠질 위험이 있다. 그래서 하버마스가 나치 홀로코스트의 특수성을 둘러싸고 벌어진 역사가 논쟁에 개입했을 때, 그는 흔히 연방공화국의 민주적 장점을 지나치게 강조하다가 '극단적' 정당을 헌법으로 금지하고 그 당원들의 공직 채용도 금지하는 시민적 자유 침해 조처를 경시하거나 서독의 서방 정치 질서 편입을 권위주의적 과거와 단절하는 필수 조건으로 여기기도 했다.[87]

하버마스의 민주주의론을 보면 그가 규범 구조를 자율화하고 사회를 '도덕적 실재'로 다루는 더 일반적 경향이 있음을 알 수 있다.[88] 현재 존재하는 것보다 더 발전된 형태의 민주주의가 얼마나 실현 가능한지에 대해서는 진지하고 뚜렷한 견해 차이가 많을 수 있다는 것은 분명하다. 그러나 그런 논의를 하려면, 구체적 통치 방식의 사회적 조건을 철저하게 그리고 역사적으로 자세히 조사해 봐야 할 것이다.[89] 이런 종류의 연구는 하버마스의 역사유물론 '재구성'보다는 고전적 역사유물론의 틀 안에서 더 성과를 낼 수 있을 것이다. 왜냐하면 하버마스가 '재구성'한 역사유물론에서는 기술 발전과 계급투쟁의 상호작용이 아니라, 사회 통합의 발전이 "사회 진화를 선도"하기 때문이다. 앤서니 기든스는 결코 마르크스주의를 무비판적으로 지지하는 사람이 아닌데도 《의사소통 행위 이론》에 대해 "베버는 너무 많고 마르크스는 너무 적다!"고 불평했다.[90] 이 지적은 더 일반적으로 하버마스의 모더니티 진단에도 적용될 수 있다. 마르크스가 자본주의를 옹호하는 부르주아지와 자본주의에 반대하는 낭만주의자들의 충돌을 논할 때 썼던 표현을 빌리면(2장 1절 참조), 다음과 같이 말할 수 있을 것이다. 니체와 그 후예들이 발전시킨 계몽주의 비판을 하버마스가 거부한 것은 옳다. 그들의 계몽주의 비판은 허구적인 "원래의 충만함"으로 돌아가는 길이었기 때문이다. 한편, 나치 시절 하이데거와 슈미트 등의 주장도 모더니티에서 계몽주의 프로젝트가 실현된 수준을 너무 과장하는 경향이 있었다. 마르크스가 자본주의를 칭찬한 이유는 자본주의가 인간의 능력을 엄청나게 발전시켰기 때문이기도 하고 자본주의 자체의 "축복받은 종말"을 가져올 계급을 창출했기 때문이기도 하다. 이 길을 따라가는 것이(다음 5장에서 내가 주장하고자 하는 바다) 진정으로 계몽주의를 급진화하는 길이다.

05

그러면 무엇이 새로운가?

19세기는 아직 끝나지 않았다.
— 리처드 세넷

5.1 포스트산업사회라는 신화

포스트산업사회라는 생각은 물론 터무니없다. 예컨대, 대니얼 벨이 말했듯이 포스트산업사회 개념은 [사회] 진보의 최근 단계를 가리킨다. 즉, 전통사회가 산업사회로 바뀌더니 이제는 포스트산업사회로 바뀌고 있다는 것이다. 각 [사회] 단계의 차이는 마르크스가 말한 (것보다 약간 조야한) 생산력이라고 할 수 있다. 즉, 전통사회는 농업 기반 사회였고, 산업사회는 놀랍게도 자연을 과학적으로 통제하고 인공 에너지원을 이용하는 현대식 제조업에 바탕을 둔 사회라는 것이다. 포스트산업사회의 특징은 상품생산 경제가 서비스 경제로 바뀐다는 것과, 이론적 지식이 기술혁신과 정책 수립의 원천으로서 핵심 구실을 한다는 것이다. 따라서 사회구조의 변화는 이런 기술의 변화로 이해해야 한다. 포스트산업사회는 대학 교육을 받은 엘리트 기술자·전문가가 점차 지배하는 '정보화 사회'다. 대기업의 활동은 '경제학 방식', 즉 "조직의 모든 측면이 하나같이 생산과 이윤이라는 목적

달성의 수단으로 환원되는 방식"에서 '사회학 방식'으로, 즉 "모든 노동자가 평생직장을 보장받고 모든 노동인구의 만족이 주된 자원이 되는" 방식으로 바뀌고 있다. 따라서 "오늘날 미국은 사기업 시장 체제에 바탕을 둔 사회에서, 가장 중요한 경제적 결정이 정치적 수준에서 (의식적으로 규정된 '목표'나 '우선순위'와 관련해) 내려지는 사회로 나아가고 있다"는 것이 벨의 주장이다.[1]

자본주의는 죽었다고 선언하는 이런 주장들을 경멸하기는 아주 쉽다. 그런 견해가 처음 표명된 상황, 즉 1950년대와 1960년대의 장기 호황 국면을 반영하는 주장이기 때문이다.[2] 1970년대 말의 제조업 노동자 대량 실업과 1980년대 중반의 금융시장 대호황 뒤에, 즉 [노동자들의] 양보와 [기업의] 차입 매수* 시대, 민영화와 그린메일**의 시대, 이반 보에스키와 고든 게코의*** 시대에 이른바 '경제학' 방식에서 '사회학' 방식으로 전환 운운하는 주장을 진지하게 받아들이기는 정말 어렵다. 벨의 주장은 제2차세계대전 종전 직후 영어권 사회과학자들 사이에서 유행한 정설을 더욱 발전시킨 것인데, 당시 그들의 주된 주장은 [기업의] 소유와 통제가 분리됐다는 것, 그래서 경영 전문가들이 새롭게 떠올랐다는 것, 사회 계급들은 서로 겹치는 이익집단들로 분화

---

* leveraged buyout. 기업을 인수할 때 필요한 자금을 대부분 자체 조달하는 것이 아니라 인수할 회사의 자산을 담보로 대출을 받아 지급하는 방식.

** greenmail. 미국 달러 지폐 색깔인 녹색green과 공갈·갈취를 뜻하는 블랙메일blackmail의 합성어로, 기업 사냥꾼이 특정 기업의 주식을 대량 매입한 뒤 경영진을 위협해 적대적 인수·합병을 하지 않는 조건으로 시가보다 훨씬 높은 값에 주식을 되사들이도록 강요하는 행위.

*** 이반 보에스키는 1980년대 미국의 악명 높은 기업 사냥꾼이고, 고든 게코는 보에스키를 부분적 모델로 해서 만들어진 영화 〈월 스트리트〉(1987)의 주인공이다.

했다는 것, '이데올로기의 종말'(벨의 또 다른 기발한 생각), 즉 세계 수준의 사회 변화를 추구하며 서로 싸우던 정치적 양극 시대는 끝났다는 것 등이었다. 포스트산업사회 개념은 이런 주장을 어느 정도 일관성 있게 만들고 그 경제적 근거를 제시하려는 노력(가장 통속적인 마르크스주의자도 흠칫 놀랄 만큼 조야한 기술결정론으로 뒷받침되는)의 결과라고 보는 것이 아마 가장 좋을 것이다.

평론가들은 곧 포스트산업사회 이론가들이 경제적 추세를 오해했다고 지적했다.[3] 서비스업 부문의 고용과 생산이 증가한 것은 20세기 자본주의의 정말 중요한 변화라 할 수 있지만, 주로 제조업보다는 농업이 쇠퇴한 결과였다. 사실, 제조업 부문의 고용이 노동인구의 다수를 차지한 적은 한번도 없었다. 예컨대, 영국에서는 제조업 고용이 사상 최고치를 기록한 1955년에도 48퍼센트 수준을 넘지 못했다.[4] 1970년대 초 이래로 서구 경제는 제조업보다 서비스업의 비중이 훨씬 더 커졌지만, 이런 추세는 매우 신중하게 분석해 봐야 한다. 물론 일부 좌파 지식인들은 산업 프롤레타리아가 사라지고 있다고 떠들어 댔지만 말이다(앙드레 고르의 책 《프롤레타리아여 안녕》이 대표적이다[5]).

첫째, 이 '탈산업화' 과정은 대체로 제조업이 고용과 생산에서 차지하는 비중이 줄어드는 것과 관계있다. 다시 말해, 그것은 주로 상대적 변화였다. 즉, 제조업 노동자의 비율이 감소했다는 것이지 제조업에 고용된 노동자의 절대 수치가 감소했다는 뜻이 아니다. 제조업과 서비스업의 [노동자] 비율 변화는 대체로 제조업 노동생산성의 급격한 향상으로 설명할 수 있다. 그래서 더 적은 노동자들이 훨씬 더 많은 상품을 생산할 수 있게 된 것이다. 반면에 서비스업의 생산성 향상은 다들 알다시피 매우 느리다. 예컨대, 미국 상업은행의 생산성 증가율은 1970~84년에 연평균 0.8퍼센트에 불과했고, 음식료업은 사실상 마이너스 0.4퍼센트였다.[6] 의미심장한 사실은 제조업이 생산에서 차지하는 비중이 고용에서 차지하는 비중보다 대체로 덜 급격하게 감소했다는 것이다. 그래서 미국에서는 제조업이 고용에서 차지하는 비율이 1964년에 25.8퍼센트였는데 1982년에 19.6퍼센트로 감소한 반면, 같은 기간에 국내총생산에서 제조업이 차지하는 비율은 24.8퍼센트에서 22.8퍼센트로 감소했을 뿐이다. 이 수치들을 종합해서 보면, 제조업의 생산성이 상당히 향상됐다는 것을 알 수 있다. 또, 제조업에서 서비스업으로 이동하는 추세가 보편적인 것도 아니다. 제2차 세계대전 후 경제적으로 가장 성공한 나라인 일본은 1964~82년에 서비스업이 국내총생산에서 차지하는 비율이 51.7퍼센트에서 48.8퍼센트로 감소한 반면, 제조업의 비율은 24.1퍼센트에서 39.9퍼센트로 증가했다. 사실, 일본의 사례를 보면 제조업의 쇠퇴와 서비스업의 성장은 경제가 '성숙'하고 1인당 소득이 증가한 결과라는 흔한 주장이 틀렸음을 알 수 있다. 일본의 1인당 소득이 영국보다 훨씬 높지만, 영국의 국내총생산에서 서비스업과 제조업이 차지하는 비율을 견줘 보면 서비스업이 더 높고(1982년에 55.6퍼센트) 제조업은 훨씬 더 낮다(24.9퍼센트).[7]

어쨌든, 서비스업이 필연적으로 제조업을 대체하는 경향이 있다는 주장을 의심할 이유는 충분하다. 예컨대, 백색 가전산업의 성장으로 공산품이 서비스를 대체했다. 즉, 공장 노동으로 생산되고 시장에서 유통되는 진공청소기나 세탁기 같은 가전제품이 가정에서 여성의 무보수 노동이나 가사도우미가 제공하던 서비스를 대체하게 된 것이다. 마찬가지로, 대중교통에서 자가용으로 옮겨 가는 일반적 추세 때문에 서비스 이용이 아니라 상품 구매를 통해 개인적으로 교통수단을 확보하게 됐다. 마지막으로, 20세기에 대중오락의 변화로 말미암아 전에 영화관이나 음악당 등에서 제공하던 서비스가 점차 내구소비재(축음기·텔레비전·비디오 등)로 대체됐다. 마이클 프라우스는 서비스업의 생산성 향상이 느리다 보니 "직접 사고파는 서비스 가격이 공산품 가격보다 높아져서 공산품 구매를 부추기고" 그래서 "기업인들은 기존의 서비스 구매를 대체할 수 있는 상품을 생산하도록 끊임없이 자극받고 있다"고 주장한다. 또, "서구의 일부 나라들에서 서비스업의 비중이 증가한 주된 이유는 제조업이 거의 소멸 직전이어서 더는 장기적 기능, 즉 직접 사고파는 서비스를 대체할 유형有形의 상품을 생산하는 기능을 하지 못하기 때문"이라고 넌지시 주장하기도 한다.[8] 프라우스는 영국과 미국이 비교적 급격한 탈산업화를 겪은 이유는 두 나라 제조업이 경쟁력이 없기 때문이라고 생각한다. 대처 정부와 레이건 정부가 제조업의 쇠퇴를 서비스 경제로 전환하는 불가피한 역사적 과정의 일부로 묘사하며 환영하고 만족스러워하자, 프라우스 같은 더 신중한 평론가들은 이를 날카롭게 비판했다.[9]

(보통은 상대적 감소일 뿐이지만) 제조업 고용 감소의 사회적 결과는 벨의 예상과 달랐다. 화이트칼라 노동자로 분류되는 노동인구의 비율 증가는 흔히 서비스업의 성장과 혼동되지만, 당연히 이 둘은 같은 것이 아니다. 즉, 은행원과 증권사 직원뿐 아니라 병원 청소 노동자와 식당 종업원도 서비스업 노동자로 분류되는 반면, 공장에서 일하는 사람 중에는 기계 정비사와 보통 노동자뿐 아니라 설계사와 타이피스트도 있다. 어쨌든, 화이트칼라 고용에는 적어도 세 가지 서로 다른 계급 지위가 포함된다. 첫째, 사실상 봉급받는 부르주아지인 '전문경영인 자본가.' 둘째, 상층 전문직·관리직·경영직 피고용자인 '신중간계급.' 셋째, 근본적으로 육체 노동자와 똑같은 처지에서 고용 불안에

시달리며 임금도 비교적 낮고 업무 통제력도 없는 보통의 화이트칼라 노동자.[10] 서비스 산업의 고용 실상은 벨이 묘사한 '정보화 사회' 엘리트의 모습과 거의 맞지 않는다. 1986년에 미국 제조업 노동자의 주당 평균 소득은 396달러인 반면 서비스업 노동자는 275달러였다. 레이건 정부는 1980년대에 가장 빨리 성장하는 직업 20개가 거의 모두 '정보 취급' 직종이라는 사실을 강조했다. 즉, 이런저런 컴퓨터 프로그래머, 컴퓨터 시스템 분석가, 컴퓨터 시스템 운영 책임자, 정보처리 기기 운용자와 정비사, 여행사 직원, 우주항공 기술자, 정신과 간호조무사, 변호사 보조원 등이 그렇다. 그러나 이 직종들을 모두 합쳐도 패스트푸드 노동자의 성장 규모에는 못 미쳤다. 또, 1972~84년에 미국의 비非정부 부문에서 창출된 서비스 직종 1710만 개의 22퍼센트는 식당과 소매업 일자리였는데, 이 부문의 시간당 소득은 제조업보다 38퍼센트 더 낮았다.[11]

'탈산업화'는 사회적으로 퇴행적 결과를 낳은 고통스런 과정이었다. 이 점을 가장 잘 보여 주는 곳은 '포스트산업사회'의 전형이라 할 만한 미국 캘리포니아 주州다. 역동적인 환태평양 경제권의 동쪽 끝이라는 전략적 요충지에 있는 캘리포니아는 1985년에 노동인구의 70퍼센트가 서비스직에 고용돼 있었고, 할리우드와 실리콘밸리 덕분에 세계시장에 오락과 정보를 공급하기에 딱 좋은 곳이었다.[12] 그런데 1979~82년의 경기후퇴로 캘리포니아의 자동차·철강·타이어와 그 밖의 주요 산업이 전멸하다시피 했다. 높은 실업률과 (흔히 불법인) 이민자 유입이 맞물리며 노동자들의 임금이 떨어졌다. 그래서 노동집약적인 저임금 산업들이 서비스업뿐 아니라 제조업 부문에서도 성장했다. 섬유산업의 고용이 증가했고, 이제 캘리포니아의 섬유산업은 홍콩이나 타이완의 섬유산업과 경쟁할 수 있게 됐다. 마이크 데이비스는 다음과 같이 말했다. "로스앤젤레스의 산업은 '포디즘'에서 거의 동아시아 수준의 '유혈 낭자한 테일러주의'로 후퇴했다."[13] 서비스 산업에서도 비슷한 양상이 나타났는데, 서비스 산업의 임금은 주요 제조업보다 평균 40~50퍼센트 더 낮았다. 따라서 캘리포니아의 전설적인 부와 역동적 성장률에도 불구하고 1인당 소득은 1960년 미국 평균치의 123퍼센트에서 1980년 116퍼센트, 1984년 113퍼센트로 떨어졌다. 필립 스티븐스는 다음과 같이 말했다. "성장의 혜택을 누리는 사람들은 주로 실리콘밸리의 기업인들과 대규모 부동산·금융자산을 가진 소수에 불과하다."[14]

세계의 가장 부유한 도시들에서 19세기처럼 노동자가 혹사당하는 업종들이 부활한 것은 더 광범한 변화의 일부일 뿐이고, 이 더 광범한 변화의 가장 중요한 특징 하나는 (흔히 시야가 좁은 '포스트산업사회' 이론가들은 무시하지만) 제3세계에서 신흥공업국들이 성장했다는 사실이다.[15] 이런 신흥공업국 성장의 중요한 결과 하나는 전 세계에서 산업 노동계급이 크게 증가했다는 것이다. 폴 켈로그는 다음과 같이 썼다.

> 1960~82년에 터키의 제조업 고용은 65퍼센트 증가했고, 1958~81년에 이집트에서는 179퍼센트, 1953~81년에 탄자니아에서는 623퍼센트, 1970~80년에 짐바브웨에서는 57퍼센트, 1970~82년에 브라질에서는 212퍼센트, 1971~81년에 페루에서는 34퍼센트 증가했고, 놀랍게도 1956~82년에 한국에서는 2500퍼센트나 증가했다! 세계 수준에서 보면 1971년부터 1982년까지 11년 사이에 제조업 고용이 14.1퍼센트 증가한 셈이다. 물론 이 기간에 '선진 시장경제'(특히 북아메리카와 서유럽)의 제조업 고용이 6.5퍼센트 감소한 것은 사실이다. 그러나 '개발도상의

시장경제'에서 58퍼센트나 급증하고 '중앙집권적 계획경제'에서 16퍼센트 이상 증가한 것이 그 감소치를 메우고도 남는다. … 세계 수준에서 보면 지금 산업 노동자의 수는 사상 최고로 많다. … 1977~82년에 … 36개 주요 산업국의 산업 노동계급은 1억 7300만 명에서 1억 8300만 명으로 증가했다. 이 수치는 실상을 상당히 과소평가하는 셈인데, 왜냐하면 1982년은 제2차세계대전 후 최악의 경기후퇴 중에서도 최악의 해였고, 이번 경기후퇴로 서구에서 산업 노동자 수백만 명이 해고됐기 때문이다.[16]

이런 변화를 어떻게 해석하는 것이 가장 좋은지는 5장 3절에서 살펴보겠다. 확실한 것은 그런 변화가 포스트산업사회의 성장을 보여준다는 주장은 틀렸다는 것이다. 그렇지만 오늘날의 이론가들은(포스트모더니스트들뿐 아니라 그들의 논적인 하버마스도) "생산 패러다임은 진부하다"고 너무 열심히 떠들어 대는데, 이때 그들이 말하는 생산 패러다임이 바로 마르크스주의다. 이 주제를 다룬 많은 문헌들은 진지하게 받아들이기 어렵다. 크레이그 오언스는 십중팔구 가장 어리석은 주장을 한 사람으로 첫손에 꼽힐 텐데, 그는 다음과 같이 말했다. "마르크스주의는 생산이라는 남성 특유의 활동을 인간의 결정적 활동으로 특권화한다. … 그래서 역사적으로 비생산적 노동이나 재생산 노동의 영역으로 밀려난 여성은 남성 생산자들의 사회 밖에, 즉 자연 상태에 처하게 된다."[17] '역사적으로'라는 부사가 특히 재미있는 이유는 당연히 전자본주의 농업 사회의 기본 생산 단위인 농민 가정에서는 여성의 노동이 중요한 생산적 구실을 했기 때문이다.[18] 가정이 생산 단위에서 주로 소비 단위로 변하고 그래서 여성의 가사 노동이 주로 노동력 재생산을 전담하게 된 것은 역사적으로 산업자본주의에 특유한 새로운 현상이다. 물론 그렇다고 해서 자본주의 사회에서 여성이 이런 재생산 영역에 갇혀 있지는 않다. 오늘날 선진국 경제에서 가장 중요한 고용 추세 하나는 여성이 점차 임금노동으로 흡수되고 있다는 것이다.[19]

보드리야르는 오언스만큼 무식하지는 않지만, 마르크스주의를 비슷하게 비판하는 것은 마찬가지다. 즉, 보드리야르도 마르크스주의는 산업자본주의에 고유한 범주들을 '원시'사회에 투영한다는 점에서 일종의 자기 민족[또는 문화] 중심주의이자 사실상 '이론적 인종차별주의'라고 비난한다. 왜냐하면 원시사회에서는 생산이 "끝없이 이뤄지는 상호 교환에 의해 끊임없이 부정되고 사라져 버리기" 때문이라는 것이다.[20] 그러나 (보드리야르의 생각과 달리) 역사유물론은 모든 사회구성체의 가장 중요한 동기가 '생산을 위한 생산'이라고 주장하지 않는다. 실제로 마르크스는 생산을 위한 생산이 자본주의에 고유한 특징이라고 생각했다. 역사유물론이 주장하는 것은 단지 일반적 상호의존(효용 극대화 욕망이 실질적 의미가 아니라 가장 형식적 의미에서 지배하는) 같은 재분배 관행이 존재한, 계급 출현 이전의 사회들조차 물질적 재생산을 확보할 수 있는 방법을 어떻게든 찾아내야 했다는 것, 그리고 행위자들이 의식하지 못하더라도 생산력과 생산관계의 결합이 사회의 형태를 좌우한다는 것뿐이다. '원시'사회가 물질적 제약 조건에 종속된다는 사실을 보드리야르가 대놓고 부정하는 것을 보면, '고전 마르크스주의'는 '일종의 상식'이라는 페리 앤더슨의 주장에 동의하고 싶은 생각마저 든다.[21]

물론 하버마스는 오언스나 보드리야르 같은 포스트모더니즘 저술가들과는 수준이 다르다. 그러나 하버마스도 '생산 패러다임'을 오늘날의 사회에는 적용할 수 없다고 생각한다. 예컨대, 그는 "노동에 바탕을 둔 사회는 역사적으로 종말을 맞이할 것"이라고 말한다.[22] 여기서 하버마스는 (그가 보기에) 상품을 생산하는 육체노동의 중요성이 감소하고 있다는 점을 염두에 두는 듯하다. 그러나 앞서 봤듯이, 선진국에서 제조업 고용이 감소했다는 것은 과장됐을 뿐 아니라, 세계 수준에서 산업 노동계급이 증가한 사실로 상쇄된다. 어쨌든, 노동을 꼭 산업 노동자의 노동으로만 이해하는 것은 약간 편협해 보인다. 1970~80년에 실업자가 크게 늘어났지만, 흔히 서구 경제에서 노동연령 인구 열 명 중 아홉 명은 모종의 고용 상태에 있었고 그들은 대부분 임금 소득자였다. 육체노동을 하는 산업 노동자가 더는 임금노동자의 다수를 차지하지 않는다는 사실 자체는 "노동에 바탕을 둔 사회"의 종말이 시작됐다는 것을 뜻하지 않는다. 오히려 지난 50년 동안 농업이 쇠퇴하고 여성의 노동시장 참여가 증가하면서 임금노동은 더 흔한 사회적 경험이 됐다. 이런 노동의 대부분이 지금은 상품을 생산하기보다는 다른 사람들과 상호작용하는 일이라고 해서 임금노동이라는 사회적 관계가 바뀌는 것은 아니다. 오늘날 노사 관계의 두드러진 특징 하나는 노동조합운동이 '돌봄 직종'(간호사·교사·사회복지사 등)까지 확산됐다는 점이다. 그래서 1988년 영국과 프랑스의 주요 노동쟁의는 간호사들이 벌인 투쟁이었다. 물질적 생산에 고용된 사람들이 줄어들었다는 것은 사실이지만, 그렇다고 해서 그들이 만든 공산품 없이도 생활할 수 있는 사람은 아무도 없다는 사실이 바뀌는 것은 아니다. 인간에게는 의식주 등의 일상적 욕구가 변함없이 계속 존재할 뿐 아니라, 생활수준 상승과 그에 따른 대량소비의 증가로 물질적 재화가 급증할 수밖에 없다. 특히, 앞서 지적했듯이 과거의 서비스가 이제는 내구소비재로 대체되는 경향이 있음을 감안하면 더욱 그렇다. 자본주의에서 인간의 생산능력이 엄청나게 발전한 덕분에 노동시간의 대폭 단축이 가능해졌고, 그런 의미에서는 "노동을 바탕으로 한 사회"의 폐지도 가능해졌다. 그러나 그런 가능성은 자본주의 사회관계가 전복돼야만 실현될 수 있을 것이다. 왜냐하면 자본주의 사회관계는 여전히 임금노동을 착취하는 데 의존하기 때문이다. 심지어 그런 사회변혁을 통해 출현한 사회주의 사회조차 마르크스가 말한 '필연의 왕국'에, 즉 인간의 생존에 반드시 필요한 물리적 사용가치의 물질적 생산에 여전히 의존할 것이다. 하버마스 같은 설득력 있는 사상가조차 그런 근본적 현실을 망각한 것이야말로 오늘날의 사상적 혼란이 어느 정도인지를 여실히 보여 준다고 하겠다.

5.2 헤겔의 유령: 제임슨의 포스트모더니즘론

포스트모던 시대가 도래했다는 믿음이 반드시 포스트산업사회라는 쓸모없는 생각에 의존하는 것은 아니다. 많은 마르크스주의 저술가(적어도 마르크스주의 경향 학자)들은 이른바 포스트모던 문화의 출현을 자본주의 생산양식의 변화와 관련지었다. 이런 견해를 옹호하는 가장 중요한 인물인 프레드릭 제임슨은 다음과 같이 주장했다. "포스트모더니즘 문화에 어떤 역사적 독창성이 있다고 인정하는 것은, 때때로 소비사회라고 부르는 것과 그 소비사회의 모태가 된 과거의 자본주의 사이에 근본적인 구조적 차이가 있다고 암묵적으로 인정하는 것이다."[23] 제임슨은 이미 1971년에 펴낸《마르크스주의와 형식》에서 초현실주의를 탁월하게 논하면서, 그런 분석을 발전시키기 시작했다. 초현실주의자들의 '세속적 깨달음', 즉 일상적 사물에 무의식적이고 정신적인 것이 거의 마술처럼 존재한다는 깨달음은 "아직 완전히 산업화·체계화하지 않은 경제"를 반영한다고 제임슨은 주장했다. "이 시기의 생산물은 그 인간적 기원, 즉 생산물을 만들어 낸 노동과 그 생산물 사이의 관계가 아직 완전히 은폐되지는 않았다. 그래서 생산과정에는 여전히 장인의 노동조직 흔적이 남아 있었고, 생산물의 유통과정도 아직은 주로 소매상들의 판매망이 장악하고 있었다." 그러나 오늘날,

> 이른바 포스트산업자본주의에서 우리가 누리는 생산물에는 깊이가 전혀 없다. 플라스틱 제품은 … 정신적 에너지의 전도체 구실을 결코 할 수 없다.* 그런 대상에 리비도**를 투여할 가능성은 처음부터 배제되고, 따라서 우리의 대상 세계가 이제 "인간의 감수성을 촉발하기에 적당한 상징"[앙드레 브르통의 표현이다 — 캘리니코스]을 창출할 수 없게 된 것이 사실이라면, 우리는 여기서 엄청난 규모의 문화적 변혁, 뜻밖에도 절대적 종류의 역사적 단절에 맞닥뜨린 것은 아닌지 자문해 봐야겠다.[24]

이 구절은 결국 제임슨의 최근 분석, 즉 포스트모더니즘은 '후기 자본주의의 문화 논리'라는 견해를 담고 있다. 제임슨은 포스트모더니즘이 문화적으로 득세하게 됐다고, 이른바 문화적 우세종[또는 지배소]이 됐다고 주장한다. 포스트모더니즘이 득세하는 시대에 생산된 예

* 이 인용문의 앞 부분에서 제임슨은 "초현실주의는 생산물을 사용할 때 거기에 정신적 에너지를 투여하는 특징이 있다"고 말했다.

** 사람이 내재적으로 갖고 있는 성욕이나 성적 충동. 프로이트 정신분석학의 기초 개념으로, 이드(id, 인간 정신의 밑바닥에 있는 원시적·동물적·본능적 요소)에서 나오는 정신적 에너지, 특히 성적 에너지를 가리킨다. 융은 이를 생명의 에너지로 해석했다.

술의 특징은 깊이가 없다는 것이다. 즉, 감정적 내용이 고갈됐다. 오히려 주체의 해체를 예찬하고, 향수에 젖어 역사적 과거를 혼성 모방하는 데 그친다(정치적 헌신이 충만했던 역사적 과거는 이제 '잃어버린 세계' 또는 화려한 복고풍 이미지의 원천일 뿐이다). 또, 포스트모던 예술이 자아내는 기묘한 쾌활함은 '히스테리성 숭고'의 사례다. 즉, 이제 더는 세계경제 체제의 작동을 표현하거나 상상할 수 없다는 것을 깨닫게 됐을 때 나타나는 흥분과 공포의 반응이라는 것이다. 그러나 이 모든 측면에서 포스트모더니즘은 그 세계경제 체제의 본질을 반영한다. "지금까지 자본주의에는 근본적으로 세 단계가 있었다. … 시장 자본주의 시대, 독점 자본주의 또는 제국주의 시대, 우리 시대. 우리 시대의 자본주의는 포스트산업 자본주의라고도 부르지만, 이것은 잘못된 표현이고 다국적 자본주의라고 부르는 게 더 나을 것이다." 각 단계마다 특정 기술이 있고(시장 자본주의에는 증기기관, 독점 자본주의에는 전기와 자동차, 다국적 자본주의에는 컴퓨터와 핵에너지), 문화적으로 득세하는 경향도 있다(시장 자본주의에는 리얼리즘, 제국주의에는 모더니즘). 포스트모더니즘은 세 번째 단계, 즉 "후기 또는 다국적 또는 소비 자본주의" 단계에 대응한다. 이 세 번째 단계는 "여태껏 출현한 가장 순수한 형태의 자본주의로서, 자본이 엄청나게 확장해서 상품화가 아직 이뤄지지 않은 지역까지 침투했음을 보여 준다. … 이런 맥락에서 자연과 무의식이 새롭고 역사적으로 독창적인 침투와 식민지화를 겪었다고 말하고 싶다. 즉, 전자본주의 제3세계의 농업이 녹색혁명으로 파괴됐고, [선진국에서] 대중매체와 광고산업이 크게 성장했다는 것이다."[25]

이렇게 역사적 맥락 속에서 포스트모더니즘을 살펴보려는 제임슨의 노력은 탁월하고 독창적이다. 일반적 이론에서 구체적 사례로 나아가는 놀라운 솜씨는 그가 진정한 문화비평가임을 잘 보여 준다. 특히, 로스앤젤레스에 있는 보나벤처 호텔의 바로크식 내부를 예로 들며 포스트모더니즘 건축의 특징을 설명하는 유명한 부분이 그렇다. "4차원 같은 포스트모던 공간은 … 개인의 몸이 스스로 위치를 파악하고, 가까운 주변 환경을 알아볼 수 있게 체계화하고, 그 위치를 외부 세계에서 인식할 수 있도록 지도로 나타내는 능력을 초월하는 데 마침내 성공했다." 그러나 제임슨이 보편적인 것과 특수한 것을 능숙하게 연결한 것은 분명한 정치적 의미도 있다. 그는 포스트모더니즘에 대한 도덕적 판단(긍정적이든 부정적이든)을 회피하고 싶어 한다. 제임슨은 "이 예술의 신세계('포스트산업사회'라는 구호 아래 똑같이 열광적으로 받아들여지는 사회적·경제적 차원도 포함해서)에 대해 (몽롱한 상태에서) 흐뭇해 하고, 동조하듯 예찬하는 것"은 거부하면서도 다음과 같이 강조한다. "만약 포스트모더니즘이 역사적 현상이라면, 그것을 도덕적 판단이나 훈계식 평가의 관점에서 개념화하려고 노력하는 것은 결국 범주 오류로 판명될 것이다." 포스트모던 예술을 단지 혼란스러운 것으로 일축할 수만은 없고 "독특하고 새로운 형태의 리얼리즘(또는 적어도 현실 모방 형태)"으로도 봐야 한다는 것이다. 오직 이런 태도만이 마르크스가 《공산당 선언》에서 자본주의를 다룬 방식과 일치한다고 제임슨은 주장한다. "[자본주의의 발전을 긍정적이면서 동시에 부정적인 것으로 바라보는] 마르크스의 사고방식은 … 자본주의의 명백히 해로운 특징과 독특한 해방적 역동성을 하나의 사고 속에서 어느 쪽도 약화시키지 않고 다룰 수 있었다. 우리는 어떻게든 우리의 사고 능력을 끌어올려서, 자본주의가 지금까지 인류에게 생긴 최선의 것이자 동시에 최악의 것이라는 점을 이해할 수 있는 수준에 이르러야 한다."[26]

제임슨의 일반적 태도는 분명히 자본주의에 대한 마르크스의 관점과 일치하고(2장 1절 참조) 따라서 내가 이 책 전체에서 주장하는 바와도 일치한다. 또, 제임슨이 새로운 문화 형태들을 엘리트주의 비슷한 태도로 비난하지 않으려 하는 것도 십분 공감할 수 있다(모더니즘을 다룬 루카치의 저작들은 바로 그런 엘리트주의적 비난으로 말미암아 손상되고 말았다). 포스트모더니즘을 대하는 제임슨의 태도를 보면 벤야민이 인용한 '브레히트의 격언', 즉 "좋지만 낡은 것에서 시작하지 말고, 나쁘지만 새로운 것에서 시작하라"는 말이 떠오른다.[27] 제임슨은 우리가 향수에 젖어 김빠진 모더니즘에 매달릴 것이 아니라, 포스트모더니즘에 내재한 비판적 잠재력을 탐구해야 한다고 주장한다. 사실, 그는 새로운 형태의 전복적 가능성을 실례로 보여주는 데는 상당히 인색하지만, 주된 문제는 그것이 아니라 방법론적인 것이다.

제임슨은 오늘날 가장 유명한 헤겔주의적 마르크스주의 옹호자다. 제임슨이 볼 때 마르크스주의의 특징은 무엇보다 '전체화 요구', 즉 사회생활의 다양한 부분들을 포괄적이고 통합된 관계의 여러 측면으로 개념화할 것을 요구한다는 점이다. 루카치(그의 책 《역사와 계급의식》은 전체 개념이 곧 마르크스주의의 방법이라고 주장한 가장 중요한 책이다)와 제임슨의 차이는 두 가지다. 첫째, 제임슨은 사회적 전체를 우리가 직접 경험할 수 있는 실체가 아니라, "오직 텍스트 형태로만 접할 수 있는 … 부재하는 원인*"이라고 생각한다. "가장 광범한

* 제임슨은 알튀세르의 영향을 많이 받았는데, 알튀세르는 이른바 중층결정과 관련해서 '최종 심급에서는 경제가 결정한다'는 주장과 '최종 심급의 고독한 순간은 오지 않는다'는 주장의 모순을 해결하기 위해 '구조적 인과관계' 개념을 도입했다. 스피노

의미에서 역사는 생산양식들의 연속이고 다양한 인간 사회구성체의 존속과 소멸"로서, 모든 텍스트 분석의 '마지막 지평' 구실을 한다. 그러나 역사의 이론적 기능은 주로 역사를 고려하지 않는 이야기의 부분적·제한적 성격을 비판하는 토대가 되는 것이다. "'전체' 개념의 이비판적·방법론적 중요성"이 뜻하는 바는, "마르크스주의는 다른 해석 방식이나 체계도 포괄"하므로 포스트구조주의를 이용하지만 ― 예컨대, 제임슨 자신이 윈덤 루이스를 연구할 때 보여 줬듯이(1장 3절 참조) ― 그와 동시에 다른 해석 방식이나 체계를 그 한계까지 밀어붙이고 통합해서 더 광범한 전체를 구축한다는 것이다. 둘째, 《역사와 계급의식》은 다양한 사회적 실천 사이의 매개를 그들의 구조적 동일성 측면에서 파악하지만 제임슨은 루카치를 비판한 가장 중요한 마르크스주의자인 알튀세르의 견해를 따른다. 사회적 전체에 관한 알튀세르의 구조주의적 개념은 "사회구성체의 모든 요소가 서로 밀접한 관계임을 강조한다. 다만, 그 요소들은 궁극적 동일성이 아니라, 구조적 차이와 상호 거리를 통해 서로 관계 맺는다. … 그렇다면 여기서 차이는 관계 개념으로 이해해야지 서로 무관하고 상호 반응도 없는 다양성의 나열로 여겨서는 안 된다." 따라서 "지금 포스트구조주의가 단절과 이질성을 예찬하지만, 이것은 … 알튀세르식 해석의 첫 계기일 뿐이고, 나중에 텍스트의 다양한 부분들, 완전히 다른 수준들, 이질적 충동들을 다시 서로 관련시켜야 한다. 물론 그 방식은 구

자의 '내재적 인과관계'("신은 만물의 내재적 원인이지 일시적 원인이 아니다")에서 영감을 얻은 구조적 인과관계 도식에 따르면, 원인으로서의 구조는 "그 구조의 효과에 내재하는" 것이지 외재하는 것이 아니다. 따라서 원인은 "부재하고", 오직 구조의 효과 속에 그 효과로서 존재할 뿐이라고 알튀세르는 주장했다.

조적 차이와 확실한 모순에 의한 것이어야 한다."[28] 따라서 제임슨의 전체 개념은 스콜라 철학자들과 신비주의자들이 말하는 '숨은 신', 즉 부재 속에서만 존재하는 신과 비슷하다. 제임슨의 방식은 루카치 전통을 옹호하고자 알튀세르의 헤겔 비판을 이용하는 셈인데, 알튀세르는 헤겔의 전체 개념이 '표현적 전체'라고 주장했다. "표현적 전체에서는 각 부분이 다른 부분들을 표현할 뿐 아니라 사회적 전체(각 부분을 포함하는)도 표현하는 '전체적 부분'이 된다. 왜냐하면 각 부분 속에 전체의 본질 자체가 직접 표현되기 때문이다."*[29] 제임슨의 노력이 성공한다면 대단한 업적이 될 것이다. 왜냐하면 알튀세르는 루카치가 《역사와 계급의식》에서 사물화를 분석한 것을 '표현적 전체'의 주요 사례로 여기기 때문이다. 즉, 루카치가 다양한 사회적 실천을 어떤 본질의 표현으로 환원하면서, 그 본질의 구조가 모든 사회적 실천에서 드러난다고 주장했다는 것이다. 그러나 루카치와 알튀세르를 종합하려는 제임슨의 노력이 성공했는지는 분명하지 않다. 적어도 포스트모더니즘과 관련해서는 그렇다. 오히려 우리가 받는 인상은 뚜렷한 포스트모던 예술을 자본주의 발전의 새로운 단계인 '다국적' 자본주의와 연결하려는 제임슨의 노력이야말로 알튀세르가 표현적 전체를 비판할 때 지적한 오류의 사례 같다는 것이다.[31] 그래서 제

---

* 《자본론 읽기》에서 알튀세르는 부분과 전체의 관계를 보는 두 관점을 제시한다. 하나는 기계론적 관점으로, 각 부분을 서로 독립적이고 외재적인 것으로 본다. 여기서는 각 부분이 하나의 독립적 전체를 이루므로 부분과 전체가 내재적 관계일 수 없다. 다른 하나는 유기체적 관점, 이른바 '표현적 전체'의 관점인데, 여기서는 각 부분이 전체와 동질적인 것이므로, 부분과 전체가 상호 내재적 관계다. 그러나 동시에 각 부분이 모두 전체로 흡수되기 때문에 부분의 자율성은 사라지고 차이도 없어진다고 한다.

임슨은 "오늘날의 오락 문학 양식"을 "첨단 기술 편집증"이라고 부르며 다음과 같이 말한다. "이 오락 문학에서는 거의 세계적 규모로 추정되는 컴퓨터 회로와 통신망이, 서로 독자적이면서도 완전히 맞물려 경쟁하는 정보기관들의 얽히고설킨 음모에 의해, 흔히 보통의 독자는 이해할 수 없을 만큼 복잡한 이야기에 동원된다." 따라서 오락 문학은 "오늘날 세계 체제의 알 수 없는 전체를 [첨단 기술을 형상화해서] 생각해 보려는 저속한 노력"이며 "제3단계 자본주의의 완전히 새롭고 중심 없는 세계적 통신망"이다.[32] 이것은 구조적 차이의 관계보다는 구조적 동일성의 관계에 훨씬 더 가까워 보인다. 더 일반적으로 말하면, 제임슨의 포스트모더니즘 예술론은 많은 점에서 적절하지만, 분명히 하나로 묶을 수 없는 다양한 문화 현상을 단일한 틀에 끼워 맞추는 경향이 있다. 이 점은 이른바 '향수 영화'를 다루는 방식에서 잘 드러난다.[33]

이런 비판의 결론은 '전체'를 강조하는 제임슨의 주장이 틀렸다는 것이 아니다. 제임슨은 포스트구조주의자들이 해체와 차이 등을 예찬하지만 그러려면 "먼저 연속성이라는 현상, 통일의 이데올로기가 이미 존재해야 한다. 그런 것들을 논박하고 분쇄하는 것이 그들의 사명이니까 말이다" 하고 지적한다.[34] 내가 3장 4절에서 그랬듯이, 실제로 다음과 같이 주장하는 사람도 있을 수 있다. 즉, 예컨대 푸코가 '권력-지식 장치'로 구성된 '규율 사회'를 설명했을 때 그는 사실상 사회를 하나의 전체로 봤다고 말이다. 제임슨이 자본주의는 체제라는 사실을 인정하지 않는 정치 전략은 모두 파산했다고 강조한 것도 옳다.[35] 문제는 제임슨이 사회생활의 다양성을 단일한 본질의 전형으로 환원하는 경향이 있는데, 이 때문에 전체, 더 정확히 말하면 마르크스주의에서 말하는 전체가 오명을 쓸 수 있다는 것이다(왜냐하면 포스트구조주의와 달리 마르크스주의는 다양한 실천을 똑같은 전체의 부분들로 서로 연관시키려 하기 때문이다). 그가 포스트모던 자본주의를 대할 때 선과 악을 뛰어넘으려 한다고 해서 사정이 나아지는 것도 아니다. 사실, 사회현상을 과학적으로 분석하는 것과 윤리적으로 평가하는 것은 서로 모순되지 않는다. 그러나 제임슨은 둘이 모순된다고 암시함으로써 스스로 역사를 진보라는 실로 짠 천으로 여기는 헤겔식 목적론자라는 혐의를 자초하는 듯하다.[36] 이런 맥락에서 다음과 같은 알튀세르의 주장은 여전히 중요하다. 즉, 마르크스주의는 오로지 복잡한 전체 개념을 바탕으로 해서만 진화론을 피할 수 있는데, 이 전체 개념은 사회구성체의 다양한 심급의 '시간 차이'를 인정한다는 것이다. 각 심급은 "고유의 시간이 있다. 즉, 다른 심급들의 '시간'에 의존하면서도 상대적으로 자율적이고 따라서 상대적으로 독립적인 시간"이 있는 것이다. 따라서 전체는 "서로 다른 시간들의 결합 [유형]으로, 즉 구조의 서로 다른 심급들이 만들어 낸 서로 다른 시간의 '차이'와 변형의 유형"으로 봐야 한다. 이 서로 다른 시간의 "복잡한 결합이 과정의 발전에 고유한 시간을 구성한다."[37] 그런 전체는 결코 '재현할 수 없는' 것으로서, 오직 이론적 개념들의 복잡한 표현으로만 인식할 수 있다. 그리고 이 이론적 개념들은 제임슨의 생각과 달리 '다국적 자본주의'만의 특징은 아니다.[38]

5.3 자본주의의 단절?

자본주의가 근본적으로 변했다는 제임슨의 핵심 논지는, 당연히 그가 이런 변화의 문화적 결과를 환원론적으로 파악한다는 사실만으로는 허물어지지 않는다. 그러나 이 논지를 전개하는 그의 노력이 그리 썩 정교한 것은 아니다. 《마르크스주의와 형식》에서 제임슨은 문화 생산물이 깊이도 없고 감동도 없는 이유를 1940년대 이후 우세해진 '포스트산업 독점자본주의'에서 찾으면서, 폴 배런과 폴 스위지의 《독점자본》에서 빌려 온 용어들로 포스트산업 독점자본주의의 특징을 설명한다.[39] 그러나 1984년쯤 제임슨은 '포스트산업사회' 개념을 거부하고, 자본주의의 변화가 시작된 시기를 "1950년대 말이나 1960년대 초"로 보게 된다. 그리고 "이 새로운 사회의 역사적 특성을 분석한" 에르네스트 만델의 《후기 자본주의》를 경제적 전거로 인용하면서, 이제는 독점자본주의 시대를 넘어선 '다국적' 자본주의 단계라고 설명한다.[40] 그러나 마이크 데이비스가 지적하듯이, 이 새로운 시대 구분은 만델의 시대 구분과 충돌한다. 《후기 자본주의》의 "주요 목표는 '전후 장기간의 급속한 성장 물결'을 이해하는 것"이고, 만델은 "진정한 단절, 즉 장기 [호황] 물결이 결정적으로 끝난 시점을 1974~75년의 '2차 불황' 때로 여기기" 때문이다. "제임슨과 만델의 도식은 결정적 차이가 있다. 과연 후기 자본주의의 태동은 1945년 무렵인가 1960년 무렵인가? 1960년대는 새 시대의 시작인가 아니면 전후 호황의 과열된 정점일 뿐인가? 그[1974~75년의] 불황은 오늘날의 문화 흐름에 대한 설명에 어떻게 들어맞는가?"[41]

제임슨은 이런 물음에 대한 매우 진지한 논의를 뒷받침할 '다국적 자본주의'의 성격에 대해서는 충분히 말하지 않는다. 그의 분석이 바뀐 것(1940년대 말에서 1960년대 초로, 독점 자본주의에서 다국적 자본주의로)이나 경제 자료를 약간 건성으로 사용하는 것을 보면, "엄청난 규모의 문화적 변혁, 뜻밖에도 절대적 종류의 역사적 단절"이 일어났다는 생각은 오늘날의 세계경제를 실증적으로 조사해서 얻은 추론이라기보다는 그의 비평에서 두드러진 직관에 가깝다. 그러나 자본주의가 새로운 단계에 도달했음을 보여 주려는 더 한결같은 노력들도 있는데(이 새로운 단계의 문화가 포스트모더니즘이라고 한다), 그중에 두 가지를 살펴보자.

스콧 래시와 존 어리는 오늘날 서구 사회가 '조직' 자본주의에서 '탈조직' 자본주의로 바뀌고 있다고 주장한다. 20세기 초에 확립된 조직 자본주의(이 용어를 처음 사용한 사람은 루돌프 힐퍼딩이다)의 특징은 다음과 같았다. 산업·상업·은행 자본의 집적과 집중이 일어나고, 소유와 통제가 분리되고, 전문직·관리직·경영직 '서비스 계급'이 성장하고, 국가·대자본·노동조합이 국민경제를 규제하는 체제(코포라티즘)가 수립되고, 광공업 중심의 산업구조가 형성되고, 도심 공간에 집중된 대규모 산업 단지가 지역 경제의 초점 구실을 하게 되고, 문화생활은 기술적 합리성과 그 대립물로, 특히 모더니즘과 민족주의로 양분된다. 그런데 탈조직 자본주의의 성장으로 말미암아 그전 단계의 특징, 즉 국가의 규제를 받던 국민경제 영역들이 해체됐다. 그리고 다국적기업들이 지배하는 세계시장의 확장으로 국민국가의 경제적 힘이 약해지고, 제3세계에 대한 산업투자의 증가로 서구의 제조업이 쇠퇴하고, 이와 맞물려 '서비스 계급'이 더한층 성장하면서 노동운동의 응집력과 영향력도 약해지고, 그래서 노동조합의 협상력이 점차 무너지고 계급에 기반을 둔 정치가 쇠퇴하고, 산업의 농촌 이전 같은 공간적 변화가 잇따르면서 대도시 중심부가 쇠퇴하고, 지역 경제가 붕괴하고, 문화생활이 더 파편화하고 다원화하는데, 바로 이런 변화를 반영한 것이 포스트모더니즘의 성장이라는 것이다.[42]

래시와 어리는 자신들이 묘사한 변화의 원인이 다양한 것처럼 설명하지만, 다른 사람들은 똑같은 현상을 생산과 소비의 관계에 집중해서 설명하려 한다. 영국의 잡지 《마르크시즘 투데이》 필자들은 오늘날의 자본주의에서는 '포스트포디즘'이 성장하고 있다고 주장했다. 여기서 핵심 개념은 포디즘인데, 이 포디즘 개념을 완전히 발전시킨 사람은 미셸 아글리에타, 알랭 리피에츠, 미셸 드브로이 같은 프랑스 마르크스주의자들, 이른바 '조절학파'였다(물론 그들의 사상을 남들이 멋대로 이용한 책임을 조절학파 이론가들에게 물을 수는 없는 노릇이다).[43] 포디즘은 첫째, 생산물이 표준화한 대량생산 체제라 할 수 있다. 즉, 특정 모델 전용 기계를 대규모로 사용하고, 노동을 '과학적으로 관리하는' 테일러시스템을 도입하고, 조립라인에서 제품을 생산하는 방식이 포디즘이다. 포디즘에서는 고정비용*이 높았으므로 확실한 대량소비 시장이 필요했다. 따라서 포디즘의 둘째 특징은 대량생산과 대량소비의 결합이다. 즉, 광고 등을 이용해 소비자가 표준적 생산물을 구매하도록 부추기고, 국내시장을 보호하는 장벽을 구축하고, 국가가 경제에 개입해서, 즉 케인스주의적 수요관리나 이전지급** 같은 정책을 써서 유효수요의 재앙적 감소를 예방했다. 그런데 1960년대 말과 1970년대에 경제 위기가 닥치자 포디즘이 붕괴했다. 이제 포디즘은 가고 그 자리에 신종 자본주의, 즉 (충분히 독창적인데도) 포스트포디즘이라고 부른 것이 들어서고 있다. 포디즘을 만들어 낸 것이 헨리 포드 같은 생산자들이었다면, 포스트포디즘은 소비가 주도한다. 컴퓨터를 이용한 유통 시스템 덕분에 소매상

* 생산량의 변동 여부에 관계없이 일정하게 지출되는 비용. 설비·기계의 감가상각비, 임대료, 지급이자, 연구개발비, 광고선전비, 사무비 등.

** 재화나 용역의 거래와 무관하게 정부나 기업이 개인에게 구호품·연금·보조금·보험금 등을 지급하는 것.

들은 포디즘의 주요 골칫거리였던 과잉 재고 문제에서 벗어날 수 있다. 또, 특정 소비자층을 겨냥한 표적 마케팅과 생산도 가능해진다. 포스트포디즘에서는 대량소비 시장이 조그만 틈새시장들로 잘게 쪼개진다. 이런 틈새시장에서는 디자인이 중요한 특장점이 된다. 즉, 이제 사용가치만 보고 상품을 사는 것이 아니라, 디자인에서 드러나는 라이프스타일도 중요해진 것이다. 이런 변화와 더불어 생산 영역에서는 '유연한 전문화'가 발전한다. 유연생산체계* 같은 신기술은 더는 특정 모델 전용이 아니라 다목적으로 쓸 수 있다. 컴퓨터를 사용해 생산을 조절하는 일이 늘어나자 적시 생산과 적정 재고관리도 가능해져서 간접비**가 크게 줄어든다. 공장 규모는 작아지고, 노동이 하는 구실도 바뀐다. 새로운 생산방법에는 포디즘처럼 반半숙련 기계조작자가 대규모로 필요하지 않고, 품질관리 서클*** 등을 통해 노동과정에 적극 참여할 수 있고 다양한 기술을 가진 소수의 핵심 노동자가 필요하다. 그리고 이 (백인·남성·고임금) 집단 밑에는 '주변부' 노동자들, 즉 천대받는 집단(여성·흑인 등) 출신으로 저임금에 흔히 시간제 임시직으로 일하는 노동자들이 있고, 이들은 점차 축소되는 사회보장제도에 의지해 살아가는 최하층 계급으로 전락한다. 따라서 포스트포디즘은 일부 사람들에게는 소득과 자유의 증대를, 다른 사람

---

* 컴퓨터 통제 아래 소재를 자동 공급해서 디지털 공작기계에서 가공하고 생산한 제품을 자동 운반해 자동 입체 창고에 보관하는 시스템. 생산공정을 유연하게 자동화할 수 있어서 노동생산성을 높이고 생산 주기를 단축할 수 있다.

** 여러 가지 제품을 생산하는 데 공통으로 드는 비용. 간접 재료비, 간접 노동비, 간접 경비 등이 있다. 간접생산비·공통비용이라고도 한다.

*** 생산에서 품질의 관리·향상을 위해 의견을 나누는 그룹.

들에게는 감소를 의미한다는 것이다.[44]

오늘날의 자본주의를 이렇게 분석하는 저술가들은 대개 제임슨만큼 심각한 환원론에 빠지지만, 제임슨과 달리 구체적 문화 현상을 섬세하고 정확하고 풍부하게 분석하지는 못한다. '새 시대'를 설명하는 《마르크시즘 투데이》의 기사들을 읽다 보면, 알튀세르가 비판한 표현적 전체의 거의 우스꽝스러운 판본을 보는 듯하다. '모던 시대'와 '새 시대'의 특징적 차이를 죽 나열한 글도 있다. 흔히 다양한 문화 현상을 서로 연결하려는 주장들은 극히 조잡하다. 예컨대, 스튜어트 홀은 "이른바 '포스트포디즘'이 존재하는지 아닌지를 두고 여전히 논쟁이 벌어지고 있다"는 사실을 인정하면서도 "우리가 결국 어떤 설명을 받아들이든 진짜 놀라운 사실은 이 '새 시대'가 속한 시간대의 특징은 자본이 전 세계를 휩쓸고 진군하면서 우리의 주체성이라는 마지노선도 돌파했다는 점"이라고 태연하게 주장한다(홀이 핵심 개념들의 차이를 흐리는 혼란스런 미사여구의 달인으로 전락한 것은 1980년대의 사소한 지적 비극 가운데 하나다).[45] 이 어처구니없는 환원론을 주장한 사람이 고전 마르크스주의는 이데올로기적·정치적 상부구조를 경제적 토대로 환원하는 경향이 있다고 집요하게 비판하는 것은 기묘한 일이다. 그렇지만 '탈조직 자본주의'와 '포스트포디즘' 이론은 적어도 한 가지 장점은 있는데, 새로운 포스트모던 시대 운운하는 것이 정당한 이유를 자본주의 경제체제의 변화에서 찾으려 한다는 것이다. 더욱이, 이런 설명은 적어도 실제로 일어나는 변화를 이야기하는 정도까지는 실증적으로도 뒷받침된다. 문제는 그런 변화의 정도를 너무 과장하는 바람에 제대로 된 이론을 세우지 못한다는 것이다.

이런 결함은 '포디즘'과 '포스트포디즘'을 비교할 때 가장 분명히 드러나고, 이 때문에 엄격하고 통렬한 이론적·실증적 비판을 받을 수밖에 없다. 첫째, '포스트포디즘' 이론가들은 포디즘의 대량생산 모델을 잘못 표현했다. 자동차 산업의 고전적 사례를 들면, 한 모델에만 사용되지 않고 다양한 모델에 다시 사용된 설비가 많았고, 포드 자동차의 모델 T나 폭스바겐의 비틀처럼 거의 변함없는 단일 모델에 오랫동안 의존한 경우는 극히 예외적이었다. 더욱이, 대량생산 기술이 적용된 분야는 항상 자동차, 전기·전자 제품 같은 복잡한 내구소비재 생산에 주로 국한됐고, 의류·가구 같은 기초 소비재 산업이나 철강·화학 같은 자본집약적 장치산업은 여기에 포함되지 않았다. 둘째, 표준적 제품의 대량소비 시장이 쪼개진다는 주장을 뒷받침할 경험적 증거는 없다. '사용 연한이 다한' 자동차·세탁기·냉장고 같은 내구소비재의 교체 수요가 많을 뿐 아니라, 비디오, 휴대용 카세트, 시디플레이어, 전자레인지, 식기세척기, 믹서기 같은 내구소비재도 새로 대량생산되고 있다. 국제무역이 성장하자, 전에 국내시장을 지배하던 생산 업체들이 수입 업체들과 경쟁하게 돼 시장이 쪼개진 것은 사실이지만, 가장 흔한 결과는 대량생산 업체들이 모델을 다양화하는 한편 비교적 높은 국내시장 점유율과 수출 증대를 결합해 시장에서 살아남았다는 것이다. 셋째, '유연한 전문화'의 새로움이 너무 과장됐다. 자동차 공장의 로봇 같은 신기술은 여전히 주로 특정 모델을 생산하는 데만 사용된다. 더 중요한 점은, 유연생산체계를 도입하려면 비용이 많이 들고, 그 비용을 충당하려면 대량생산을 해야 한다는 것이다.[46] 마지막으로, 노동자들이 특권적 '핵심부'와 천대받는 '주변부'로 분할된다는 것도 너무 과장됐다. 그리고 이런 분할 추세라는 것은 사용자들이 일부 노동자들에게 고용 안정과 고임금을 보장할 수 있다는 가정에 바탕을 두고 있지만, 이것은 격렬한 국제 경쟁의 시대에 있

을 법하지 않은 이야기다.[47]

이런 비판은 래시와 어리가 분석한 '탈조직 자본주의'의 핵심 내용들은 대체로 건드리지 않는다.[48] 래시와 어리는 '조직 자본주의'의 쇠퇴가 경제적 측면에서 보면 자본의 세계화 때문이라고 주장한다. "지금 상황은 '산업'과 '금융'이 모두 국제화했지만 서로 조정되지 않은 채 따로따로 순환하고 있는 형국이다. 이 때문에 개별 국민국가의 힘이 크게 약해져서 각국 경제가 이런저런 악순환에 빠지고 국가는 자국 통화를 조절하거나 통제할 수 없게 됐다."[49] 이런 일반적 분석은 결코 래시와 어리의 독창적 주장이 아니다. 이 주장은 사실, 훨씬 더 정설 마르크스주의에 가까운 나이절 해리스가 다음과 같이 매우 설득력 있게 그리고 탁월하게 펼친 바 있다. 자본의 국제화에는 세 가지 주요 추세가 있는데, 셋 모두 1950~60년대의 장기 호황 때 분명해지고 그 후 속도가 더 빨라졌다. 첫째, 국제무역뿐 아니라 산업 내 무역도 성장했는데, 이것은 각국의 공장들이 세계 차원의 연속적 생산과정에 참여하는 '국제 제조 시스템'의 출현을 반영한다. 둘째, 다국적기업의 투자가 늘어나면서 점차 일국적 경제 기반과 분리됐다. 셋째, 각국 정부의 통제를 벗어난 국제 금융 시스템이 형성됐다. 이런 변화가 누적된 결과는 (라틴아메리카와 환태평양 지역에서 신흥공업국들이 성장한 것에서 아주 잘 드러나는데) '일국 자본주의의 종말'이다. 즉, 세계 무대에서 활동하는 자본들이 경제의 주역이 된 시대에 국민국가는 이제 자국 영토 내에서 이뤄지는 경제활동을 관리할 수 없다는 것이다.[50]

여기서 우리는 '포스트포디즘'보다 훨씬 더 중요하고 현실적인 새로운 국면을 다루게 된다. 그것은 자본의 세계적 통합이 한 세대 전보다 질적으로 더 발전했다는 것인데, 아마 이 주장의 가장 중요한 근거는 1970년대 중반과 1980년대 초 불황의 충격에도 불구하고 세계시장이 일종의 보호무역 블록들로 쪼개지지 않았다는 사실일 것이다(1930년대 대공황의 매우 중요한 특징은 세계가 보호무역 블록들로 분열했다는 것이다). 그렇지만 이런 변화가 '다국적' 자본주의나 '탈조직' 자본주의라는 새 시대의 여명을 알리는 것인지는 여전히 의심스럽다. 데이비드 M 고든은 최근 생산의 세계화와 새로운 국제 분업 질서의 출현이라는 주장을 실증적으로 꼼꼼하게 분석해서 몇 가지 놀라운 결과를 얻었다. 그 결과를 보면 1984년에 세계 산업 생산에서 개발도상국이 차지한 비율은 13.9퍼센트였는데, 이는 1930년대 대공황기와 제2차세계대전 때 수입 대체 공업화로 달성한(그러나 전후 장기 호황기에 하락한) 14퍼센트와 거의 비슷한 수치다. 심지어 [세계경제가] 더 불안정한 최근 시기, 즉 1973~84년에도 신흥공업국이 차지한 비율은 7.1퍼센트에서 겨우 8.5퍼센트까지 올랐을 뿐인데, 이는 결코 인상적인 변화라 할 수 없다. 서구의 자본이 제3세계로 물밀듯이 밀려들기는커녕 저개발국에 대한 해외직접투자의 비율은 1960년대 말부터 1980년대 초까지 거의 그대로였다. 더욱이, 기업이 해외직접투자를 할 때 중요하게 고려한 사항은 낮은 임금이 아니라, 주로 현지 시장의 규모나 정치적·경제적 안정성 같은 더 광범한 사항이었다. 그래서 고든은 다음과 같이 결론지었다. "지금 우리가 목격하고 있는 것은 근본적으로 새롭고 지속적인 생산·교환 체제의 구축이 아니라, 전후 세계경제의 쇠퇴다." 이 경제 위기의 특징은 이윤율이 낮아지고, 경기순환이 세계적으로 동시에 진행되고, 환율 변동이 극심해지고, 화폐자본이 투기적 투자처를 찾아 국경을 넘나든다는 것인데, 이런 위기에 대한 대응으로 다음과 같은 일이 일어났다고 고든은 주장한다.

1970년대 초 이래로 국가의 구실이 크게 증대했다. 즉, 국가의 정책이 국제 무대에서 쓸모없어지기는커녕 점차 결정적인 것이 됐다. 각국 정부는 환율 변동과 단기자본의 흐름을 통제하고자 점점 더 적극적으로 통화정책과 금리 수준을 관리했다. 정부는 이런저런 생산·투자 협정에 관한 협상을 실질적·잠재적으로 좌우하게 됐다. 그리고 통화주의적 보수주의가 득세하는 시대에 다국적기업을 포함한 모든 사람이 경제 위기의 근본적 동역학을 재구성하고 해결하려는 체계적 국가 개입에 점차 의존하게 됐다.[51]

국민국가의 경제적 중요성이 유지됐다는, 오히려 어떤 점에서는 더 증대됐다는 고든의 주장은 내가 보기에 근본적으로 옳은 듯하다.[52] 따라서 양차 대전 사이와 달리 1970~80년대에는 무역 블록들이 다시 나타나지는 않았지만, 관세무역일반협정GATT이 잘 지켜지는지 감시하는 기구를 비롯한 여러 단체는 각국 정부가 자국 기업이 다른 나라 시장에 침투할 수 있도록 다양한 수입통제 정책을 협상 수단으로 이용하는 경향이 늘고 있다고 빈번히 지적했다. 예컨대, 미국은 한편으로는 전자 제품 수입을 두고 일본과 충돌하고 다른 한편으로는 [유럽의 농가에 보조금을 지급하는] 공동농업정책을 두고 유럽경제공동체EEC와 충돌했다. 그러나 최근 국가 개입의 가장 두드러진 사례는 1987년 10월 19일 미국 금융시장에서 사상 최악의 주가 폭락이 일어난 '암담한 월요일' 이후의 국가 개입이다.

세계적 주가 폭락으로 국제 금융 시스템이 붕괴할 수 있는 위험이 닥치자 국가가 개입하고 나섰다. 당시 미국 연방준비제도이사회 의장 앨런 그린스펀은 10월 20일 한 문장으로 된 유명한 성명을 발표했다. "연준은 오늘 국가의 중앙은행이라는 책임을 다하고자 유동성을 공급해 경제·금융 시스템을 지원할 태세가 돼 있음을 밝힙니다."[53] 미국 연준과 그 밖의 주요 서방국가 중앙은행들은 금리를 내리고 은행권에 돈을 쏟아부어 금융시장을 떠받쳤다. 이 대규모 국가 개입 덕분에 일종의 연쇄 반응, 즉 1929년 10월 미국 금융시장의 주가 폭락에서 시작돼 1930년대 초의 수많은 은행 파산과 폐업으로 이어지고 결국은 자본주의 역사상 최악의 불황을 부른 일련의 사태를 피할 수 있었다. 대규모 국가 개입에 따른 수요 진작 덕분에 1988년은 불황의 해가 아니라 뜻밖의 급속한 경제성장을 기록한 해가 됐다.[54]

서방 국가들이 서로 협력해서 불황의 위기를 보통의 호황으로 바꿀 수 있었다는 사실을 감안하면, 개입주의 국가의 사망 운운하는 이야기는 과장임을 알 수 있다. 사실, 자본의 세계화를 다룬 많은 글에는 역사적 관점이 없다. 마틴 울프는 다음과 같이 썼다.

> 1914년 전에 세계경제는 많은 점에서 오늘날만큼, 몇몇 중요한 측면에서는 오늘날보다 더 통합돼 있었다. 사실, 지난 70년간의 국제경제 역사는 1870~1914년의 자유주의 국제경제의 두 주요 특징을 복원하려는 두 차례 시도로 이뤄져 있다고 하겠다. 첫 시도는 1930년대 대공황 때 실패했다. 두번째 재건 시도는 제2차세계대전 직후에 시작돼서, 증대하는 어려움에도 불구하고 오늘날까지 계속되고 있다. 세계 총생산에서 제조업 무역이 차지하는 비중은 1970년대 말에야 1913년 수준을 넘어섰다. 이것은 주요 시장경제 7개국의 경험과 일치한다. 프랑스와 영국은 1980년대 중반에 무역(수출 더하기 수입)이 국내총생산에서 차지하는 비율이 제1차세계대전 이전 수준을 약간 웃돌았다. 일본은 실제로 약간 더 낮았고, 미국·이탈리아·캐나다만이 1914년 이전 수준보다 크게 높았다(독일은 당연히 신뢰할 수 있는 비교가 불가능하다). … [1914년에 — 캘리니

코스] 세계경제는 오늘날만큼 무역이 개방적이었고, 자본의 흐름은 어쩌면 오늘날보다 더 개방적이었다.[55]

1914년 전에도 개별 국민경제의 '조직화' 경향이 두드러졌음을 감안하면(과점·독점·카르텔이 성장하고, 은행자본과 산업자본의 융합으로 금융자본이 형성되고, 힐레어 벨록이 말한 '노예 국가'가[56] 점차 일국의 경제생활을 규제하는 등), 1914년 전의 세계경제에서 국제무역과 투자가 중요했다고 해서 당시 자유방임주의가 득세했다고 보는 견해는 잘못일 것이다. 그렇지만 아르노 메이어가 말한 "20세기의 30년 전쟁이라는 전반적 위기" 시대, 즉 1914~45년(1장 2절 참조)에 세계시장이 쪼개지고 부하린이 말한 '일국적 국가자본주의 트러스트'가 형성됐다는 것은 분명하다. 즉, 세계대전과 경제 불황이라는 긴급사태로 말미암아 선진국 내에서 국가와 사적 자본의 융합이 촉진된 것이다. 어찌 보면 이런 추세는 1914~18년과 1939~45년의 전시경제가 아니라 1930년대 대공황기에 가장 분명히 나타났다. 대공황 때 주요 열강은 모두 자신이 지배하는 자급자족적 경제 블록을 구축하려는 노력의 일환으로 민간투자 통제권을 떠맡았다. 따라서 영국 거국내각의 개입주의 정책, 미국 루스벨트의 뉴딜, 독일 나치의 재무장과 공공사업, 스탈린 치하 소련의 제1차 5개년계획은 모두 이런 추세의 변형들로 봐야 한다. 특히, 소련은 일반적 추세의 극단적 사례였지 그 반대 사례가 아니었다.[57] 이 국가자본주의 체제들이 동시에 세계경제를 분할하려고 달려들자 불안정성이 커졌고 그 결과 제2차세계대전이 벌어져서 바침내 유럽의 구질서가 완전히 청산됐다. 전후 시기에는 1914~45년의 특징, 즉 국가가 통제하는 경제 블록들로 분열하는 현상이 점차 쇠퇴했는데, 그 이유는 다양했다. 첫째, 제2차세계대전 말에 미국이 지배하는 자유무역 질서를 촉진하기 위한 제도적 장치들이 마련됐다(브레턴우즈협정 등). 둘째, 1950~60년대에 매우 크고 비교적 개방적인 세계시장이 출현했는데, 여기서는 주요 경제들(미국, 유럽경제공동체, 일본) 사이의 경쟁이 전략적 충돌로 이어지지 않았다(부분적으로는 대서양 동맹이라는 틀 속에서 정치적·군사적으로 통합돼 있었기 때문이다). 이것은 20세기 전반기와 뚜렷이 다른 특징이었다. 셋째, 미국의 경쟁력이 특히 서유럽이나 일본보다 약해진 현실을 반영하는 이런저런 정책 결정의 누적적 효과와 의도치 않은 결과로, 아무 규제도 받지 않는 국제 금융시장들이 발전했다(예컨대, 1960년대에 유러달러 시장이 형성됐다). 넷째, (아마 정설 마르크스주의 성향의 사람들에게는 가장 근본적 요인일 텐데) 세계적으로 통합된 생산과정의 조직화 덕분에 비용 절감과 생산성 향상이 실현됐다.[58]

자본의 국제화 추세에도 불구하고 국민국가가 자국 국경 내에서 자본축적의 속도와 자본 배분에 상당한 영향을 미칠 수 있다는 사실은 여전하다. 이와 반대되는 신념의 바탕에는 흔히 과거에 국가가 발휘한 영향력을 과장하는 견해가 깔려 있었다. 이런 견해는 흔히 케인스주의 경제학의 핵심 주장, 즉 국가 개입으로 경제 위기 경향을 상쇄하고 완전고용을 달성할 수 있다는 주장이 전후 호황을 설명해 준다고 믿는다. 그렇다면 케인스주의 처방이 1970년대 중반과 1980년대 초에 두 차례 세계 불황을 막지 못했다는 명백한 사실은 이제 국가 개입으로도 위기 없는 경제성장을 보장하지 못한다는 증거로 받아들여야 한다. 따라서 1914년 이후와 제2차세계대전 종전 직후의 '조직 자본주의' 절정기에 국가의 힘에 한계가 있었음을 강조하는 것은 중요하다. 세계시장이 쪼개진 1930년대에도 완전한 경제적 자급자족을 달성할 수 있는 국가는 없었다. 심지어 스탈린 치하 소련도 그럴 수 없었다. 1928~29년에 단행된 강제 농업 집산화의 주요 기능 하나는 공업화에 필요한 공장과 설비의 수입 자금을 마련하기 위해 소련의 곡물 수출을 늘리는 것이었다(실제로 소련의 곡물 수출은 1928~31년에 56배나 증가했다). 그 결과로 수많은 농민이 굶주려 죽거나 강제 노동 수용소로 보내졌다.[59] 더욱이, 1950~60년대의 장기 호황이든 1970년대와 1980년대 초의 불황이든 케인스주의 수요관리 정책이 성공하거나 실패한 결과로 볼 수 없다. 케인스 자신은 "경기순환은 … 자본의 한계효율*에 일어나는 순환적 변화의 결과로 보는 것이 가장 좋다"고 주장했는데, 이 자본의 한계효율이라는 개념은 고전파 경제학과 마르크스주의에서 말하는 일반 이윤율과 거의 같은 개념이다.[60] 장기 호황은 국가 개입이 성공한 결과가 아니라, 평화시치고는 매우 높은 수준의 군비 지출이 마르크스가 말한 이윤율 저하 경향을 상쇄한 결과였다. 이 '상시 군비 경제'가 1960년대 말에 쇠퇴하자 이윤율 위기가 닥쳤고, 이것이 1970년대 세계적 경기 침체의 근본적 원인이었다.[61] 국가는 1970년대 이전에 전능하지도 않았고 그 후에 완전히 무기력하지도 않았다.

국민국가가 여전히 상당한 경제적 힘을 갖고 있다는 사실을 강조하는 것이 중요한 이유는 1980년대에 이 사실을 입증하는 중요한 사건들이 일어났기 때문이다. 이 점이 더 놀라운 이유는 당시 엄청나게 많은 자유방임 미사여구가 쏟아지는 와중에 국가의 경제적 힘이 사용됐기 때문이다. 1980년대 초에 경기후퇴를 겪은 미국 경제

---

* 한 단위의 투자 증가액에 대해 추가로 발생하는 수익액의 비율. 쉽게 말해 투자의 수익률이다.

는 1983~84년에 급속하게 회복됐다. 이 호황 뒤에 덜 급속하고 안정적이지만 그래도 어쨌든 실질적인 경제성장의 시기가 길게 이어졌다. 레이건 정부는 이렇게 미국 경제가 다시 번영을 누리게 된 것은 정부의 사기업 진흥 정책 덕분이라고 설명했지만 실제로는 그 반대가 진실이다. 그래서 아나톨 칼레츠키는 미국의 호황을 "존 메이너드 레이건의 승리"라고, 즉 "전형적 케인스주의 수요 진작 정책"의 결과라고 설명했다.[62] 두 종류의 국가 개입이 결정적이었다. 첫째, 1979~82년에 달러화의 평가절하를 막으려고 통화량을 줄여서 경기후퇴를 부르는 데 일조했던 연방준비제도이사회가 멕시코의 채무불이행 선언 이후 은행의 연쇄 파산을 막으려고 1982년 여름부터 통화 공급을 늘리기 시작했다. 이 정책은 1984년 콘티넨털일리노이 은행에 대한 구제금융과 [1987년] 연준의 '암담한 월요일' 대책 같은 조처들까지 이어졌다. 둘째, 이른바 레이거노믹스가 (감세와 복지 삭감을 통해 빈민한테서 부자로 소득이 재분배되게 하고, 주로 정부 차입을 통해 자금을 조달하는 국방비 지출을 대폭 늘려서) 유효수요를 상당히 부양했는데, 이것이 승수효과*를 통해 미국의 경제성장을 촉진했다. 레이건 시대의 호황은 시장의 마술 덕분이 아니라, '군사적 케인스주의'의 놀라운 효과였던 것이다.[63]

1980년대 후반기에 서방에서 일어난 가장 중요한 정치경제적 사건 하나는 이 모델이 꽤 널리 퍼졌다는 것이다. 영국 경제는 1987~88년에 1970년대 초 이후 처음으로 실질적 호황을 경험했다. 이 또한 규제 완화와 자유방임 정책의 결과가 아니라, 경제 부양 효과를 낸 정

* 어떤 경제 요인의 변화가 다른 경제 요인의 변화를 불러일으키는 파급효과를 낳고 최종적으로는 처음보다 몇 배의 증가나 감소로 나타나는 총효과.

부 조처의 결과였다. 즉, 1986년에 대처 정부는 기존의 통화량 통제 정책을 공식 포기하고 파운드화 평가절하를 용인했다. 또, 신용 규제를 완전히 폐지해서, 1983년에 1000억 파운드를 약간 웃돌던 민간 부채가 1987년에 2500억 파운드로 급증했다. 게다가, 대처 집권 2기와 3기에는 개인 세금 대폭 감면과 사회보장 지출 대폭 삭감이 결합된 레이거노믹스 정책으로 결정적 전환이 이뤄졌다.[64] 세계경제에 훨씬 더 중요한 계기가 된 것은 일본 정부가 달러화 대비 엔화 강세로 유발된 1985~86년의 경기후퇴에 대응해서 1987년 5월에 고전적 케인스주의 정책들을 채택했다는 사실이다. 여기에는 수출 감소분을 국내 소비 증대로 만회하기 위한 대규모 공공사업들도 포함됐는데, 이 정책 덕분에 일본도 영국과 마찬가지로 1987~88년에 급속한 경제성장을 이룰 수 있었다. 1987년 10월의 주식시장 붕괴에 대한 주요 서방국 정부들의 대응은 모두 케인스주의 정책 방향을 분명히 보여 줬다. 이것은 중요한 역사적 아이러니다. 케인스가 옹호한 처방이 1956~60년대 장기 호황 때는 부당하게 신뢰를 받은 반면, 그의 사상에 대한 평판이 나빠지고 그래서 정책 입안자들과 학자들이 모두 하이에크와 프리드먼의 반동적 유토피아를 지지하게 된 10년 동안[1980년대]에 케인스주의의 경제적 영향력이 두드러졌으니 말이다.

케인스주의 정책으로 되돌아갔다고 해서 세계경제의 문제들이 해결된 것은 아니었다. 레이건 시대 미국 자본주의를 다룬 아주 탁월한 글을 쓴 마이크 데이비스는 1980년대 미국의 경제 회복을 "병적인 번영"이라고 묘사하며, 특히 다음과 같이 지적했다. "이윤 분배 과정의 일반적 변화로 말미암아 이윤이 이자소득 쪽으로 많이 흘러가고, 그 결과 1920년대의 투기적 자본주의를 떠올리게 하는 새로운 금리생활자 계층이 두텁게 형성되고 있다." 그리고 "미국의 주요 제조업

기업들이 내구소비재 대량 판매 시장에서 이탈해 군비 생산과 금융 서비스 같은 불안정하지만 높은 이윤이 보장되는 부문으로 옮겨 가는 경향이 뚜렷해지고 있다."[65] 레이건 시대의 호황은 미국 산업의 세계적 행운이 되살아났음을 뜻하지 않았다. 오히려 1980년대 상반기의 달러화 강세(미국 정부의 국채 판매를 좌우하는 해외 채권자들을 끌어들이기 위한 고금리 정책의 결과였다)로 말미암아 일본, 서유럽, 동아시아 신흥공업국들의 대미 수출이 더 늘어났다. 1980년대 중반 무렵에는 미국의 엄청난 국제수지 적자와 외채가 국제 경제 관계를 교란시키는 주요 요인이었다. 호황의 투기적 성격(미친 듯한 인수·합병 전쟁, 그린메일, 차입 매수에서, 그리고 주식시장의 고전적 상승 장세의 일반적 특징에서 잘 드러나는)은 산업 수익성의 침체 상태와 그에 따라 투자가 증권과 부동산으로 쏠리는 현상을 반영했다. 1985년에 미국 대통령 자문위원회 보고서는 다음과 같이 지적했다. "지난 200년 동안 제조업 자산의 실질 수익률은 감소했다. 세전稅前 수익은 금융 투자의 수익보다 훨씬 낮았고, 그래서 많은 투자자는 미국의 핵심 제조업 부문에 투자하는 것이 현명한지를 의심한다."[66] 다양한 요인이 주식시장 호황의 국제화, 즉 전 세계적 유가증권 시장의 발전, 금융 규제 완화(예컨대, 1986년 10월 런던 금융시장의 빅뱅), 신용의 전반적 확대 등에 기여했다. 1987년 봄에 〈파이낸셜 타임스〉는 "금융시장은 실물 세계의 제약에서 완전히 자유로워진 듯하고 … 스스로 만들어 낸 천상에서 춤을 즐기고 있다"고 불평했다. 주가가 가장 크게 치솟은 곳은 세계무역의 산업 발전소인 일본이었다. 도쿄 증권거래소에서는 "심지어 가장 노련한 전문가들조차 겁에 질리기 시작했다"고 〈파이낸셜 타임스〉는 보도했다.[67]

'암담한 월요일'은 1929년 10월 24일의 '암담한 목요일'과 마찬가지로, 서구 자본주의의 침체한 산업 기반보다 금융 부문이 지나치게 커진 상황을 강제로 바로잡은 것이었다. 그러나 비록 국가 개입으로 1929~31년처럼 주가 폭락이 세계 불황으로 번지는 것은 막았지만, 처음에 주가 폭락을 부른 모순 자체는 제거하지 못했다. 〈파이낸셜 타임스〉는 '암담한 월요일' 거의 1년 뒤에 다음과 같이 말했다. "각국 정부는 주가 폭락 이후 시장에 돈을 쏟아부어 당장의 신뢰 위기는 해결했지만, 이제는 국제수지 불균형과 방만한 은행 같은 기존 문제들에다 물가 인상을 추가한 셈이 됐다."[68] 1980년대는 초반에 시작된 경제 회복이 지속됐다는 점뿐 아니라 이런 경제성장의 토대가 취약했다는 점에서도 두드러진다. 세 번째 심각한 경기후퇴를 피할 수 있었던 것은 국가 개입과 부채 증대와 행운이 맞물린 덕분이었다(레이건 1기 정부의 경제정책 수립 과정을 설명한 데이비드 스톡먼의 책 《정치의 승리》는 경제 회복이 미국 국가를 운영하는 자들의 지혜나 신중함과 조금이라도 관계가 있다는 환상을 여지없이 깨뜨린다). 1980년대 중후반의 상대적 번영은 1950~60년대 호황과 견줄 만한 새로운 자본주의 성장기의 시작이 아니라, 건전하지 못하고 과열된 성장의 에피소드였다(그것은 고든이 옳게도 "전후 세계경제의 쇠퇴"라고 말한 것 속에서 나타난 현상이었다). 1980년대 자본주의는 니체의 명령, 즉 "위험하게 살지어다! 그대들의 도시를 베수비오* 산비탈에 세우라!"라는 명령을 확실히 실행했다. 베수비오 산이 언제 다시 폭발할지 누가 알겠는가?

* 이탈리아 나폴리 인근의 활화산으로 기원후 79년 화산 폭발 때 폼페이가 묻힌 것으로 유명하다.

5.4 상품 물신성의 거울: 보드리야르와 후기 자본주의 문화

많은 사람들이 지난 20년 사이의 어느 순간에 획기적 단절이 일어났다(그 결과가 '포스트산업사회'든 아니면 자본주의의 새로운 단계든 간에)고 보는 이유 하나는 그 시기에 서구 문화가 엄청나게 변했다는 생각이 널리 퍼져 있기 때문이다. 이런 생각은 다양한 정치적·사상적 용어로 표현됐다. 좌파 중에서는 크리스토퍼 래시가 "부르주아 개인주의의 최종 산물"인 자기도취적 자아가 새롭게 나타났다고 주장했다. "갈망을 억누르지 못한다는 의미에서 탐욕스러운 이 자기도취적 자아는 19세기 정치경제학에서 묘사한 탐욕스러운 개인주의자와 달리 미래를 대비해 재산과 식량을 쌓아두지 않고 당장의 만족을 요구하며, 가만히 있지를 못하고, 영원히 채워지지 않는 욕망의 상태에서 살아간다."[70] 더 우파적 인물인 대니얼 벨은 "자본주의의 문화적 모순"을 탐구해서, 프로테스탄트 윤리에서 비롯한 부르주아 사회의 도덕적 기초가 후기 자본주의에서 사람들의 욕망을 즉시 충족시키기 위한 대량소비 시장의 발전으로 무너져 버렸고, 문화적 모더니즘 때문에 과학적 이성에 대한 오래된 신뢰가 약해졌다고 주장했다.[71] 솔 벨로와 마틴 에이미스 같은 소설가들은 오늘날의 미국이 "바보들의 지옥"(사실은 윈덤 루이스의 표현이다), 즉 사악하고 중심 없는 혼란의 도가니라고 생각한다. 오늘날 미국은 자율적 개인과 문화적 전통이 점차 사라지고 폭력적이고 무식한 대중만 넘쳐 나는데, 이들은 넋을 잃고 텔레비전을 보다가 집중력이 떨어지면 채널을 이리저리 휙휙 바꾸는 통에 일관된 이해력을 완전히 상실한다는 것이다. 이것이 바로 벨로와 에이미스가 《학장의 12월》이나 《돈》 같은 소설에서 실감 나게 묘사한 오늘날의 모습이다.[72] 1960년대는 대체로 이런 문화적 변화의 전환점으로 여겨진다. 그래서 질 리포베츠키는 1968년 5월 사태의 주요 결과가 (그 행위자들의 의도와 반대로) 자기도취적 개인주의를 촉진한 것이었다고 주장하는데, 그는 다른 평론가들과 마찬가지로 이런 개인주의가 1970~80년대의 유력한 특징이라고 생각한다.[73]

오늘날의 문화 비판이 모더니티의 자율적·합리적 개인을 위해 치른 장례식은 흔히 종말론적이다. 따라서 한창 유행하는 사회이론가로 보드리야르는 안성맞춤이다. 왜냐하면 그는 종말론적 선언을 당연한 것으로 여기기 때문이다. 남들이 집중하는 문화 현상들이 보드리야르에게는 더 근본적 변화의 징후일 뿐이다. 이 근본적 변화 때문에, 우리는 우리가 이 세계를 재현한 것과 무관하게 세계에 대해 말할 수 있는 능력을, 즉 참과 거짓, 현실과 허구를 구분할 수 있는 능력을 빼앗겨 버렸다는 것이다. [보드리야르는 다음과 같이 주장한다.] 포스트모더니티의 특징은 '시뮬라시옹'이다.* '재현'이라는 문제의식은 이미지와 '근본 현실[또는 실재]'의 관계(반영이든 왜곡이든 그 밖에 무엇이든)를 다루지만, 시뮬라시옹은 "일체의 현실과 무관하다. 그것은 자기 자신

* 시뮬라시옹은 시늉·흉내·모방을 뜻하는 시뮬라크르의 동사형이고, 시뮬라크르는 모조품·가짜 등을 뜻하는 라틴어 시뮬라크룸에서 유래한 말이다. 플라톤은 이 세계가 이데아(현실에서 발견할 수 없는 영원불변의 참된 존재), 현실(이데아의 복사물), 시뮬라크룸(현실의 복사물)으로 이뤄져 있다고 생각했다. 보드리야르는 오늘날의 소비사회에서는 상품이나 작품의 원본이 아니라 복제품을 복제한 생산물이 만연하므로 원본과 복제품의 구분이나 현실과 가상의 구분은 의미가 없다면서, 이렇게 진짜가 존재하지 않기 때문에 사물의 의미가 상실된 사회를 하이퍼리얼리티라고 불렀다.

의 순수한 시뮬라크르다." 르네상스 시대에 플라톤 철학이 부활한 이후 이론적 탐구에 의해 구별된 것들(예컨대, 본질과 현상)은 이제 '하이퍼리얼'의 시대, 즉 "모든 것이 항상 이미 재생된 것"인 시대에는 의미가 없다. 우리가 사는 세계는 이미지 속에 거의 그대로 재현되는 세계가 아니라 이미지의 세계, 즉 존재하지 않는 현실의 환상 속 세계다. 이 악몽 같은 세계는 역사적 산물로서, 문화 생산물의 대량 복제를 가능하게 한 기술 변화(특히 텔레비전)의 결과이고 더 근본적으로는 자본주의의 산물이다. "자본이야말로 그 역사를 통틀어 모든 지시 대상을 파괴하고 모든 인간적 목표를 파괴한 덕분에 갈수록 강해졌고, 등가교환이라는 근본 법칙, 자본의 권력이라는 철칙을 확립하고자 참과 거짓, 선과 악의 이상적 구분을 모두 분쇄했다." 그 결과는 깊이가 전혀 없는 세계, 즉 순전히 피상적인 하이퍼리얼리티다. "이제 더는 주체도, 초점도, 중심도, 주변도 없다. 단지 순수한 굴곡이나 순환하는 굴곡만 있을 뿐이다. 이제 더는 폭력이나 감시도 없고 오직 '정보'만, 즉 은밀한 적대감, 연쇄반응, 느린 내파, 그리고 여전히 현실 효과가 작용하는 공간의 시뮬라크르만이 있을 뿐이다." 이제 이데올로기 비판은 적절하지 않다. 왜냐하면 "기호가 현실을 배신하는 것이 이데올로기라면, 기호가 현실을 축약하고 복제하는 것이 시뮬라시옹이기 때문이다."[74] 개혁이든 혁명이든 좌파의 전통적 전략은 이제 모두 의미가 없어졌다. 남아 있는 유일한 저항 형태는 대중의 침묵과 무관심이다. 심지어(또는 특히) 사회주의 정당이 대중을 포섭하거나 조종하거나 대표하려는 것조차 대중은 거부한다(3장 4절 참조).[75]

보드리야르의 분석은 근본적으로 니체와 비슷하다. 직접 경험의 이면에 있는 현실을 모두 부인하고, 따라서 사물의 근저에 있는 본질보다 표면을 낮게 평가하는 '심층 모델' 해석도 모두 거부한다는 점에서 그렇다. 보드리야르는 "참된 세계에 대한 믿음을 용납한 가설을 모두 타도하라"고 외친 니체의 말을 지지하며 인용한다.[76] 보드리야르의 주장에서 독특한 점은 니체가 세계의 속성이라고 여긴 것(피상성, 양면성, 불안정성 같은, 모더니즘 예술에서 핵심적으로 중요한 속성들)을 보드리야르는 특정한 사회 발전 단계의 산물로 여긴다는 사실이다. "이제는 생산수단 소유가 아니라 부호code를 지배해서 모든 사회관계를 상징적으로 파괴한다는 것이 중요한 문제다. 이 점에서 자본주의 체제가 이룬 혁명은 산업혁명만큼 중요하다."[77] 따라서 "이제 자본의 세계적 과정은 복제(패션, 미디어, 광고, 정보, 의사소통 네트워크) 수준에 토대를 두게 된다. 즉, 마르크스가 자본의 비본질적 부분이라고 무시한 것의 수준에(여기서 우리는 역사의 아이러니를 볼 수 있다), 다시 말해 시뮬라크르와 부호의 영역에 토대를 둔다." 하이퍼리얼은 예술화한 세계다. "현실과 허구가 똑같이 작용하는 전체 안에서 서로 뒤죽박죽되는 오늘날, 예술적 매력은 도처에 존재한다. … 현실 자체에 예술적인 것(현실의 구조와 분리될 수 없는)이 완전히 스며들어 있어서, 현실은 그 이미지와 뒤죽박죽된다."[78]

보드리야르는 《아메리카》(1986)에서 미국을 가리켜 "오늘날 최후의 원시사회"이자 "모더니티의 원판"이라고 말했다. 즉, 그가 전에 묘사한 하이퍼리얼리티와 시뮬라시옹 경향이 모두 미국에서 완전히 실현되고 있다는 것이다. "미국 생활양식"의 독특한 성격을 잘 보여 주는 것이 바로 미국의 거대한 사막들이다. 왜냐하면 "사막은 모든 사회성, 모든 감상성, 모든 성애性愛가 제거된 숭고한 형식"이기 때문이다. 반짝거리는 표면의 땅, "평등·따분함·무관심이 참을 수 없을 만큼 발전한" 미국에서 프랑스 포스트구조주의의 '반反유토피아', 즉 "비이성적이고, 탈영토화하고, 주체와 언어가 모호하고, 모든 가치가 중립적이고, 문화가 죽어 버린" 반유토피아가 실현됐다. 바로 여기에 미국과 유럽의 차이가 있다. 즉, "우리[유럽]는 겨우 꿈이나 꾸고 가끔 행동에 나설 뿐이다. 그러나 미국은 생각할 수 있는 모든 것에서 논리적·실용적 결론을 끌어낸다." 유럽(더 정확히 말하면 유럽의 지식인)은 여전히 "1789년 혁명"의 흔적, 즉 "역사의 도장, 국가와 이데올로기의 도장" 자국이 남아 있어서 "모더니티의 불행한 의식" 노릇을 하고 있는 반면, 미국은 이 모더니티를 아주 거리낌 없이 실현했다. "이런 의미에서 미국은 순진하고 원시적이다. 미국은 개념의 아이러니를 알지 못하고, 유혹의 아이러니도 알지 못한다. 미국은 미래나 운명을 풍자하지 않고, 오히려 운용하고 실현한다." 미국을 설명하는 보드리야르의 주장은 일종의 '고결한 야만인 신화'로서, 미국인을 순진하고 무지하고 분별없고 잔인하다고 보는 유럽인들의 전형적 견해를 받아들이면서도 이 견해에 대한 보통의 가치판단을 뒤집어서, 유럽인들은 여전히 모더니티의 본질이라는 문제의식에 사로잡혀 있고 현실을 비판하거나 유토피아적 정치 목표를 추구하는 데 몰두하는 무능한 구경꾼이라고 낙인을 찍는 반면, 미국인들은 자신의 꿈(과 악몽)을 꾸면서 실용적으로 살아간다고 본다. 그러나 보드리야르처럼 이렇게 미국과 유럽을 근본적으로 대조시키는 것은 놀라울 만큼 진부한 주장이고, 지난 150여 년 동안 쏟아져 나온 수많은 피상적 저작의 핵심 내용이다. 더욱이, 보드리야르는 미국의 '하이퍼리얼리티'를 너무 열렬히 예찬하다가 가끔은 노골적인 미국 옹호론으로 빠지기도 한다. 그래서 예컨대 "뉴욕에는 경찰이 없다"는 말까지 하는데,[79] 바로 그 뉴욕의 경찰이 최근에 인종차별적 행동과 야만적 폭력으로 악명을 떨치고 있다.

보드리야르 분석의 귀결은 일종의 지적 댄디즘을 허가하는 것이다. 모더니즘 예술 작품의 속성을 지닌 세계에서, 급진적 지식인은 이론적 탐구라는 전통적 과제를 포기해야 한다. 즉, 겉으로 드러난 것의 원인이 되는 근본적 구조를 규명하려고 애쓰지 말아야 한다. "현실적인 것과 이성적인 것 사이에 비판적·사변적 거리가 더는 존재하지 않는" 세계에서 비판은 아무 의미가 없다.[80] 남은 것은 오직 순수문학*뿐인데, 《아메리카》에서 그랬듯이 순수문학에서는 허울뿐인 이론적 명제들이 진부한 통찰과 뒤섞인다. 보드리야르의 최근 저작은 자크 부브레스가 말했듯이 "적절한 철학적 논증의 부재를 문학적 효과로 보상하고 적절한 문학적 재능의 부재를 철학적 허세로 보상하려고 애쓴, 그래서 성공의 수준이 매우 상대적인 작품 유형"의 극단적 사례다.[81] 이렇게 철학과 순수문학 사이를 오락가락하다 보니 니체 전통에 고유한 문제, 즉 보드리야르 자신의 담론은 어떤 지위나 상태에 있는가 하는 문제가 은폐된다. 보드리야르가 쓴 어떤 구절들은 시뮬라시옹을 실제로 일어난 일처럼 다룬다. 예컨대, "[현실 자체에 예술적인 것이] 완전히 스며들어 있어서, 현실은 그 이미지와 뒤죽박죽된다." 이것은 마치 이미 존재하는 세계에서 구조적 변화(이미지와 현실의 뒤죽박죽 같은)가 일어났다는 말처럼 들린다. 그렇다면 우리는 이런 변화를 분석할 수 있을 것이고, 이런 변화가 보드리야르의 주장만큼 대단치 않을 가능성이나 실제 사건들이 이런 변화 자체를 앞지를 가능성을 탐구할 수 있을 것이다. 즉, 하이퍼리얼리티 자체도 폐지될 수 있을까? 어떻게 그럴 수 있을까? 이 비교적 취약한 주장과 대립하는

---

* belles letters. 철학·역사학 등을 포함하는 넓은 의미의 문학에 대비해 시·소설·희곡 등의 문학을 이르는 말. 프랑스어의 원래 뜻처럼 '아름다운 글'이라는 의미로 쓰이기도 한다.

생각은, 현실이 이미지로 대체되는 것이 하이퍼리얼의 본질적 특징임을 감안하면, 우리가 더는 이미지와 무관한 현실을 일관되게 말할 수 없다는 것이다. 그러나 이것이 사실이라면, 어떻게 보드리야르는(또는 시뮬라시옹 안에 갇힌 어느 누구라도, 어쩌면 우리 모두) 하이퍼리얼의 본질을 설명하거나 현실에서 하이퍼리얼로의 전환을 서술할 수 있는가? 보드리야르는 니체 사상의 특징인 딜레마에 빠져 있다. 즉, 오늘날의 세계는 이론적 탐구가 어울리지 않는다는 것을 이론적 탐구의 가설과 방법에 의존하지 않고 어떻게 입증할 수 있는가?(3장 3절 참조) 하버마스가 말했듯이, 이런 '실행 모순'을 피할 수 있는 방법 하나는 철학과 문학의 구분을 무너뜨리는 것이다. 왜냐하면 "논리학이 전통적으로 수사학보다 우월했던 그 지위를 잃는다면, 일관성 요구는 … 그 권위를 잃거나 적어도 다른 요구들(예컨대, 미학적 성격의 요구)에 종속되기 때문이다." 데리다와 마찬가지로, 보드리야르의 예술지상주의도 니체식 이성 비판이 해결하지 못한 난제를 회피하려는 시도다.[82]

"이제 자본의 세계적 과정은 … 시뮬라크르와 부호의 영역에 토대를 두게 된다"는 보드리야르의 주장을 순전히 경험적 명제로 취급하게 되면, 5장 1절과 3절에서 제기한 비판들에 취약해진다. "복제(패션, 미디어, 광고, 정보, 의사소통 네트워크)" 현상이 확산되려면 물질적 생산이 엄청나게 증대해야 한다. 즉, 이미지가 널리 유통되려면 다양한 물리적 생산물(텔레비전, 비디오, 위성방송 수신 안테나 등)이 있어야 한다. 더 근본적으로, 사람들은 MTV만으로는 살 수 없고, 의식주 같은 일상적 필요가 계속 충족돼야 한다. 따라서 생산을 조직하고 통제하는 일이 여전히 사회의 성격을 결정하는 중요한 요인이 된다. 보드리야르의 주장들은 너무 단순하지만, 여전히 답해야 할 주장이 하나 남아 있다. 지난 20년 동안 문화적으로 질적인 단절이 있었는가? 즉, 멍하니 텔레비전을 보며 자기도취에 빠진 바보들의 지옥으로 우리를 떨어뜨린 그런 단절이 있었는가? (하이퍼리얼리티나 시뮬라시옹 같은) 보드리야르의 범주들이 서구 문화에서 갑자기 일어났다는 변화를 이해하는 개념으로 적절치 않다고 하더라도 이 물음 자체는 여전히 무시할 수 없다. 이와 관련된 복잡한 문제들을 이 짧은 지면에서 다 다룰 수는 없고, 몇 가지만 짚고 넘어가겠다.

하나는 오늘날 평론가들이 탐지한 새로운 문화 경향들을 과장하는 것은 틀렸다는 점이다. 그래서 리처드 세넷은 자기도취적 자아(자신과 세계의 경계를 알지 못하고 자신의 욕망을 당장 만족시키려 하는)와 더 광범한 맥락에서 '친밀한 사회'(사회관계는 개성을 표현하는 구실에 불과한)의 기원은 19세기 유럽의 인간미 없는 공적 생활이 점차 붕괴한 데서 찾을 수 있다고 주장했다. 세넷은 "18세기 말의 대혁명들과 그 뒤 각국에서 산업자본주의가 성장함에 따라 공적 생활과 사적 생활의 개념이 근본적으로 바뀐" 이유는 세 가지 주요 요인 때문이라고 본다. 첫째, 산업 자본주의의 발전 자체가 끼친 영향이다. 예컨대, "자본주의는 19세기 부르주아 사회에서 모든 것을 사적인 것으로 만드는 압력을 가했는데" 이 때문에 "끔찍한 사회에서 벗어날 피난처"로 핵가족이 부각됐다. 둘째, "[초월적인 것이 아니라] 내재적인 것[을 바탕으로 한 세속주의] 개념"이 생겨나서 "내재적인 것, 순간적인 것, 실제적인 것 자체가 현실이 됐으므로" 굳이 이를 "이해하기 위해 기존 도식"에 따라 해석할 필요가 없어졌다. 셋째, "특별한 종류의 경험, 즉 낯선 사람들 사이에서 지내거나 더 중요하게는 서로 낯선 사람이 되기로 작정한 사람들 사이에서 지내는 경험을 통해 … [이상적 가족 생활 ― 캘리니코스]의 부담에서 벗어날 수 있는" 영역으로 공적 생활이 변모했는데, 이 변모한 공적 영역에서는 수동적 대중이 말없는 구경꾼처럼 소수(보들레르가 말한 '거리의 산책자', 낭만주의 예술가, 정치 지도자)의 과장된 개성 표현을 그저 지켜보기만 한다. 그런데 오늘날의 친밀한 사회는 이 공적 영역조차 폐지하기에 이른다. 그래서 정치는 '카리스마적' 지도자의 개성이 전자 매체를 통해 대중에게 전달되는 수단으로 전락한다. 이런 전자 매체는 대중을 철저하게 수동적이면서도 대체로 서로 고립되게 만든다. 그러나 이런 현상들은 19세기에 공적 생활이 개성 표현의 수단으로 변모한 결과다. "공적 생활 속 개성은 일종의 형용모순이었다. 그것은 결국 공적 생활을 파괴했다. … 따라서 공적 생활에 대한 믿음의 종말은 19세기 부르주아 문화와의 단절이 아니라 그 문화의 확대·심화다."[83]

따라서 오늘날의 자기도취적 개인주의는 역사적으로 뿌리가 깊다는 주장이 설득력 있다면, 현재 형태의 문화 과정을 이론화하는 특정 방식이 존재한다는 사실도 지적해 둘 만한데, 그것은 마르크스의 상품 물신성 개념에서 유래한 이론이다. 마르크스는 상품생산이 일반화한 체제, 즉 특정 기업들의 생산이라는 사회적 행위가 시장에서 노동생산물의 유통을 통해 매개되는 체제에서는 "사람들 사이의 일정한 사회적 관계가 … 사물들 사이의 관계라는 환상적 형태로 나타난다"고 주장했다.[84] 데이비드 프리스비는 어떻게 상품 물신성 개념이 20세기 초 독일의 가장 중요한 문화비평가 몇 사람에게 중심 사상을 제공했는지를 보여 줬는데, 그중에는 발터 벤야민이나 지크프리트 크라카우어 같은 마르크스주의자뿐 아니라 게오르크 지멜 같은 사람도 있었다. 지멜의 책 《돈의 철학》의 어떤 부분들은 "마치 마르크스의 경제학 논의를 심리학의 언어로 옮겨 놓은 듯하다"고 말한 평론가도 있었다.[85] 지멜·크라카우어·벤야민은 모두 현대의 도시 자본주의가 출현한 결과로 발전하기 시작한 새로운 지각 방식에 집중했다. 정말 놀라운 것은 그들의 많은 통찰이 오늘날의 상황에도 잘 들어맞는다는 점이다. 극히 개인주의적이고 주관적인 문화에서 스타일은 사람들이 서로 거리를 유지하면서도 공통점을 발견하는 수단이라고 지적한 지멜의 글은 비록 20세기 초에 쓰였지만 마치 1980년대를 염두에 두고 쓴 듯하다.[86] 벤야민도 다음과 같이 말했다. "새로움이라는 것은 상품의 사용가치와 무관한 속성이다. 새로움은 집단적 무의식이 만들어 내는 이미지에서 빼놓을 수 없는 환상의 원천이다. 새로움은 허위의식의 정수이고, 유행은 이 허위의식을 줄기차게 대변한다. 새로움이라는 이 환상은 마치 한 거울이 다른 거울에 비치듯이 항상 동일한 것이라는 환상에 비쳐 나타난다."[87] 아무리 '혁신적인 제품'도 시간이 흐르면 더는 '최신 제품'이 아니라 끝없이 이어지는 상품들 가운데 그저 한 품목에 불과하게 되듯이, 상품 교환은 차이를 동일성으로 만들어 버린다. 이것은 비록 벤야민이 19세기의 파리를 보고 얻은 통찰이지만, 해럴드 로젠버그가 말한 "새로운 것의 전통"이 지배하는 문화에도 여전히 적용할 수 있다.

그 뒤에도 상품 물신성 개념을 이용해 20세기 자본주의 문화를 이해하려는 노력이 두 가지 더 있었다. 하나는 물론 호르크하이머와 아도르노가 '문화 산업'을 비판한 《계몽의 변증법》이고, 다른 하나는 1960년대에 기 드보르를 비롯한 상황주의 운동* 활동가들이 발전시킨 분석이다. 드보르는 《자본론》의 첫 문장을 패러디해서 다음과 같

* 상황주의 인터내셔널(1957~72)을 결성한 아방가르드 예술가들, 지식인들, 정치이론가들이 생활과 예술의 분리를 극복하기 위해 일상성을 파괴하고 자본주의 사회를 폐지하자고 주장하며 벌인 아나키즘적 사회운동.

이 썼다. "현대식 생산 조건이 지배하는 사회에서는 삶 전체가 스펙타클의 엄청난 축적으로 나타난다." 스펙타클은 "그 구체적 형태가 무엇이든 간에, 즉 정보든 선전이든 광고든 직접적 오락이든 모두 이미지로 매개된 사람들 사이의 사회적 관계"로 봐야 한다. 따라서 "스펙타클의 사회"는 "상품 물신성 원리"의 "절대적 실현"이다.[88] 그런데 보드리야르는 상황주의자들의 영향력을 인정하면서도 그들의 사상을 거부한다. "우리는 더는 … 스펙타클의 사회에 살고 있지도 않고, 스펙타클 사회가 함축하는 특수한 형태의 소외나 억압 속에 있지도 않다."[89] 그 이유는 아마 소외나 억압 같은 개념이 소외되거나 억압당하는 것의 존재를 전제하기 때문일 것이다. 드보르는 스펙타클의 사회에서는 사회관계가 왜곡된다고 강조한다. 그래서 "전 세계의 사회적 실천이 현실과 이미지로 분열돼 있다"고 썼고, "진정 거꾸로 뒤집힌 세계에서, 참은 거짓의 계기"라고 말했다.[90] 이 모든 것은 보드리야르가 한사코 반대하는 것인데, 왜냐하면 보드리야르가 볼 때 현실과 이미지, 참과 거짓은 시뮬라시옹의 하이퍼리얼 세계에서 완전히 뒤죽박죽되기 때문이다.

그러므로 마르크스의 상품 물신성 이론에 바탕을 둔 전통은, 마르크스가 말한 '인간 해방'을 위한 투쟁의 일환으로 기존 현실을 비판한다는 사상에 충실한 전통이다. 나는 이 전통을 지속할 만하다고 생각하지만, 그렇다고 해서 이 전통을 따르는 사람들의 이론적 주장을 모두 또는 대부분 무비판적으로 인정한다는 말은 결코 아니다(아도르노와 호르크하이머는 상품 물신성 개념에 내재한 위험, 즉 시장이 작동하기만 하면 대중은 무의식적으로 자본주의를 받아들이게 된다고 생각하는 경향을 극단적으로 보여 줬다).[91] 또, 상품 물신성 이론을 지지하는 사람들이 내린 정치적 결론(초기 프랑크푸르트 학파의 비관적 퀴에티슴*이든 아니면 상황주의자들의 초좌파적 평의회 공산주의든 간에)을 받아들인다는 말도 아니다. 그렇지만 사회적 의식의 변화를 일상생활 속에 침투한 시장 관계와 연관시키려는 노력의 장점 하나는, 종말론적 문화 비판을 사회·경제 과정의 실증적 탐구에 종속시킨다는 것이다.

이런 맥락에서, 조절학파가 발전시킨 포디즘 개념을 잘 활용할 수 있다. 물론 포디즘 개념의 설명력은 제한적이다. 왜냐하면 자본주의가 장기 호황 때 이윤율 저하 경향을 상쇄시킬 수 있었던 수단이 무엇이었는지, 그리고 이런 수단이 1930년대와 1970년대에는 왜 효과가 없었는지를 만족스럽게 설명하지 못하기 때문이다.[92] 더욱이, 앞서 3절에서 봤듯이 포디즘 이론가들은 (그리고 포스트포디즘 이론가들은 더욱더) 포디즘 특유의 생산기술이 널리 퍼진 정도를 과장하는 경향이 있다. 그러나 대량생산과 대량소비의 결합이 20세기 자본주의의 핵심 특징이라는 것은 여전히 사실이다. 아글리에타는 일상생활의 체계적 상품화가 포디즘의 결과라고 주장했다. "포디즘 때문에 … 상품 관계가 일반화해서 소비 관행을 지배하기에 이르렀다. 포디즘은 자본주의가 만들어 낸 소비 양식이었다. 왜냐하면 소비에 시간을 쏟게 되면서, 상품을 개인적으로 사용하는 밀도가 높아졌고 상품과 무관한 인간관계는 피폐해졌기 때문이다." 아글리에타는 포디즘이 만들어 낸 "소비 규범을 지배하는 상품은 두 가지"라고 주장했다.

---

* quietism. 원래는 17세기에 스페인의 몰리노스 신부 등이 주창한 가톨릭 신비주의에서 유래한 말로, 그리스도교에서 인간의 자발적·능동적 의지를 최대한 억제하고 신의 힘에 전적으로 의지하려는 수동적 사상을 뜻하는데, 흔히 상황을 바꾸려 하지 않고 묵묵히 그대로 받아들이는 삶의 자세를 가리키는 말로 쓰인다. 정적주의靜寂主義·수용주의라고도 한다.

"하나는 개인적 소비의 특권적 장소인 규격 주택*이고, 다른 하나는 집과 작업장의 분리를 가능하게 해 주는 교통수단인 자동차다." 두 상품 모두(물론 특히 자동차가) 대량생산 기술에 적합했다. 규격 주택과 자동차를 구입하려면 "금융의 광범한 사회화", 즉 새로운 또는 크게 확대된 신용 형태(할부 구매, 담보 대출 등)가 필요했다. 더욱이, "대량소비 과정의 두 기본 상품이 만들어 낸 보완 효과로 상품이 엄청나게 확대됐는데, 사용가치의 체계적 다양화가 이를 뒷받침했다." 마지막으로, 포디즘식 대량소비에는 "기능미('디자인')의 창출"이 필요했다. 즉, 표준화한 대량생산 기준에 맞게 사용가치도 조정돼야 했다.

> 기능미는 대상과 개인 사이의 현실적 관계를 상상의 관계와 겹치게 만들었다. 기능미는 자본주의 상품 세계를 뒷받침하며 일상생활 용품의 공간을 창출하는 데 만족하지 않고, 광고 기술을 통해 이 공간의 이미지를 만들었다. 이 이미지는 소비 지위의 대상화로 나타났는데, 개인은 이 소비 지위를 자신의 외부에서 인식할 수 있다. 사회적 인식 과정은 외부화하고 물신화했다. 개인은 처음에 자신의 사회적 지위에 맞는 주체로 서로 알게 되지 않았다. 개인은 모두 어떤 외부의 힘을 통해, 즉 마치 '소비하는' 로봇인 양 묘사하고 전파하는 외부의 힘을 통해 서로 알게 됐다.[93]

아글리에타의 주장에서 기능주의가 두드러지는 것은 사실이지만,

---

* standardized housing. 일정한 치수에 따라 표준화한 부재(구조물의 뼈대를 이루는 데 중요한 요소가 되는 각종 재료)나 부품을 조립해 대량생산할 수 있도록 된 주택.

그가 호르크하이머·아도르노·상황주의자들이 모두 집중한 문화 현상을 자본주의의 특정 변화와 연관시킨다는 점은 시사적이다. 포스트모더니티 이론가들이 다뤄야 할 문제 하나는, 새로운 역사적 시대가 도래했다는 주장을 정당화할 또 다른 질적 변화가 지난 20년 사이에 일어났는가 하는 점이다. 대니얼 벨조차 이런 변화를 과장해서는 안 된다고 경고한다.

> 개인의 일상생활이라는 측면에서 보면, 미래에는 변화의 속도가 더 빨라질 것이라고 사람들이 생각하기 시작한 이래로 1850~1940년(철도·증기선·전신·전기·전화·자동차·영화·라디오·비행기가 도입된 시기)보다 더 많은 변화를 경험한 시기는 없었다. 사실, 내가 나열한 항목 중에 텔레비전보다 더 개인의 일상생활에 중요한 영향을 미친 혁신은 없다.[94]

텔레비전은 중대한 예외라고 말하는 것은 당연할지 모른다. 그러나 텔레비전이 널리 확산되자, 이미 진행 중이던 모든 것을 사적인 것으로 만드는 경향(직장 밖 생활의 주요 초점인 가정이 고립되는 것)과 이미지가 사회생활로 침투하는 경향이 대체로 더 강해졌다는 것은 분명하다(이 점은 1940년대에 호르크하이머와 아도르노가 쓴 저작들이 잘 보여 준다). 그리고 어떤 차원을 선택하느냐에 따라 변화의 방향도 달라진다는 것은 당연하지 않을까? 예컨대, 텔레비전 시청이 영화 관람보다 더 사적이기는 하지만 더 능동적일 수 있다는 점에서 말이다. 대중이 자폐증 환자처럼 텔레비전 시청에 몰입한다는 이미지는 사회 세계 자체를 보여 주는 것만큼 지식인들의 편견도 보여 준다.

이와 대조적으로, 리포베츠키는 때때로 비관적 문화 비판의 정반대 편에 서 있는 듯하다. 그가 포스트모더니티를 설명한 것을 보면, 대부분 보드리야르와 (똑같지는 않더라도) 비슷하지만 해석은 사뭇 다르다. 포스트모던 시대의 특징은 "개인화 과정"인데, 이것은 "민주적·개인주의적 모더니티의 작용이 다른 수단에 의해 지속되는 것"이다. 마르크스가 아니라 토크빌을 따르는 리포베츠키는 포스트모던한 '유혹'이 행위자를 소외와 수동성에 빠뜨리는 것은 아니라고 생각한다. 오히려

> 개인은 항상 선택하고, 주도력을 발휘하고, 뭔가를 알아내고, 자신을 시험하고, 젊음을 유지하고, 가장 단순한 행동도 심사숙고할 수밖에 없다. 즉, 어떤 자동차를 살지, 어떤 영화를 볼지, 어떤 책을 읽을지, 어떤 체제나 치료법을 따를지 등을 고민할 수밖에 없는 것이다. 소비를 하려면 개인은 스스로 책임을 져야 한다. 즉, 소비는 개인을 책임감 있는 존재로 만든다. 스펙타클의 사회, 수동성의 사회에 대한 혹평과는 반대로, 소비는 불가피한 참여 시스템이다.[95]

여기서 리포베츠키는 자신의 주장과 달리, 후기 자본주의에서 소외가 존재하지 않는다는 것을 입증하기보다는 그런 소외를 더 정확히 묘사하는 듯하다. 그 자신의 설명대로라면, "개인화"는 사적 생활에 열심히 투자하는 것이고 공적 영역을 순전히 껍데기로 만들어 버리는 것이다. 마키아벨리에서 루소와 마르크스까지 이어지는 고전적 민주주의 전통은 자유를 말할 때, 서로 경쟁하는 다국적기업이 공급하는 다양한 상품 가운데 선택할 수 있는 능력(물론 계급 지위와 소득에 따라 제한되는)보다는 더 포괄적인 뭔가를 염두에 뒀다. '소외'는 이 사적 행위와 공적 무관심의 사회를 압축적으로 보여 주기에

딱 맞는 용어인 듯하다.

따라서 후기 자본주의 문화는 20세기 내내 존재한 추세들의 연속이라고 주장할 법도 하다. 홉스봄은 기술(똑같은 "기본 도구, 즉 소리와 활동사진의 기계적 복제"를 사용하는)과 대량소비 시장('문화 산업'의 특징)의 결합은 19세기 말 '제국의 시대'에 처음 나타났다고 말했다.[96] 어쩌면 일상생활의 상품화에서 결정적 계기는 양차 대전 사이에 (특히 미국에서) 포디즘이 출현했을 때(물론 포디즘의 불균등한 영향은 어디서나 찾아볼 수 있다) 그리고 1945년 이후 포디즘이 확고해진 시기에 찾아왔다. 바로 이런 맥락에서, 2장 말미에서 다루다 만 모더니즘의 운명 문제를 다시 살펴볼 수 있겠다.

5.5 모더니즘의 상품화

제2차세계대전이 끝나자 모더니즘을 만들어 냈던 독특한 역사적 국면도 끝났다. 즉, 기존 체제들을 혼란에 빠뜨렸을 뿐 아니라 근본적으로 다른 미래를 종말론적으로 암시한 산업자본주의의 불균등·결합 발전 국면도 끝난 것이다. 전후 서구 자본주의가 안정되고 성장하자, 예술과 생활의 분리를 극복하려는 꿈을 꿨던 아방가르드들은 갈 곳을 잃게 됐다. 페리 앤더슨은 다음과 같이 썼다. "오늘날 서구 예술가들이 처한 전형적 상황은 … 현재가 끝없이 되풀이될 뿐, 과거를 마음대로 갖다 쓸 수도 없고 미래를 상상할 수도 없는 닫힌 지평이라 할 수 있다."[97] 이런 상황은 모더니즘에 어떤 영향을 미쳤는가? 당장 몇 가지 변화를 지적할 수 있겠다. 하나는 자율적이고 추상적인 예술 작품이 다시 강조됐다는 것이다. 미학은 이런 변화를 잘 보여 준다. 예컨대, 아도르노는 몽타주를 강조한 벤야민과 브레히트를 비판하면서, 몽타주는 "작품의 외부에서 이미 만들어진 재료를 받아들인다는 점에서 순응적 비합리주의의 잔재라고 비판받을 수 있"는 반면, [몽타주 원칙이 필연적으로 옮겨 가게 될] "구성"의 원칙은 "재료와 요소들을 하나의 작품 속에 끌어들여 해체한다"고 했다.[98] 진정으로 비판적인 예술은 스스로 사회생활 속으로 해소되려 하지 않고, 오히려 그 균열된 구조 속에서 현실(소외되고 억압적인)과 예술 사이의 거리를 표현하고 현실 자체에 대한 거부도 표현하려 한다. 1939년에 클레멘트 그린버그가 아방가르드 예술과 대중문화를 구분하는 유명한 말을 처음으로 했을 때, 즉 전자는 순수한 추상 형식을 위해 사회 참여에서 도피하고 후자는 저속하고 진부하며 상업적이라고 했을 때, 그는 "이제 살아 있는 문화를 조금이라도 보존하려면" 사회주의밖에 대안이 없다고 생각한 트로츠키주의자였다.[99] 1945년 이후 혁명의 기대가 모두 사라지자 그린버그의 구분은 새로운 형태의 '예술을 위한 예술'을 정전화하는 데 기여했다. 모더니즘 작품을 탐욕스럽게 요구하는 뉴욕의 미술 시장과 냉전이 득세하는 분위기에서 그린버그와 또 다른 옛 트로츠키주의자 비평가인 해럴드 로젠버그가 추상표현주의의 주요 옹호자가 된 것이다. 그들은 추상표현주의 작품이 화가의 개인적 소외를 표현한다고, 즉 더는 변화를 받아들이지 않는 세계에서 화가가 겪는 소외를 표현한다고 해석했다.[100]

그런 추상으로의 도피도 모더니즘 예술이 [체제에] 통합되고 상품화하는 것을 막지는 못했다. 아도르노 자신은 "현대 예술을 위협하는 가장 심각한 위험은 전혀 위협하지 않은 예술이 돼 버렸다는 사실"이라고 생각했다.[101] 이런 위험이 드러나는 형태 하나는 러셀 버먼이 "진부한 충격"이라고 부른 것이다.[102] 페터 뷔르거는 아방가르드 예술가가 일부러 모순된 작품을 만들어서 사람들에게 충격을 준 의도는 "작품을 감상하는 사람이 자신의 생활 방식에 문제가 있고 따라서 그것을 변화시켜야 한다는 사실을 깨닫게 하려는 것이었다"고 주장한다. 그러나 "충격만큼 그 효과가 빨리 사라지는 것도 없다. 왜냐하면 충격이라는 것은 그 본질상 한 번뿐인 경험이기 때문이다. 충격이 반복되면, 근본적으로 충격이 아니게 된다. 예상된 충격 같은 것도 있다. … 그런 충격은 '소비'되는 충격이다." 모더니즘이 고급 문화의 표준이 됐듯이, 아방가르드 운동이 예술 제도 자체를 전복하려고 사용한 기법들도 재활용됐다. 뷔르거는 다음과 같이 말한다.

> 오늘 어떤 예술가가 난로 연통을 전시회에 보낸다고 하더라도, 그것은 뒤샹이 기성품을 이용해 저항한 것만큼 강렬하지는 않을 것이다. 뒤샹의 〈소변기〉는 예술 제도를(미술관이나 전시회 같은 구체적 조직 형태를 포함해서) 파괴하려는 의도가 있었던 반면, 난로 연통을 발견한 예술가는 자신의 '작품'이 미술관에서 전시될 것을 요구한다. 따라서 아방가르드의 저항은 정반대로 바뀌고 말았다.[103]

고급 예술을 위해 구제된 모더니즘 기법들은 즉시 시장에 통합될 수 있었다. 물론 이것은 결코 새로운 현상이 아니었다. 예술 작품이 상품으로 바뀌는 것은 종교적 목적에 종속돼 있던 예술이 해방되기 위한 전제 조건이었기 때문이다. 그러나 특히 그림의 상품화는 제2차세계대전 후 새롭게 최고 수준에 이르렀다. 예술품 투자는 1980년대 중반 증권시장 호황기에 당연히 절정에 달했으며, 심지어 주가 폭락 뒤에도 계속됐다. 개별 작품이 천문학적 가격에 팔렸다. 예컨대, 1987년에 반 고흐의 〈해바라기〉는 3990만 달러에, 〈붓꽃〉은 5390만

달러에 팔렸다. 어쩔 수 없이 예술가들은 새로운 상황에 스스로 적응했다. 이 점을 가장 잘 보여 주는 사람이 앤디 워홀인데, 그는 "사업을 잘하는 것은 가장 매혹적인 예술"이라고 단언했다.[104] 죽고 나서 위대한 예술가로 평가받을(그리고 작품이 경매에서 비싸게 팔릴) 것이라는 확신에 만족하지 못하는 사람들에게 "사업을 잘하는 것"은 한마디로 높은 매출액이었을 것이다. 배리 X 볼이라는 맨해튼의 젊은 예술가는 최근 다음과 같이 말했다. "이 시스템은 작품을 소량 생산하는 사람에게는 맞지 않다. 작품을 빨리 만들어 내라는 압력이 끊이지 않는다. 이런 압력 때문에 내 작업 방식이 바뀌었다. 이제는 실수하는 것조차 용납되지 않는다. 작품을 오래 들여다볼 수도 없다. 그렇게 심사숙고하지도 않는다."[105]

그러나 모더니즘 예술이 체제에 통합된 가장 중요한 분야는 건축이었다. 칼 쇼르스케는 19세기의 가장 위대한 도시 재건 사례 가운데 하나, 즉 1870~80년대에 [오스트리아·헝가리의] 자유주의 정부가 빈의 옛 성벽을 허물고 그 자리에 링슈트라세*를 건설한 것을 두고 다음과 같이 말했다. "다른 곳과 마찬가지로 오스트리아에서도 승리를 거둔 중간계급[부르주아지]은 법률과 과학 분야에서는 과거와 단절하겠다고 선언했다. 그러나 건축에서 자신들의 가치를 표현하려 할 때는 늘 역사 속으로 후퇴했다." 그래서 시청은 고딕 양식으로, 의사당은 고전파 양식으로, 대학교는 르네상스 양식으로 지어졌다.[106] 20세기 중엽의 부르주아지는 모더니즘 건축가들이 만들어 낸 국제주의 양식이라는

---

* Ringstrasse. 고리 모양의 거리라는 뜻으로 빈의 옛 도심을 빙 둘러서 건설된 순환도로를 가리키는데, 이 도로를 따라서 국회의사당·시청·증권거래소 등 각종 관공서, 금융기관, 대학교, 박물관, 호텔이 들어서 있는 빈의 중심가다.

독특한 미학적 수단 덕분에 건축 환경에 자신들의 흔적을 남길 수 있게 됐다. 미스 반데어로에의 경력은 이 과정을 상징적으로 보여 준다. 바이마르공화국이 몰락하던 시기에 바우하우스의 마지막 교장을 지낸 미스는 케네스 프램프턴이 "대칭적 기념비성"이라고 부른 양식을 발전시켰는데,* 이 양식은 "1950년대에 미국의 건설 산업과 그 기업 고객들이 폭넓게 채택한 매우 합리적인 건축 기법에서 절정에 달했다. … 미스의 양식은 공공성을 의식하는 건축주에게 권력과 권위의 완벽한 이미지를 제공했다." 아마 가장 좋은 사례는 뉴욕 맨해튼에 건설된 시그램 빌딩일 것이다.[107] 자본은 그때까지 갖고 있지 않던 건축의 언어를 모더니즘 덕분에 얻게 된 것이다.

따라서 우여곡절 끝에 자율적 예술을 위한 아방가르드 기법들이 복원되는 과정은 모더니즘이 자본의 순환에 통합되는 과정이기도 했다. 이런 발전은 또, 훨씬 더 광범한 과정, 특히 버먼이 "예술과 생활의 거짓 지양"이라고 부른 과정과 연결돼 있었다.[108] 어찌 보면, 예술과 생활의 재통합이라는 아방가르드의 목표가 실현됐지만 왜곡된 형태로 실현된 셈이다. 왜냐하면 생활, 즉 자본주의 사회는 전혀 변하지 않았기 때문이다. 여기서 중요한 것은 '고급' 문화와 대중 문화의 상호 침투(예컨대, 텔레비전 시리즈 〈블루문 특급〉에서 브레히트의 소외 효과 기법이 빈번히 쓰이는 것)가 아니다. 왜냐하면 그런 상호 침투에서 특별히 새로운 것은 아무것도 없기 때문이다(독일 표현주

---

* 프램프턴은 1920년대에 '부정형의 비대칭적' 구성을 추구하던 미스가 1933년 독일 국립은행 현상 설계 응모를 계기로 기술의 특성과 함께 '기념비성을 표현하는 형식과 대칭적 구성'을 강조하는 경향으로 바뀐다고 본다. 특히 1937년 미국으로 이주한 후 건축한 대도시의 고층 빌딩(높은 기념탑 같은)에서 그런 경향이 잘 드러난다고 한다.

의 영화에서 유래한 기법을 사용하지 않는 누아르 영화를 상상할 수 없듯이). 이미지와 소리가 일상생활 속에 널리 퍼졌다는 사실이 중요하다. 물론 여기서 결정적으로 중요한 것은 문화 산업의 다양한 측면이다. 예컨대, 모더니즘 예술 작품이 광고에 사용되는 방식을 보면 아주 흥미롭다. 그래서 마그리트의 그림에서 가져온 이미지들이 대중매체의 상투적 표현이 돼, 예컨대 영국의 주택 대출 전문 금융회사의 금리를 홍보하는 데 사용된다.

버먼은 다음과 같이 주장한다. "지배 체제의 통제가 기계화함에 따라 예술은 정치의 확장이 된다. 골목 구석구석까지 물샐틈없이 감시하는 경찰도 어디에나 존재하는 음악의 경쟁 상대는 되지 못한다." 그런데

> 가장 낭만적 예술인 이 음악은 흔히 의사소통을 제거하고 개인의 저항을 분쇄하며 오히려 아름다운 집단의 환상, 즉 독재정치의 만장일치처럼 한마음으로 노래 부르는 합창단의 환상을 만들어 낸다. 그러나 그것은 아무도 편하지 않은 거짓 집단이므로 가학-피학의 이율배반 속에서 끊임없이 붕괴한다. 즉, 한편으로 소형 휴대용 카세트의 자폐적 사이비 사생활과 다른 한편으로 대형 휴대용 라디오·시디·카세트 플레이어의 과대망상적 자기과시에 빠져든다. … 이 두 태도는 각각의 기술적 도구를 사용하는 집단의 사회적 지위와 반비례 관계에 있다. 즉, 가장 가난한 사람들의 음악 소리가 가장 크다.[109]

이런 발전, 즉 아방가르드 예술의 복원, 모더니즘의 체제 통합과 상품화, 예술과 생활의 거짓 지양이 이른바 포스트모던 예술의 출현과 관련된 이런저런 변화보다 훨씬 더 중요해 보인다. 뷔르거가 나열

하는 다음과 같은 추세들은 모두 포스트모더니즘의 본보기라고 흔히 주장되는 것들이다. "19세기 말 건축을 긍정적으로 평가하고, 따라서 근본적으로 현대 건축을 더 비판적으로 보는 태도, 고급 예술과 저급 예술이라는 엄격한 이분법의 완화(아도르노는 여전히 이 대립이 결코 화해할 수 없는 것이라고 생각했다), 1920년대 구상 회화에 대한 재평가. … 심지어 실험소설의 대표 작가들조차 전통 소설로 복귀하는 경향."[110]

예술적 감수성의 이런 변화가 모더니즘의 질적 단절을 나타낸다는 생각은 비판의 검증을 통과할 수 없다. 나는 이 점을 (1장에서 포스트모던 문화 전반에 관한 일반적 논의를 살펴볼 때 이미 주장한 바 있는데) 몇 가지 구체적 사례를 살펴보며 예증하려 한다. 비록 다음과 같은 짧은 몇 마디 말은 제대로 된 분석을 거칠게 요약하는 정도에 불과하겠지만 말이다. 예컨대, 구상 회화의 복귀를 보자. 뷔르거는 모더니즘을 매우 협소한 의미로 이해할 때만(예컨대, 앞서 봤듯이 모던 예술을 "충만한 형식의 … 원리"가 구현된 것으로 본 아도르노의 모더니즘 개념) 구상 회화의 복귀를 모더니즘과의 단절로 볼 수 있다고 주장했다. 그렇게 보면, "예술 소재의 발전이 나중에 내적 한계에 부딪힐 수 있다는 생각"을 하지 못하게 된다는 것이다. 뷔르거는 그 예로 피카소가 제1차세계대전 동안 입체파에서 신고전주의로 옮겨간 것을 드는데, 이 점은 1917년의 그림 〈안락의자에 앉은 올가〉를 보면 분명히 알 수 있다. "입체파 소재가 일관되게 지속될 가능성이 바닥날 수 있었을 것이라고 생각"한다면 이런 발전을 중요하게 여기겠지만, "아도르노의 미학으로는 이런 중요성을 깨달을 수 없다."[111] 이 점은 더 일반적으로 적용될 수 있을 것이다. 그린버그는 입체파가 회화에서 내용을 제거하고 절대적 형식을 추구한 반면, 초현실주의는

"주제만 빼고 반동적 경향을 복원하려 한 반동적 경향"이었다고 주장했다.[112] 그러나 신고전주의의 부활은 단지 초현실주의만의 특징이 아니라, 그로스와 딕스 같은 신즉물주의 화가들의 특징이기도 했다. 신즉물주의 화가들이 구상을 이용한 것은 1920년대 가장 혁신적인 아방가르드 운동의 일부라고 봐야 한다.[113] 아도르노와 그린버그가 추상에 특권을 부여한 것은 모더니즘에 대한 종합적 분석이라기보다는 문화 산업과 키치의 발전에 맞서 고급 문화의 파편들을 보존하려는 방어적 노력인 듯하다. 지난 20년 동안 화가들이 제2차세계대전 이후 도달한 극단적 추상에서 후퇴했다는 사실 자체가 획기적 변화인 것은 아니다. 왜냐하면 대표적인 포스트모더니즘 예술가로 칭송받는 일부 사람들(예컨대, 카를로 마리아 마리아니)조차 창작 과정 자체에 집착하는 모더니즘의 전형적 특징을 보여 주기 때문이다. 그린버그가 "모방하는 것을 모방하기"라고 부른 것이 최신 현대 예술에서도 여전히 매우 큰 비중을 차지하고 있는 것이다.[114]

그러나 포스트모더니즘이 가장 두드러진 분야는 건축이었다. 1970년대 초 이후 가장 재미있는 문화적 발전 가운데 하나는 건축 관련 논쟁의 정치화인데, 이 과정이 가장 멀리 나아간 곳은 아마 영국이었을 것이다. 왜냐하면 모더니즘의 침탈에 맞서 전통적 건축을 포퓰리즘적으로 옹호한 사람이 영국 왕세자였기 때문이다.[115] 건축 논쟁의 정치화는 지난 세대에 선진 자본주의 사회에서 일어난 공간 관계의 변화라는 맥락 속에서 봐야 한다. 전후의 주요 추세는 인구와 산업이 주요 대도시 밖으로 이전하는 것이었는데, 이 과정이 가장 멀리 나아간 곳은 도시 교외가 개발되고 투자가 국토의 북동부와 중서부에서 선벨트* 지역으로 이동한 미국이었다. 그러나 다른 나라, 예컨대 영국에서도 이 추세는 매우 중요했다.[116] 데이비드 하비는 이런 추세를 이른바 "수요 중시 도시화"가 출현하고 "케인스주의 도시"가 성장하는 과정의 일부로 봐야 한다고 주장했는데, "소비의 인위적 결과"인 케인스주의 도시의 "사회·경제·정치 생활은, 국가의 지원을 받고 빚을 내서 자금을 마련하는 소비를 중심으로 이뤄졌다"는 것이다. 따라서 교외화는 "자동차·석유·고무·건설 산업의 생산물을 소비하는 것을 사치가 아니라 필수로 만들기 위해 공간을 완전히 재구성해서 유효수요를 동원하는 것을 뜻했다." 미국에서 1960년대의 도시 위기는 장기호황의 혜택을 거의 누리지 못한 도시 주민들의 반란을 예고하는 전조였지만, 진정한 변화는 1973년 경기후퇴와 함께 시작됐다. 이 경기후퇴로 말미암아 "도시 정치가 공평과 사회정의를 버리고 효율성, 혁신, 실질 착취율 증대를 추구하게 되는 변화의 동력"이 생겨났기 때문이다.[117]

경제 위기가 도시에 미친 충격(1974~75년 뉴욕 시의 파산에서 극적으로 드러난) 때문에 도시화의 성격이 바뀔 수밖에 없었다. 이 위기의 대응 전략으로 하비가 지적한 것들 가운데 두 가지가 특히 중요해 보인다. 하나는 도시들이 "소비의 공간적 분할과 관련해서 경쟁적 지위를 강화하려고 저마다" 노력했다는 것이다. "1960년대의 대량소비가 1970~80년대에 더 소규모지만 더 차별적인 소비로 바뀌자 … 도시는 라이프스타일, 고급 문화, 패션의 영역에서 혁신적이고 흥미

---

* 미국 남부의 노스캐롤라이나 주에서 캘리포니아 주에 이르는, 북위 약 37도 이남의 따뜻한 지역. 태양이 비치는 지대라는 뜻으로, 일조 시간이 길어서 붙여진 이름이다.

롭고 창조적인 곳이 돼야 했다." 둘째, "도시 지역들은 … 대규모 금융기관과 정부의 핵심 지휘 통제 기능을 끌어오려고 서로 경쟁할 수 있다. 대규모 금융기관과 정부는 그 본성상 매우 중앙집권적이면서도 흔히 온갖 종류의 활동과 공간에 미치는 엄청난 권력을 갖고 있다. 도시들은 금융자본의 중심지, 정보 수집과 통제의 중심지, 정부 의사결정의 중심지가 되려고 서로 경쟁할 수 있다."[118]

이 두 전략은 결코 양립할 수 없는 것이 아니다. 오히려, 기업 본사와 은행과 증권회사가 집중된 도시는 주민 가운데 고소득 소비자층의 중추인 고임금 화이트칼라 노동자의 다수가 포함될 가능성이 크다. 이런 '포스트케인스주의 도시'가 발전하려면 주거 환경의 대대적 변화가 필요하다. 예컨대, 황폐해진 도심 지역에 고급 쇼핑몰을 짓고, 오피스 빌딩을 신축하고, 침체된 강변 지역을 고급 주택단지로 '재개발'해야 한다. 물론 그런 변화는 1980년대에 서구의 모든 주요 도시에서 일어난 일이다. 마이크 데이비스는 로스앤젤레스 도심에서 일어난 '도시 르네상스'는 "금융 서비스 부문의 비대한 팽창"을 반영한다고 주장했다. 즉, "로스앤젤레스 도심 지역의 퇴락 지구가 … 환태평양 경제의 주요 금융·기업 사령부로 바뀐 이런 변화는, 일반적 도시 기반 시설의 급격한 쇠퇴, 그리고 새로운 이민 물결(100만 명으로 추산되는 미등록 아시아인, 멕시코인, 중앙아메리카인이 도시 중심으로 몰려들었다)과 나란히 진행됐다." 도시 개혁의 포기는 요새화한 신축 고층 건물들이 상징적으로 보여 준다. 즉, 존 포트먼이 지은 보나벤처 호텔은 ― 제임슨이 포스트모더니즘의 극치라고 했지만(5장 2절 참조) ― "사이비 자연적이고 사이비 공적인 공간을 건물 자체 속에" 통합해서 "히스패닉계·아시아계 주민이 사는 거대한 바깥 도시와 체계적으로 분리한" 건물이다.[119] 비슷한 양상은 다른 곳에서도 되풀이됐다. 그래서 핵심적인 국제 금융 중심지로 계속 성장하고 있던 런던은 1985년에 선진국 중에서 실업률이 가장 높은 도시였고 영국에서도 빈부 격차가 가장 심한 도시였다.[120]

이런 상황에서 주거 환경의 성격 자체가 정치 쟁점이 된 것은 결코 놀라운 일이 아니다. 물론 이런 쟁점화는 상당히 혼란스러웠다. 그래서 고전주의의 부활을 옹호하는 찰스 왕세자 같은 사람들 때문에 도심 지역 대규모 빈곤의 진정한 사회·경제적 원인은 주목받지 못하고, 전후 빈민가 철거로 말미암은 명백한 재난과 도시 노동계급 거주지가 고층 건물로 바뀌었다는 사실이 부각됐다. 이렇게 장기 호황 때 도시계획가들과 모더니즘 건축가들이 추진한 도시 개조 노력의 초라한 결과는 가장 반동적인 주장들(특정 건축 양식은 신의 뜻이라는 것부터 나치 건축을 재평가해야 한다는 것까지)을 정당화하는 데 이용됐다.[121] 그러나 포스트모던 건축 양식이 진정한 문화적 단절인지는 의심스럽다. 사실, 마이클 그레이브스의 포틀랜드 빌딩(주로 콜라주 같은 외관 때문에 유명해진) 같은 건물들은 주요 건축 사업과 예술적 고려 사항이 점차 무관해지고 있음을 보여 준다는 주장은 논란의 여지가 있다. 그래서 다이앤 지라도는 다음과 같이 말했다.

> 포스트모더니즘 양식을 둘러싼 야단법석은 보상 심리일 뿐이다. 건축가가 언론의 총아가 된 만큼 그들의 중요성은 감소했다. 거의 모든 [건축] 사업에서 건축가는 어찌 보면 가장 늦게 등장한다. 오늘날에는 지역사회와 그 구조를 건설할 때 건축가가 능동적 행위자 구실을 하지 않고 외부 디자인이나 실내장식 전문가 노릇이나 하는 것이 관행이 됐다. 부동산 중개업자, 개발업자, 사업 자금 대출 담당자, 도시계획위원회 등이 중

요한 결정을 내리는 반면, 주변으로 밀려난 건축가는 건물 내외부 마감재나 도료 따위를 고르는 하찮은 일이나 하고 있다.[122]

이런 분석대로라면, 건축에서 포스트모더니즘은 새로운 예술 사조가 아니라 사무 공간을 마케팅할 때 건물의 개성이 중요해진 시대에 초고층 빌딩들을 차별화하는 데 필요한 포장술일 뿐이다.[123] 프램프턴은 다음과 같이 썼다.

> 오늘날 분업과 '독점' 경제의 강력한 요구 때문에 건축 실무는 대규모 포장으로 전락했다. … 편견이 가장 심한 포스트모더니즘 건축에서는 건설업자-개발업자가 마련한 '일괄계약'에 따라 작업의 뼈대와 본체가 결정되고 건축가는 적당히 매력적인 얼굴마담 노릇이나 하고 있다. 이것이 오늘날 미국의 도심 개발에서 가장 두드러진 상황이다. 미국에서 고층 건물들은 온통 반짝이는 유리 외벽으로 둘러싸인 '침묵'으로 전락했거나 아니면 가치가 떨어진 이런저런 역사적 장식물로 꾸며져 있을 뿐이다.[124]

그렇다면 건축에서 일어난 일도 회화에서 일어난 일과 마찬가지로 모더니즘의 종말이라고 보기는 힘들다. 특히 건축에서 나타난 변화는 오히려 전후 국제주의 양식의 성공과 관련된 상품화 과정에서 한 단계 더 나아간 듯하다. 모더니즘의 체제 통합('포스트모던한' 변종들의 체제 통합은 말할 것도 없고)을 강조한다고 해서, 이 모든 것을 어떤 근원적 의미의 배신으로 볼 필요는 전혀 없다. 내가 앞서 2장에서 주장했듯이, 모더니즘은 한창때 특징이 모호함이었다. 즉, 마리네티의 파시즘부터 브레히트의 마르크스주의까지 아주 다양한 정치적 견해를 표현하는 능력, 더 흔하게는 정치에서 도피하는 능력이 모더니즘의 특징이었다. 1945년 이후 시기에 모더니즘 혁명이 배신당하는 일은 결코 일어나지 않았던 것이다. 또, 이 절에서 내가 하는 주장이 최근의 모든 예술 작품('포스트모던' 작품이라고 묘사되는 것도 포함해서)을 시시한 쓰레기로 여긴다는 것도 아니다. 좋은 예술이 생산될 수 있는 조건은 엄청나게 다양하다. 진실은 혁신의 불길이 모더니즘 예술에서 꺼져 버렸다는 것이다. 20세기 초는 "서구 문화의 마지막 문학 시즌"이었다는 프랑코 모레티의 주장(5장 3절 참조)은 더 일반적으로 광범한 문화적 실천에도 적용될 수 있다. 나는 흔히 20세기 회화들을 연대순으로 배치한 전시회장을 둘러볼 때 지루하기 짝이 없다는 느낌을 받는다. 20세기 초의 그림을 보면서 흥분했다가 점차 최근 화가들의 작품에서는 절망적이고 무익한 우상파괴를 너무 자주 봐서 지루함을 느끼게 되는 것이다. 앤더슨이 말했듯이, 오히려 정말로 흥미로운 발전은 흔히 모더니즘을 처음 탄생시킨 것과 비슷한 상황이 재현되고 있는 제3세계에서 나타났다.[125] 예컨대, 살만 루슈디의 소설을 생각해 보라. 루슈디는 서구의 대도시 문화와 인도의 경험 사이를 아주 쉽게 넘나든다(인도가 불균등하게 그리고 고통스럽게 세계 자본주의에 통합된 상황의 모순은, 안타깝게도 너무 비극적으로 드러난다).

이런 점들을 감안하면, 예술 양식의 변화를 더 광범한 역사적 맥락 속에서 살펴볼 필요성이 다시 한 번 분명해진다. 이것은 또, 정치의 문제도 제기한다. 예술은 흔히 정치를 피하려 하지만 결국 실패한다. 모더니즘 건축이나 《악마의 시》를 두고 벌어진 논쟁들에서 분명히 드러나듯이, 때로는 예술 자체가 투쟁의 현장이 된다. 이 주장이 특히 적절한 이유는, 문화적 측면뿐 아니라 더 광범한 역사적 측면에서도 지금이 포스트모던 시대라는 생각에는 특정한 정치적 배경이 있기 때문이다. 이제 다음 마지막 절에서 이 정치적 배경을 간략하게 살펴보자.

5.6 마르크스의 후예들과 코카콜라

이 책을 리오타르로 시작했으니 리오타르로 끝내자(이 말의 의미는 여러 가지다). 리오타르는 다음과 같이 썼다. "절충주의는 오늘날 일반적 문화의 기준점 같은 것이다. 즉, 사람들은 레게 음악을 듣고, 서부극을 보고, 점심에는 맥도날드 햄버거를 먹고, 저녁에는 향토 음식을 먹고, 도쿄에서 프랑스산 향수를 뿌리고, 홍콩에서 '복고풍' 옷을 입는다. 지식은 텔레비전 게임 쇼의 재료다."[126] 물론 이 모든 것은 그 '사람'이 누구냐에 달려 있다. 이것은 단지 비아냥거리는 말이 아니다. 심지어 선진국에 사는 대다수 사람들조차 프랑스산 향수와 극동 지역 여행 같은 즐거움을 누릴 수 없다는 사실을 리오타르가 무시하는 것이 조금 어처구니없기는 하지만 말이다. 그렇다면 이 특별한 경험들을 즐길 수 있는 사람은 누구인가? 지금이 포스트모던 시대라는 생각은 어떤 정치적 주체를 형성하는 데 도움이 되는가?

이 물음에는 분명한 답이 있다. 20세기에 선진국에서 일어난 가장 중요한 사회적 발전 하나는 상층 화이트칼라 노동자로 이뤄진 '신중간계급'의 성장이다. 존 골드소프는 다음과 같이 썼다. "20세기 초에는 경제가 가장 발전한 나라들에서도 전문직·관리직·경영직 피고용인이 경제활동인구에서 차지하는 비율이 5~10퍼센트에 불과했지만, 지금은 서구 사회에서 대체로 20~25퍼센트를 차지한다."[127] 신중간계급(에릭 올린 라이트가 말한 노동과 자본 사이의 '모순된 계급 지위'에 있으면서 주로 관리·감독 업무를 담당하는 임금 소득자들)은 이보다 훨씬 더 규모가 작은 집단일 가능성이 농후하다(아마 영국에서는 노동인구의 12퍼센트쯤 될 것이다).[128] 그렇지만 신중간계급의 사회적 힘뿐 아니라 그들이 다른 화이트칼라 노동자들(신중간계급의 지위로 올라가기를 염원하는)에게 미치는 문화적 영향력을 보더라도 모든 주요 서구 사회에서 신중간계급은 중요하게 고려해야 할 세력이다.[129]

라파엘 새뮤얼은 이 봉급받는 중간계급의 모습을 아주 흥미롭게 묘사한 바 있는데, 소자본가나 독립적 전문직 같은 전통적 프티부르주아지와 달리 신중간계급은

> 저축보다 소비에 열을 올리는 것이 특징이다. [신문의] 일요일자 컬러판 부록을 보며 그들은 멋진 생활을 꿈꾸고 문화적 자극을 얻는다. 그들이 주장하는 문화는 대부분 고상한 취향을 남들에게 과시하는 것이다. 그것이 주방 용품이든, '[유럽] 대륙 음식'이든, 주말 항해나 별장이든 말이다. 파티나 '외도' 같은 새로운 형태의 사교 덕분에, 그동안 남성과 여성의 영역을 엄격하게 분리했던 성적 아파르트헤이트는 무너졌다. …
> 신중간계급의 머릿속에는 계급 개념이 거의 없다. 그들은 대부분 미세한 등급으로 나뉜, 그러나 적대 관계는 결코 분명하지 않은 제도적 세계에서 일한다. …
> 신중간계급은 제2차세계대전 이전의 중간계급과는 다른 정서적 경제[틀린 표현이지만 원문 그대로 둠 — 캘리니코스]를 갖고 있다. 그들은 당장 만족하기를 원하지 나중으로 미루지 않는다. 지출은 미덕으로, 방종은 고상한 취향의 요란한 과시쯤으로 여긴다. 감각적 쾌락은 결코 불법이 아니라, 사회적 권리가 확립되고 성적 정체성이 확인되는 영역이다. 특히, 전후에

부르주아지가 열정을 쏟은 음식이 이제 … 계급의 결정적 지표로 떠올랐다.[130]

이런 관행이 나타나는 경제적 조건을 떠올리기는 어렵지 않다. 모아 놓은 자본보다는 관리직 사다리를 타고 올라가는 기술에 따라 사회적 지위가 결정될 때, 그리고 신용을 쉽게 얻어서 소비를 늘릴 수 있을 때, 저축은 별로 중요하지 않게 된다. 또, 포스트모더니즘을 신중간계급의 문화적 표현으로 보는 견해가 그럴듯하게 들리지만,[131] 나는 이 견해가 틀렸다고 생각한다. 첫째, 신중간계급은 응집력 있는 단일 집단이라기보다는 여러 계층의 이질적 무리로서, 생산관계 내에서는 똑같이 모순된 지위에 있지만 다양한 권력 기반에 따라 서로 분열돼 있다. 예컨대, 공공 부문에 고용돼 있는지 아니면 민간 부문에 고용돼 있는지에 따라 신중간계급 내에서 차이가 날 가능성이 크다. 그래서 대학강사가 반드시 런던 금융가의 채권 딜러와 똑같은 이해관계를 경험하는 것은 아니다.[132] 둘째, '포스트모더니즘'이라는 용어가 문화적으로 지칭하는 대상이 정말로 있다면(앞의 5절 마지막 부분에서 살펴본 사건들을 염두에 두고 하는 말이다) 그것은 1960년대 이후에 생겨난 것인 반면, 신중간계급은 그보다 훨씬 오래전부터 존재했다. 이것이 시사하는 바는 앤더슨이 모더니즘의 계보학을 분석했듯이(2장 참조) 포스트모던 시대에 관한 모든 논의가 시작된 역사적 국면을 따로 떼어 내서 살펴볼 필요가 있다는 것이다.

내가 보기에는 두 가지 발전이 결정적이다. 첫째는 마이크 데이비스가 "과잉소비주의라고 부를 수 있는 새로운 맹아적 축적 체제의 출현"으로 묘사한 것인데, 여기서 말하는 과잉소비주의는 "관리직, 전문직, 신흥 기업인, 금리생활자로 이뤄진 두터운 하층 부르주아지가 받는 정치적 보조금의 증가 현상"이다. 데이비스는 미국 자본주의가 1970~80년대에 낡은 포디즘 축적 체제(반쯤 자동화한 대량생산과 노동계급 소비의 결합에 바탕을 둔)의 위기를 겪으면서, 단지 자본가뿐 아니라 점차 적극적인 신중간계급에게도 유리한 방향으로 부와 소득이 재분배됐다고 주장한다. 1기 레이건 정부가 강행한 세금 감면과 복지 삭감 때문에 저소득층 가구는 소득과 연방정부 보조금에서 230억 달러 넘게 손해를 봤고, 고소득층 가구는 350억 달러 넘게 이득을 봤다. "저임금 직종이 급증함과 동시에 [금리생활자와 전문 관리직 등의] 비非생산자들과 신흥 기업주들의 풍요로운 시장도 확대됨에 따라, 부자가 더 부유해지면서 가난한 사람도 덩달아 부유해진다는 오래된 마법의 고리가 이제는 빈익빈 부익부 추세로 바뀌고 있다." 그 결과는 "경제 층위 간의 간극 심화", 즉 "〈비즈니스위크〉가 지적하듯이, 더 첨예하게 양분된 소비 시장 구조[가 나타난다는 것인데], 한쪽 끝에서는 가난한 노동 대중이 케이마트*와 대만 제품 수입상 주위로 몰려들고 다른 쪽 끝에서는 '여행과 유명 디자이너의 옷부터 호화 레스토랑, 가정용 컴퓨터, 멋진 스포츠카까지 사치스런 상품과 서비스를 위한 (비교적) 거대한 시장'이 들어선다는 것이다."[133]

데이비스의 주장은 조절학파의 불충분한 경제 위기 이론에 의지한다는 약점이 있기는 하지만, 여기서 그가 대체로 중요한 현상을 언급하고 있다는 것은 분명한 듯하다. 레이건과 대처 집권기에는 케인스주의의 포기가 아니라 재정 정책의 중요한 방향 전환이 있었는데, 그 주요 특징 하나는 빈민에서 부자로 부의 재분배가 일어났다는 것이

* K-Mart. 1962년에 설립된 미국의 대형 할인점.

다(영국 정부가 1988년 봄에 단행한 사회보장제도 '개혁'과 고소득층 세금 대폭 감면은 레이거노믹스의 선례를 따른 것이었다). 다른 사건들도 고소득층의 소비 증대를 촉진했다. 예컨대, 1970년대에는 제3세계에 대한 대출이 크게 유행했고 1980년대 중반에는 주식시장의 호황 덕분에 금융 부문이 급성장했다. 1980년대는 어쨌든 '여피'*라는 말이 흔한 용어가 된 10년이었다. 여피는 사회 희극**의 주제가 됐을 뿐 아니라 원한의 대상이기도 했다(그래서 '암담한 월요일'에 주가가 폭락한 뒤 미국과 영국의 금융시장에서 정리 해고가 잇따르자 많은 사람들이 환호성을 질렀던 것이다). 여피는 레이건-대처 시기에 부유해진 많은 신중간계급의 상징이었다.

따라서 1974~75년과 1979~82년의 경기후퇴에서 회복된 서방 경제의 특징, 즉 "병적인 번영"(데이비스의 표현이다)은 신중간계급(존재 조건 자체가 높은 지출을 부추기는 경향이 있는 사회 계층)을 겨냥한 소비의 방향 전환과 관계있었다. 그러나 1980년대의 독특한 분위기를 이해하려면 다른 것도 고려해야 하는데, 그것은 바로 1968년의 정치적 여파다. 1968년은 여러 위기(프랑스의 5~6월 사태, 미국의 학생 반란과 흑인 빈민가의 항쟁, 체코슬로바키아 프라하의 봄)가 맞물리며 동서 양 진영에서 모두 지배 질서의 붕괴를 예고하는 듯한

---

* yuppie. 도시 주변을 생활 기반으로 삼고 전문직에 종사하면서 신자유주의를 지향하는 젊은이들. young urban professionals의 머리글자 yup와 히피hippie의 뒷부분을 합성한 말이다.

** social comedy. 사회의 가치관이나 행위 규범을 다룬다는 점에서 풍속 희극(풍습에 집착하는 행동을 풍자하지만, 풍자가 그리 심각하지 않아서 풍속이 바뀌면 곧 잊혀지고 마는 희극)과 비슷하지만, 사회나 행동의 교화를 목적으로 하는 적극적 성격을 띤다.

해였다. 그 뒤의 급진화 물결 속에서 서방의 청년 지식인 한 세대가 전투적 정치 행동으로 이끌렸고, 흔히 이런저런 극좌파 조직(보통은 1960년대 말에 우후죽순 생겨난 마오쩌둥주의 조직이나 트로츠키주의 조직)에 가입했다. 그러나 10년 뒤에는 1968년 당시 널리 퍼졌던 임박한 혁명에 대한 천년왕국식 기대가 꺾이고 말았다. 기성 질서는 겉보기보다 더 기반이 탄탄했음이 드러났다. 변화가 일어난 곳에서도(아마 가장 두드러진 변화는 남유럽의 독재 정권들이 붕괴한 것일 텐데) 수혜자는 기껏해야 사회민주주의 세력이었지 혁명적 사회주의 세력은 아니었다. 1970년대 말에 유럽 전역에서 극좌파는 해체됐다. 희망이 가장 높게 솟구쳤던 프랑스에서 극좌파의 몰락이 가장 두드러졌다. 신新철학은 파리의 지식인들(민중전선과 레지스탕스 시절 이후 주로 마르크스주의 성향 학자들이었다)이 자유주의로 전향하는 데 일조했다. 1981년에 의회주의 좌파가 제4공화국 출범 이후 처음으로 정권을 잡았을 때 지식인 세계의 특징은 마르크스주의의 철저한 참패였다. 옛 마오쩌둥주의자들이 니카라과의 콘트라 반군* 을 지지하는 성명서에 앞다퉈 서명하자, 파리 좌안**은 니체와 북대서양조약기구NATO에게 안전한 곳이 된 듯했다.[134]

20년이 지난 1988년에 서구 자본주의가 신우파의 지도력 아래 다시 안정된 듯하자, 68세대는 젊은 시절의 혁명적 신념에서 훨씬 더

* 1979년 소모사 독재 정권을 무너뜨린 민중 항쟁으로 산디니스타 민족해방전선이 집권하자, 미국의 군사적·재정적 지원을 받아 무장 반란을 일으킨 우파 군사 집단.

** 파리를 가로지르며 서쪽으로 흐르는 센 강의 '왼쪽 기슭'이라는 뜻으로, 라탱 지구의 소르본 대학교를 비롯한 교육 기관이 집중된 곳이어서 전통적으로 철학자·작가·예술가 등이 많이 거주하는 지역이다.

멀리 후퇴했다. 크리스 하먼이 말했듯이, "1968년에는 기성 사회를 거부하고 마약에 빠지는 것이 유행이었다면, 이제는 분명히 사회주의 정치와 결별하고 기성 사회에 편입하는 것이 유행이다."[135] 68운동 20주년을 기념하는 발언들 가운데 주로 눈에 띄는 것은 옛 학생운동 지도자들의 환멸에 찬 회고담이었다. 점차 사회주의 원칙 비슷한 것은 죄다 포기하는 마케팅 전략을 세운 《마르크시즘 투데이》가 특히 떠들썩하게 혁명적 희망을 비난했다. 자신들이 한번도 공유한 적이 없었던 그 희망을 말이다. 그러나 적어도 프랑스에서는 이 놀라운 반전, 즉 한 세대가 바리케이드에서 물러나 여피 왕국으로 옮겨간 것을 설명하려는 진지한 노력이라도 있었다.[136]

가장 두드러진 것은 레지 드브레의 설명인데, 체 게바라와 협력했다는 이유로 볼리비아 군부에게 처형당할 뻔한 게릴라전 이론가에서 프랑스 대통령 프랑수아 미테랑의 보좌관으로 변신한 드브레 자신이 68세대의 일반적 변화 과정을 압축적으로 보여 준다. 드브레는 1968년 5월 사태가 현대화의 도구 노릇을 했다고 주장했다. 즉, 프랑스 자본주의가 미국식 다국적 소비자 자본주의에 통합되지 못하게 가로막던 장애물을 제거하는 구실을 했다는 것이다. 따라서 5월 사태는

> 가장 합리적인 사회운동이었다. 즉, 낭만적 비非이성에 대한 생산적 이성의 슬픈 승리였고, 경제적인 것(기술 더하기 생산관계)이 최종 결정 요인 구실을 한다는 마르크스주의 이론이 가장 우울하게 입증된 사건이었다. 산업화에 도덕성을 부여해야 했던 이유는 시인들이 새로운 도덕성을 시끄럽게 요구하고 있었기 때문이 아니라, 산업화가 도덕성을 요구했기 때문이다. 낡은 프랑스는 새로운 프랑스에 그동안 밀린 빚을 갚았다. 즉, 사회적·정치적·문화적으로 밀린 과제를 한꺼번에 다 해치웠다.

그 대가는 엄청났다. 돌과 호밀의 프랑스, 아페리티프*와 제도의 프랑스, '예, 아버지', '예, 주인님', '예, 여보'의 프랑스는 퇴장 명령을 받았고, 소프트웨어와 슈퍼마켓의 프랑스, 뉴스와 계획의 프랑스, 전문 지식과 브레인스토밍**의 프랑스가 마침내 그 생존 능력을 완전히 과시할 수 있었다. 이 봄맞이 대청소는 해방처럼 느껴졌고, 실제로 해방이었다.[137]

이런 설명에서 68세대의 환멸은 프랑스 자본주의의 전복이 아니라 현대화를 추구한 사건의 객관적 논리의 필연적 결과였고, 오히려 그런 위기 덕분에 완성된 소비사회에 적응하는 방식이기도 했다. 질 리포베츠키는 드브레의 주장을 더 밀고 나가서 일반화했다. 즉, 1960년대 말의 반란 덕분에 자기도취적 개인주의(래시·세넷·벨이 지난 20년간의 주요 문화 추세 가운데 하나라고 말한)가 득세할 수 있었다는 것이다. "모더니즘의 종말: 1960년대는 청교도주의와 공리주의 가치들을 겨냥한 공세가 마지막으로 나타난 시기였고, 문화적 반란의 마지막 운동, 그것도 대중운동의 시기였다. 그러나 포스트모던 문화가 시작된 시기이기도 했는데, 혁신과 진정한 용기가 없는 포스트모던 문화는 쾌락주의의 논리를 민주화하는 데 자족했다." 그런데 이 쾌락주의가 자본주의의 "작동"과 "성장"을 위한 "조건"이 됐다는 것이다.[138]

이런 설명의 주된 결함은 거의 터무니없는 기능주의다. 드브레는 헤겔의 역사철학, 즉 이성의 계략 때문에 사건은 그 행위자도 모르는 목적에 이바지하게 된다는 생각을 기꺼이 지지한다. "5월 [사태] 행위자들

* 서양식으로 식사할 때, 식욕을 돋우려고 식사 전에 마시는 포도주나 칵테일 같은 술.

** 자유로운 토론으로 창조적 아이디어를 끌어내는 일. 기업의 기획 회의에서 아이디어 개발 방식의 하나로 사용한다.

의 진정성은 그들이 알지 못하는 계략에 허를 찔렸다. 개인의 너그러움이 절정에 달했을 때, 체제의 이름없는 냉소주의도 절정에 달했다. 헤겔이 말한 위인들은 세계정신 때문에 위인이었던 것처럼, 5월의 혁명가들은 부르주아지에게 필요한 정신을 가진 기업인들이었다."[139] 드브레와 리포베츠키처럼 1968을 자본주의의 현대화(나 포스트현대화)의 에피소드쯤으로 취급하는 설명은 1968의 결과가 달랐을 수 있다는 점을 무시할 뿐 아니라, 1970~80년대에 자본주의 체제가 성장할 수 있었던 것은 1960년대 말의 투쟁에서 비롯한 정치적 도전이 패배했기 때문이라는 사실도 놓치는 것이다.[140] 프랑스 학생운동 지도자 출신으로 여전히 마르크스주의를 고수하는 몇 안 되는 사람들인 알랭 크리빈과 다니엘 벤사이드가 말했듯이, 드브레와 리포베츠키는 "기정사실을 역사적 필연으로 미화한다. 5월을 바라보는 그들의 관점에서는, 편리하게도 자본의 계략이 이성의 계략을 대체한다."[141] 한때 크리빈과 벤사이드의 사상적 동료였고 가장 재능 있는 68세대 중 한 명이었으나 나중에 혁명적 사회주의를 버리고 사회민주주의자가 된 앙리 베베르조차 다음과 같이 주장했다. "5월의 개인주의는 프로메테우스적이었고 공동체주의적이었다." 또, "사회변혁이라는 웅대한 프로젝트의 전달자"였고, "진정한 자아 실현은 집단 안에서 그리고 집단에 의해서만 가능하다"고 확신하는 개인주의였다. 따라서 리포베츠키가 이야기한 "1970년대 말의 자기도취적이고 냉담한 개인주의"와 5월의 개인주의 사이에는 "연속이 아니라 단절이 존재한다"는 것이다.[142]

근본적으로, 드브레와 리포베츠키처럼 1968을 설명하려는 노력들은 1968의 규모가 엄청났다는 사실 앞에서 무너지고 만다. 프랑스의 5~6월에는 학생들이 라탱 지구에서 바리케이드를 쌓고 소르본 대학교를 점거했을 뿐 아니라 유럽 역사상 최대 규모의 총파업도 일어났다. 그 사건들은 하먼이 당시를 다룬 권위 있는 역사서에서 "세 겹의 위기"라고 부른 것 가운데 가장 극적인 에피소드였을 뿐이다. 그 위기는 "베트남에서 미국 헤게모니의 위기, 엄청나게 성장한 노동계급에 직면한 권위주의적 지배 방식의 위기, 체코슬로바키아에서 스탈린 체제의 위기"로서, 이 때문에 서방 자본주의 전체에서 계급투쟁이 전반적으로 고양됐고, 이 고양된 계급투쟁은 1973년 석유 위기로 세계적 경기후퇴가 시작될 때까지 지속되다가 경기후퇴 초기에는 더 격렬해졌다.[143] 이것은 러시아 혁명 이후 서유럽에서 가장 높은 수준의 계급투쟁이었는데, 1968년 5~6월의 프랑스뿐 아니라 1969년 가을 이탈리아에서 시작된 "느리게 돌아가는 5월 사태", 1970~74년 영국의 히스 정부에 맞선 파업 물결(그 절정은 히스 정부를 무너뜨린 광원 파업이었다), 1974~75년의 포르투갈 혁명, 1975~76년 스페인 프랑코 정권이 죽음의 고통을 겪고 있을 때 벌어진 격렬한 산업 투쟁 등으로 이뤄져 있었다. 미국에서는 산업 투쟁의 전투성이 그만큼 고양되지는 않았지만, 반전 운동과 흑인 빈민가의 항쟁과 학생 반란이 상호작용하면서 1960년대 말에 아마 남북전쟁 이후 최악이라 할 국내 정치 위기를 불러일으키는 데 한몫했다. 그리고 다른 곳에서도 반향이 있었는데, 예컨대 아르헨티나의 코르도바에서 [1969년] 총파업과 민중 항쟁이 벌어졌고, 호주에서 노동자와 학생의 투쟁이 분출했으며, 1972년 [캐나다] 퀘벡에서 총파업 투쟁이 있었다.

이런 투쟁들이 장기적으로 자본의 힘을 파괴하지 못한 것은 우연적 실패였지 체제의 내재적 논리를 반영한 것이 아니었다. 즉, 그것은 서방의 노동계급 운동을 지배한 조직들과 이데올로기들이 (사회민주주의 전통에서 비롯했든 스탈린주의 전통에서 비롯했든) 계급협력의 틀 안에서 부분적 개혁을 달성하는 것을 고수했기 때문이다.

1968년 5~6월에 프랑스 공산당이 개입해서 총파업을 끝내 버린 것과 비슷한 일이 많은 곳에서 되풀이됐다. 예컨대, 1974~79년에 영국 노총이 노동당 정부와 사회협약을 맺은 것이나 1977년에 스페인에서 공산당과 사회당이 프랑코의 후계자들을 지지하겠다고 약속하는 몬클로아 협약을 맺은 것이 그렇다. 이런 식의 계급 타협 덕분에 서방 자본은 1970년대 중반과 1980년대 초의 심각한 경기후퇴를 견뎌 낼 수 있었고, 실제로는 그런 경기후퇴를 이용해 구조조정과 산업 합리화를 밀어붙일 수 있었다. 선진국의 노동계급이 공세에서 수세로 몰리자, 극좌파는 고립돼서 이제 시류를 타고 전진할 수 없었다. 이렇게 불리한 상황에서 많은 극좌파 조직이 이른바 '전투성의 위기' 때문에 활동이 마비돼 결국 붕괴했다. 그 위기는 그들이 아무리 힘들게 노력해도 기대만큼 쉽게 성공을 거두지 못한다는 사실에서 비롯한 것이었다.

내가 보기에는 68세대의 정치적 표류가 1980년대에 포스트모던 시대라는 생각이 널리 받아들여지는 데서 결정적이었다. 1980년대는 1960년대와 1970년대 초에 급진화한 사람들이 중년에 접어들기 시작한 때다. 이때쯤 그들은 대개 사회주의 혁명에 대한 기대를 모두 접은 상태였고, 실제로는 흔히 사회주의 혁명이 바람직하다는 생각조차 하지 않게 됐다. 그들의 다수는 그때쯤 모종의 전문가·관리자·경영자가 돼 있었고, 신중간계급의 일원이었다. 서방 자본주의의 과잉소비주의 동역학 덕분에 신중간계급의 생활수준이 높아지고 있던 때에 말이다.(이런 혜택은 흔히 다른 노동자들이 누리지 못하는 것이었다. 예컨대, 1973~86년에 미국의 시간당 실질임금은 8.7퍼센트 감소했다.)[144] 이 국면, 즉 서구 신중간계급의 번영과 가장 똑똑한 신중간계급 사람들의 정치적 환멸이 맞물린 국면이 바로 포스트모더니즘 논의가 확산될 수 있는 상황을 제공했다. 이야기를 계속하기 전에, 한 가지 점을 분명히 짚고 넘어가야겠다. 내 주장은, 예컨대 푸코의 철학이나 루슈디의 소설이 앞서 말한 경제적·정치적 상황에서 직접 유래한 것이라는 말이 아니다. 여기서 내가 설명하고자 하는 것은 수많은 사람들이 특정 사상을 받아들인 이유가 무엇인가 하는 것이다.[145]

1970년대 말과 1980년대라는 역사적 국면에 비춰 봐야만 포스트모더니즘의 핵심 주장들을 이해할 수 있다는 것이 내 생각이다. 예컨대, 포스트구조주의의 주요 특징은 예술지상주의인데, 니체에게 물려받은 이 예술지상주의는 모더니즘의 철학적 함의를 분명히 표현하려한 데리다와 푸코 등의 노력에 의해 강화됐다(3장 2절 참조). 리처드 슈스터만은 다음과 같이 지적한다. "오늘날의 영미 도덕철학(과 문화)에서 흥미롭고 점차 두드러진 현상은 윤리의 예술화 경향이다. 이것은 … 우리의 삶을 주도하거나 형성하기 위해 어떤 선택을 할 때 그리고 좋은 삶이란 무엇인지를 판단할 때 예술적 고려 사항들이 결정적으로 중요하다는, 아마 궁극적으로 가장 중요하다는 또는 그래야 한다는 생각이다."[146] 그는 리처드 로티를 중요한 사례로 드는데, 로티가 1980년대에 유명해진 것은 포스트구조주의의 주제들을 분석철학의 언어로 옮기는 데서 중요한 구실을 했기 때문이다. 이런 경향의 가장 흥미로운 사례는 아마 푸코가 마지막 저작들에서 발전시킨 '존재의 미학'이라는 니체식 개념일 것이다(3장 5절 참조). 철학이 예술지상주의 쪽으로 이동한 데서 두드러진 점은 그것이 1980년대의 문화적 분위기와 아주 잘 어울린다는 것이다. 1980년대가 스타일에 집착한 시대였다는 말은 이제 뻔한 소리가 됐다. 포스트포디즘 이론가들이 시장의 차별화나 유명 디자인 브랜드의 확산을 가리켜, 예컨대 리바이스 청바지를 사면 특정한 라이프스타일에 접근할 기회를 얻는 듯한 느낌이 든다는 것이 그런 브랜드의 매력이라고 지적한 것은 옳았다(물론 그들은 이런 변화의 정도를 너무 과장했지만 말이다). 삶의 여러 측면에서 우리는 이처럼 특정 부류의 사람이 되는 것과 특정한 소비 형태를 연결하는 것을 찾아볼 수 있다. 그중에서 가장 중요한 것은 남자든 여자든 자기도취적으로 몸에 집착한다는 것인데, 이때의 몸은 욕망의 대상이 아니라 (다이어트와 운동으로 특정한 몸매를 만들려는 노력에서 드러나듯이) 젊음·건강·에너지·활동성의 지표인 몸이다. 이런 '존재의 스타일화'(푸코의 표현이다)는 새로운 [포스트모던] 시대라는 배경이 아니라 신중간계급에게 좋은 시절이라는 배경에 비춰 봐야만 가장 잘 이해할 수 있다. 이 계급에게 1980년대는 옛 프티부르주아지를 괴롭히던 저축 압박에서 벗어나 주머니에 돈이 두둑하고 신용 대출을 쉽게 이용할 수 있는 그런 시대였다.

포스트모더니즘 논의의 두드러진 특징 또 하나는 종말론적 논조인데, 이 점은 아마 보드리야르와 그를 추종하는 아서 크로커 같은 사람들의 글에서 가장 선명하게 드러나는 듯하다. 재앙이 곧 닥칠 것이라는 생각은 20세기 대부분 동안, 특히 아우슈비츠와 히로시마 이후 서구 문화의 고질적 특징이라는 꽤나 강력한 의식이 오늘날 존재한다. 그러나 나는 여기에 이 "판에 박힌 종말론"(프랭크 커모드의 표현이다)보다 더 많은 것이 함축돼 있다고 생각한다.[147] 68세대의 경험은 무엇을 위한 것이었는가? 그들이 겪은 1960년대 말과 1970년대 초의 시기는 위대한 역사적 변혁이 일정에 오른 듯한 시대였고, 많은 사람들이 가까운 미래에 유토피아와 디스토피아*가, 사회주의의

* 현대 사회의 부정적 측면이 극단적으로 나타나는 암울한 미래상. 역逆유토피아라고도 한다.

발전과 반동적 폭정이 미묘하게 균형을 이룰 것이라고 생각한 시대였다(그런 생각은 1973년 9월의 칠레 군사 쿠데타로도 바뀌지 않았다). 혁명의 희망은 사라졌지만, 내가 보기에는 자본주의적 민주주의에 대한 긍정적 믿음이 혁명의 희망을 대체하지도 못했다. 특히, 자본주의의 경제적 모순이 극복됐다고 착각한 사람들이 보기에도 다른 많은 잠재적 재앙이 어른거리고 있었다(예컨대, 핵전쟁과 환경 파괴 등). 그런 견해를 가진 사람들이 볼 때 그럴듯한 생각은, 지금의 발전 단계에서 계급투쟁을 지향하는 고전 마르크스주의는 적절하지 않지만 그렇다고 자유주의의 약속이 실현된 것도 아니라는 것이다.

이렇게 보면, 리오타르와 보드리야르가 자신들의 저작에 있을지도 모르는 약간의 지적 장점에 어울리지 않게 엄청난 성공을 거둔 이유를 이해할 수 있다. 두 사람 모두 68세대로 널리 인정받았다. 예컨대, 보드리야르는 "내 작업은 실제로 1960년대의 운동들과 함께 시작됐다"고 말한다.[148] 두 사람 모두 현재에 대한 철학적 논평을 장황하게 늘어놓는다(이와 달리, 데리다는 이론적 텍스트를 해체하는 데 주력했고, 푸코는 주로 모더니티의 계보학에 몰두했다). 두 사람 모두 1960년대 말~1970년대 초 이후 분명한 정치적 태도에서 멀어져, 즉 1968 직후의 자발성주의적이고 반反레닌주의적인 극좌파에서 멀어져(들뢰즈와 가타리는 훨씬 더 오랫동안 극좌파로 여겨졌다), 기존 사회 현실의 분석이나 변혁을 거부하는 데 바탕을 둔 예술적 태도를 수용하는 쪽으로 옮겨 갔다. 지난 20년간의 정치적 부침에 따라 처음에는 마르크스주의 쪽으로 왔다가 나중에는 멀어져 간 [68]세대에게, 세계를 변화시키기 위해 할 수 있는 일은 아무것도 없다는 말('68사상'이 발전시킨 아류 모더니즘의 수사학이라는, 언뜻 심오한 듯하지만 실제로는 모호하기 그지없는 문체로 꾸며진)보다 더 위안을 주는 말이 있겠는가? 이제 '저항'은 문화 생산물을 아는 체하며 소비하는 것이 된다. 그 문화 생산물은 아마 '포스트모던'한 사고방식이 구현된 '포스트모던' 작품이겠지만, 텔레비전이나 라디오의 구식 연속극이라도 상관없다. 왜냐하면 수전 손택이 자주 강조했듯이, 예술지상주의는 "내용에 대해 중립적 태도를 취하기" 때문이다.[149] 위대한 모더니즘 작품의 특징, 즉 세계를 풍자하며 세계와 거리를 두는 태도는 판에 박힌 것, 심지어 하찮은 것이 되고 만다. 그것은 여전히 화해할 수 없는 현실(변화시킬 수 있다고 생각하는 사람이 이제는 아무도 없는)과 협상하는 방법이 되기 때문이다.

나는 다른 글에서 다음과 같이 주장했다.

> 포스트모더니즘 담론은 레이건-대처 시대에 서구 노동운동이 후퇴하고 자본주의의 '과잉소비주의' 동역학이 득세하는 분위기에서 사회적으로 유동적인 지식인들이 만들어 낸 산물이라고 이해하는 것이 가장 좋다. 이런 관점에서 보면, '포스트모던'이라는 용어는 떠돌아다니는 기표로서, 이 지식인들이 자신의 정치적 환멸과 소비 지향 라이프스타일에 대한 염원을 분명히 표현하려 할 때 사용하는 수단인 듯하다. 따라서 이 용어가 무엇을 가리키는지 알기 어렵다는 것은 중요한 문제가 아니다. 왜냐하면 포스트모더니즘 논의는 세계에 관한 것이 아니라, 특정 세대의 종말 의식의 표현에 관한 것이기 때문이다.[150]

이렇게 지식인이 지성을 포기하는 것은 결코 새로운 현상이 아니다. 두드러진 사례 하나는 1930~40년대에 미국의 뛰어난 지식인 집단이 트로츠키주의 운동에 뛰어들었다가 대부분 냉전기에 정치적 환멸을 느끼고 자유주의로 후퇴하더니 1970년대에는 흔히 신보수주의자로 전향한 것이다.[151] 이와 비슷한 이야기는 왕정복고 시대* 이후 급진파가 정치적으로 고립됐을 때마다 항상 되풀이됐다.[152] 이 책에서 나는 이 최근 '패배 경험'의 병리학을 분석하려 했다. 특히, 이 패배 경험을 포스트모던 시대(계몽주의라면 마르크스주의에 의해 급진화한 계몽주의 프로젝트조차 타당하지 않게 됐다는)의 도래라는 관점에서 설명하려는 시도를 분석했다. 그러나 내가 입증하려 했듯이, 이런 시도는 그것이 철학이든 미학이든 사회이론이든 모두 실패했다. 포스트모더니즘은 대체로 1968~76년의 위대한 고양기에 혁명의 희망이 치솟았으나 결국 실현되지 못한 것에 대한 반응으로 이해해야 한다. 거의 50년 동안 하찮게 여겨졌던 [혁명적] 주장들이 이 고양기에 잠시 되살아났다. 사회주의 혁명은 사회민주주의 정부나 스탈린주의 정당이 위로부터 변화를 강요하는 것이 아니라, 아래로부터 민주주의가 분출하는 것이라는 사상이 되살아났고, 예술과 생활의 분리를 극복하려는 아방가르드 운동의 프로젝트도 되살아났다.[153]

이런 염원들은 다시 한 번 주변으로 거의 밀려났다. 그러나 이런 상태가 언제까지나 계속될 것이라는 생각은 선진국에서는 1968년 이후의 투쟁과 견줄 만한 폭발적 투쟁이 앞으로도 결코 일어나지 않을 것이라고 가정하는 것이다. 1980년대의 병적인 번영이 취약하고 불안정한 것을 보면, 그런 가정이 틀렸음을 알 수 있다. 세계 자본주의는 1970년대 초에 시작된 경제 위기에서 벗어나지 못했을 뿐 아니라, 마술처럼 노동계급을 없애 버리지도 못했다. 오히려 1980년대에는 최근의 산업화로 생겨난 프롤레타리아가 주도하는 새로운 노동운

---

* 영국의 찰스 2세가 왕위에 올라 군주제를 부활시킨 1660년 이후 시기.

동의 성장이 두드러졌다. 예컨대, 폴란드의 솔리다르노시치, 브라질의 노동자당, 남아공의 남아프리카노동조합회의COSATU, 한국의 새로운 노동운동 등이 그렇다.[154] 마르크스가 처음으로 요약한 '계몽주의의 급진화' 프로젝트는 여전히 실현되기를 기다리고 있다. 마르크스가 볼 때, 모더니티의 모순들은 오직 사회주의 혁명으로만 해결될 수 있기 때문이다.

후기

사람은 죽지만 그 정신은 살아남는다.

— 1973년 1월 남아공 더반에서 파업을 벌이던 흑인 노동자들의 구호

마르크스와 프로이트는 급진화한 계몽주의의 위대한 영웅들이다. 두 사람 모두 계몽사상가들이 건설한 '이성의 제국'의 어두운 이면을 발견했다. 마르크스는 착취와 억압을 파헤쳤는데, 부르주아 사회의 진보는 이 착취와 억압이 없이는 불가능했다. 프로이트는 의식적 자아가 욕망과 억압의 역사적 산물이고 욕망과 억압의 결과들이 무의식 속에 여전히 기억돼 있음을 들춰내서, 이성의 명료성 자체를 분해해 버렸다. 마르크스와 프로이트 이후, 이론은 더는 영원한 진리에 대한 객관적 사변이 아니게 됐다. 플라톤 이후 서양 철학의 이론 개념이 붕괴한 것이다.[1] 그러나 마르크스든 프로이트든 여기서 더 나아가지는 않았다. 즉, 이성을 단지 이해관계의 표현이나 권력의지의 한 형태로 환원하지 않았다(반면에, 니체는 그랬다). 마르크스와 프로이트는 모두 이성을 여전히 해방의 도구로 사용했다. 마르크스는 더 단호했다. 그래서 이론이 사회주의 조직의 도움으로 노동계급의 자기해방 투쟁에 통합되면, '인간 해방'의 필수적 수단이 될 것이라고 주장했다. 그러나 프로이트도 신경증 환자가 고통의 근원인 역사(자신의 인격이 형성된 과정)를 합리적으로 이해하는 것이 치료의 핵심이라고 봤다. 프로이트가 이런 합리적 이해를 불행의 필연성을 금욕적으로 받아들이는 것으로 보는 경향이 있었다는 것은 사실이다. 그래서 들뢰즈와 가타리는 프로이트를 리카도에 비유했다. 리카도는 엄밀한 의미의 노동가치론을 처음으로 체계화했지만 이것을 자본주의 생산관계의 역사적 특수성과 연관시키지 않았는데, 마찬가지로 프로이트도 자신이 밝혀낸 무의식적 욕망과 충동을 영원한 가족(신화와 비극을 통해 신성하게 여겨진) 안에 가둬 두려 했다는 것이다.[2] 마르크스가 인간 해방의 전망을 더 낙관한 것은, 지난 수천 년 동안 우리 삶을 형성해 온 사회구조들(가족·사유재산·국가)이 역사적으로 일시적인 것이라는 점을 깊이 이해하고 있었기 때문이다.

어쨌든 이렇게 급진화한 계몽주의의 지향, 즉 계몽사상가들은 꿈도 꾸지 못했던 힘을 이해하고 통제하고 변화시키는 데 이성을 사용하려는 지향이야말로 모더니티(포스트모더니스트들의 새 시대 선언에도 불구하고 우리가 여전히 벗어나지 못한)를 헤쳐 나갈 유일하게 적절한 지침이다. 물론 이 모든 것은 중요한 정치적 쟁점들과 깊은 관련이 있다. 모더니티에 대한 적절한 태도를 가장 강력하게 표현한 진술 하나가 벤야민의 책 《독일 비애극의 원천》 마지막 부분에 나온다. 20세기의 가장 위대하고 확실히 가장 독특한 철학 저작 가운데 하나임이 거의 틀림없는 이 책의 주제는 바로크 시대 비애극이지만, 이 비극 형식의 핵심 기법인 알레고리(세계를 산산조각 부서진, 의미나 희망이 없는 것으로 다루는 기법)는 엘리엇이 말한 "장대한 파노라마처럼 펼쳐지는 무익하고 무질서한 동시대 역사"에 대응하고자 모더니즘 예술가들이 사용한 몽타주 기법과 아주 비슷하다.

바로크는 타락한 세계에 대한 이 우울한 전망을 넘어서는 순간이다. 이것은 구원의 순간이다.

> 신의 세계에서 알레고리 작가는 깨어난다. … 이 구절*은 산산이 조각난 것, 사멸한 것, 뿔뿔이 흩어진 것의 수수께끼를 풀어 준다. 물론 이 때문에 알레고리는 가장 고유한 것을 모두 잃고 만다. 즉, 비밀스런 특권적 지식, 죽은 사물의 영역에 대한 자의적 지배, 희망 없는 무한한 세계가 모두 사라지고 마는 것이다. 이 모든 것은 단 한 번의 반전으로 연기처럼 사라진다. 이 반전을 통해 알레고리적 몰입은 객관적인 것의 마지막 환상을 떨쳐내야 하고, 아무런 간섭과 통제를 받지 않게 되면 지상의 사물 세계에서 장난치는 자신이 아니라 하늘이 지켜보는 진지한 자신을 재발견하게 된다.[3]

이 구절을 쓴 1920년대 중반에 벤야민은 유대교 메시아주의(그의 구원 개념은 여기서 유래했다)와 혁명적 사회주의 사이에 있었다. 특이한 마르크스주의였지만 그래도 어쨌든 모종의 마르크스주의에 갈수록 헌신하게 되면서 벤야민은 구원을 점점 더 세속적인 사건, 즉 사회주의 혁명으로 보게 됐다(비록 이 혁명 개념에서 원래의 종교적 의미가 완전히 사라지지는 않았지만 말이다). 그 결과로 벤야민이 갖게 된 견해가 가장 웅변적으로 표현된 것이 바로 "역사철학 테제"다. 이 글은 히틀러와 스탈린의 [독소불가침]조약으로 세계가 두 괴물 같은 폭압 체제에 의해 분할될 것 같은 절망적 정치 상황에서 쓴 것인데, 여기서 벤야민은 혁명을 단선적으로 전개되는 사건들의 와중에서 폭발적으

---

* 그래, / 하나님이 교회 묘지에서 수확을 거둬들이신다면 / 나, 해골은 천사의 얼굴이 되리라.(독일 바로크 시대를 대표하는 작가 중 한 명인 로엔슈타인의 작품 구절)

로 분출하는 것, 그래서 착취와 억압이 지배하던 과거를 구원하는 것으로 이해한다.[4] 구원을 이런 식으로 이해하게 되면, 앞서 인용한 구절은 현재, 즉 "희망 없는 무한한 세계"에 방향을 제시해 준다. 그 세계는 마르크스가 말한 착취와 혼란에 프로이트가 붙잡고 씨름한 억압이 덧붙여지고, 호르크하이머와 아도르노가 문화 산업과 상품 물신성의 작용을 보며 추적했던 파편화한 의식도 덧붙여지고, 새로운 참상(예컨대, 경쟁적 자본축적 때문에 자연이 서서히 파괴되는)도 덧붙여지는 그런 세계다. 그런 세계에는 바로크식 우울과 낭만주의적 아이러니(모더니즘이 발전시켰고, 포스트모더니티의 예언자들이 단순히 혼성 모방으로 전락시킨)가 유일하게 적절한 반응처럼 보인다. 우리가 세계적 사회변혁, 즉 지구의 자원을 집단적·민주적으로 통제하는 바탕 위에서 새로운 우선순위를 강요할 수 있는 사회변혁의 가능성을 무시한다면 말이다. 그러나 우리가 이런 가능성을 인정한다면, "단 한 번의 반전"으로 모든 것이 변한다. 우리는 마르크스가 이해한 자본주의의 두 측면을 모두 알고 있다. 자본주의는 파괴를 부를 뿐 아니라 인간의 잠재력을 발전시키기도 한다는 사실을 말이다. 변혁된 세계에서 이런 잠재력이 실현될 수 있도록 모종의 혁명적 변화를 위해 우리가 노력하지 않는다면, 리오타르와 보드리야르처럼 로마가 불타고 있을 때 바이올린을 켜는 것 말고는 할 일이 거의 없을 것이다.

후주

FT *Financial Times*

IS *International Socialism*

MH A Callinicos, *Making History* (Cambridge, 1987)[국역: 《역사와 행위》, 사회비평사(나남출판), 1997]

MIC C Nelson and L Grossberg, eds, *Marxism and the Interpretation of Culture* (Houndmills, 1988)

MR P Anderson, 'Modernity and revolution', in *MIC*[국역: "근대성과 혁명", 《마르크스주의와 포스트모더니즘》, 이론과실천, 1993]

NGC *New German Critique*

NLR *New Left Review*

PDM J Habermas, *The Philosophical Discourse of Modernity* (Cambridge, 1987)[국역: 《현대성의 철학적 담론》, 문예출판사, 1994]

PMC J-F Lyotard, *The Postmodern Condition* (Manchester, 1984)[국역: 《포스트모던의 조건》, 민음사, 1992, 《포스트모던적 조건》, 서광사, 1992]

TCA J Habermas, *The Theory of Communicative Action,* I (London, 1984), II (Cambridge, 1987)[국역: 《의사소통 행위 이론 1, 2》, 나남, 2006]

TCS *Theory Culture & Society*

들어가며

1 I Hassan, *The Postmodern Turn* (1987), p xi[국역: 《포스트모더니즘 개론: 현대 문화와 문학 이론》, 한신문화사, 1991].

2 사실, '포스트모던'이라는 용어는 1950년대 말과 1960년대에 몇몇 실험소설의 특징을 묘사하기 위해 처음으로 비교적 체계적으로 사용된 듯하다. Hassan, *Postmodern Turn,* pp 85~86, and F Kermode, *History and Value* (Oxford, 1988), pp 129~130 참조.

3 *PMC,* pp xxiii~iv, 5와 여기저기.

4 같은 책, p 66.

5 E Laclau and C Mouffe, *Hegemony and Socialist Strategy* (London, 1985)[국역: 《헤게모니와 사회주의 전략》, 후마니타스, 2012]. 이 모든 경향을 비판한 것은 E M Wood, *The Retreat from Class* (London, 1986)[국역: 《계급으로부터의 후퇴》, 창비, 1993] 참조.

6 *Marxism Today,* Introduction to special issue on 'New Times', October 1988.

7 M Foucault, 'Structuralism and post-structuralism', *Telos* 55 (1983), p 204.

8 예컨대 T Eagleton, 'Capitalism, modernism and postmodernism', *NLR* 152 (1985)[국역: "자본주의, 모더니즘, 포스트모더니즘", 《포스트모더니즘론》, 문화과학, 1996]와 L Hutcheon, *A Poetics of Postmodernism* (London, 1988)[일부 국역: 《포스트모더니즘의 이해》, 문학과지성사, 1990]을 비교해 보라.

1장 포스트모더니티라는 은어

1 J-F Lyotard, 'Defining the postmodern', *ICA Documents* 4 (1985), p 6.

2 R Sayre and M Löwy, 'Figures of romantic anti-capitalism', *NGC* 32 (1984) 참조.

3 T S Eliot, *Selected Prose,* ed F Kermode (London, 1975), p 177.

4 F Kermode, *The Sense of an Ending* (Oxford, 1968), p 98[국역: 《종말 의식과 인간적 시간: 허구 이론의 연구》, 문학과지성사, 1993].

5 A Kroker and D Cooke, *The Postmodern Scene,* 2nd edn (Houndmills, 1988), p 8.

6 Kermode, *Sense,* 특히 1장 참조.

7 L Hutcheon, *A Poetics of Postmodernism* (London, 1988), p 28.

8 R A Berman, 'Modern art and desublimation', *Telos* 62 (1984~85), pp 33~34.

9 S Gablik, 'The aesthetics of duplicity', *Art & Design* 3, 7/8 (1987), p 36.

10 C Schorske, *Fin-de-Siècle Vienna* (New York, 1981), p 19[국역: 《세기말 빈》, 글항아리, 2014]에서 인용.

11 E Lunn, *Marxism and Modernism* (London, 1985), pp 34~37[국역: 《마르크시즘과 모더니즘》, 문학과지성사, 1996] 참조.

12 MR, p 332.

13 F Kermode, *History and Value* (Oxford, 1988) 6장과 비교해 보라.

14 F Moretti, 'The spell of indecision' (discussion), in *MIC,* p 346.

15 Lunn, *Marxism,* p 58, 일반적 설명은 pp 33~71 참조.

16 C Jencks, *What is Postmodernism?* (London, 1986), p 14[국역: 《포스트모더니즘?》, 청람, 1995].

17 예컨대, 같은 책, pp 3~7 참조.

18 P Ackroyd, *T S Eliot* (London, 1985), pp 118~119[국역: 《엘리엇 — 영혼의 순례자》, 책세상, 1999].

19 Jencks, *Postmodernism?,* p 43.

20 Eliot, *Selected Prose,* p 38.

21 Hutcheon, *Poetics,* p 41.

22 같은 책, p 32.

23 A Huyssen, 'Mapping the postmodern', *NGC* 33 (1984), p 16[국역: "포스트모더니즘의 위상 정립을 위해", 《포스트모더니즘론》, 문화과학, 1996].

24 Ackroyd, *Eliot,* pp 105, 145~148.

25 Lyotard, 'Defining', p 6.

26 *PMC,* p 79.

27 I Kant, *Critique of Judgement* (Oxford, 1973), I, pp 90, 92, 127[국역: 《판단력 비판》, 아카넷, 2009].

28 *PMC,* pp 79, 81. 후이센이 말했듯이, 리오타르가 "칸트의 숭고미 개념에 의지하는 것은 다음과 같은 사실을 망각한 처사다. 즉, 18세기가 조화롭고 질서정연한 우주의 숭고미에 매혹된 이유는 리오타르가 그토록 싫어하고 끈질기게 비판한 (하버마스의 글에 나타나는) 전체와 재현에 대한 욕망 때문이었다는 사실을 말이다"('Mapping', p 46). 또, 'Reactionary postmodernism?', in R Boyne and A Rattansi, eds, *Postmodernism and Social Theory* (Houndmills, forthcoming)[국역: 《포스트모더니즘과 사회》, 한신문화사, 1992]에서 내가 숭고를 논한 부분도 참조.

29 Eliot, *Selected Prose,* pp 63~64. 젱크스는 엘리엇이 감수성의 분열을 19세기에 나타난 현상으로 봤다"(!)고 생각하는 듯하다. *Postmodernism?,* p 33 참조.

30 *PMC,* pp 79~80.

31 F Jameson, Foreword to *PMC,* p xvi.

32 Jencks, *Postmodernism?,* p 42.

33 *PMC,* p 80.

34 G Deleuze and F Guattari, *Mille plateaux* (Paris, 1980), p 12[국역: 《천 개의 고원》, 새물결, 2001].

35 F Jameson, *Fables of Aggression* (Berkeley and Los Angeles, 1979), pp 2, 14, 81.

36 Kermode, *History,* pp 98ff. '불일치 이론'을 가장 정교하게 설명한 책은 아마 P Macherey, *A Theory of Literary Production* (London, 1978), 특히 1부일

것이다.

37 Jameson, *Fables,* ch 7.

38 J Frank, 'Spatial form in modern literature', in *The Widening Gyre* (New Brunswick, 1963).

39 Eliot, *Selected Prose,* p 43.

40 같은 책, pp 176~177; W Lewis, *Blasting & Bombardiering* (London, 1967), p 250.

41 J Berger, *The Success and Failure of Picasso* (Harmondsworth, 1965), pp 47ff[국역: 《피카소의 성공과 실패》, 아트북스, 2003] 참조.

42 J Willett, *The New Sobriety 1917~1933* (London, 1978) 참조.

43 G Deleuze and F Guattari, *L'Anti-Oedipe* (Paris, 1973), ch 2[국역: 《앙띠 오이디푸스: 자본주의와 정신분열증》, 민음사, 1994].

44 Schorske, *Fin-de-Siècle Vienna,* chs 5 and 8장 참조.

45 S Lash, 'Discourse or figure?', *TCS* 5, 2/3, pp 320, 331~332.

46 J Berger, 'Defending Picasso's late work', *IS* 2, 40 (1988), p 113.

47 N Zach, 'Imagism and vorticism', in M Bradbury and J McFarlane, eds, *Modernism 1890~1930* (Harmondsworth, 1976), p 234에서 인용.

48 M Nadeau, *A History of Surrealism* (Harmondsworth, 1973), p 212 n 5[국역: 《초현실주의의 역사》, 고려원, 1985]. 또, W Benjamin, 'Surrealism', in *One-Way Street and Other Writings* (London, 1979)[국역: "초현실주의", 《역사의 개념에 대하여 / 폭력비판을 위하여 / 초현실주의 외》, 길, 2008]도 참조. 랭보는 1871년 5월 15일 폴 드므니에게 보낸 편지에서 시인의 과제를 규정했는데, 올리버 버나드가 번역한 이 편지는 *Collected Poems* (Harmondsworth, 1969), p 10에 실려 있다.

49 *PMC,* p 82.

50 F Jameson, 'Postmodernism, or the cultural logic of late capitalism', *NLR* 146 (1984), p 45[국역: "포스트모더니즘 — 후기 자본주의의 문화 논리", 《문예사조사》 개정판, 민음사, 1997].

51 W Benjamin, *Illuminations* (London, 1970), pp 226, 241[국역: 《발터 벤야민의 문예 이론》, 민음사, 1983].

52 S Lash and J Urry, *The End of Organized Capitalism* (Cambridge, 1987), pp 286~287.

53 Benjamin, *Illuminations*, pp 239~240.

54 같은 책, pp 226, 242~243.

55 E Bloch et al, *Aesthetics and Politics* (London, 1977), pp 100~141. 페리 앤더슨의 해설도 참조.

56 C Russell, *Poets, Prophets and Revolutionaries* (New York, 1985), p 117에서 인용. 더 일반적 설명은 같은 책, pp 114~118과 H Richter, *Dada* (London, 1965), 3장[국역: 《다다: 예술과 반예술》, 미진사, 1994] 참조.

57 G Grosz, *A Small Yes and a Big No* (London, 1982), pp 91~92. 또, 해리 케슬러 백작이 1919년 2월 5일 그로스를 만난 뒤에 다음과 같이 보고한 내용도 참조하라. "그로스는 흔히 말하는 예술은 비정상적인 것이고 질병이며 그런 예술가는 뭔가에 홀린 사람이라고 주장했다. … 그로스는 정말로 화가를 가장한 볼셰비키다." *The Diaries of a Cosmopolitan 1918~1937* (London, 1971), p 64.

58 W Benjamin, *Understanding Brecht* (London, 1977), pp 6, 18[일부 국역: 《발터 벤야민의 문예 이론》, 민음사, 1983].

59 예컨대, Hutcheon, *Poetics*, p 35 참조.

60 J Willett, ed, *Brecht on Theatre* (London, 1964) 참조. 나중에 쓴 저서들(예컨대, 《연극을 위한 짧은 논문》)에서 브레히트가 서사극에서 교육이 하는 구실뿐 아니라 쾌락의 구실도 강조한 것은 자신의 초기 견해를 포기한 것이라기보다는 수정한 것이라고 봐야 한다.

61 Huyssen, 'Mapping', p 42.

62 Kermode, *History*, p 132.

63 D Bell, *The Coming of Post-Industrial Society* (London, 1974), pp 51~54[국역: 《탈산업사회의 도래》, 아카넷, 2006].

64 J Silverman and D Welton, editors' introduction to *Postmodernism and Continental Philosophy* (Albany, 1988), p 2.

65 Kroker and Cooke, *Postmodern Scene,* pp 8, 76, 127, 129, 169.

66 *PDM,* 특히 Lecture IV.

67 H Blumenberg, *The Legitimacy of the Modern Age* (Cambridge, Mass, 1983), pp 28, 30, 32, 182, 346, 423. K Löwith, *Meaning in History* (Chicago, 1949)[국역: 《역사의 의미》, 문예출판사, 1990]와 비교해 보라.

68 Blumenberg, *Legitimacy,* p 115. 장 보드리야르는 이런 사고방식을 잘 보여 준다. 그는 "유대-그리스도교에서는 영혼과 자연이 완전히 분리되는데" 정치경제학은 "이런 단절이 실현된 한 사례일 뿐"(마르크스주의도 정치경제학의 범주에서 벗어나지 못한다)이라고 말한다. *The Mirror of Production* (St Louis, 1975), pp 63, 65[국역: 《생산의 거울》, 백의, 1994].

2장 모더니즘과 자본주의

1 C Baudelaire, *My Heart Laid Bare and Other Prose Writings* (London, 1986), p 37.

2 D Frisby, *Fragments of Modernity* (Cambridge, 1985), p 16.

3 K Marx and F Engels, *Collected Works* (50 vols published or in preparation, London, 1975~), VI, p 487.

4 J Rawson, 'Italian futurism', in M Bradbury and J McFarlane, eds, *Modernism* (Harmondsworth, 1976), p 245에서 인용.

5 G M Hyde, 'The poetry of the city', in Bradbury and McFarlane, eds, *Modernism.*

6 K Wolff, ed, *The Sociology of Georg Simmel* (New York, 1950), pp 409~410, 415, 420~421. 지멜이 스스로 말했듯이(같은 책, p 424, n 11), "대도시와 정신 생활"은 자신의 걸작 *The Philosophy of Money* (London,

1978)[국역: 《돈의 철학》, 길, 2013]의 주요 주제 몇 가지를 압축적으로 서술한 글이다. Frisby, *Fragments*, 2장 참조. 그리고 "대도시와 정신 생활"에 대한 몇 가지 비판은 D Smith, *The City and Social Theory* (Oxford, 1980), pp 187ff 참조.

7 R Cork, *David Bomberg* (New Haven, 1987), p 78에서 인용. 또, 예컨대 T J 클라크가 마네의 미술을 도시의 맥락에서 연구한 흥미로운 책 *The Painting of Modern Life* (London, 1984)도 참조.

8 M Berman, *All that is Solid Melts into Air* (London, 1983), p 15[국역: 《현대성의 경험》, 현대미학사, 2004].

9 *PDM*, p 5.

10 H Blumenberg, *The Legitimacy of the Modern Age* (Cambridge, Mass, 1983), p 423.

11 *PDM*, p 7.

12 특히 K Kumar, *Prophecy and Progress* (Harmondsworth, 1978), chs 1~3 참조.

13 *TCA*, I, pp 166, 168과 일반적으로는 pp 143~271 참조. 본문에서 나는 베버의 합리화 이론에 대한 하버마스의 설명을 그대로 따랐지만, 하버마스의 베버 해석 자체가 뜨거운 논쟁의 대상이라는 사실을 지적해 둬야겠다. 예컨대, W Hennis, 'Max Weber's "Central Question"', *Economy and Society* 12 (1983) 참조.

14 *PDM*, p 2.

15 T Parsons, *The Social System* (London, 1951), pp 481ff.

16 T Parsons, *The System of Modern Societies* (Englewood Cliffs, 1971), p 119[국역: 《현대 사회들의 체계》, 새물결, 1999].

17 *TCA*, II, pp 291~292와 일반적으로는 pp 199~299 참조.

18 J Taylor, *From Modernization to Modes of Production* (London, 1979), p 31[국역: 《제3세계의 생산양식》, 풀빛, 1982]. 파슨스의 현대화 이론에 대한 일반적 비판은 같은 책 1장과 S P Savage, *The Theories of Talcott Parsons*

(London, 1981), chs 5 and 6 참조.

19 역사유물론을 이렇게 설명하는 것은 많은 마르크스주의자들의 실제 견해가 아니라 이론의 논리적 신조에 초점을 맞춘 것이다. 최근의 역사유물론 논의에서 가장 유력한 문헌은 L Althusser and E Balibar, *Reading Capital* (London, 1970)[국역: 《자본론을 읽는다》, 두레, 1991]와 G A Cohen, *Karl Marx's Theory of History — a Defence* (Oxford, 1978)[국역: 《카를 마르크스의 역사 이론 — 역사유물론 옹호》, 한길사, 2011]이라 할 수 있다. 역사유물론에 대한 내 견해는 *MH*, 특히 2장 참조.

20 이런 변화들에 관한 흥미로운 논의는 A Giddens, *A Contemporary Critique of Historical Materialism* (London, 1981), ch6[국역: 《사적유물론의 현대적 비판》, 나남, 1991] 참조. 이런 변화가 예술에 미친 영향에 대한 기든스의 견해는 'Modernism and post-modernism', *NGC* 22 (1981) 참조.

21 F Braudel, *The Structures of Everyday Life* (London, 1981), pp 560~561[국역: 《물질 문명과 자본주의 1-1, 1-2: 일상생활의 구조 상-하》, 까치, 1995].

22 로버트 브레너는 자본주의의 이런 특징이 중요하다고 강조했다. T E Aston and C H E Philpin, eds, *The Brenner Debate* (Cambridge, 1985)[국역: 《농업 계급 구조와 경제 발전: 브레너 논쟁》, 집문당, 1991]와 R Brenner, 'The social basis of economic development', in J Roemer, ed, *Analytical Marxism* (Cambridge, 1986) 참조.

23 Marx and Engels, *Collected Works*, VI, p 487.

24 같은 책, XII, p 222.

25 Marx, *Grundrisse* (Harmondsworth, 1973), pp 409~410[국역: 《정치경제학 비판 요강》, 그린비, 2007].

26 같은 책, pp 487~488.

27 같은 책, pp 162, 488.

28 MR, pp 321~322.

29 같은 책, p 323, M Bradbury and J McFarlane, 'The name and nature of

modernism', in *Modernism*과 비교해 보라.

30 MR, pp 324~325.

31 같은 책, pp 325~326.

32 같은 책, p 324. 메이어가 《구체제의 존속》에서 결정적으로 중요한 부분인 1~4장의 초고를 앤더슨이 검토해 줬다고 말한 것을 보면, 영향은 두 사람이 서로 주고받은 것인지도 모르겠다. A J Mayer, *The Persistence of the Old Regime* (New York, 1981), p x.

33 Mayer, *Persistence*, p 17.

34 같은 책, p 189.

35 같은 책, pp 3, 4, 292, 301, 314, 329.

36 P Anderson, 'Origins of the present crisis', in P Anderson and R Blackburn, eds, *Towards Socialism* (London, 1965), and 'The figures of descent', *NLR* 161 (1987)과 그 비판은 E P Thompson, 'The peculiarities of the English', in *The Poverty of Theory and Other Essays* (London, 1978), M Barratt Brown, 'Away with all great arches', *NLR* 167 (1988), A Callinicos, 'Exception or symptom?', *NLR* 169 (1988) and C Barker and D Nicholls, eds, *The Development of British Society* (Manchester, 1988) 참조.

37 D Blackbourn and G Eley, *The Peculiarities of German History* (Oxford, 1984)[국역: 《독일 역사학의 신화 깨뜨리기》, 푸른역사, 2007].

38 E J Hobsbawm, *The Age of Empire* 1875~1914 (London, 1987), pp 8~9, 168, 176~177[국역: 《제국의 시대》, 한길사, 1998].

39 Mayer, *Persistence*, pp 253ff.

40 Hobsbawm, *Empire*, 특히 pp 56~73 참조. *MH* 4장에서 나는 국가 간 군사적 경쟁이 생산력과 생산관계의 변증법과 무관하다는 생각을 비판했다.

41 N Stone, *Europe 1878~1919* (London, 1983), ch 2. 놀랍게도, 이 신우파 역사가는 마르크스주의 성향 학자인 메이어나 마르크스주의자인 앤더슨보다 더 충실하게 레닌과 트로츠키의 정신에 입각해서 19세기 말 유럽을 분석한

다. 1900년 무렵의 유럽을 자세히 묘사한 네덜란드 마르크스주의 역사가의 걸작 Jan Romein, *The Watershed of Two Eras* (Middletown, 1978)은 낡은 것과 새로운 것의 모순된 통일을 잘 보여 준다.

42 예컨대, L D Trotsky, *1905* (Harmondsworth, 1973) 참조.

43 Stone, *Europe*, p 152에서 인용. 메이어는 1900년 이후 "15년이 채 안 돼 노동운동과 피지배 민족들은 훨씬 더 큰 후퇴를 겪으며 그들 자신의 고유한 약점을 드러냈고, 이 과정에서 그들을 억누르는 각국 정부의 강점과 의지도 분명히 드러났다. 1905~1906년 러시아 민중의 위대한 격변조차 이런 유형에서 벗어나지 않았다"고 주장한다(*Persistence*, p 301). 그러나 스톤은 다음과 같이 주장한다. "1910년 이후 대다수 나라에서 산업 불안정 때문에 전례 없이 많은 파업이 벌어졌고, 어떤 곳(예컨대, 1909년에는 바르셀로나, 1914년에는 안코나[이탈리아 중부 아드리아 해 연안에 있는 도시]와 상트페테르부르크)에서는 총파업으로 '빨갱이들'이 거의 도시 전체를 장악할 정도였다"(*Europe*, p 144). 러시아에서는 1912년 레나 금광 학살 사건 이후 되살아난 노동계급의 전투성이 1914년 7월 상트페테르부르크의 총파업과 바리케이드 전투에서 절정에 달했다. T Cliff, *Lenin*, I (London, 1975), chs 18 and 20[국역: 《레닌 평전 1》, 책갈피, 2010] 참조.

44 MR, p 323.

45 19세기 말의 빈에 관한 필수 자료 가운데 하나는 1986년 파리 퐁피두 센터에서 열린 전시회의 훌륭한 안내 책자 *Vienne 1880~1938: L'Apocalypse joyeuse* (Paris, 1986)이다.

46 C Magris, 'Le flambeau d'ewald', in *Vienne 1880~1938*, p 22.

47 J Clair, 'Une modernité sceptique', in *Vienne 1880~1938*, p 50.

48 E Nagel, 'Impressions and appraisals of analytical philosophy in Europe', I, *Journal of Philosophy* XXXIII (1936), p 9. 또, P Jacob, *L'Empirisme logique* (Paris, 1980), pp 95~101과 D Lecourt, *L'Ordre et les jeux* (Paris, 1981), ch1도 참조.

49 Schorske, *Fin-de-Siècle Vienna* (New York, 1981), ch 3, R Rosdolsky, 'La situation révolutionnaire en autriche en 1918 et la politique des sociaux-

démocrates', *Critique Communiste* 7/8 (1976), and R Loew, 'The politics of Austro-Marxism', *NLR* 118 (1979) 참조. 에른스트 피셔는 *An Opposing Man* (London, 1974)에서 전후 빈의 위기를 생생하게 묘사했다.

50 D J Olson, *The City as a Work of Art* (New Haven, 1986), p 64.

51 Schorske, *Fin-de-Siècle Vienna,* p 7.

52 Mayer, *Persistence,* pp 114ff. 1903~04년에 아돌프 히틀러와 루트비히 비트겐슈타인이 같은 학교에 다녔다(두 사람의 생일은 며칠 차이다)는 사실은 빈의 아이러니를 잘 보여 준다. B McGuinness, *Wittgenstein, A Life: Young Ludwig (1889~1921)* (London, 1988), p 51 참조. 약간 불충분하지만, 비트겐슈타인의 사상을 더 광범한 빈 문화와 연결하려는 노력은 A Janik and S Toulmin, *Wittgenstein's Vienna* (New York, 1973)[국역: 《비트겐슈타인과 세기말 빈》, 필로소픽, 2013] 참조.

53 Schorske, *Fin-de-Siècle Vienna,* pp 7, 8~9, 10. 카를 비트겐슈타인, 아우구스트 레더러, 오토 프리마베시 같은 은행가들과 산업자본가들이 클림트를 비롯한 빈 분리파 회원들의 재정 후원자였다. B Michel, 'Les mécènes de la secession', in *Vienne 1880~1938* 참조.

54 Schorske, *Fin-de-Siècle Vienna,* ch 4.

55 F Moretti, 'The spell of indecision', *MIC,* pp 339, 341[국역: "미결정의 마력", 《공포의 변증법》, 새물결, 2014].

56 C Schmitt, *Political Romanticism* (Cambridge, Mass, 1986), pp 17, 71~72, 75~76[국역: "슈미트: 정치적 낭만", 《정치적 낭만 / 공동사회와 이익사회》, 삼성출판사, 1992].

57 같은 책, p 20.

58 Moretti, 'Spell', p 342. 스티븐 스펜더도 낭만주의와 문학적 모더니즘 사이의 연속성을 강조한다. *The Struggle of the Modern* (London, 1963), pp 47~55 참조.

59 C McCabe, *James Joyce and the Revolution of the Word* (London, 1979), chs 6 and 7. 매케이브는 모레티가 'Spell' (discussion), p 345에서 모레티의

일반적 주장을 조이스에게 적용한 것에 강력하게 이의를 제기했다.

60 F Jameson, *The Political Unconscious* (London, 1981), pp 19~20.

61 Schorske, *Fin-de-Siècle Vienna,* pp 250, 254, 258~259, 263.

62 R A Maguire and J E Malmstad, translators' introduction to A Bely, *Petersburg* (Harmondsworth, 1983), p vii[국역: 《페테르부르크》, 문학과지성사, 2006].

63 Berman, *All that is Solid,* pp 255~270.

64 J Herf, *Reactionary Modernism* (Cambridge, 1984), p 2. 인용문은 모두 같은 책의 83, 84, 94, 104쪽에 나오는 것들이다. 더 일반적 설명은 4장 참조.

65 W Benjamin, *Illuminations* (London, 1970), pp 243~244. 또, Benjamin, 'Theories of German fascism', *NGC* 17 (1979)도 참조.

66 P Bürger, *Theory of the Avant Garde* (Manchester, 1984), pp 27, 49[국역: 《아방가르드의 이론》, 지만지, 2013].

67 Benjamin, *Illuminations,* p 226.

68 Baudelaire, *My Heart Laid Bare,* pp 55, 56, 57.

69 M Foucault, 'What is enlightenment?' in P Rabinow, ed, *A Foucault Reader* (Harmondsworth, 1986), p 42[국역: "계몽이란 무엇인가?", 《자유를 향한 참을 수 없는 열망》, 새물결, 1999].

70 W Benjamin, *Charles Baudelaire* (London, 1973), p 172[일부 국역: 《파리의 원풍경 — 아케이드프로젝트 1》, 새물결, 2008, 《보들레르의 작품에 나타난 제2제정기의 파리: 보들레르의 몇 가지 모티브에 관하여 외》, 길, 2010].

71 R Sennett, *The Fall of Public Man* (London, 1986))[국역: 《현대의 침몰》, 일월서각, 1982]. 벤야민에 관해서는 Frisby, *Fragments*, ch4 참조.

72 G Lukács, *The Meaning of Contemporary Realism* (London, 1972), p 69[국역: 《현대 리얼리즘론》, 열음사, 1986].

73 MR, p 324. 같은 책, p 337도 참조. 루카치는 흔히 모더니즘 예술의 독특한 특징에 대해 매우 통찰력 있는 견해를 내놓았다. 그러나 모더니즘을 고전적 리얼리즘의 변질로 봐야 한다고 우기는 바람에, 그리고 자신이 제국주의 시대

부르주아지의 반동적 성격이라고 여긴 것에서 모더니즘의 특징을 연역하려고 하는 바람에 그런 통찰력이 손상되고 만다. 루카치가 *The Destruction of Reason* (London, 1980)[국역: 《이성의 파괴 1, 2, 3》, 심설당, 1997]에서 헤겔 사후 독일 철학을 비판할 때도 똑같은 강점과 약점이 드러난다. 아도르노는 이 책을 두고 루카치 자신의 이성이 파괴된 것이라고 말했지만, (파울 레비에 대한 레닌의 표현을 빌리면) 적어도 루카치에게는 잃어버릴 머리라도 있었다.

74 B Brecht, 'Against Georg Lukács', in E Bloch et al, *Aesthetics and Politics* (London, 1977)[국역: "루카치에 대한 반론", 《문제는 리얼리즘이다》, 실천문학사, 1985].

75 T W Adorno, *Aesthetic Theory* (London, 1984), pp 31~32[국역: 《미학 이론》, 문학과지성사, 1997].

76 Bürger, *Theory,* p 49.

77 W Benjamin, *The Origin of German Tragic Drama* (London, 1977), pp 54, 187, 198[국역: 《독일 비애극의 원천》, 한길사, 2009]. 사실, 모더니즘의 다른 선구자들도 찾을 수 있다. 그래서 미하일 바흐친은 "소설의 언어는 서로 이데올로기적으로 영감을 주고받는 언어 체계"라고 주장했다(*The Dialogic Imagination,* Austin, 1981, p 47[국역: 《장편소설과 민중 언어》, 창비, 2001]). 바흐친은 도스토옙스키가 '다성多聲' 소설*의 작가라고 처음으로 주장했는데, 나중에는 소설 담론의 특징은 다른 장르들을 사용한다(사실은 패러디한다)는 것이라는 견해를 발전시켰다. 바흐친은 자신이 말한 이종어異種語**의 주요

---

* heteroglossia, 바흐친의 대화적 담론 이론에 의하면, '이종어'는 한 언어 내부에서 사회적으로 분화한 다양한 말의 양식을 가리킨다. 예컨대, 같은 언어 안에서도 법률가·관료·교육자·상인의 말이 다르고, 지배계급과 피지배계급의 말이 다르며, 남녀의 말이 다르고, 노소의 말이 다르며, 유색인과 백인의 말이 다르고, 아침과 저녁의 말이 다르며, 오페라 극장과 시장터의 말이 다르고, 각 지역에 따라 다른 방언이 있다는 것 등등이다.

** 바흐친은 도스토옙스키와 톨스토이의 소설을 각각 다성 소설과 단성 소설로 구분했는데(이 구분은 음악 용어를 빌려 온 것이다), 다성 소설의 작중인물은 작가의 의도에 따라 움직이는 자동인형이 아니라 작가의 의도를 비판하거나 배반하기도 하

사례로 라블레의 작품을 들지만 다른 작가들의 소설, 예컨대 《돈키호테》나 《트리스트럼 섄디》 같은 작품도 생각해 볼 수 있다. 그렇지만, 모더니즘의 뚜렷한 특징은 이런 초기 작가들의 암묵적 언어관을 자의식적이고 체계적으로 발전시켰다는 점이라고 할 수 있다.

78 Bürger, *Theory*, p 72.

79 같은 책, pp 73, 74, 78.

80 리처드 볼린은 'Modernism vs postmodernism', *Telos* 62 (1984~1985), p 15에서 초현실주의가 "예술의 자율성 원칙"을 계속 고수했다는 사실은 "아라공이 스탈린의 명령을 무조건 떠받들자 브르통이 이에 반대하며 상상력이라는 최고 권력을 지키기로 결정한 것에서도 확인된다"고 주장했다. 볼린은 이 결정이 1929년에 내려졌다고 추정하지만, 사실 1929년의 위기는 사회주의 혁명을 지지하는 데 반대한 집단을 초현실주의 운동에서 축출한 것과 관계있고, 브르통과 아라공의 결별은 아라공이 '붉은 전선'이라는 시에서 스탈린의 제3기 정책을 옹호하고 난 뒤인 1931년의 일이었다. 브르통은 아라공이 "경찰을 죽여라", "레옹 블룸을 후려갈겨라"라는 시구 때문에 기소되는 것에 반대하며 아라공을 방어했지만, '붉은 전선' 자체는 "시의 퇴보"라고 비판했고, 예술을 위한 예술을 거부하거나 "작가와 예술가가 사회적 투쟁에 적극 참여할 것"을 요구한다고 해서 "시와 미술의 목표"가 "교육이나 혁명의 선전"이라고 생각하는 것은 아니라고 주장했다. 'The poverty of poetry', appendix to M Nadeau, *The History of Surrealism* (Harmondsworth, 1973), p 331. 브르통이 반反스탈린주의적 마르크스주의에 계속 헌신했다는 것은 그가 코민테른의 민중전선 정책에 반대하고 1930년대 말에 트로츠키와 제휴한 것에서도 드러난다. Nadeau, *History*, part 4와 F Rosemont, *Andre Breton and the First Principles of Surrealism* (London, 1978) 참조.

는, 한 시대의 다양한 욕망의 목소리를 들려주는 살아 있는 주체인 반면, 단성 소설의 세계는 독백적이어서 주인공의 말은 그에 관한 작가의 말이라는 견고한 테두리 안에 갇혀 있으므로 거기에는 오직 하나의 인식 주체만이 있을 뿐이고 그 밖의 모든 것은 다만 그 대상에 지나지 않는다는 것이다.

81 C Gray, *The Russian Experiment in Art 1863~1922* (revised edn, London, 1986), p 116[국역: 《위대한 실험: 러시아 미술 1863~1922》, 시공사, 2001].

82 같은 책, p 219에서 인용.

83 K Frampton, *Modern Architecture: A Critical History* (revised edn, London, 1985), pp 117~118[국역: 《현대건축사》, 세진사, 2005]에서 인용. 또, 같은 책 14장도 참조.

84 J Willett, *The New Sobriety 1917~1933* (London, 1978), p 11.

85 J Willett, ed., *Brecht on Theatre* (London, 1964), p 20.

86 C Harman, *The Lost Revolution* (London, 1982)[국역: 《패배한 혁명》, 풀무질, 2007] 참조.

87 S Fitzpatrick, ed, *Cultural Revolution in Russia, 1928~1931* (Bloomington, 1978) 참조.

88 F Moretti, *Signs Taken for Wonders* (revised edn, London, 1988), p 209[국역: 《공포의 변증법》, 새물결, 2014].

89 W Lewis, *Blasting & Bombardiering* (London, 1967), pp 256, 260.

90 MR, pp 326~328.

3장 포스트구조주의 철학의 난제들

1 H Barth, *Truth and Ideology* (Berkeley and Los Angeles, 1976)[국역: 《진리와 이데올로기》, 종로서적, 1986] 참조.

2 *PDM*, pp 16, 18, 42, 50, 392 n 4. 헤겔에 대해서는 특히 C Taylor, *Hegel* (Cambridge, 1975)[국역: 《헤겔》, 그린비, 2014]과 M Rosen, *The Hegelian Dialectic and its Criticism* (Cambridge, 1982) 참조.

3 *PDM*, pp 53, 56.

4 같은 책, pp 71~74 참조. 파슨스는 자신의 모더니티관觀에 "가장 큰 영향을 미친" 사상적 원천은 "헤겔에서 마르크스를 거쳐 베버에 이르는 독일 관념론"

이라고 말했다. *The System of Modern Societies* (Englewood Cliffs, 1971), p 1 참조.

5 니체의 사상을 가장 체계적으로 설명한 책은 아마 R Schacht, *Nietzsche* (London, 1983)일 것이다.

6 *PDM*, pp 122~123.

7 A Nehemas, *Nietzsche: Life as Literature* (Cambridge, Mass, 1985), p 39[국역: 《니체: 문학으로서 삶》, 연암서가, 2013].

8 F Nietzsche, *The Will to Power* (New York, 1968), § 853, 796[국역: 《권력에의 의지》, 청하, 1988].

9 R Schacht, *Nietzsche*, p 203.

10 Nietsche, *The Gay Science* (New York, 1974), Preface § 4[국역: 《니체 전집 12: 즐거운 학문, 메시나에서의 전원시, 유고》, 책세상, 2005]. 니체는 더 나아가 "우리 정신의 모험가들도 … 그리스인이 … 아닐까? 형식과 음조와 언어의 숭배자가 아닐까? 그러므로 예술가가 아닐까?" 하고 묻는다.

11 같은 책, § 335.

12 Nietzsche, *Twilight of the Idols and The Antichrist* (Harmondsworth, 1968), pp 102, 104[국역: 《니체 전집 15: 바그너의 경우, 우상의 황혼, 안티크리스트, 이 사람을 보라, 디오니소스 송가, 니체 대 바그너》, 책세상, 2002].

13 Nietzsche, *On the Genealogy of Morals and Ecce Homo* (New York, 1969), p 254[국역: 《도덕의 계보 / 이 사람을 보라》, 청하, 1999].

14 Nehemas, *Nietzsche*, pp 168, 191, 234.

15 R Sayre and M Löwy, 'Figures of romantic anti-capitalism', *NGC* 32 (1984), p 46. '낭만적 반자본주의'라는 표현을 만들어 낸 루카치는 니체의 "방법론이 낭만적 반자본주의와 비슷하다"고 인정하면서도 니체에게 낭만적 반자본주의를 적용하기는 꺼렸다. *The Destruction of Reason* (London, 1980), p 327. 또, 같은 책, pp 341~342도 참조.

16 Nietzsche, *Twilight*, p 91.

17 Nietzsche, *Will*, § 94.

18 R Rorty, *The Consequences of Pragmatism* (Brighton, 1982), p 141[국역: 《실용주의의 결과》, 민음사, 1996].

19 M Foucault, *Power/Knowledge* (Brighton, 1980), p 194[국역: 《권력과 지식: 미셸 푸코와의 대담》, 나남, 1991].

20 E Said, *The World, the Text and the Critic* (Cambridge, Mass, 1983).

21 J Derrida, *De la grammatologie* (Paris, 1967), p 227[국역: 《그라마톨로지》, 민음사, 2010]. Gayatri Spivak, *Of Grammatology* (Baltimore, 1976), p 158의 영어 번역문과 비교해 보라.

22 예컨대, Derrida, 'The ends of man', in *Margins of Philosophy* (Brighton, 1982)[국역: "인간의 종말", 《포스트모더니즘의 철학적 이해》, 서광사, 1993] 참조.

23 L Ferry and A Renaut, *La Pensée 68* (Paris, 1985), p 105[국역: 《68사상과 현대 프랑스 철학》, 인간사랑, 1995]에서 인용. M Foucault, 'Nietzsche, Freud, Marx', in *Cahiers de Royaumont: Philosophie VI, Nietzsche* (Paris, 1967)[국역: "니체, 프로이트, 맑스", 《자유를 향한 참을 수 없는 열망》, 새물결, 1999]와 'Nietzsche, genealogy, history', in *Language, Counter-Memory, Practice* (Oxford, 1977)[국역: "니이체, 계보학, 역사", 《미셸 푸코: 광기의 역사에서 성의 역사까지》, 민음사, 1989] 참조.

24 A Huyssen, 'Mapping the postmodern', *NGC* 33 (1984), pp 37~38.

25 Foucault, *The Order of Things* (London, 1970), pp xvff[국역: 《말과 사물》, 민음사, 2012].

26 Comte de Lautréamount, *Maldoror and Poems* (Harmondsworth, 1978), pp 216~217[국역: 《말도로르의 노래》, 청하, 1997].

27 F Moretti, 'The spell of indecision', in *MIC*, p 340. 로트레아몽의 이미지에 관한 논의는 M Nadeau, *The History of Surrealism* (Harmondsworth, 1973), pp 24~26 참조.

28 Foucault, *Order*, pp 303, 305, 382, 383, 387.

29 M Foucault, 'Structuralism and post-structuralism', *Telos* 55 (1983), p 199.

30 C Norris, *Deconstruction* (London, 1981), p 21[국역: 《해체 비평》, 한국문화사, 1996].

31 *PDM,* pp 189, 205.

32 Ferry and Renaut, *Pensée 68*, pp 11~12, 38~39.

33 MR, pp 328~329.

34 V Descombes, *La Même et l'autre* (Paris, 1979), p 13[국역: 《동일자와 타자》, 인간사랑, 1991].

35 Ferry and Renaut, *Pensée* 68, p 105에서 인용.

36 D Lecourt, *La Philosophie sans feinte* (Paris, 1982), p 62 참조.

37 *PDM,* p 133.

38 Foucault, 'Structuralism', pp 197~198.

39 A Callinicos, *Is there a Future for Marxism?* (London, 1982)[국역: 《마르크시즘의 미래는 있는가》, 열음사, 1987]도 참조.

40 F de Saussure, *Course in General Linguistics* (New York, 1966), pp 117~118, 120[국역: 《일반언어학 강의》, 지만지, 2012].

41 특히 C Lévi-Strauss, 'Introduction à l'oeuvre de Marcel Mauss', in M Mauss, *Sociologie et anthropologie* (Paris, 1950) 참조.

42 P Dews, *Logics of Disintegration* (London, 1987), p 19.

43 Callinicos, *Future,* p 46.

44 Derrida, *Grammatology,* p 143.

45 J Derrida, *Writing and Difference* (London, 1978), p 288[국역: 《글쓰기와 차이》, 동문선, 2001].

46 Dews, *Logics,* p 24. 일반적으로는 pp 19ff 참조.

47 Ferry and Renaut, *Pensée 68*, pp 167~168.

48 *PDM,* pp 180~181.

49 F Lentricchia, *After the New Criticism* (London, 1983), p 171[국역: 《신비평 이후의 비평 이론》, 문예출판사, 1994].

50 같은 책, 여기저기.

51 C Norris, *The Contest of Faculties* (London, 1985), p 18.

52 J Derrida, 'The time of a thesis: punctuations', in A Montefiore, ed, *Philosophy in France Today* (Cambridge, 1983), pp 45, 49.

53 *PDM*, p 180.

54 J Derrida, 'Racism's last word', *Critical Inquiry* 12 (1985), pp 291, 295, 297, 298, 299. 또, A McClintock and R Nixon, 'No names apart: the separation of work and history in Derrida's "Le Dernier mot du racism"' 와 Derrida, 'But beyond … (Open Letter to Anne McClintock and Rob Nixon)', 같은 잡지, 13 (1986)도 참조.

55 A Callinicos, *South Africa between Reform and Revolution* (London, 1988), chs 4 and 5 참조.

56 Ferry and Renaut, *Pensée 68*, p 174.

57 *PDM*, p 183.

58 G Scholem, *Major Trends in Jewish Mysticism* (New York, 1961), p 12.

59 W V O Quine, 'Carnap and logical truth', in P A Schilpp, ed, *The Philosophy of Rudolph Carnap* (La Salle, 1963), p 406.

60 D Davidson, *Inquiries into Truth and Interpretation* (Oxford, 1984), pp 109, 201[국역:《진리와 해석에 관한 탐구》, 나남, 2011]. 지시에 관해서는 같은 책의 15번 논문 참조.

61 H Putnam, *Mind, Language and Reality* (Cambridge, 1975).

62 T Burge, 'Individualism and the Mental', in P A French et al, eds, *Midwest Studies in Philosophy,* IV (Minneapolis, 1979), and 'Other bodies', in A Woodfield, ed, *Thought and Object* (Oxford, 1982).

63 G Evans, *The Varieties of Reference* (Oxford, 1982), p 256. 이런 이론들의 함의에 관한 논의는 P Pettit and J McDowell, eds, *Subject, Thought, and Context* (Oxford, 1986), 특히 편집자 머리말 참조.

64 최근의 조사 연구는 S Blackburn, *Spreading the Word* (Oxford, 1984) 참조.

65 *PDM,* p 116.

66 같은 책, pp 116, 126~127, 185.

67 이것은 섹트와 네하마스가 니체를 다룬 자신들의 책에서 각각 취한 전략들이다.

68 Foucault, *Power/Knowledge,* p 114.

69 G Deleuze and F Guattari, *Mille plateaux* (Paris, 1980), pp 84~129.

70 M Foucault, *Discipline and Punish* (London, 1977), p 27[국역: 《감시와 처벌》, 나남, 2003].

71 M Foucault, *L'Usage des plaisirs* (Paris, 1984), pp 12~13[국역: 《성의 역사 2: 쾌락의 활용》, 나남, 2004]. 이런 방향 전환에 대한 내 견해는 *Future,* 4장 참조.

72 Foucault, *Power/Knowledge,* p 57. 들뢰즈와 가타리의 다음과 같은 말과 비교해 보라. "프랑스의 1968년 5월은 분자적인 것이었고" 따라서 "계급이라는 집단의 일부로 환원할 수 없는" 흐름, 즉 "미시 정치"와 관련 있었다. *Mille plateaux,* pp 260, 264, 265.

73 특히 M Foucault, *La Volonte de savoir* (Paris, 1976), pp 123~128[국역: 《성의 역사 1: 지식의 의지》, 나남, 2004] 참조.

74 Foucault, *Power/Knowledge,* pp 85, 141.

75 H Dreyfus and P Rabinow, *Michel Foucault* (Brighton, 1982), p 140[국역: 《미셸 푸코: 구조주의와 해석학을 넘어서》, 나남, 1989]. 또, N Poulantzas, *State, Power, Socialism* (London, 1978), pp 146~153[국역: 《국가, 권력, 사회주의》, 백의, 1994]와 P Dews, 'The *Nouvelle Philosophie* and Foucault', *Economy and Society* 8 (1979)도 참조.

76 Foucault, *Volonté,* p 208.

77 Dreyfus and Rabinow, *Foucault,* p 205.

78 Foucault, 'Structuralism', p 204.

79 Deleuze and Guattari, *Mille plateaux,* pp 175~176, n 36, 512. 기묘하게도, 들뢰즈의 생기론이 가장 분명히 드러나는 책은 아마 *Foucault* (Paris, 1986)

[국역: 《푸코》, 새길아카데미, 2012]일 것이다. 사실, 이 책의 제목은 《푸코》가 아니라 《들뢰즈》여야 했을 텐데, 왜냐하면 들뢰즈가 푸코의 글을 이용해서 자신의 견해를 설명하고 있기 때문이다. 그래서 들뢰즈는 "권력에 관한 마지막 말은 **저항이 우선한다**는 것"(p 95)이라고 썼는데, 이런 진술은 본문에서 인용한 《천 개의 고원》 첫 구절에 나오는 푸코 비판과 모순된다. 또, "[권력이 삶을 자신의 대상으로 삼을 때 삶은 권력에 대한 저항이 된다. … 권력이 생명 권력으로 되는 순간, 저항은 … 생동하는 권력, 삶에 대한 권력이 된다.] 바깥에서 오는 이 힘은 생명[삶]이라는 어떤 관념, 푸코 사상의 정점을 이루는 어떤 생기론이 아닐까? 삶은 힘에서 나오는 이런 저항 능력이 아닐까?" (*Foucault,* p 98)하고 썼다. 이것은 모두 푸코보다는 들뢰즈 자신의 사상을 훨씬 더 정확히 표현하는 구절들이다.

80 P Patton, 'Marxism and beyond', in *MIC,* pp 129, 132, 133, 134. 패튼이 비판하는 대상은 Callinicos, *Future,* chs 6 and 7이다.

81 Dews, *Logics,* p 188.

82 Foucault, 'La Grande colère des faits', *Le Nouvel Observateur,* 9 May 1977.

83 Patton, 'Marxism', p 131.

84 F Aubral and X Delcourt, *Contre la nouvelle philosophie* (Paris, 1977) 참조. 그리고 정치적 맥락에 대해서는 R W Johnson, *The Long March of the French Left* (London, 1981) 참조.

85 P Anderson, *In the Tracks of Historical Materialism* (London, 1983), p 32[국역: 《역사유물론의 궤적》, 새길아카데미, 2012].

86 A Krivine and D Bensaid, *Mai si!* (Paris, 1988), p 158 참조.

87 *PMC,* p 82.

88 W van Reijen and D Veerman, 'An interview with Jean-François Lyotard', *TCS* 5, 2~3 (1988), pp 299, 302.

89 J Baudrillard, *Forget Foucault* (New York, 1987), p 56[국역: "푸코를 잊어버리기", 《세계의 문학》 1989년 가을호].

90 J Baudrillard, *In the Shadow of the Silent Majorities* (New York, 1983), pp 39, 52[일부 국역: 《시뮬라시옹》, 민음사, 2001]. 특히 재앙적인 슐라이어 사건(4장의 주 8번 참조)에 관한 뭐라 말할 수 없을 만큼 어리석은 논의는 같은 책 111~123쪽 참조.

91 Baudrillard, *Forget Foucault,* p 62.

92 나는 니체 지배 이론의 이런 일반적 난점을 'Marxism and power', in A Leftwich, ed, *New Developments in Political Science* (Upleadon, forthcoming)에서 논한 바 있다.

93 Foucault, *Power/Knowledge,* pp 73~74.

94 M Foucault, 'The subject and power', Afterword to Dreyfus and Rabinow, *Foucault,* p 221.

95 Foucault, 'Structuralism', p 207.

96 Foucault, *Usage,* pp 12, 16~17. 이 책과 그다음 3권 *Histoire de la sexualité, Le Souci de soi* (Paris, 1984)[국역: 《성의 역사 3: 자기 배려》, 나남, 2004]에 대한 내 서평은 'Foucault's third theoretical displacement', *TCS* 3, 3(1986) 참조.

97 Foucault, *Power/Knowledge,* p 98.

98 예컨대, C Gordon, 'Question, ethos, event', *Economy and Society* 15 (1986), p 85, and Deleuze, *Foucault,* pp 103ff 참조.

99 Ferry and Renaut, *Pensée 68,* pp 150~151.

100 M Foucault, 'On the genealogy of ethics', in P Rabinow, ed, *A Foucault Reader* (Harmondsworth, 1986), p 350.

101 Nietzsche, *Gay Science,* § 290. Foucault, 'Genealogy', p 351와 비교해 보라.

102 Nehemas, *Nietzsche,* pp 172, 183~184, 188.

103 Nietzsche, *Genealogy,* p 255.

104 Nehemas, *Nietzsche,* p 181.

105 그런 개체화 원리와 관련된 문제점들은 (데렉 파르핏의 관심사인데 — 특히 *Reasons and Persons,* Oxford, 1984 참조) 그 원리를 포기해야 함을 입증

한다기보다는 현대적 개인관觀의 뿌리가 특정한 세계관 속에, 특히 특정한 시간-공간 관계 개념 속에 있음을 더 분명히 보여 주는 듯하다. P F Strawson, *Individuals* (London, 1960) 참조.

106 Nietzsche, *Gay Science,* § 90.

107 Nehemas, *Nietzsche,* p 253, n 17.

108 *MH,* 특히 1장 참조.

4장 의사소통 이성의 한계

1 J Habermas, 'Modernity — an incomplete project', in H Foster, ed, *Postmodern Culture* (London, 1985), p 9[국역: 《포스트모던 문화》, 신아출판사, 1995].

2 이 논쟁의 주요 문서들을 엮은 책은 R Augstein et al, '*Historikerstreit*' (Munich, 1987)이다. 또, *NGC* 44 (1988) 특집호도 참조.

3 Habermas, 'Modernity', p 14.

4 F Jameson, 'The politics of theory', *NGC* 33 (1984), p 59.

5 특히 *PMC,* pp 18ff 참조.

6 C Norris, *The Contest of Faculties* (London, 1985), pp 23~24.

7 휴버트 드라이퍼스와 폴 래비노는 푸코의 고고학과 하이데거의 해석학이 비슷하다고 강조한다. 예컨대, *Michel Foucault* (Brighton, 1982), p 122 참조.

8 J Habermas, *Autonomy and Solidarity* (London, 1986), p 107. 1977년 9월 독일의 주요 기업인인 한스 마르틴 슐라이어가 적군파에 납치됐고, 이 사건 와중에 슐라이어와 슈탐하임 교도소에 수감 중이던 적군파 주요 지도자들이 모두 목숨을 잃었다.

9 같은 책, p 158.

10 *TCA* I, pp 143, 379, 385. 또, *PDM,* Lecture V도 참조.

11 *PDM,* p 317.

12 *TCA,* I, pp 390, 392. 또, *PDM,* Lecture XI도 참조.

13 *TCA,* I, pp 284~287, 302, 305. 사실, 하버마스의 행위 유형론은 더 정교하다. 같은 책, pp 85ff 참조. 하버마스의 언어철학을 자세히 설명한 책으로는 *Communication and the Evolution of Society* (London, 1979)[국역: 《커뮤니케이션과 사회 진화》, 청하, 1987]이 있다.

14 Habermas, *Communication,* p 177.

15 *TCA,* I, p 398.

16 *PDM,* p 315.

17 *TCA,* I, p 241.

18 *PDM,* p 310.

19 *TCA,* II, pp 119, 131. 일반적 설명은 같은 책 6장 참조.

20 J Habermas, 'A review of Gadamer's *Truth and Method*', in F R Dallmayr and T A McCarthy, eds, *Understanding and Social Inquiry* (Notre Dame, 1977), p 356.

21 *TCA,* I, p 70.

22 같은 책, p 249.

23 같은 책, pp 241, 249. 일반적 설명은 같은 책 2장 참조.

24 *TCA,* II, pp 150, 184, 263.

25 예컨대, T Parsons, 'On the concept of political power', in *Politics and Social Structure* (New York, 1969) 참조. 그리고 파슨스에 대한 비판적 논의는 *TCA,* II, 7장 참조.

26 A Wellmer, 'Reason, utopia, and enlightenment', in R Bernstein, ed, *Habermas and Modernity* (Cambridge, 1985), p 39.

27 *TCA,* II, p 339.

28 Habermas, *Communication,* pp 97~98, 99, 117, 120. *TCA,* II, 313~314와 비교해 보라.

29 *PDM,* p 355.

30 *TCA,* II, p 304.

31 J Habermas, *Legitimation Crisis* (London, 1976)[국역: 《후기 자본주의 정당성 연구》, 청하, 1983] 참조.

32 *TCA,* II, pp 392~393, 394.

33 Habermas, *Autonomy,* p 107.

34 *PDM,* p 364.

35 *TCA,* I, pp 2~3.

36 하버마스의 언어철학에 관한 이하 논의에 덧붙여 *MH,* pp 110~114에서 내가 한 언급도 참조.

37 예컨대, *TCA,* I, pp 307~308과 Habermas, *Communication,* 1장 참조.

38 예컨대, L Wittgenstein, *Philosophical Investigations* (Oxford, 1968), I, § 194[국역: 《철학적 탐구》, 책세상, 2006] 참조.

39 *TCA,* I, pp 287~288.

40 같은 책, p 305.

41 J Habermas, *Knowledge and Human Interests* (London, 1972), p 314[국역: 《인식과 관심》, 고려원, 1996].

42 P Anderson, *In the Tracks of Historical Materialism* (London, 1983), p 64.

43 M Dummett, 'A nice derangement of epitaphs: some comments on Davidson and Hacking', in E LePore, ed, *Truth and Interpretation* (Oxford, 1986), p 471.

44 Wittgenstein, *Investigations,* I, § 242.

45 S Kripke, *Wittgenstein on Rules and Private Language* (Oxford, 1982) [국역: 《비트겐슈타인 규칙과 사적 언어》, 철학과현실사, 2008]과 C McGinn, *Wittgenstein on Meaning* (Oxford, 1984) 참조.

46 Wittgenstein, *Investigations,* I, §§ 242, 206.

47 McGinn, *Wittgenstein,* p 85.

48 W V O Quine, 'Carnap and logical truth', in P A Schilpp, ed, *Carnap and Logical Truth* (La Salle, 1963), p 406. 분석판단과 종합판단의 구분을 비판한 콰인의 유명한 글은 'Two dogmas of empiricism', in *From a Logical Point of View* (revised edn, Cambridge, Mass, 1961)[국역: 《논리적 관점에서》, 서광사, 1993].

49 나는 *MH*, pp 104~110에서 데이비슨의 해석 이론을 논한 바 있다.

50 D Davidson, *Inquiries into Truth and Interpretation* (Oxford, 1984), p 280. 데이비슨은 이런 반反규약주의를 훨씬 더 밀고 나가서, 의사소통은 대화하는 사람들이 언어를 공유하는 것이라는 사실을 부정하기까지 한다. 'A nice derangement of epitaphs', in LePore, ed, *Truth*, 참조. 이 글에 대한 응답이 앞의 주 43번에서 인용한 똑같은 제목의 더밋 글이다. 이 둘의 논쟁은 서로 다른 형태의 자연주의 사이의 논쟁인 듯하다.

51 *TCA*, I, pp 72~73에서 인용.

52 Habermas, *Autonomy*, pp 160~161.

53 *TCA*, II, p 397.

54 Habermas, *Autonomy*, p 205.

55 예컨대, A MacIntyre, *After Virtue* (London, 1981)[국역: 《덕의 상실》, 문예출판사, 1997], S Lovibond, *Realism and Imagination in Ethics* (Oxford, 1983) and B Williams, *Ethics and the Limits of Philosophy* (London, 1985) 참조.

56 R Rorty, 'Posties', *London Review of Books*, 3 September 1987, p 12.

57 로티의 '포스트모더니즘적 부르주아 자유주의'에 대한 비판적 논의는 Norris, *Contest*, 6장 참조.

58 R Rorty, *The Consequences of Pragmatism* (Brighton, 1982), p 165.

59 Rorty, 'Pragmatism, Davidson and truth', in LePore, ed, *Truth* 참조.

60 Davidson, *Inquiries*, p xviii. 데이비슨이 자신의 철학적 의미론의 인식론적 함의를 탐구한 글은 'A coherence theory of truth and knowledge', in LePore, ed, *Truth*.

61 예컨대, 하버마스의 진리론에 대한 설명(과 비판)은 J B Thompson, 'Universal pragmatics', in J B Thompson and D Held, ed, *Habermas: Critical Debates* (London, 1982), pp 129~131과 A Giddens, 'Reason without revolution?', in Bernstein, ed, *Habermas and Modernity,* pp 114~117 참조.

62 I Lakatos, *Philosophical Papers* (2 vols, Cambridge, 1978), I[국역: 《과학적 연구 프로그램의 방법론》, 아카넷, 2002].

63 K R Popper, *Realism and the Aim of Science* (London, 1982).

64 J Habermas, 'A reply to my critics', in Thompson and Held, eds, *Habermas,* p 275.

65 *PDM,* pp 64, 78~79. 일반적 설명은 pp 75~82, 316~336 참조.

66 같은 책, p 81. 또, J Habermas, 'Labour and interaction', in *Theory and Practice* (London, 1974)[국역: 《이론과 실천》, 종로서적, 1994]와 *Knowledge,* 1부도 참조.

67 특히 V N Voloshinov, *Marxism and the Philosophy of Language* (New York, 1973)[국역: 《언어와 이데올로기》, 푸른사상, 2005] 참조. 나는 'Postmodernism, poststructuralism, post-Marxism?', *TCS* 2, 3 (1985)와 미발표 논문 'The missing link?'에서 바흐친 학파의 작업이 마르크스주의에 어떤 함의가 있는지를 논한 바 있다.

68 G A Cohen, 'Reconsidering historical materialism'와 N Geras, 'The controversy about Marx and justice' 참조. 이 두 글 모두 A Callinicos, ed, *Marxist Theory* (Oxford, 1989)에 재수록됐다. 나는 이런 문제들을 이 글 모음집의 미리말에서, 그리고 *MH,* 1장에서 논한 바 있다.

69 예컨대, A Helier, 'Habermas and Marxism', in Thompson and Held, eds, *Habermas,* J Whitebrook, 'Reason and happiness', in Bernstein, ed, *Habermas and Modernity,* 참조. 그리고 의무론적 윤리학에 대한 근본적 비판은 Williams, *Ethics,* 참조.

70 마르크스주의 이해관계 이론이 도구적 행위 개념으로 환원될 수 없다는 의미에 관한 논의는 *MH,* 3장과 5장 참조.

71 Habermas, *Communication*, p 144.

72 *TCA*, II, p 168.

73 Habermas, *Communication*, p 99. 일반적 설명은 같은 책 2~4장 참조.

74 *PDM*, p 359.

75 *TCA*, II, pp 350~351.

76 D Held, 'Crisis tendencies, legitimation and the state', in Thompson and Held, eds, *Habermas* 참조. 하버마스 자신도 가끔 똑같은 주장을 한다. "[후기 자본주의 사회에서는] 특정한 해석의 필요를 이데올로기로 충족시키는 긍정적 과제 대신에, 종합적 해석이 출현하지 못하게 막아야 한다는 부정적 요구가 제기된다. … **일상적 의식은** 종합하는 힘을 상실한 채 **파편화한다**"(*TCA*, II, p 355). 그러나 이것은 지배계급의 '종합적 해석'을 대중이 받아들이는 상황(전자본주의 사회의?)에 관한 환상을 떠올리게 하지만, 이것은 역사적으로 의심스러운 견해다. N Abercrombie et al, *Thc Dominant Ideology Thesis* (London, 1980)와 *MH*, 4장 참조.

77 *TCA*, II, p 345.

78 Habermas, *Communication*, p 186.

79 Habermas, 'Sovereignty and the *Führerdemokratie*', *Times Literary Supplement*, 26 September 1986, p 1054.

80 슈미트가 나치에 협력한 것을 그의 사상과 관련지어 더 광범한 맥락에서 논의한 글들은 *Telos* 72 (1987) 슈미트 특집호 참조.

81 C Schmitt, *Political Theology* (Cambridge, Mass, 1985), p 5와 여기저기[국역: 《정치신학》, 그린비, 2010].

82 C Schmitt, *The Concept of the Political* (New Brunswick, 1976), p 29와 여기저기[국역: 《정치적인 것의 개념》, 살림, 2012].

83 Schmitt, *Political Theology*, p 59.

84 C Schmitt, *The Crisis of Parliamentary Democracy* (Cambridge, Mass, 1985), pp 5~6[국역: 《현대 의회주의의 정신사적 상황》, 길, 2012].

85 Habermas, 'Sovereignty', p 1054.

86 Habermas, *Autonomy*, pp 178~179.

87 B Hahn and P Schottler, 'Jürgen Habermas und "das ungetrübte Bewuß tsein des Bruchs"', in H Gerstenberger and D Schmidt, eds, *Normalität oder Normalisierung?* (Münster, 1987) 참조.

88 Habermas, *Legitimation Crisis*, p 117.

89 그런 조사의 흥미로운 사례는 E M Wood, *Peasant-Citizen and Slave* (London, 1988) 참조.

90 Giddens, 'Reason', p 120. 또, A Giddens, 'Labour and interaction', in Thompson and Held, eds, *Habermas*도 참조.

91 하버마스가 모더니티를 너무 무비판적으로 대하는 경향이 있음을 보여 주는 또 다른 사례는 자본주의 발전에 따른 사회적 분화를 되돌릴 수 없다는 그의 주장이다. 더 정확히 말하면, 그런 사회적 분화를 극복하려는 노력은 모두 사실상 사회를 퇴보시킬 것이라는 주장이다(특히 4장 2절 참조). 이것이 함의하는 바는, 우리가 자본주의의 특징인 정치와 경제의 분리를 받아들이거나 아니면 그것을 수정하려고만 해야 한다는 것이다. 이런 태도는 오늘날 유행하는 시장 사회주의론이 지지하는 것이기도 하다. 특히 A Nove, *The Economics of Feasible Socialism* (London, 1983)[국역: 《실현 가능한 사회주의의 미래》, 백의, 2001] 참조.

나는 사회주의가 시장을 받아들인다면, 부분적으로는 5장 3절에서 살펴볼 경제적 추세에 대한 오해에서 비롯한 재앙적 퇴보를 겪을 것이라고 생각하지만, 이 주제와 관련된 쟁점들을 여기서 다룰 수는 없다. 예컨대 E Mandel, 'In defence of socialist planning', *NLR* 159 (1986)과 C Harman, 'The myth of market socialism', *IS* 2, 43 (1989) 참조. 사회적 분화라는 더 일반적 문제에 관해서는, 사회주의 사회는 매우 복잡한 형태의 사회조직이 되겠지만(마르크스도 이 점을 인정했다는 것은 A Rattansi, *Marx and the Division of Labour*, London, 1982 참조) 자본주의와는 다른 형태의 복잡한 사회조직이 될 것이라는 점을 얼마든지 인정할 수 있다고 나는 생각한다. 이 문제에 관해서 앤더슨이 진술한 약간 흥미로운 논의는 MR (discussion), p 336 참조.

1 D Bell, *The Coming of Post-Industrial Society* (London, 1974), pp 212, 284, 297~298과 여기저기.

2 '포스트산업사회'라는 표현의 역사에 관해서는 같은 책, pp 33~40 참조. 확실하지는 않지만 벨이 1950년대 말에 데이비드 리스먼과 함께 '포스트산업사회'라는 용어를 처음으로 만들어 낸 듯하다.

3 예컨대 R Heilbroner, *Business Civilization in Decline* (Harmondsworth, 1977) ch3과 K Kumar, *Prophecy and Progress* (Harmondsworth, 1978), chs 6 and 7 참조.

4 M. Prowse, 'The need to bolster confidence', *FT,* 30 November 1987.

5 나는 *MH,* pp 184~189에서 고르의 주장을 살펴본 바 있다.

6 A Kaletsky and G de Jonquieres, 'Why a service economy is no panacea', *FT,* 22 May 1987.

7 M Prowse, 'Why services may be no substitute for manufacturing', *FT,* 25 October 1985.

8 같은 글.

9 예컨대, 'Services', Kaletsky and Jonquieres, 'Service economy'와 특집 기사 'Can America compete?', *Business Week,* 27 April 1987도 참조.

10 A Callinicos and C Harman, *The Changing Working Class* (London, 1987), ch1[국역: 《노동자 계급에게 안녕을 말할 때인가》, 책갈피, 2001] 참조.

11 Kaletsky and Jonquieres, 'Service economy'.

12 이 단락에서 인용한 캘리포니아 관련 정보의 출처는 P Stephens, 'Uneasy realities behind a post-industrial dream', *FT,* 15 October 1986.

13 M Davis with S Buddick, 'Los Angeles: civil liberties between the hammer and the rock', *NLR* 170 (1988), p 48. "유혈 낭자한 테일러주의"라는 말은 알랭 리피에츠가 제3세계의 산업, 즉 극도로 착취당하는 미숙련 노동자들이 단순 반복 작업으로 부품을 조립해서 수출하는 제조업, 특히 섬유

와 전자 산업을 가리키기 위해 만들어 낸 표현이다. *Mirages and Miracles* (London, 1987), pp 73ff[국역: 《기적과 환상》, 한울, 1991] 참조.

14 Stephens, 'Uneasy realities'.

15 특히 N Harris, *The End of the Third World* (London, 1986)[국역: 《세계 자본주의 체제의 구조 변화와 신흥공업국》, 신평론, 1989] 참조.

16 P Kellogg, 'Goodbye to the working class?', *IS* 2, 36 (1987), pp 108~110[국역: "과연 노동자 계급에게 안녕을 말할 때인가?", 《노동자 계급에게 안녕을 말할 때인가》, 책갈피, 2001].

17 C Owens, 'Feminists and postmodernists', in H Foster, ed, *Postmodern Culture* (London, 1985), p 63.

18 예컨대, M Poster, *Critical Theory of the Family* (London, 1978) 참조.

19 예컨대, A Rogers, 'Women at work', *IS* 2,32 (1986) 참조. 이런 분석을 훨씬 더 확장한 것은 곧 출간될 린지 저먼의 책[*Sex, Class and Socialism*, Bookmarks, 1989 — 국역: 《여성과 마르크스주의》(책갈피, 2007)을 가리키는 듯하다] 참조.

20 J Baudrillard, *The Mirror of Production* (St Louis, 1975), p 80.

21 MR (discussion), p 337. '원시'사회에 관해서는 특히 M Godelier, *Rationality and Irrationality in Economics* (London, 1972)와 M Sahlins, *Stone Age Economics* (London, 1974) 참조.

22 *PDM*, p 79. 예컨대, J Habermas, *Autonomy and Solidarity* (London, 1986), pp 140ff도 참조.

23 F Jameson, 'The politics of theory', *NGC* 33 (1984), p 53.

24 F Jameson, *Marxism and Form* (Princeton, 1971), pp 103~104, 105[국역: 《맑스주의와 형식》, 창비, 2014]. 초현실주의에 관한 제임슨의 주장(같은 책, pp 95~106)이 앤더슨의 모더니즘관觀에 영향을 미친 듯하다. MR, 327 참조.

25 F Jameson, 'Postmodernism, or the cultural logic of late capitalism', *NLR* 146 (1984), pp 78과 여기저기.

26 같은 책, pp 83, 85, 86, 88.

27 W Benjamin, *Understanding Brecht* (London, 1973), p 121.

28 F Jameson, *The Political Unconscious* (London, 1981), pp 35, 41, 52~53, 57, 75, 98.

29 L Althusser and E Balibar, *Reading Capital* (London, 1970), p 94.

30 예컨대, G Stedman-Jones, 'The Marxism of the early Lukács', *NLR* 70 (1971) 참조.

31 비슷한 맥락에서 제임슨의 글 "포스트모더니즘 — 후기 자본주의의 문화 논리"를 비판한 것으로는 M Davis, 'Urban renaissance and the spirit of postmodernism', *NLR* 151 (1985), pp 106~107[국역: "도시 르네쌍스와 포스트모더니즘 정신", 《마르크스주의와 포스트모더니즘》, 이론과실천, 1993] 참조. 제임슨에 관한 더 일반적 논의는 T Eagleton, 'The idealism of American criticism', *NLR* 127 (1981), pp 62~64[국역: "미국 비평의 이상주의", 《비평의 기능》, 제3문학사, 1991], E Said, 'Opponents, audiences, constituencies and community', in Foster, ed, *Postmodern Culture,* pp 146~148, and D Kellner, 'Postmodernism as social theory', *TCS* 5, 2/3 (1988), pp 258~262 참조.

32 Jameson, 'Postmodernism', p 80.

33 A Callinicos, 'Reactionary postmodernism?', in R Boyne and A Rattansi, eds, *Postmodernism and Social Theory* (Houndmills, forthcoming) 참조.

34 Jameson, *Political Unconscious,* p 53.

35 특히, Jameson, 'Cognitive mapping', in *MIC* 참조.

36 D Latimer, 'Jameson and post-modernism', *NLR* 148 (1984) 참조. 그리고 마르크스주의와 윤리에 관해서는 *MH,* 1장 참조.

37 Althusser and Balibar, *Reading,* pp 99, 104. 더 일반적 설명은 pp 91~105 참조. 그리고 P Anderson, *Arguments within English Marxism* (London, 1980), pp 73~77도 참조.

38 Callinicos, 'Reactionary modernism' 참조.

39 Jameson, *Marxism,* pp xvii~xviii, 36n, 105.

40 Jameson, 'Postmodernism', pp 53, 55.

41 Davis, 'Urban renaissance', pp 106~107. E Mandel, *Late Capitalism* (London, 1975)[국역: 《후기 자본주의》, 한마당, 1985]와 *The Second Slump* (London, 1980)도 참조.

42 S Lash and J Urry, *The End of Organized Capitalism* (Cambridge, 1987).

43 특히 M Aglietta, *A Theory of Capitalist Regulation* (London, 1979)[국역: 《자본주의 조절 이론》, 한길사, 1994] 참조.

44 예컨대, R Murray, 'Life after Henry (Ford)', *Marxism Today*, October 1988 참조.

45 S Hall, 'Brave new world', 같은 잡지, pp 24, 27.

46 K Williams et al, 'The end of mass production?', *Economy and Society* 16 (1987). 이 글을 보라고 나에게 알려 준 린지 저먼에게 감사한다.

47 Callinicos and Harman, *Changing Working Class*, pp 62~67. '포스트포디즘'론에 대한 일반적 비판은 J Robertson, 'Consuming passions', *Socialist Worker Review*, December 1988 참조.

48 그래도 래시와 어리가 '유연한 전문화' 추세를 발견했다는 사실은 지적해 둬야겠다. *End*, p 199.

49 같은 책, pp 208~209 참조.

50 N Harris, *Of Bread and Guns* (Harmondsworth, 1983), 특히 chs 3, 4, 7과 *End of the Third World*, 여기저기.

51 D M Gordon, 'The global economy: new edifice or crumbling foundations?', *NLR* 168 (1988), pp 54, 63~64와 여기저기.

52 A Callinicos, 'Imperialism, capitalism, and the state today', *IS* 2, 35 (1987) 참조.

53 *FT*, 21 October 1987.

54 암담한 월요일과 그 여파에 대한 분석은 C. Lapavitas, 'Financial crisis and the stock exchange crash', *IS* 2, 38 (1988) 참조.

55 M Wolf, 'The need to look to the long term', *FT*, 16 November 1987.

56 H Belloc, *The Servile State* (Indianapolis, 1977). 19세기 말의 경제 추세에 대한 일반적 요약은 E J Hobsbawm, *The Age of Empire 1875~1914* (London, 1987), pp 50~73 참조.

57 N I Bukharin, *Imperialism and World Economy* (London, 1972)[국역: 《제국주의론: 세계경제와 제국주의》, 지양사, 1987] 참조. 그리고 이런 국가 자본주의론을 바탕으로 양차 대전 사이의 위기를 분석한 것은 C Harman, *Explaining the Crisis* (London, 1984), ch2[국역: 《마르크스주의와 공황론》, 풀무질, 1995] 참조.

58 Harris, *Of Bread,* ch2는 이런 변화에 대한 가장 뛰어난 일반적 분석을 보여준다.

59 예컨대, D Filtzer, *Soviet Workers and Stalinist Industrialization* (London, 1986), p 91, and M Ellman, 'Did the agricultural surplus provide the resources for the increase in investment in the USSR during the First Five-Year Plan?', *Economic Journal* 85 (1975) 참조.

60 J M Keynes, *The General Theory of Employment Interest and Money* (London, 1970), p 313[국역: 《고용, 이자, 화폐의 일반이론》, 필맥, 2010].

61 특히, Harman, *Explaining,* ch3 참조.

62 A Kaletsky, 'The triumph of John Maynard Reagan', *FT,* 3 May 1986.

63 P Green, 'Contradictions of the American boom', *IS* 2, 26 (1985). 미국 국가가 경제에 개입한 또 다른 주목할 만한 사례는 연방주택융자은행 이사회가 포드나 레블론 같은 기업들과 협력해서, 파산한 저축대부조합을 구제한 일이다. 이 때문에 미국 정부가 최종 부담해야 할 비용은 386억 달러에 이를 것으로 추산된다. *New York Times,* 31 December 1988 참조.

64 일반적 분석은 P Green, 'British capitalism and the Thatcher years', *IS* 2, 35 (1987) 참조. 주요 서방 자본주의 국가가 모두 미국의 선례를 따르지는 않았다. 가장 중요한 예외는 서독이었는데, 서독은 연방중앙은행이 주도하는 통화 긴축정책을 추진했다. 서방 각국의 서로 다른 경제적 궤적은 M Aglietta, 'World capitalism in the eighties', *NLR* 136 (1982) 참조.

65 M Davis, *Prisoners of the American Dream* (London, 1986), p 233[국역:

《미국의 꿈에 갇힌 사람들》, 창작과비평, 1994]. 또, 같은 책, ch6의 여기저기도 참조.

66 R Brenner, 'The roots of US economic decline', *Against the Current* 2 (1986), p 27에서 인용.

67 *FT*, 18 April 1987.

68 같은 신문, 13 August 1988.

69 F Nietzsche, *The Gay Science* (New York, 1974), § 383.

70 C Lasch, *The Culture of Narcissim* (London, 1980), p xvi[국역: 《나르시시즘의 문화》, 문학과지성사, 1989].

71 D Bell, *The Cultural Contradictions of Capitalism* (London, 1979)[국역: 《자본주의의 문화적 모순》, 문학세계사, 1990].

72 S Bellow and M Amis, 'The moronic inferno', in B Brooks et al, eds, *Modernity and its Discontents* (Nottingham, 1987). 이 글은 이제는 종영된 BBC 방송의 채널4 프로그램 〈목소리Voices〉에서 마이클 이그나티에프의 사회로 벨로와 에이미스가 토론한 내용을 녹취한 것이다(이 토론은 1986년 봄에 방영됐다).

73 G Lipovetsky, *L'Ère du vide* (Paris, 1983). 또, Bell, *Contradictions*, ch3도 참조.

74 J Baudrillard, *Simulations* (New York, 1983), pp 12, 48, 53~54, 143, 146[일부 국역: 《시뮬라시옹》, 민음사, 2001].

75 J Baudrillard, *In the Shadow of the Silent Minorities* (New York, 1983).

76 J Baudrillard, *Simulations*, p 115.

77 J Baudrillard, *Mirror*, p 122.

78 Baudrillard, *Simulations*, pp 99, 150~152.

79 Baudrillard, *Amerique* (Paris, 1986), pp 21, 32, 143, 150, 151, 178, 194~195[국역: 《아메리카》, 산책자, 2009].

80 J Baudrillard, *Shadow*, pp 83~84.

81 J Bouveresse, 'Why I am so very unFrench', in A Montefiore, ed, *Philosophy in France Today* (Cambridge, 1983), p 15.

82 *PDM,* p 188. 일반적 설명은 같은 책, pp 185~210 참조.

83 R Sennett, *The Fall of Public Man* (London, 1986), pp 19, 21, 23, 261~262.

84 K Marx, *Capital,* I (Harmondsworth, 1976), p 165.

85 D Frisby, 1978, p 11에서 인용. 지멜, 크라카우어, 벤야민에 대해서는 D Frisby, *Fragments of Modernity* (Cambridge, 1985) 참조. 지멜은 루카치와 벤야민에게 중대한 영향을 미쳤다.

86 예컨대, Simmel, *Philosophy,* pp 472ff 참조.

87 W Benjamin, *Charles Baudelaire* (London, 1973), p 172. 그가 모더니티를 "항상 거기 있던 것의 맥락 속에 있는 새로운 것"으로 정의한 것과 비교해 보라. 프리스비는 *Fragments,* pp 207ff에서 이 정의를 인용하며 논의하고 있다.

88 G Debord, *The Society of the Spectacle* (Detroit, 1970), § 1, 4, 6, 36[국역: 《스펙타클의 사회》, 울력, 2014].

89 Baudrillard, *Simulations,* p 54. 상황주의자들의 영향에 대해서는 Baudrillard, 'Lost in the hypermarket', *City Limits,* 8 December 1988, p 88 참조.

90 Debord, *Society,* § 7, 9.

91 A Callinicos, *Marxism and Philosophy* (Oxford, 1983), pp 127~136[국역: 《현대철학의 두 가지 전통과 마르크스주의》, 갈무리, 1995] 참조.

92 Harman, *Explaining,* pp 143~147과 M Glick and R Brenner, 'The regulation approach to the history of capitalism', forthcoming in *NLR* 참조. 미국 자본주의를 다룬 데이비스의 글에서 나타나는 주된 결함은 조절학파의 경제 위기론에 의지한다는 점이다.

93 Aglietta, *Theory,* pp 158~161.

94 Bell, *Coming,* p 318, n 30.

95 Lipovetsky, *Ère,* pp 7, 14, 47~48, 142~143.

96 Hobsbawm, *Empire*, pp 220, 237~238.

97 MR, 329.

98 T W Adorno, *Aesthetic Theory* (London, 1984), pp 83~84.

99 C Greenberg, 'Avant garde and kitsch', *Partisan Review* VI: 5 (1939), p 49.

100 S Guilbaut, *How New York Stole the Idea of Modern Art* (Chicago, 1983)와 J D Herbert, 'The political origins of Abstract-Expressionist art criticism', *Telos* 62 (1984~5) 참조.

101 Adorno, *Aesthetic Theory*, p 44.

102 R A Berman, 'Modern art and desublimation', *Telos* 62 (1984/5), p 41.

103 P Bürger, *Theory of the Avant Garde* (Manchester, 1984), pp 17, 80, 81.

104 C Ratcliff, 'The marriage of art and money', *Art in America*, July 1988, p 78에서 인용.

105 E Hartney, 'Art vs Market', 같은 잡지, p 31에서 인용.

106 C Schorske, *Fin-de-Siècle Vienna* (New York, 1981), p 36. 일반적 설명은 같은 책, ch2 참조.

107 K Frampton, *Modern Architecture: A Critical History* (revised edn, London, 1985), pp 231, 237.

108 Berman, 'Modern art', p 43.

109 같은 책, pp 45~46. 뷔르거는 예술과 생활의 이 "거짓 지양"이 아방가르드 프로젝트에 내재한 위험이라고 주장한다. 왜냐하면 "실생활에 맞서 예술이 누리는 (상대적) 자유는 동시에 비판적 현실 인식이 가능하기 위한 조건이기도 하기 때문이다. 더는 실생활과 분리되지 않고 오히려 실생활 속에 완전히 동화된 예술은 [실생활과 적절한 거리를 두지 않을 뿐 아니라] 그 실생활을 비판할 능력까지 잃어버리게 된다."(*Theory*, p 50) 그러나 많은 것은 예술과 생활의 통합이 일어나는 조건에 달려 있다는 점도 분명하다. 아방가르드 운동은 예술을 변혁된 사회생활 속으로 통합하려 했다. 그러나 그런 변혁이 없는 상황에서 아방가르드 멤버들은 온갖 모순으로 가득 찬 부르주아 사회라는 조

건에서(그 모순의 일부는 본문에서 개괄적으로 설명했다) 오직 예술가로만 움직일 수밖에 없었다. 직접생산자들이 자원을 민주적·집단적으로 통제하는 바탕 위에서 사회생활을 다시 예술화하려는 노력은, 역사적으로 부르주아 사회에서 예술이 했던 비판적 구실을 억누르지 않을 것이다. 왜냐하면 그런 통제를 실행하려면 다양한 대안을 끊임없이 토론해야 하기 때문이다. 트로츠키가 *Literature and Revolution* (Ann Arbor, 1971)[국역: 《문학과 혁명》, 과학과사상, 1990]에서 이 문제를 탐구해서 주장한 내용은 오늘날에도 적절하다. 한편, 아방가르드 프로젝트는 잘못 이해됐다기보다는 실현되지 않은 듯하다. 하버마스의 약간 모호한 언급은 *Autonomy,* p 173 참조.

110 P Bürger, 'The decline of the modern age', *Telos* 62 (1984~5), pp 117~118.

111 같은 책, pp 120~121.

112 Greenberg, 'Avant-Garde', p 37. 또, Greenberg, 'Towards a newer Lacoon', *Partisan Review* VII, 4 (1940)도 참조.

113 J Willett, *The New Sobriety 1917~1933* (London, 1978) 참조.

114 Greenberg, 'Avant-Garde', p 37.

115 예컨대, C Jencks, 'The Prince versus the architects', *Observer,* 12 June 1988 참조.

116 이런 추세를 요약한 것으로는 Lash and Urry, *End,* pp 99ff 참조. 미국에 대해서는 예컨대, D Smith, *Social Theory and the City* (Oxford, 1980), pp 236ff, 영국에 대해서는 D Massey, *Spatial Divisions of Labour* (London, 1984) 참조.

117 D Harvey, *The Urbanization of Capital* (Oxford, 1985), pp 205~206, 207, 215.

118 같은 책, pp 215~217.

119 Davis, 'Urban renaissance', pp 109~110, 111~112. 또, 보나벤처 호텔에 관한 제임슨의 논의를 비판적으로 평가한 것은 R Jacoby, *The Last Intellectuals* (New York, 1987), pp 168~172 참조.

120 P Townsend et al, *Poverty and Labour in London* (London, 1987).

121 D Davis, 'Late postmodern: the end of style', *Art in America*, July 1987. 이 글을 보라고 나에게 알려 준 마지 로버트슨에게 감사한다.

122 D Ghirardo, 'Past or post modern in architectural fashion', *Telos* 62 (1984~1985), p 190.

123 S Zukin, 'The postmodern debate on urban form', *TCS* 5, 2~3 (1988), pp 437~438 참조.

124 Frampton, *Modern Architecture*, p 306.

125 MR, p 329.

126 *PMC*, p 76.

127 J Goldthorpe, 'On the service class, its formation and future', in A Giddens and G Mackenzie, eds, *Social Class and the Division of Labour* (Cambridge, 1982), p 172.

128 E O Wright, *Class, Crisis and the State* (London, 1978), ch2[국역: 《국가와 계급구조》, 화다, 1985], and Callinicos and Harman, *Changing Working Class*.

129 비록 내가 보기에는 래시와 어리가 20세기의 자본주의, 특히 미국 자본주의의 조직화(처음에는)와 탈조직화(나중에는)를 주창하면서, '신중간계급'의 중요성을 너무 과장하지만 말이다. *End*, pp 163ff 참조.

130 R Samuel, 'The SDP and the new political class', *New Society*, 22 April 1982.

131 포스트모더니즘을 신중간계급의 문화적 표현으로 이해하려는 노력은 내가 보기에 대체로 시간 낭비인 듯하다. F Pfeil, 'Postmodernism as a "structure of feeling"', in *MIC* 참조.

132 Callinicos and Harman, *Changing Working Class*, pp 37~49 참조.

133 Davis, *Prisoners*, pp 211, 212, 218, 234.

134 프랑스 좌파 지식인들의 붕괴에 대해서는 A Callinicos, *Is there a Future for Marxism?* (London, 1982)와 P Anderson, *In the Tracks of Historical*

Materialism (London, 1983) 참조. 크리스 하먼은 *The Fire Last Time* (London, 1988), 16장[국역: 《세계를 뒤흔든 1968》, 책갈피, 2004]에서 유럽 극좌파의 일반적 위기를 분석하고 있다.

135 Harman, *Fire,* p viii.

136 프랑스에서 1968을 둘러싸고 벌어진 논쟁을 분석한 것은 L Ferry and A Renaut, *La Pensée 68* (Paris, 1985), ch2 참조.

137 R Debray, 'A modest contribution to the rites and ceremonies of the tenth anniversary', *NLR* 115 (1979), p 47[국역: "프랑스 자본주의를 재탄생시킨 68년 5월", 《읽을꺼리 2호》, 카피레프트모임, 1998].

138 Lipovetsky, *Ère,* pp 119, 143.

139 Debray, 'Modest contribution', p 48.

140 H Weber, 'Reply to Debray', *NLR* 115 (1979) 참조.

141 A Krivine and D Bensaid, *Mai Si!* (Paris, 1988), p 59.

142 H Weber, *Vingt ans après* (Paris, 1988), pp 166, 177. 일반적 설명은 같은 책, 6장 참조. 베베르가 1968을 분석한 것에 대해 그의 옛 동료들이 비판적으로 논의한 내용은 Krivine and Bensaid, *Mai Si!,* pp 59~61 참조.

143 Harman, *Fire,* p 339. 그 뒤의 상황을 분석한 내용은 같은 책, 여기저기 참조.

144 *Business Week,* 27 April 1987.

145 더 일반적으로 말하면, 내 생각에 마르크스주의 이데올로기론의 주된 관심사는 특정 신념이 어떻게 생겨나는지가 아니라, 사람들이 그런 신념을 왜 받아들이는지를 설명하는 것이다. *MH,* p 139 참조.

146 R Shusterman, 'Postmodernist aesthetics: a new moral philosophy', *TCS* 5, 2~3 (1988), p 337.

147 F Kermode, *History and Value* (Oxford, 1988) 참조.

148 Baudrillard, 'Lost', p 88.

149 S Sontag, 'Notes on camp', in *A Susan Sontag Reader* (Harmondsworth, 1983), p 107[국역: "'캠프'에 관한 단상", 《해석에 반대한다》, 이후, 2002].

150 Callinicos, 'Reactionary postmodernism'.

151 A Bloom, *Prodigal Sons* (New York, 1986), and A Wald, *The New York Intellectuals* (Chapel Hill, 1987) 참조.

152 C Hill, *The Experience of Defeat* (London, 1984) 참조.

153 예컨대, 1960년대 미국 아방가르드에 관해서는 A Huyssen, 'Mapping the postmodern', *NGC* 33 (1984), pp 20ff 참조.

154 사례 연구와 함께 몇 가지 일반적 성찰을 담은 A Callinicos, *South Africa between Reform and Revolution* (London, 1988), 머리말과 4~5장 참조.

후기

1 J Habermas, *Knowledge and Human Interests* (London, 1972), pp 301~307 참조.

2 G Deleuze and F. Guattari, *L'Anti-Oedipe* (Paris, 1973), pp 356ff.

3 W Benjamin, *The Origin of German Tragic Drama* (London, 1977), p 232.

4 Benjamin, 'Theses on the philosophy of history', in *Illuminations* (London, 1970). R Wolin, *Walter Benjamin: an Aesthetic of Redemption* (New York, 1982) 참조. 나는 *MH*, 5장에서 벤야민의 "역사철학 테제"를 논한 바 있다.

찾아보기

ㄹ

ㅂ

ㅅ

ㅇ

ㅎ

기타

포스트모더니즘: 마르크스주의의 비판

지은이 | 알렉스 캘리니코스
옮긴이 | 이수현
펴낸곳 | 도서출판 책갈피

등록 | 1992년 2월 14일(제2014-000019호)
주소 | 서울 성동구 무학봉15길 12 2층
전화 | 02) 2265-6354
팩스 | 02) 2265-6395
이메일 | bookmarx@naver.com
홈페이지 | http://chaekgalpi.com

첫 번째 찍은 날 2014년 8월 13일

값 20,000원

ISBN 978-89-7966-106-4
잘못된 책은 바꿔 드립니다.